ひふみ神示

岡本天明

目次（上巻）

五《い》十《せ》黙《もく》示《じ》録《ろく》

ひふみ神示　補巻

ひふみ神示 第一巻
自 昭和十九年 六月 十日
至 昭和十九年 七月 九日
一帖—四二帖

上つ巻 全四二帖

第十六帖　（一六）原文

一二三二二三十八六一五十一二四三三八六一二五八二⦿二十十四二八八八九七一四四十九二四十二四六七八八十四三一五二八六三二五一二六二八八七十一九十三八八九三一二八三二一二三⦿二十⦿十二八九二八三三四一百千十百四十一二十三卍四八九一十四一九四⦿四　七三十三六二四一二⦿二三

第一帖　（一）

二二は晴れたり、日本晴れ。神の国のまことの神の力をあらはす代となれる、仏もキリストも何も彼もはつきり助けて七六かしい御苦労のない代が来るからみたまを不断に磨いて一筋の誠を通うして呉れよ。いま一苦労あるが、この苦労は身魂をみがいて居らぬと越せぬ、この世初って二度とない苦労である。このむすびは神の力でないと何も出来ん、人間の算盤では弾けんことぞ、日本はお土があかる、外国はお土がさかる。都の大洗濯、鄙の大洗濯、人のお洗濯。今度は何うもこらへて呉れというところまで、後へひかぬから、その積りでかかって来い、神の国の神の力を、はっきりと見せてやる時が来た。嬉しくて苦しむ者と、苦しくて喜ぶ者と出て来る⦿は神の国、神の力でないと何んにも成就せん、人の力で何が出来たか、みな神がさしてゐるのざ、いつでも神かかれる様に、綺麗に洗濯して置いて呉れよ。戦は今年中と言ってゐるが、そんなちょこい戦ではない、世界中の洗濯ざから、いらぬものが無くなるまでは、終らぬ道理が分らぬか。臣民同士のいくさでない、カミと神、アカとあか、ヒトと人、ニクと肉、タマと魂のいくさぞ。己の心を見よ、戦が済んでぃないであろ、それで戦が済むと思うてゐるとは、あきれたものぞ、早く掃除せぬと間に合わん、何より掃除が第一。さびしさは人のみかは、神は幾万倍ぞ、さびしさ越へて時を待つ。加実が世界の王になる、てんし様が神と分らん臣民ばかり、口と心と行と、三つ揃うたまことを命《みこと》といふぞ。神の臣民みな命《みこと》になる身魂掃除身魂結構、六月の十日、ひつくのかみ。

第二帖（二）

親と子であるから、臣民は可愛いから旅の苦をさしてあるのに、苦に負けてよくもここまでおちぶれて仕まうたな。鼠でも三日先のことを知るのに、臣民は一寸先さへ分らぬほどに、よう曇りなされたな、それでも神の国の臣民、天道人を殺さず、食べ物がなくなっても死にはせぬ、ほんのしばらくぞ。木の根でも食うて居れ。闇のあとには夜明来る。神は見通しざから、心配するな。手柄は千倍万倍にして返すから、人に知れたら帳引きとなるから、人に知れんやうに、人のため国のため働けよ、それがまことの神の神民ぞ。酒と煙草も勝手に作って暮らせる善き世になる、それまで我慢出来ない　臣民沢山ある。早く⦿《モト》の神の申す通りにせねば、世界を泥の海にせねば　ならぬから、早うモト⦿心になりて呉れよ、神頼むぞよ。盲が盲を手を引いて何処へ行く積りやら、気のついた人から、まことの神の入れものになりて呉れよ悪の楽しみは先に行くほど苦しくなる、神のやり方は先に行くほどだんだんよくなるから、初めは辛いなれど、さきを楽しみに辛棒して呉れよ。配給は配給、統制は統制のやり方、神のやり方は日の光、臣民ばかりでなく、草木も喜ぶやり方ぞ、日の光は神のこころ、稜威ぞ。人の智恵で一つでも善き事したか、何もかも出来損ひばかり、にっちもさっちもならんことにしてゐて、まだ気がつかん、盲には困る困る。救はねばならず、助かる臣民はなく、泥海にするは易いなれど、それでは元の神様にすまず、これだけにこと分けて知らしてあるに、きかねばまだまだ痛い目をみせねばならん。冬の先が春とは限らんぞ。⦿の国を八つに切って殺す悪の計画、⦿の国にも外国の臣が居り、外国にも神の子がゐる。岩戸が明けたら一度に分かる。六月の十日、書は、ひつくの神。てんめ御苦労ぞ。

第三帖　（三）

善言《よごと》は神、なにも上下、下ひっくり返ってゐるから、分らんから神の心になれば何事も分るから、鏡を掃除して呉れよ。今にこのおつげが一二三《ヒフミ》ばかりになるから、それまでに身魂をみがいて置かんと、身魂の曇った人には何ともよめんから、早く神こころに返りて居りて呉れ、何も一度に出て来る。海が陸になり陸が海になる。六月十一日の朝のお告げ、みよみよみよひつくの神。

第四帖（四）

急ぐなれど、臣民なかなかに言ふことききかぬから、言ふことききかねば、きく様にしてきかす。神には何もかも出来てゐるが、臣民まだ眼覚めぬか、金《かね》のいらぬ楽の世になるぞ。早く神祀りて呉れよ、神祀らねば何も出来ぬぞ。表の裏は裏、裏の裏がある世ぞ。神をだしにして、今の上の人がゐるから、神の力が出ないのぞ。お上に大神を祀りて政事《まつりごと》をせねば治まらん。この神をまつるのは、みはらし台ぞ、富士みはらし台ぞ、早く祀りてみつげを世に広めて呉れよ。早く知らさねば日本がつぶれる様なことになるから、早う祀りて神の申す様にして呉れ。神急けるよ。上ばかりよくてもならぬ、下ばかりよくてもならぬ、上下揃ふたよき世が神の世ぞ。卍も一十もあてにならぬ、世界中一つになりて⦿の国に寄せて来るぞ。それなのに今のやり方でよいと思うてゐるのか、分らねば神にたづねて政事《まつりごと》せねばならぬと云ふことまだ分らぬか。神と人とが交流合《まつり》はしてこの世のことが、さしてあるのぞ。人がきかねば神ばかりで始めるぞ。神ばかりで洗濯するのは早いなれど、それでは臣民が可哀そうなから、臣民みなやり直さねばならぬから、気をつけてゐるのに何してゐるのざ、いつ何んなことあっても知らんぞ、神祭第一、神祭結構。二三の木ノ花咲耶姫の神様を祀りて呉れよ。コハナサクヤ姫様も祀りて呉れよ。六月十三の日、ひつくのか三。

第五帖　（五）

富士とは神の山のことぞ。神の山はみな富士《ニニ》といふのぞ。見晴らし台とは身を張らすとこぞ、身を張らすとは、身のなかを神にて張ることぞ。臣民の身の中に一杯に神の力を張らすことぞ。大庭の富士を探して見よ、神の米が出て来るから、それを大切にせよ。富士を開くとは心に神を満たすことぞ。ひむかとは神を迎えることぞ、ひむかはその使ひぞ。ひむかは神の使ざから、九の道を早う開ひて呉れよ、早う伝へて呉れよ、ひむかのお役は人の病をなほして神の方へ向けさすお役ぞ、この理をよく心得て間違ひないやうに伝へて呉れよ。六月十四日ひつくのか三。

第六帖 （六）

外国の飛行機が来るとさわいでゐるが、まだまだ花道ぞ、九、十となりたらボッボッはっきりするぞ。臣民は目のさきばかりより見えんから、可哀さうなから気をつけてゐるのに何してゐるのか。大切なことを忘れてゐるのに気がつかんか。この知らせをよく読みて呉れよ。十月まで待て。それまでは、このままで居れよ。六月十七日、ひつくのか三。

第七帖 （七）

いくら金積んで神の御用さして呉れいと申しても、因縁のある臣民でないと御用出来んぞ。御用する人は、何んなに苦しくても心は勇むぞ。この神は小さい病直しや按摩の真似させんぞ、大き病を直すのぞ。神が開くから、人の考へで人を引張って呉れるなよ。六月の十七日一二のか三。

第八帖 （八）

秋が立ちたち、この道ひらくかた出て来るから、それまでは神の仕組書かして置くから、よく読んで腹の中によく入れて置いて呉れよ。その時になりて、あわてて何も知らんといふ様ではならんぞ、それまでに何もかにも知らして置くから、縁ある方から、この知らせをよく読んで腹の中に入れて置いて呉れよ。六月の十七日、ひつくのか三。

第九帖　（九）

この世のやり方、わからなくなったら、この神示録《しるし》をよまして呉れと云うて、この知らせを取り合ふから、その時になりて慌てん様にして呉れよ。日本の国は一度つぶれた様になるのざぞ。一度は神も仏もないものと皆が思う世が来るのぞ。その時にお蔭を落さぬやう、シッカリと神の申すこと腹に入れて置いて呉れよ。六月の十七日、ひつくのか三。

第十帖　（一〇）

神に目を向ければ神がうつり、神に耳向ければ神がきこえ、神に心向ければ心にうつる、掃除の程度によりて神のうつりかた違うぞ。掃除出来た方から神の姿うつるぞ、それだけにうつるぞ。六月十九日、ひつくのか三。

第十一帖　（一一）

いづくも土にかへると申してあろうが、東京も元の土に一ときはかえるから、その積りでゐて呉れよ。神の申したこと違はんぞ。東京は元の土に一時はかへるぞ、その積りで用意して呉れよ。六月の十九日、一二のか三。

第十二帖　（一二）

大将を誰も行かれん所へ連れて行かれんやうに、上の人、気をつけて呉れよ。この道はちっとも心ゆるせんまことの神の道ぞ。油断すると神は代りの身魂使うぞ。六月の二十一日の朝、ひつくのか三。

第十三帖　（一三）

元の人三人、その下に七人、その下に七七・四十九人、合して五十九の身魂あれば、この仕組は成就するのざ、この五十九の身魂は神が守ってゐるから、世の元の神かかりて大手柄をさすから、神の申すやう何事も、身魂みがいて呉れよ、これが世の元の神の数ぞ、これだけの身魂が力合はしてよき世の礎となるのざ。この身魂はいづれも落ちぶれてゐるから、たづねて来てもわからんから、よく気をつけて、どんなに落ちぶれてゐる臣民でも、たづねて来た人は、親切にしてかへせよ。何事も時節が来たぞ。六月の二十一日、ひつくのか三。

第十四帖　（一四）

この神示《ふで》よく読みて呉れよ、読めば読むほど何もかも分りて来るぞ、心とは神民の申す心でないぞ身魂とは神民の申す身魂でないぞ身たまとは身と魂と一つになってゐるもの云ふぞ、神の神民身と魂のわけ隔てないぞ身は魂、魂は身ぞ外国は身ばかりの所あり魂ばかりの所あり神は身魂の別ないぞ、この事分りたら神の仕組みがぼつぼつ分るぞ身魂の洗濯とは心の洗濯とは、魂ばかりの洗濯でないぞ、よく気をつけて呉れ神の申すことちがはんぞよ。六月の二十二日、ひつくのか三。

第十五帖　（一五）

今度は末代動かぬ世にするのざから、今までの様な宗教や教への集団《つどひ》にしてはならんぞ、人を集めるばかりが能ではないぞ、人も集めねばならず、六ケ敷い道《おしへ》ぞ。縁ある人は早く集めて呉れよ、縁なき人いくら集めても何もならんぞ、縁ある人を見分けて呉れよ。顔は神の臣民でも心は外国身魂ぞ、顔は外国人でも身魂は神の臣民あるぞ。やりかけた戦ぞ、とことんまで行かねば納まらん。臣民一度は無くなるところまでになるぞ、今のうちにこの神示よく読んでゐて呉れよ。九月になったら用意して呉れよ。六月の二十四日、ひつくのか三。

第十六帖　（一六）

ひふみの火水とは結ぞ、中心の神、表面に世に満つことぞ、ひらき睦び、中心に火集ひ、ひらく水。神の名二つ、カミと神世に出づ。早く鳴り成り、世、新しき世と、国々の新しき世と栄へ結び、成り展く秋来る。弥栄に神、世にみちみち、中心にまつろひ展き結ぶぞ。月出でて月なり、月ひらき弥栄え成り、神世ことごと栄ゆ。早く道ひらき、月と水のひらく大道、月の仕組、月神と日神二つ展き、地上弥栄みちみち、世の初め悉くの神も世と共に勇みに勇むぞ。世はことごとに統一し神世の礎極まる時代来る、神世の秘密と云ふ。六月二十四日、一二⊙文《ふみ》。（原文掲載）

第十七帖　（一七）

この世はみな神のものざから臣民のものと云ふもの一つもないぞ、お土からとれた物、みな先づ神に供へよ、それを頂いて身魂を養ふ様になってゐるのに、神には献げずに、臣民ばかり喰べるから、いくら喰べても身魂ふとらぬのぞ、何でも神に供へてから喰べると身魂ふとるぞ。今の半分で足りるぞ、それが臣民の頂き方ぞ。六月の二十五日、ひつくのか三。

第十八帖　（一八）

岩戸開く役と岩戸しめる役とあるぞ。一旦世界は言ふに言はれんことが出来るぞ、シッカリ身魂みがいて置いて呉れよ、身魂みがき第一ぞ。この道開けて来ると、世の中のえらい人が出て来るから、どんなえらい人でも分らん神の道ざからよくこの神示読んで置いて何んな事でも教へてやれよ、何でも分らんこと無いやうに、この神示で知らして置くから、この神示よく読めと申すのぞ。この道はスメラが道ざ、すめるみ民の道ぞ。みそぎせよ、はらひせよ、臣民早くせねば間に合はんぞ。岩戸開くまでに、まだ一苦労あるぞ、この世はまだまだ悪くなるから、神も仏もこの世には居らぬのざといふところまで、とことんまで落ちて行くぞ。九月に気をつけよ、九月が大切の時ぞ。臣民の心の鏡凹《くぼ》んでゐるから、よきこともわるく映り、わるきこともよく映るぞ。今の上に立つ人、一つも真の善い事致しては居らん、これで世が治まると思ふてか、あまりと申せばあまりぞ。神は今まで見て見んふりしてゐたが、これからは厳しくどしどしと神の道に照らして神の世に致すぞ、その積りでゐて呉れよ。神の申すこと、ちっともちがはんぞ。今の世に落ちてゐる臣民、高い所へ土持ちばかり、それで苦しんでゐるのざ。早う身魂洗濯せよ、何事もハッキリと映るぞ。六月二十六日　ひつくのかみ。

第十九帖　（一九）

神の国㋹の山に㋹祭りて呉れよ、祭るとは神にまつらふことぞ、土にまつらふことぞ、人にまつらふことぞ、祭り祭りて嬉し嬉しの世となるのぞ、祭るには先づ掃除せねばならんぞ、掃除すれば誰にでも神かかるやうに、日本の臣民なりて居るぞ、神州清潔の民とは掃除してキレイになった臣民のことぞ。六月二十七日、一二㋹。

第二十帖　（二〇）

神がこの世にあるならば、こんな乱れた世にはせぬ筈ぞと申す者沢山あるが、神には人のいふ善も悪もないものぞ。よく心に考へて見よ、何もかも分りて来るぞ。表の裏は裏、裏の表は表ぞと申してあろうが、一枚の紙にも裏表、ちと誤まれば分らんことになるぞ、神心になれば何もかもハッキリ映りて来るのざ、そこの道理分らずに理屈ばかり申してゐるが、理屈のない世に、神の世にして見せるぞ。言挙げせぬ国とはその事ぞ、理屈は外国のやり方、神の臣民言挙げずに、理屈なくして何もかも分かるぞ、それが神の真の民ぞ。足許から鳥が立つぞ、十理《トリ》たちてあわてても何んにもならんぞ、用意なされよ、上下にグレンと引繰り返るぞ。上の者下に、落ちぶれた民上になるぞ、岩戸開けるぞ、夜明近づいたから、早う身魂のせんだくして呉れよ、加実の申すこと千に一つもちがはんぞ。六月二十七日、ひつくのか三。

第二十一帖　（二一）

世の元の大神《かみ》の仕組といふものは、神々にも分らん仕組であるぞ、この仕組分りてはならず分らねばならず、なかなかに六ヶ敷仕組であるぞ、知らしてやりたいなれど、知らしてならん仕組ぞ。外国がいくら攻めて来るとも、世界の神々がいくら寄せて来るとも、ぎりぎりになりたら神の元の神の神力出して岩戸開いて一つの王で治める神のまことの世に致すのであるから、神は心配ないなれど、ついて来れる臣民少ないから、早う掃除して呉れと申すのぞ、掃除すれば何事も、ハッキリと映りて楽なことになるから、早う神の申すやうして呉れよ。今度はとことはに変らぬ世に致すのざから、世の元の大神でないと分らん仕組ざ。洗濯できた臣民から手柄立てさしてうれしうれしの世に致すから、神が臣民にお礼申すから、一切ごもく捨てて、早う神の申すこと聞いて呉れよ。因縁の身魂は何うしても改心せねばならんのざから、早う改心せよ、おそい改心なかなか六ヶ敷ぞ。神は帳面につける様に何事も見通しざから、神の帳面間違ひないから、神の申す通りに、分らんことも神の申す通りに従ひて呉れよ。初めつらいなれどだんだん分りて来るから、よく言うこと聞いて呉れよ、外国から攻めて来て日本の国丸つぶれといふところで、元の神の神力出して世を建てるから、臣民の心《こころ》も同じぞ、江戸も昔しのやうになるぞ、神の身体から息《いき》出来ぬ様にしてゐるが、今に元のままにせなならんことになるぞ。富士から三十里四里離れた所へ祀りて呉れよ、富士にも祀りて呉れよ、富士はいよいよ動くから、それが済むまでは三十里離れた所へ、仮に祀りて置いて呉れよ。富士は神の山ざ、いつ火を噴くか分らんぞ、神は噴《ふ》かん積りでも、いよいよとなれば噴かなならんことがあるから、それまでは離れた所へ祀りて呉れよ、神はかまはねど、臣民の肉体大切なから、肉体もなくてはならんから、さうして祀りて呉れ。まつりまつり結構、六月の二十八日、ひつ九のか三。

第二十二帖　（二二）

いよいよとなれば、外国強いと見れば、外国へつく臣民沢山できるぞ。そんな臣民一人もいらぬ、早うまことの者ばかりで神の国を堅めて呉れよ。六月二十の八日、一二のか三。

第二十三帖　（二三）

神なぞ何うでもよいから、早く楽にして呉れと言ふ人沢山あるが、こんな人は、今度はみな灰にして、なくして仕まふから、その覚悟して居れよ。六月の二十八日、ひつくのか三。

第二十四帖　（二四）

七の日はものの成る日ぞ。「ア」と「ヤ」と「ワ」は本《もと》の御用ぞ、「イ」「ウ」の身魂は介添えの御用ぞ。あとはだんだん分りて来るぞ。六月の二十八日は因縁の日ざ、一二のか三。

第二十五帖　（二五）

一日に十万、人死にだしたら神の世がいよいよ近づいたのざから、よく世界のことを見て皆に知らして呉れよ。この神は世界中のみか天地のことを委《まか》されてゐる神の一柱ざから、小さいこと言ふのではないぞ、小さいことも何でもせなならんが、小さい事と臣民思うてゐると間違ひが起るから、臣民はそれぞれ小さい事もせなならんお役もあるが、よく気をつけて呉れよ。北から来るぞ。神は気もない時から知らして置くから、よくこの神示、心にしめて居れよ。一日一握りの米に泣く時あるぞ、着る物も泣くことあるぞ、いくら買溜めしても神のゆるさんもの一つも身には付かんぞ、着ても着ても、食うても食うても何もならん餓鬼《がき》の世ざ。早う神心にかへりて呉れよ。この岩戸開くのは難儀の分らん人には越せんぞ、踏みつけられ踏みつけられている臣民のちからはお手柄さして、とことはに名の残る様になるぞ。元の世に一度戻さなならんから、何もかも元の世に一度は戻すのざから、その積りで居れよ、欲張っていろいろ買溜めしてゐる人、気の毒が出来るぞ、神よく気をつけて置くぞ。この道に縁ある人には、神からそれぞれの神を守りにつけるから、天地の元の䡈《てん》の大神、くにの大神と共に、よく祀りて呉れよ。六月の三十日、ひつくのか三。

第二十六帖 （二六）

「あ」の身魂とは天地のまことの一つの掛替ない身魂ぞ、「や」とはその左の身魂「わ」とは右の身魂ぞ、「や」には替へ身魂㋳あるぞ、「わ」には替へ身魂㋻あるぞ、「あ」も「や」も「わ」も㋳も㋻も一つのものぞ。みたま引いた神かかる臣民を集めるから急いで呉れるなよ、今に分かるから、それまで見てゐて呉れよ。「い」と「う」はその介添の身魂、その魂と組みて「え」と「を」、「ゑ」と「お」が生まれるぞ、いづれは分ることざから、それまで待ちて呉れよ。言ってやりたいなれど、今言っては仕組成就せんから、邪魔はいるから、身魂掃除すれば分かるから、早う身魂洗濯して呉れよ。神祀るとはお祭りばかりでないぞ、神にまつらふことぞ、神にまつらふとは神にまつはりつくことぞ、神に従ふことぞ、神にまつはりつくとは、子が親にまつはることぞ、神に従ふことぞ、神にまつらふには洗濯せなならんぞ、洗濯すれば神かかるぞ、神かかれば何もかも見通しぞ、それで洗濯洗濯と臣民耳にたこ出来るほど申してゐるのざ。七月の一日　ひつくのかみの道ひらけあるぞ。

第二十七帖　（二七）

何もかも世の元から仕組みてあるから神の申すところへ行けよ。元の仕組は富士《ニニ》ぞ、次の仕組はウシトラ三十里四里、次の仕組の山に行きて開いて呉れよ、今は分るまいが、やがて結構なことになるのざから、行きて神祀りて開いて呉れよ、細かく知らしてやりたいなれど、それでは臣民の手柄なくなるから、臣民は子ざから、子に手柄さして親から御礼申すぞ。行けば何もかも善くなる様に、昔からの仕組してあるから、何事も物差しで測った様に行くぞ。天地がうなるぞ、上下引繰り返るぞ。悪の仕組にみなの臣民だまされてゐるが、もう直ぐ目さめるぞ、目さめたらたづねてござれ、この神のもとへ来てきけば、何でも分かる様に神示で知らしておくぞ。秋立ちたら淋しくなるぞ、淋しくなりたらたづねてござれ、我《が》を張ってゐると、いつまでも分らずに苦しむばかりぞ。この神示も身魂により何んなにでも、とれるやうに書いておくから、取り違ひせんやうにして呉れ、三柱と七柱揃うたら山に行けよ。七月一日、ひつくのか三。

第二十八帖　（二八）

世界中まるめて神の一つの詞《王》で治めるのぞ。それが神のやり方ぞ、百姓は百姓、鍜治《かじ》は鍜治《かじ》と、今度はとことはに定まるのぞ、身魂の因縁によりて今度はハッキリと定まって動かん神の世とするのぞ、茄子の種には瓜はならんぞ、茄子の蔓に瓜をならすのは悪の仕組、今の世はみなそれでないか。これで世が治ったら神はこの世に無いものぞ。神とアクとの力競べぞ。今度はアクの王も神の力には何うしてもかなはんと心から申す所まで、とことんまで行くのざから、アクも改心すれば助けて、よき方に廻はしてやるぞ。神の国を千切りして膾《ナマス》にするアクの仕組は分りて居る、アクの神も元の神の仕組を九分九厘までは知ってゐて、天地ひっくり返る大戦となるのぞ。残る一厘は誰も知らぬ所に仕かけてあるが、この仕組、心で取りて呉れよ、神も大切ざが、この世では臣民も大切ぞ。臣民この世の神ぞ、と言ふて鼻高になると、ポキン折れるぞ。七月一日　ひつ九のか三。

第二十九帖　（二九）

この世が元の神の世になると云ふことは、何んなかみにも分って居れど、何うしたら元の世になるかといふこと分らんぞ、かみにも分らんこと人にはなほ分らんのに、自分が何でもする様に思ふてゐるが、サッパリ取り違ひぞ。やって見よれ、あちへ外れこちへ外れ、いよいよ何うもならんことになるぞ、最後のことはこの神でないと分らんぞ。いよいよとなりて教へて呉れと申しても間に合はんぞ。七月一日　ひつくのか三。

第三十帖　（三〇）

富士を開いたらまだ開くところあるのざ、鳴戸へ行くことあるのざからこのこと役員だけ心得て置いて呉れよ。七月一の日、ひつくのか三。

第三十一帖　（三一）

今度の御用は結構な御用ぞ、いくら金積んでも、因縁ない臣民にはさせんぞ。今に御用させて呉れと金持って来るが、一一神に聞いて始末せよ。汚れた金御用にならんから、一厘も受取ることならんぞ。汚れた金邪魔になるから、まことのもの集めるから、何も心配するなよ。心配気の毒ぞよ。何も神がするから慾出すなよ、あと暫くぞよ、日々に分かりて来るから、素直な臣民うれしうれしで暮さすから。

第三十二帖　（三二）

世の元からヒツグとミツグとあるぞヒツグは☉の系統ぞ、ミツグは○の系統ぞ。ヒツグはまことの神の臣民ぞ、ミツグは外国の民ぞ。☉と○と結びて一二三《ひふみ》となるのざから、外国人も神の子ざから外国人も助けなならんと申してあらうがな。一二三唱へて岩戸あくぞ。神から見た世界の民と、人の見た世界の人とは、さっぱりアベコベであるから、間違はん様にして呉れよ。ひみつの仕組とは一二三の仕組ざ、早う一二三唱へて呉れよ、一二三唱へると岩戸あくぞ。七月の二の日、ひつくのか三。

第三十三帖　（三三）

神の用意は済んでゐるのざから、民の用意早うして呉れよ、用意して早う祀りて呉れよ。富士は晴れたり日本晴れと申すこと、だんだん分りて来るぞ。神の名のついた石があるぞ、その石、役員に分けてそれぞれに守護の神つけるぞ、神の石はお山にあるから、お山開いて呉れよ。ひつぐの民、みつぐの民、早う用意して呉れよ、神急けるぞ。七月二日、ひつくのか三。

第三十四帖　（三四）

何事も天地に二度とないことで、やり損ひしてならん多陀用幣流《たたよへる》天地《くに》の修理固成《かため》の終りの四あけであるから、これが一番大切の役であるから、しくじられんから、神がくどう申してゐるのざ、神々さま、臣民みなきいて呉れよ。一二三《ひふみ》の御用出来たら三四五《みよいつ》の御用にかからなならんから、早う一二三の御用して呉れよ。何も心配ないから神の仕事をして呉れよ、神の仕事して居れば、どこにゐても、いざといふ時には、神がつまみ上げて助けてやるから、御用第一ぞ。一日《ひとひ》に十万の人死ぬ時来たぞ、世界中のことざから、気を大きく持ちてゐて呉れよ。七月の三日、ひつくのか三。

第三十五帖　（三五）

死んで生きる人と、生きながら死んだ人と出来るぞ。神のまにまに神の御用して呉れよ、殺さなならん臣民、どこまで逃げても殺さなならんし、生かす臣民、どこにゐても生かさなならんぞ。まだまだ悪魔はえらい仕組してゐるぞ、神の国千切りと申してあるが、喩《たと》へではないぞ、いよいよとなりたら神が神力出して上下引つくり返して神代に致すぞ、とはの神代に致すぞ。細かく説いてやりたいなれど、細かく説かねば分らん様では神国《しんこく》の民とは云はれんぞ。外国人には細かく説かねば分らんが、神の臣民には説かいでも分る身魂授けてあるぞ、それで身魂みがいて呉れと申してあるのぞ。それとも外国人並にして欲しいのか、曇りたと申してもあまりぞ。何も心配いらんから、お山開いて呉れよ江戸が火となるぞ、神急けるぞ。七月の七日、ひつくのか三。

第三十六帖　（三六）

元の神代に返すといふのは、たとへでないぞ。穴の中に住まなならんこと出来るぞ、生《なま》の物食うて暮さなならんし、臣民取り違ひばかりしてゐるぞ、何もかも一旦は天地へお引き上げぞ、われの慾ばかり言ってゐると大変が出来るぞ。七月の九日、ひつくのか三。

第三十七帖　（三七）

人の上の人、みな臭い飯食ふこと出来るから、今から知らして置くから気をつけて呉れよ。お宮も一時は無くなる様になるから、その時は、みがけた人が神のお宮ぞ。早う身魂みがいておけよ、お宮まで外国のアクに壊されるやうになるぞ。早くせねば間に合わんことぞ、ひつくのか三。

第三十八帖　（三八）

残る者の身も一度は死ぬことあるぞ、死んでからまた生き返るぞ、三分の一の臣民になるぞ、これからがいよいよの時ざぞ。日本の臣民同士が食い合ひするぞ、かなわんと云うて外国へ逃げて行く者も出来るぞ。神にシッカリと縋《すが》りて居らんと何も分らんことになるから、早く神に縋りて居れよ、神ほど結構なものはないぞ。神にも善い神と悪い神とあるぞ、雨の日は雨、風の日は風といふこと分らんか、それが天地の心ぞ、天地の心を早う悟りて下されよ。いやならいやで外に代りの身魂があるから神は頼まんぞ、いやならやめて呉れよ。無理に頼まんぞ。神のすること一つも間違ひないのぞ、よく知らせを読んで下されよ、ひつきのか三。

第三十九帖　（三九）

地震かみなり火の雨降らして大洗濯するぞ。よほどシッカリせねば生きて行けんぞ。カミカカリが沢山出来て来て、わけの分らんことになるから、早く此の理《みち》をひらいて呉れよ。神界ではもう戦の見通しついてゐるなれど、今はまだ臣民には申されんのぞ。改心すれば分りて来るぞ、改心第一ぞ、早く改心第一ざ、ひつくのか三。

第四十帖　（四〇）

北も南も東も西もみな敵ぞ、敵の中にも味方あり、味方の中にも敵あるのぞ。きんの国へみなが攻めて来るぞ。神の力をいよいよ現はして、どこまで強いか、神の力を現わして見せてやるから、攻めて来て見よ、臣民の洗濯第一と言って居ること忘れるなよ、一二のか三。

第四十一帖　（四一）

人の知らん行かれん所で何してゐるのぞ。神にはよう分って居るから、いよいよといふ時が来たら助けやうもないから、気をつけてあるのにまだ目さめぬか。闇のあとが夜明ばかりと限らんぞ。闇がつづくかも知れんぞ。何もかも捨てる神民、さひはひぞ、捨てるとつかめるぞ、ひつきのか三。

第四十二帖　（四二）

初めの御用はこれで済みたから、早うお山開いて呉れよ。お山開いたら、次の世の仕組書かすぞ、一月の間に書いて呉れた神示《ふで》は「上つ巻」として後の世に残して呉れよ、これから一月の間に書かす神示は次の世の、神の世の仕組の神示ざから、それは「下《しも》つ巻」として後の世に残さすぞ、その積りで気をつけて呉れよ。御苦労なれども世界の臣民の為めざから、何事も神の申すこと、すなをに聞いて下されよ。七月の九日、ひつくのか三かく。

（上つ巻了）

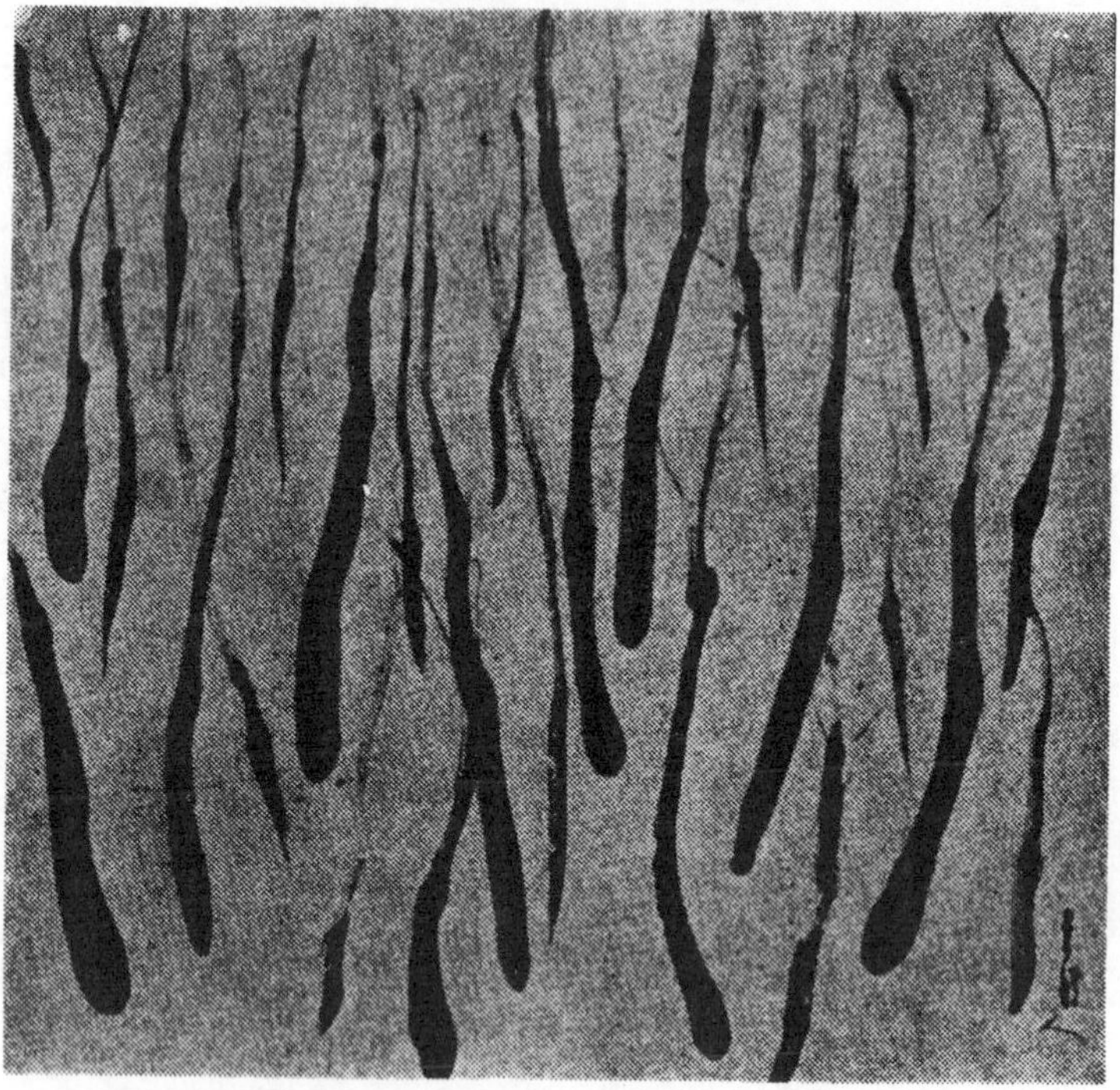

—冬　林—

ひふみ神示　第二巻

自　昭和十九年　七　月十二日

至　昭和十九年　八　月　三　日

四三帖―八〇帖

下《四百》つ巻

全卅八帖

第二十二帖　（六四）後半部原文

二三　三　二三一ゝ〇ゝ⃝

二五五五二一二三二六一

一二三二八一四五

三二三四四五二

二二一九三二五四

五三五　　一二ゝ⃝

七かつの二十八二ち

第一帖　（四三）

富士は晴れたり日本晴れ。青垣山めぐれる下つ岩根に祀り呉れた、御苦労ぞ、いよいよ神も嬉しいぞ。鳥居はいらぬぞ、鳥居とは水のことぞ、海の水あるそれ鳥居ぞ。皆の者御苦労ぞ。蛇《じゃ》が岳は昔から神が隠してをりた大切の山ざから、人の登らぬ様にして、竜神となりて護りて呉れた神々様にもお礼申すぞ。富士は晴れたり日本晴れ。いよいよ次の仕組にかかるから、早う次の御用きいて呉れよ、神急けるぞ、山晴れ、地《くに》晴れ、海晴れて、始めて天《てん》晴れるぞ。天晴れて神の働きいよいよ烈しくなりたら、臣民いよいよ分らなくなるから、早う神心《かみこころ》になりて居りて下されよ。つぎつぎに書かしておくから、よく心に留めておいて下されよ。この道《おしへ》は宗教《をしへ》ではないぞ、教会ではないぞ、道ざから、今までの様な教会作らせんぞ。道とは臣民に神が満ちることぞ、神の国の中に神がみちみつることぞ。金儲けさせんぞ、欲すてて下されよ。七月の十二日の神示《ふで》、ひつくのか三。

第二帖　（四四）

今度岩戸開く御用は、人の五倍も十倍も働く人でないとつとまらんぞ。岩戸開くと申しても、それぞれの岩戸あるぞ、大工は大工の岩戸、左官は左官の岩戸と、それぞれの岩戸あるから、それぞれ身魂相当の岩戸開いて呉れよ。慾が出ると分らんことに、盲になるから、神、気つけるぞ、神の御用と申して自分の仕事休むやうな心では神の御用にならんぞ、どんな苦しい仕事でも今の仕事十人分もして下されよ。神は見通しざから、つぎつぎによき様にしてやるから、慾出さず、素直に今の仕事致して居りて呉れよ、その上で神の御用して呉れよ。役員と申しても、それで食ふたり飲んだり暮らしてはならん、それぞれに臣民としての役目あるぞ、役員づらしたら、その日から代りの身《も》魂《の》出すぞ、鼻ポキンと折れるぞ、神で食うて行くことならんから、呉れ呉れも気をつけて置くぞ。

七月の三日　ひつ九のか三。みなの者御苦労であったぞ。

第三帖（四五）

この神のまことの姿見せてやる積りでありたが、人に見せると、びっくりして気を失ふもしれんから、石にほらせて見せておいたのにまだ気づかんから木の型をやったであろうがな、それが神の或る活動の時の姿であるぞ、神の見せ物にしてはならんぞ、お山の骨もその通りぞよ、これまで見せてもまだ分らんか、何もかも神がさしてあるのぞ。心配いらんから慾出さずに、素直に御用きいて下されよ、今度のお山開きまことに結構であるぞ神が烈しくなると、神の話より出来んことになるぞ、神の話結構ぞ。七月の十三日、ひつ九のかみ。

第四帖（四六）

早く皆のものに知らして呉れよ、神急けるぞ。お山の宮も五十九の岩で作らせておいたのに、まだ気が附かんか、それを見ても神が使ってさして居ること、よく分かるであろうが、それで素直に神の申すこと聞いて呉れて我《が》を出すなと申してゐるのぞ、何事も 神にまかせて 取越し 苦労するなよ、我が無くてもならず、我があってもならず、今度の御用なかなか六ヶ敷いぞ。五十九の石の宮出来たから五十九のイシ身魂いよいよ神が引き寄せるから、しっかりして居りて下されよ、今度の五十九の身魂は御苦労の身魂ぞ。人のようせん辛抱さして、生き変り死に変り修行さして置いた昔からの因縁の身魂のみざから、みごと御用つとめ上げて呉れよ。教会作るでないぞ、信者作るでないぞ、無理に引張るでないぞ。この仕組知らさなならず、知らしてならんし神もなかなかに苦しいぞ、世の元からの仕組ざから、いよいよ岩戸開く時来たぞ。七月の十三日、ひつくのか三。

第五帖　（四七）

江戸に神と人との集まる宮建てよ、建てると申しても家は型でよいぞ、仮りのものざから人の住んでゐる家でよいぞ。⦿の石まつりて、神人祭りて呉れよ。それが出来たら、そこでお告げ書かすぞ。淋しくなった人は集まりてその神示《ふで》見てよ、神示見れば誰でも甦るぞ。この神示うつす役要るぞ、この神示印刷してはならんぞ。神の民の言葉は神たたえるものと思へ、てんし様たたえるものと思へ、人ほめるものと思へ、それで言霊幸《ことたまさき》はふぞ、それが臣民の言葉ぞ。わるき言葉は言ってはならんぞ。言葉はよき事のために神が与へてゐるのざから忘れん様にな。七月の十五日、ひつくのかみのふで。

第六帖　（四八）

今までの神示縁ある臣民に早う示して呉れよ、神神さま臣民まつろひて言答《いわと》開くもと出来るから、早う知らせて呉れよ、誰でも見て読める様に写して神前に置いて、誰でも読めるやうにして置いて呉れよ役員よく考へて、見せるとき間違へぬ様にして呉れよ、七月の十五日、ひつくのか三神示。

第七帖　（四九）

この神示《ふで》読んでうれしかったら、人に知らしてやれよ、しかし無理には引張って呉れるなよ。この神は信者集めて喜ぶやうな神でないぞ、世界中の民みな信者ぞ、それで教会のやうなことするなと申すのぞ、世界中大洗濯する神ざから、小さいこと思うてゐると見当とれんことになるぞ。一二《ひふ》三祝詞《みのりと》するときは、神の息に合はして宣《の》れよ、神の息に合はすのは三五七・三五七に切って宣れよ。しまひだけ節《ふし》長くよめよ、それを三たびよみて宣りあげよ。天津祝詞の神ともこの方申すぞ。七月十九日、一二⊙。

第八帖（五〇）

この神示《ふで》皆に読みきかして呉れよ。一人も臣民居らぬ時でも声出して読んで呉れよ、まごころの声で読んで呉れよ、臣民ばかりに聞かすのでないぞ、神々さまにも聞かすのざから、その積りで力ある誠の声で読んで呉れよ。七月の十七日、ひつ九のか三。

第九帖（五一）

今度の戦は⊙と〇との大戦ぞ。神様にも分らん仕組が世の元の神がなされてゐるのざから、下《しも》の神神さまにも分らんぞ。何が何だか誰れも分らんやうになりて、どちらも丸潰《つぶ》れと云ふ所になりた折、大神のみことによりてこの方らが神徳出して、九分九厘という所で、神の力が何んなにえらいものかと云ふこと知らして、悪のかみも改心せならんやうに仕組みてあるから、神の国は神の力で世界の親国になるのぞ。⦿と〇とは心の中に「ゝ」があるか「ゝ」がないかの違ひであるぞ。この方は三四五《みよいつ》の神とも現われるぞ。江戸の御社《みやしろ》は誰でも気楽に来て拝める様にして置いて呉れよ、この方の神示《ふで》書く役員、神示うつす役員、神示説いてきかす役員要るぞ、役員は人の後について便所を掃除するだけの心掛ないとつとまらんぞ、役員づらしたら直ぐ替身魂使ふぞ。七月の十七日、一二のか三。

第十帖　（五二）

八月の十日には江戸に祭りて呉れよ。アイウは縦ぞ、アヤワは横ぞ、縦横揃うて十となるぞ、十は火と水ぞ、竪横結びて力出るぞ。何も心配ないからドシドシと神の申す通りに御用すすめて呉れよ。臣民は静かに、神は烈しきときの世近づいたぞ。七月の十七日、一二⦿。

第十一帖　（五三）

けものさへ神のみ旨に息せるを神を罵る民のさわなる。草木さへ神の心に従ってゐるではないか、神のむねにそれぞれに生きてゐるでないか、あの姿に早う返りて呉れよ、青人草と申すのは草木の心の民のことぞ。道は自分で歩めよ、御用は自分でつとめよ、人がさして呉れるのでないぞ、自分で御用するのぞ、道は自分で開くのぞ、人頼りてはならんぞ。七月の十八日、ひつくのか三。

第十二帖　（五四）

この神は日本人のみの神でないぞ。自分で岩戸開いて居れば、どんな世になりても楽にゆける様に神がしてあるのに、臣民といふものは慾が深いから、自分で岩戸しめて、それでお蔭ないと申してゐるが困ったものぞ。早う気づかんと気の毒出来るぞ。初めの役員十柱集めるぞ。早うこの神示写して置いて呉れよ、神急けるぞ。七月の十八日、ひつ九の⦿。

第十三帖　（五五）

逆立ちして歩くこと、なかなか上手になりたれど、そんなこと長う続かんぞ。あたま下で手で歩くのは苦しかろうがな、上にゐては足も苦しからうがな、上下逆様と申してあるが、これでよく分るであろう、足はやはり下の方が気楽ぞ、あたま上でないと逆さに見えて苦しくて逆様ばかりうつるぞ、この道理分りたか。岩戸開くとは元の姿に返すことぞ、神の姿に返すことぞ。三《みち》の役員は別として、あとの役員のおん役は手、足、目、鼻、口、耳などぞ。人の姿見て役員よく神の心悟れよ、もの動かすのは人のやうな組織でないと出来ぬぞ。この道の役員はおのれが自分でおのづからなるのぞ、それが神の心ぞ。人の心と行ひと神の心に融けたら、それが神の国のまことの御用の役員ぞ、この道理分りたか。この道は神の道ざから、神心になると直ぐ分るぞ、金銀要らぬ世となるぞ。御用うれしくなりたら神の心に近づいたぞ、手は手の役、うれしかろうがな、足は足の役、うれしかろうがな、足はいつまでも足ぞ、手はいつまでも手ぞ、それがまことの姿ぞ、逆立して手が足の代りしてゐたからよく分りたであろうがな。いよいよ世の終りが来たから役員気つけて呉れよ。神代近づいてうれしいぞよ。日本は別として世界七つに分けるぞ、今に分りて来るから、静に神の申すこと聞いて置いて下されよ。この道は初め苦しいが、だんだんよくなる仕組ぞ、わかりた臣民から御用つくりて呉れよ、御用はいくらでも、どんな臣民にでも、それぞれの御用あるから、心配なくつとめて呉れよ。七月の十八日の夜、ひつくのか三。

第十四帖 （五六）

臣民ばかりでないぞ、神神様にも知らせなならんから、なかなか大層と申すのぞ。一二三《ひふみ》の仕組とは、永遠《とは》に動かぬ道のことぞ、三四五《みよいづ》の仕組とは、みよいづの仕組ぞ、御代出づとは神の御代になることぞ、この世を神の国にねり上げることぞ、神祀りたら三四五の御用にかかるから、その積りで用意して置いて呉れよ。この神は世界中の神と臣民と、けだものも草木もかまはねばならんのざから、御役いくらでもあるぞ。神様と臣民同じ数《かず》だけあるぞ。それぞれに神つけるから、早う身魂みがいて呉れよ、みがけただけの神をつけて、天晴れ後の世に残る手柄立てさすぞ。小さいことはそれぞれの神にきいて呉れよ、一人ひとり、何でもききたいことは、病直すことも、それぞれの神がするから、サニワでお告うけて呉れよ、この方の家来の神が知らせるから何でもきけよ。病も直してやるぞ、その神たよりたなら、身魂みがけただけの神徳あるぞ。この世始まってない今度の岩戸開きざから、これからがいよいよざぞ。飛んだところに飛んだこと出来るぞ。それはみな神がさしてあるのざから、よく気つけて居れば、さきの事もよく分かるようになるぞ。元の神代に返すと申すのは喩へでないぞ。七から八から九から十から神烈しくなるぞ、臣民の思う通りにはなるまいがな、それは逆立してゐるからぞ。世界一度にキの国にかかりて来るから、一時は潰れたやうに、もうかなはんと云ふところまでになるから、神はこの世に居らんと臣民申すところまで、むごいことになるから、外国が勝ちたやうに見える時が来たら、神の代近づいたのぞ、いよいよとなりて来ねば分らん様では御用出来んぞ。七月の二十日、ひつ九のか三。

第十五帖　（五七）

この方祀りて神示《ふで》書かすのは一所なれど、いくらでも分け霊《みたま》するから、ひとりひとり祀りてサニワ作りてもよいぞ。祀る時は先づ鎮守様によくお願いしてから祀れよ鎮守様は御苦労な神様ぞ、忘れてはならんぞ、この神には鳥居と注連《しめ》は要らんぞ。追ひ追ひ分かりて来るぞ、一二七七七七わすれてはならんぞ、次の世の仕組であるぞ。身魂みがけば何事も分りて来ると申してあろがな、黙ってゐても分るやうに早うなって下されよ、神の国近づいたぞ。七月の二十一日、ひつ九のか三。

第十六帖　（五八）

智恵でも学問でも、今度は金積んでも何うにもならんことになるから、さうなりたら神をたよるより外に手はなくなるから、さうなりてから助けて呉れと申しても間に合わんぞ、イシヤの仕組にかかりて、まだ目さめん臣民ばかり。日本精神と申して仏教の精神や基督教の精神ばかりぞ。今度は神があるか、ないかを、ハッキリと神力みせてイシヤも改心さすのぞ。神の国のお土に悪を渡すことならんのであるが、悪の神わたりて来てゐるから、いつか悪の鬼ども上がるも知れんぞ。神の国ぞと口先きばかりで申してゐるが、心の内は幽界《がいこく》人沢山あるぞ。富士から流れ出た川には、それぞれ名前の附いてゐる石置いてあるから縁ある人は一つづつ拾ひて来いよ、お山まで行けぬ人は、その川で拾ふて来い、みたま入れて守りの石と致してやるぞ。これまでに申しても疑ふ臣民あるが、うその事なら、こんなに、くどうは申さんぞ。因縁の身魂には神から石与へて守護神の名つけてやるぞ。江戸が元のすすき原になる日近づいたぞ。てん四様を都に移さなならん時来たぞ。江戸には人民住めん様な時が一度は来るのぞ。前のやうな世が来ると思うてゐたら大間違ひぞ。江戸の仕組すみたらカイの御用あるぞ。いまにさびしくなりて来るぞ。この道栄えて世界の臣民みなたづねて来るやうになるぞ。七月の二十一日の夜、ひつ九のか三。

第十七帖　（五九）

学や智恵では外国にかなうまいがな、神たよれば神の力出るぞ、善いこと言へば善くなるし、わるきこと思へばわるくなる道理分らんか。今の臣民口先きばかり、こんなことでは神の民とは申されんぞ。天明は神示書かす役ぞ。神の心取り次ぐ役ざが、慢心すると誰かれの別なく、代へ身魂使ふぞ。因縁のある身魂はこの神示《ふで》見れば心勇んで来るぞ。一人で七人づつ道伝へて呉れよ、その御用が先づ初めの御用ぞ。この神示通り伝へて呉れればよいのぞ、自分ごころで説くと間違ふぞ。神示通りに知らして呉れよ。我を張ってはならぬぞ、我がなくてもならぬぞ、この道六ケしいなれど縁ある人は勇んで出来るぞ。七月の二十一日、一二の㋹。

第十八帖　（六〇）

この道は神の道であり人の道であるぞ。この道の役員は神が命ずることもあるが、おのれが御用すれば、自然と役員となるのぞ、たれかれの別ないぞ、世界中の臣民みな信者ざから、臣民が人間ごころでは見当とれんのも無理ないなれど、この事よく腹に入れて置いてくれよ。神の土出るぞ、早く取りて用意して皆に分けてやれよ。神に心向ければ、いくらでも神徳与へて何事も楽にしてやるぞ。七月の二十三日、ひつ九のか三のふで。

第十九帖　（六一）

苦しくなりたら何時でもござれ、その場で楽にしてやるぞ、神に従へば楽になって逆らへば苦しむのぞ。生命も金も一旦天地へ引き上げ仕まうも知れんから、さうならんやうに心の洗濯第一ぞと申して、くどう気附けてゐることまだ分らんか。七月の二十三日、一二のか三。

第二十帖　（六二）

上《うえ》、中《なか》、下《しも》の三段に身魂をより分けてあるから、神の世となりたら何事もきちりきちりと面白い様に出来て行くぞ。神の世とは神の心のままの世ぞ、今でも臣民神ごころになりたら、何でも思ふ通りになるぞ。臣民近慾《ちかよく》なから、心曇りてゐるから分らんのぞ。今度の戦は神力と学力のとどめの戦ぞ。神力が九分九厘まで負けた様になったときに、まことの神力出して、ぐれんと引繰り返して、神の世にして、日本のてんし様が世界まるめてしろしめす世と致して、天地神神様にお目にかけるぞ。てんし様の光が世界の隅々まで行きわたる仕組が三四五《みよいづ》の仕組ぞ、岩戸開きぞ。いくら学力強いと申しても百日の雨降らすこと出来まいがな。百日雨降ると何んなことになるか、臣民には分るまい、百日と申しても、神から云へば瞬きの間ぞ。七月の二十三日、ひつ九の◉。

第二十一帖　（六三）

ゝばかりでもならぬ、〇ばかりでもならぬ。◉がまことの神の元の国の姿ぞ。元の神の国の臣民は⦿でありたが、ヽが神国に残り○が外国で栄へて、どちらも片輪となったのぞ。ヽもかたわ○もかたわ、ヽと○と合はせてまことの⦿《かみ》の世に致すぞ。今の戦はヽと○との戦ぞ、神の最後の仕組と申すのは○にヽ入れることぞ。○も五ぞヽも五ぞ、どちらも、このままでは立ちて行かんのぞ。一厘の仕組とは○に神の国のヽを入れることぞ、よく心にたたみておいて呉れよ。神は十柱五十九柱のからだ待ちてゐるぞ。五十と九柱のミタマの神神様お待ちかねであるから、早うまゐりて呉れよ。今度の御役大層であるが、末代残る結構な御役であるぞ。七月の二十四日、一二のか三。

第二十二帖　（六四）

岩戸開く仕組知らしてやりたいなれど、この仕組、言ふてはならず、言はねば臣民には分らんし、神苦しいぞ、早う神心になりて呉れと申すのぞ、身魂の洗濯いそぐのぞ。二三三二二一《アイカギ》、ヽ○⦿、コノカギハイシヤトシカテニギルコトゾ、一二⦿《ひつくのかみ》、七月の二十八日。

第二十三帖　（六五）

世が引繰り返って元の神世に返るといふことは、神神様には分って居れど、世界ところどころにその事知らし告げる神柱あるなれど、最後のことは九《こ》の神でないと分らんぞ。この方は天地をキレイに掃除して天の大神様にお目にかけねば済まぬ御役であるから、神の国の臣民は神の申す様にして、天地を掃除しててんし様に奉らなならん御役ぞ。江戸に神早う祀りて呉れよ、仕組通りにさすのであるから、臣民我を去りて呉れよ。この方祀るのは天《あめ》のひつくの家ぞ、祀りて秋立ちたら、神いよいよ烈しく、臣民の性来《しょうらい》によって、臣民の中に神と獣とハッキリ区別せねばならんことになりて来たぞ、神急けるぞ。七月の三十日、ひつ九のか三。

第二十四帖　（六六）

一が十にと申してありたが、一が百に、一が千に、一が万になるときいよいよ近づいたぞ。秋立ちたらスクリと厳しきことになるから、神の申すこと一分一厘ちがはんぞ。改心と申すのは、何もかも神にお返しすることぞ、臣民のものといふもの何一つもあるまいがな、草の葉一枚でも神のものぞ。七月の三十日、ひつくのか三。

第二十五帖　（六七）

今度の戦で何もかも埒ついて仕まふ様に思うてゐるが、それが大きな取違ひぞ、なかなかそんなチヨロッコイことではないぞ、今度の戦で埒つく位なら、臣民でも致すぞ。今に戦も出来ない、動くことも引くことも、進むことも何うすることも出来んことになりて、臣民は神がこの世にないものといふ様になるぞ、それからが、いよいよ正念場ぞ、まことの神の民と獣とをハッキリするのはそれからぞ。戦出来る間はまだ神の申すことときかんぞ、戦出来ぬ様になりて、始めて分かるのぞ、神の申すこと、ちっとも違はんぞ、間違ひのことなら、こんなにくどうは申さんぞ。神は気《け》もない時から知らしてあるから、いつ岩戸が開けるかと云ふことも、この神示《ふで》よく読めば分かる様にしてあるのぞ、改心が第一ぞ。七月の三十日、ひつくのか三のふで。

第二十六帖　（六八）

神の国を真中にして世界分けると申してあるが、神祀るのと同じやり方ぞ。天《あめ》のひつくの家とは天のひつくの臣民の家ぞ。天のひつくと申すのは天の益人のことぞ、江戸の富士と申すのは、ひつくの家の中に富士の形作りて、その上に宮作りてもよいのぞ、仮りでよいのぞ。こんなに事訳《ことわけ》てはこの後は申さんぞ。小さい事はサニワで家来の神神様から知らすのであるから、その事忘れるなよ。仏《ぶつ》も耶蘇《やそ》も、世界中まるめるのぞ。喧嘩して大き声する所にはこの方鎮まらんぞ、この事忘れるなよ。七月の三十一日、一二㋹。

第二十七帖　（六九）

この方は祓戸の神とも現はれるぞ。この方祀るのは富士に三と所、◎海に三と所、江戸にも三と所ぞ、奥山、中山、一の宮ぞ。富士は、榛名《はるな》に祀りて呉れて御苦労でありたが、これは中山ぞ、一の宮と奥の山にまた祀らねばならんぞ、◎海の仕組も急ぐなれどカイの仕組早うさせるぞ。江戸にも三と所、天明の住んでゐるところ奥山ぞ。あめのひつくの家、中山ぞ、此処が一の宮ざから気つけて置くぞ。この方祀るのは、真中に神の石鎮め、そのあとにひもろぎ、前の右左にひもろぎ、それが「あ」と「や」と「わ」ぞ、そのあとに三つ七五三とひもろ木立てさすぞ。少しはなれて四隅にイウエオの言霊石置いて呉れよ。鳥居も注連《しめ》もいらぬと申してあろがな、このことぞ。この方祀るのも、役員の仕事も、この世の組立も、みな七七七七と申してきかしてあるのには気がまだつかんのか、臣民の家に祀るのは神の石だけでよいぞ、天のひつくの家には、どこでも前に言ふ様にして祀りて呉れよ。江戸の奥山には八日、秋立つ日に祀りて呉れよ、中山九日、一の宮には十日に祀りて呉れよ。気つけてあるのに神の神示《ふで》よまぬから分らんのぞ、このこと、よく読めば分るぞ。今の様なことでは神の御用つとまらんぞ、正直だけでは神の御用つとまらんぞ。裏と表とあると申して気つけてあろがな、シッカリ神示読んで、スキリと腹に入れて呉れよ。よむたび毎に神が気つける様に声出してよめば、よむだけお蔭あるのぞ。七月の三十一日、一二⦿。

第二十八帖　（七〇）

またたきの間に天地引繰り返る様な大騒動が出来るから、くどう気つけてゐるのざ、さあといふ時になりてからでは間に合はんぞ、用意なされよ。戦の手伝ひ位なら、どんな神でも出来るのざが、この世の大洗濯は、われよしの神ではよう出来んぞ。この方は元のままの身体《からだ》持ちてゐるのざから、いざとなれば何んなことでもして見せるぞ。仮名ばかりの神示と申して馬鹿にする臣民も出て来るが、仕まひにはその仮名に頭下げて来ねばならんぞ、かなとは⦿《カミ》の七《ナ》ぞ、神の言葉ぞ。今の上の臣民、自分で世の中のことやりてゐるように思うているが、みな神がばかして使ってゐるのに気づかんか、気の毒なお役も出て来るから、早う改心して呉れよ。年寄や女や盲、聾ばかりになりても、まだ戦やめず、神の国の人だねの無くなるところまで、やりぬく悪の仕組もう見て居れんから、神はいよいよ奥の手出すから、奥の手出したら、今の臣民ではようこたえんから、身魂くもりてゐるから、それでは虻蜂取らずざから、早う改心せよと申してゐるのぞ、このことよく心得て下されよ、神せけるぞ。八月二日、ひつ九のか三。

第二十九帖　（七一）

神の土出ると申してありたが、土は五色の土ぞ、それぞれに国々、ところどころから出るのぞ。白、赤、黄、青、黒の五つ色ぞ、薬のお土もあれば喰べられるお土もあるぞ、神に供へてから頂くのぞ、何事も神からぞ。八月二日、一二⦿。

第三十帖　（七二）

八のつく日に気つけて呉れよ、だんだん近づいたから、辛酉《かのととり》はよき日、よき年ぞ。冬に桜咲いたら気つけて呉れよ。八月二日　ひつくのかみ。

第三十一帖　（七三）

この神に供へられたものは、何によらん私することならんぞ、まゐりた臣民にそれぞれ分けて喜ばして呉れよ、臣民喜べば神も喜ぶぞ、神喜べば天地光りて来るぞ、天地光れば富士《ここ》晴れるぞ、富士は晴れたり日本晴れとはこの事ぞ。このやうな仕組でこの道ひろめて呉れよ、それが政治ぞ、経済ぞ、真通理《マツリ》ぞ、分りたか。八月の三日、ひつ九のか三。

第三十二帖　（七四）

この道ひろめて金儲けしようとする臣民沢山に出て来るから、役員気つけて呉れよ、役員の中にも出て来るぞ、金《かね》は要《い》らぬのざぞ、金いるのは今しばらくぞ、生命は国にささげても金は自分のものと頑張ってゐる臣民、気の毒出来るぞ、何もかも天地へ引き上げぞと知らしてあること近づいて来たぞ、金かたきの世来たぞ。八月三日、一二㋹。

第三十三帖　（七五）

親となり子となり夫婦となり、兄弟《はらから》となりて、生きかわり死にかわりして御用に使ってゐるのぞ、臣民同志、世界の民、みな同胞《はらから》と申すのは喩でないぞ、血がつながりてゐるまことの同胞ぞ、はらから喧嘩も時によりけりぞ、あまり分らぬと神も堪忍袋の緒切れるぞ、何んな事あるか知れんぞ、この道の信者は神が引き寄せると申せば役員ふところ手で居るが、そんなことでこの道開けると思ふか。一人が七人の人に知らせ、その七人が済んだら、次の御用にかからすぞ、一聞いたら十知る人でないと、この御用つとまらんぞ、うらおもて、よく気つけよ。因縁の身魂はどんなに苦しくとも勇んで出来る世の元からのお道ぞ。七人に知らしたら役員ぞ、神が命ずるのでない、自分から役員になるのぞと申してあろがな、役員は神のぢきぢきの使ひぞ、神柱ぞ。肉体男なら魂《たま》は女《おみな》ぞ、この道十《と》りに来る悪魔あるから気つけ置くぞ。八月の三日、ひつ九のか三。

第三十四帖　（七六）

臣民はすぐにも戦すみてよき世が来る様に思うてゐるが、なかなかさうはならんぞ、臣民に神うつりてせねばならんのざから、まことの世の元からの臣民幾人もないぞ、みな曇りてゐるから、これでは悪の神ばかりかかりて、だんだん悪の世になるばかりぞ、それで戦すむと思うてゐるのか、自分の心よく見てござれ、よく分るであろがな、戦すんでもすぐによき世とはならんぞ、それからが大切ぞ、胸突き八丁はそれからぞ、富士に登るのにも、雲の上からが苦しいであろがな、戦は雲のかかってゐるところぞ、頂上《いただき》までの正味のところはそれからぞ。一、二、三年が正念場ぞ。三四五《みよいづ》の仕組と申してあろがな。八月の三日、ひつくのか三。

第三十五帖　（七七）

何もかも持ちつ持たれつであるぞ、臣民喜べば神も喜ぶぞ、金《きん》では世は治まらんと申してあるのにまだ金追うてゐる醜《みぐる》しい臣民ばかり、金は世をつぶす本ぞ、臣民、世界の草木まで喜ぶやり方は⦿の光のやり方ぞ。臣民の生命も長うなるぞ、てんし様は生き通しになるぞ、御玉体《おからだ》のままに神界に入られ、またこの世に出られる様になるぞ、死のないてんし様になるのぞ、それには今のやうな臣民のやり方ではならんぞ、今のやり方ではてんし様に罪ばかりお着せしてゐるのざから、この位不忠なことないぞ、それでもてんし様はおゆるしになり、位までつけて下さるのぞ、このことよく改心して、一時《ひととき》も早く忠義の臣民となりて呉れよ。八月の三日、ひつ九の⦿。

第三十六帖　（七八）

神をそちのけにしたら、何も出来上らんやうになりたぞ。国盗《くにと》りに来てグレンと引繰り返りて居らうがな、それでも気づかんか。一にも神、二にも神、三にも神ぞ、一にも天詞様、二にも天詞様、三にも天詞様ぞ。この道つらいやうなれど貫きて呉れよ、だんだんとよくなりて、こんな結構なお道かと申すやうにしてあるのざから、何もかもお国に献げて自分の仕事を五倍も十倍も精出して呉れよ。戦位何でもなく終るぞ。今のやり方ではとことんに落ちて仕まうぞ、神くどう気つけて置くぞ。国々の神さま、臣民さま改心第一ぞ。八月三日、ひつ九のか三。

第三十七帖　（七九）

世が変りたら天地光り人も光り草も光り、石も物ごころに歌ふぞ、雨もほしい時に降り、風もほしい時に吹くと雨の神、風の神申して居られるぞ。今の世では風雨を臣民がワヤにしているぞ、降っても降れず、吹いても吹かん様になりてゐるのが分らんか。盲つんぼの世の中ぞ。神のゐる場所塞いで居りてお蔭ないと不足申すが、分らんと申しても余りであるぞ。神ばかりでもならず、臣民ばかりではなおならず、臣民は神の入れものと申してあろが、あめのひつくの民と申すのは、世界治めるみたまの入れもののことぞ、民草とは一人をまもる入れものぞ、ひつくの臣草は神がとことん試めしに試めすのざから、可哀そうなれど我慢して呉れよ、その代り御用つとめて呉れたら、末代名を残して、神からお礼申すぞ。何事も神は帳面につけとめてゐるのざから間違ひないぞ、この世ばかりでないぞ、生れ代り死に代り鍛へてゐるのぞ、ひつくの臣民落ちぶれてゐると申してあろがな、今に上、下になるぞ、逆立ちがおん返りて、元のよき楽の姿になるのが近づいたぞ、逆立ち苦しかろがな、改心した者から楽にしてやるぞ、御用に使ふぞ。八月三日、ひつ九のか三。

第三十八帖　（八〇）

富士は晴れたり日本晴れ、これで下つ巻の終りざから、これまでに示したこと、よく腹に入れて呉れよ。神が真中で取次ぎ役員いくらでもいるぞ、役員はみな神柱ぞ。国々、ところどころから訪ねて来るぞ、その神柱にはみつげの道知らしてやりて呉れよ、日本の臣民みな取次ぎぞ、役員ぞ。この方は世界中丸めて大神様にお目にかける御役、神の臣民は世界一つに丸めててんし様に献げる御役ぞ。この方とこの方の神々と、神の臣民一つとなりて世界丸める御役ぞ。神祀りて呉れたらいよいよ仕組知らせる神示《ふで》書かすぞ、これからが正念場ざから、ふんどし締めてかかりて呉れよ。秋立ちたら神烈しくなるぞ、富士は晴れたり日本晴れ、てんし様の三四五《みよいづ》となるぞ。八月の三日、ひつくのか三。

（下つ巻了）

天明自画像（三十二歳）

富士＝普字の巻　全廿七帖

ひふみ神示　第三巻

自　昭和十九年　八　月　十　日
至　昭和十九年　八　月三十日

八一帖―一〇七帖

第一帖（八一）原文

三八一九ゝ百ゝゝ七ゝ十十ゝ三十ゝ百四一十百ゝゝ八ゝ九ゝ八ゝゝゝ三⦿ゝ三八一三一ゝゝ⦿ゝ
四ゝ三ゝ八ゝゝ三ゝゝゝ八四一十百四ゝ一ゝゝ十七九十四ゝ百ゝゝ三ゝゝゝ八四一四二百四ゝ一ゝ
ゝ三ゝゝゝ九ゝ二ゝゝ八ゝゝ一ゝゝ三⦿ゝ三八一ゝ三⦿ゝ七ゝゝ三⦿ゝ七ゝゝゝ七ゝ一ゝ八七ゝゝ
ゝゝ⦿八四ゝ三九ノ九十ゝゝゝ九四ゝ三ゝ七一七ゝ十一ゝ二八ゝゝゝ九ゝ三三ゝゝ十二ゝゝ八九ゝ
九十八ゝゝゝ三三ゝゝ三ゝゝゝ一一三八ゝゝ十ゝ⦿ノ一二⦿

第二帖（八二）此の大掃除……以下の原文

九《コ》ゝ《ノ》ゝゝゝ《オーソージ》
一《イチ》お八《オーヤ》ゝ《ン》ゝ《ダ》ゝ《ト》あん《アン》ゝ《ド》ゝ《ス》ゝ《ル》ゝ九《ゴ》
ゝ《ノ》ゝ《ト》ゝ《キ》ゝ《フ》二《ジ》七《ナ》ゝ《ル》ゝ《ト》ゝ《ガ》七九《ヒック》り
ゝ《カ》ゝ《エ》ゝ《ル》十《ソ》てゝ《ン》ゝ《ノ》三《ミチ》ゝ《チ》ゝ《ノ》ゝ《ミチ》↘
↘ゝ《ソ》七九《ヒック》り《リ》ゝ《カ》ゝ《ヘ》ゝ《ル》三《ソ》八《ハ》四か《ヨーカ》
一《イ》四《シ》ん四《シ》て九《ク》れ四《ヨ》
八かつの十一にち　⦿のひつくの⦿

第一帖　（八一）

道はいくらもあるなれど、どの道通っても、よいと申すのは、悪のやり方ぞ、元の道は一つぞ、初めから元の世の道、変らぬ道があれば、よいと申してゐるが。どんなことしても我さへたてばよいように申してゐるが、それが悪の深き腹の一厘ぞ。元の道は初めの道、神のなれる道、神のなかのゝなる初め、ゝは光の真中⦿は四の道、此の事、気のつく臣民ないなれど。「一が二」わかる奥の道、身魂掃除すれば此のことわかるのざ、身魂磨き第一ぞ。八月十日、⦿の一二⦿。

第二帖　（八二）

か一の八マに立ちて、一《ひ》れ二《ふ》りて祓ひて呉れよ、ひつくの神に事へている臣民、代る代るこの御役つとめて呉れよ。今は分かるまいなれど結構な御役ぞ。この神示《ふで》腹の中に入れて置いてくれと申すに、言ふ事きく臣民少ないが、今に後悔するのが、よく分りてゐるから神はくどう気つけて置くのぞ、読めば読むほど神徳あるぞ、どんな事でも分かる様にしてあるぞ、言ふこときかねば一度は種だけにして、根も葉も枯らして仕まうて、この世の大掃除せねばならんから、種のある内に気つけて居れど、気つかねば気の毒出来るぞ。今度の祭典《まつり》御苦労でありたぞ、神界では神々様大変の御喜びぞ、雨の神、風の神殿ことに御喜びになりたぞ。此の大掃除一応やんだと安緒する。この時、富士《ニニ》鳴門がひっくり返るぞ、早やう改心して呉れよ。八月の十一日、⦿のひつくの⦿。

第三帖　（八三）

メリカもギリスは更なり、ドイツもイタリもオロシャも外国はみな一つになりて神の国に攻め寄せて来るから、その覚悟で用意しておけよ。神界ではその戦の最中ぞ。学と神力との戦と申しておろがな、どこから何んなこと出来るか、臣民には分かるまいがな、一寸先きも見えぬほど曇りて居りて、それで神の臣民と思うてゐるのか、畜生にも劣りてゐるぞ。まだまだわるくなって来るから、まだまだ落ち沈まねば本当の改心出来ん臣民沢山あるぞ。玉とは御《おん》魂ぞ、鏡とは内に動く御力ぞ、剣とは外に動く御力ぞ、これを三種《みくさ》の神宝《かむたから》と申すぞ。今は玉がなくなってゐるのぞ、鏡と剣だけぞ、それで世が治まると思うてゐるが、肝腎の真中ないぞ、それでちりちりばらばらぞ。アとヤとワの詞[四]の元要るぞと申してあろがな、この道理分らんか、剣と鏡だけでは戦勝てんぞ、それで早う身魂みがいて呉れと申してあるのぞ。上下ないぞ、上下に引繰り返すぞ、もう神待たれんところまで来てゐるぞ、身魂みがけたら、何んな所で何んなことしてゐても心配ないぞ、神界の都にはあくが改めて来てゐるのざぞ。八月の十二日、◉のひつくの◉。

第四帖　（八四）

一二三《ひふみ》の仕組が済みたら三四五《みよいづ》の仕組ぞと申してありたが、世の本の仕組は三四五の仕組から五六七《みろく》の仕組となるのぞ、五六七の仕組とは弥勒《みろく》の仕組のことぞ、獣《けもの》と臣民とハッキリ判《わか》りたら、それぞれの本性出すのぞ、今度は万劫末代のことぞ、気の毒出来るから洗濯大切と申してあるのぞ。今度お役きまりたらそのまゝいつまでも続くのざから、臣民よくこの神示《ふで》よみておいて呉れよ。八月十三日、◉のひつくのか三。

第五帖　（八五）

喰うものがないと申して臣民不足申してゐるが、まだまだ少なくなりて、一時は喰ふ物も飲む物もなくなるのぞ、何事も行《ぎょう》であるから喜んで行して下されよ。滝に打たれ、蕎麦《そば》粉喰うて行者は行してゐるが、断食する行者もゐるが、今度の行は世界の臣民みな二度とない行であるから、厳しいのぞ、この行出来る人と、よう我慢出来ない人とあるぞ、この行出来ねば灰にするより外ないのぞ、今度の御用に使ふ臣民はげしき行さして神うつるのぞ。今の神の力は何も出ては居らぬのぞ。この世のことは神と臣民と一つになりて出来ると申してあろがな、早く身魂みがいて下されよ。外国は○、神の国は丶と申してあるが、丶は神ざ、○は臣民ぞ、○ばかりでも何も出来ぬ、丶ばかりでもこの世の事は何も成就せんのぞ、それで神かかれるやうに早う大洗濯して呉れと申してゐるのぞ、神急《せ》けるぞ、この御用大切ぞ、神かかれる肉体沢山要るのぞ。今度の行は○を綺麗にする行ぞ、掃除出来た臣民から楽になるのぞ。どこに居りても掃除出来た臣民から、よき御用に使って、神から御礼申して、末代名の残る手柄立てさすぞ。神の臣民、掃除洗濯出来たらこの戦は勝つのぞ、今は一分もないぞ、一厘もないぞ、これで神国の民と申して威張ってゐるが、足許からビックリ箱があいて、四ツん這ひになっても助からぬことになるぞ、穴掘りて逃げても、土もぐってゐても灰になる身魂は灰ぞ、どこにゐても助ける臣民行って助けるぞ、神が助けるのでないぞ、神助かるのぞ、臣民も神も一緒に助かるのぞ、この道理よく腹に入れて呉れよ、この道理分りたら神の仕組はだんだん分りて来て、何といふ有難い事かと心がいつも春になるぞ。八月の十四日の朝、⦿のひつ九の⦿。

第六帖（八六）

今は善の神が善の力弱いから善の臣民苦しんでゐるが、今しばらくの辛抱ぞ、悪神総がかりで善の肉体に取りかからうとしてゐるからよほどフンドシしめてかからんと負けるぞ。親や子に悪の神かかりて苦しい立場にして悪の思ふ通りにする仕組立ててゐるから気をつけて呉れよ。神の、も一つ上の神の世の、も一つ上の神の世の、も一つ上の神の世は戦済んでゐるぞ、三四五《みよいづ》から五六七《みろく》の世になれば天地光りて何もかも見えすくぞ。八月のこと、八月の世界のこと、よく気つけて置いて呉れよ、いよいよ世が迫りて来ると、やり直し出来んと申してあろがな。いつも剣の下にゐる気持で心ひき締めて居りて呉れよ、臣民口でたべる物ばかりで生きてゐるのではないぞ。八月の十五日、ひつく⦿と⦿のひつ九のか三しるさすぞ。

第七帖（八七）

悪の世であるから悪の臣民世に出てござるぞ、善の世にグレンと引繰り返ると申すのは善の臣民の世になることぞ。今は悪が栄えてゐるのざが、この世では人間の世界が一番おくれてゐるのざぞ、草木《くさき》はそれぞれに神のみことのまにまになってゐるぞ。一本の大根でも一粒の米でも何でも貴くなったであろが、一筋の糸でも光出て来たであろがな、臣民が本当のつとめしたなら、どんなに尊いか、今の臣民には見当とれまいがな、神が御礼申すほどに尊い仕事出来る身魂ぞ、殊に神の国の臣民みな、まことの光あらはしたなら、天地が輝いて悪の身魂は目あいて居れんことになるぞ。結構な血筋に生まれてゐながら、今の姿は何事ぞ、神はいつまでも待てんから、いつ気の毒出来るか知れんぞ。戦恐れてゐるが臣民の戦位、何が恐《こわ》いのぞ、それより己の心に巣くうてる悪のみたまが恐いぞ。八月十六日、㋹のひつくのか三。

第八帖　（八八）

山は神ぞ、川は神ぞ、海も神ぞ、雨も神、風も神ぞ、天地みな神ぞ、草木も神ぞ、神祀れと申すのは神にまつらふことと申してあろが、神々まつり合はすことぞ、皆何もかも祭りあった姿が神の姿、神の心ぞ。みなまつれば何も足らんことないぞ、余ることないぞ、これが神国の姿ぞ、物足らぬ物足らぬと臣民泣いてゐるが、足らぬのでないぞ、足らぬと思ふてゐるが、余ってゐるのではないか、上《かみ》の役人どの、まづ神祀れ、神祀りて神心となりて神の政治せよ、戦などは何でもなく鳧《けり》がつくぞ。八月十七日、㋹の一二のか三。

第九帖　（八九）

神界は七つに分かれてゐるぞ、天つ国三つ、地《つち》の国三つ、その間に一つ、天国が上中下の三段、地国も上中下の三段、中界《ちう》の七つぞ、その一つ一つがまた七つに分かれてゐるのぞ、その一つがまた七つずつに分れてゐるぞ。今の世は地獄の二段目ぞ、まだ一段下あるぞ、一度はそこまで下がるのぞ、今一苦労あると、くどう申してあることは、そこまで落ちることぞ、地獄の三段目まで落ちたら、もう人の住めん所ざから、悪魔と神ばかりの世にばかりなるのぞ。この世は人間にまかしてゐるのざから、人間の心次第ぞ、しかし今の臣民のやうな腐った臣民ではないぞ、いつも神かかりてゐる臣民ぞ、神かかりと直ぐ分かる神かかりではなく、腹の底にシックリと神鎮ってゐる臣民ぞ、それが人間の誠の姿ぞ。いよいよ地獄の三段目に入るから、その覚悟でゐて呉れよ、地獄の三段目に入ることの表《おもて》は一番の天国に通ずることぞ、神のまことの姿と悪の見られんさまと、ハッキリ出て来るのぞ、神と獣と分けると申してあるのはこのことぞ。何事も洗濯第一。八月の十八日、⦿の一二⦿。

第十帖（九〇）

いよいよ戦烈しくなりて喰ふものもなく何もなくなり、住むこともなくなりたら行く所なくなるぞ。神の国から除かれた臣民と神の臣民と何ちらがえらいか、その時になりたらハッキリするぞ、その時になりて何うしたらよいかと申すことは神の臣民なら誰でも神が教えて手引張ってやるから、今から心配せずに神の御用なされよ、神の御用と申して自分の仕事をなまけてはならんぞ。何んな所にゐても、神がスッカリと助けてやるから、神の申すやうにして、今は戦して居りて呉れよ。てんし様御心配なさらぬ様にするのが臣民のつとめぞ。神の臣民言《こと》に気をつけよ、江戸に攻め来たぞ。八月の十九日、⦿のひつ九の⦿。

第十一帖　（九一）

神土《かみつち》は白は、「し」のつく、黄は「き」のつく、青赤は「あ」のつく、黒は「く」のつく山々里々から出て来るぞ、よく探して見よ、三尺下の土なればよいぞ、いくらでも要るだけは出てくるぞ。八月二十日、⦿のひつ九のか三。

第十二帖　（九二）

御土は神の肉体ぞ。臣民の肉体もお土から出来てゐるのぞ、この事分りたら、お土の尊いことよく分るであろがな。これからいよいよ厳しくなるぞ、よく世の中の動き見れば分るであろが、汚れた臣民あがれぬ神の国に上がってゐるではないか。いよいよとなりたら神が臣民にうつりて手柄さすなれど、今では軽石のような臣民ばかりで神かかれんぞ。早う神の申すこと、よくきいて生れ赤子の心になりて神の入れものになりて呉れよ。一人改心すれば千人助かるのぞ、今度は千人力与えるぞ、何もかも悪の仕組は分りているぞ、いくらでも改めて来てござれ、神には世の本からの神の仕組してあるぞ、学や智恵でまだ神にかなふと思ふてか、神にはかなはんぞ。八月の二十一日、⊙のひつ九のか三。

第十三帖　（九三）

何もかもてんし様のものではないか、それなのにこれは自分の家ぞ、これは自分の土地ぞと申して自分勝手にしているのが神の気に入らんぞ、一度は天地に引き上げと知らしてありたこと忘れてはならんぞ、一本の草でも神のものぞ、野《ぬ》から生れたもの、山から取れたもの、海の幸もみな神に供へてから臣民いただけと申してあるわけも、それで分るであろうがな。この神示よく読みてさへ居れば病気もなくなるぞ、さう云へば今の臣民、そんな馬鹿あるかと申すがよく察して見よ、必ず病も直るぞ、それは病人の心が綺麗になるからぞ、洗濯せよ掃除せよと申せば臣民何も分らんから、あわててゐるが、この神示よむことが洗濯や掃除の初めで終りであるぞ、神は無理は言はんぞ、神の道は無理してないぞ、よくこの神示読んで呉れよ。よめばよむほど身魂みがかれるぞ、と申しても仕事をよそにしてはならんぞ。臣民と申すものは馬鹿正直ざから、神示よめと申せば、神示ばかり読んだならよい様に思うてゐるが、裏も表もあるのぞ。役員よく知らしてやれよ。八月二十二日、☉のひつ九のか三のお告。

第十四帖（九四）

臣民にわかる様にいふなれば、身も心も神のものざから、毎日毎日神から頂いたものと思へばよいのであるぞ、それでその身体《からだ》をどんなにしたらよいかと云ふこと分かるであろうが、夜になれば眠ったときは神にお返ししてゐるのざと思へ、それでよく分かるであろうが。身魂みがくと申すことは、神の入れものとして神からお預りしてゐる、神の最も尊いとこととしてお扱いすることぞ。八月二十三日、⦿の一二のか三。

第十五帖　（九五）

一二三は神食、三四五は人食、五六七は動物食、七八九は草食ぞ、九十は元に、一二三の次の食、神国弥栄ぞよ。人、三四五食に病ないぞ。八月二十四日、⦿一二⦿ふみ。

第十六帖　（九六）

あらしの中《なか》の捨小舟ぞ、どこへ行くやら行かすやら、船頭さんにも分かるまい、メリカ、キリスは花道で、味方と思うた国々も、一つになりて攻めて来る、梶も櫂さへ折れた舟、何うすることもなくなくに、苦しい時の神頼み、それでは神も手が出せぬ、腐りたものは腐らして肥料になりと思へども、肥料にさへもならぬもの、沢山出来て居らうがな、北から攻めて来るときが、この世の終り始めなり、天にお日様一つでないぞ、二つ三つ四つ出て来たら、この世の終りと思へかし、この世の終りは神国の始めと思へ臣民よ、神々様にも知らすぞよ、神はいつでもかかれるぞ、人の用意をいそぐぞよ。八月二十四日、㋹の一二か三。

第十七帖　（九七）

九十が大切ぞと知らしてあろがな、戦ばかりでないぞ、何もかも臣民では見当とれんことになりて来るから、上の臣民九十に気つけて呉れよ、お上に神祀りて呉れよ、神にまつらうて呉れよ、神くどう申して置くぞ、早う祀らねば間に合はんのざぞ、神の国の山々には皆神祀れ、川々にみな神まつれ、野にもまつれ、臣民の家々にも落つる隈なく神まつれ、まつりまつりて弥勒《みろく》の世となるのぞ。臣民の身も神の宮となりて神まつれ、祭祀《まつり》の仕方知らしてあろう、神は急《せ》けるぞ。八月二十五日、㋹のひつ九㋹。

第十八帖　（九八）

神々様みなお揃ひなされて、雨の神、風の神、地震の神、岩の神、あれの神五柱七柱、八柱、十柱の神々様がチャンとお心合はしなされて、今度の仕組の御役きまりてそれぞれに働きなされることになりたよき日ぞ。辛酉《かのととり》はよき日と知らしてあろがな。これから一日々々烈しくなるぞ、臣民心得て置いて呉れよ、物持たぬ人、物持てる人より強くなるぞ、泥棒が多くなれば泥棒が正しいと云ふことになるぞ、理屈は悪魔と知らしてあるが、保持《うけもち》の神様ひどくお怒りぞ、臣民の食ひ物、足りるやうに作らしてあるに、足らぬと申してゐるが、足らぬことないぞ、足らぬのは、やり方わるいのざぞ、食ひて生くべきもので人殺すとは何事ぞ。それぞれの神様にまつはればそれぞれの事、何もかなふのぞ、神にまつはらずに、臣民の学や智恵が何になるのか、底知れてゐるのでないか。戦には戦の神あるぞ、お水に泣くことあるぞ、保持の神様御怒りなされてゐるから早やう心入れかへてよ、この神様お怒りになれば、臣民日干《ひぼ》しになるぞ。八月の辛酉の日、ひつくのか三さとすぞ。

第十九帖　（九九）

神世のひみつと知らしてあるが、いよいよとなりたら地震かみなりばかりでないぞ、臣民アフンとして、これは何とした事ぞと、口あいたまま何うすることも出来んことになるのぞ、四ツン這ひになりて着る物もなく、獣となりて、這ひ廻る人と、空飛ぶやうな人と、二つにハッキリ分かりて来るぞ、獣は獣の性来いよいよ出すのぞ、火と水の災難が何んなに恐ろしいか、今度は大なり小なり知らさなならんことになりたぞ。一時は天も地も一つにまぜまぜにするのざから、人一人も生きては居れんのざぞ、それが済んでから、身魂みがけた臣民ばかり、神が拾ひ上げて弥勒《みろく》の世の臣民とするのぞ、どこへ逃げても逃げ所ないと申してあろがな、高い所から水流れるやうに時に従ひて居れよ、いざといふときには神が知らして一時は天界へ釣り上げる臣民もあるのざぞ。人間の戦や獣の喧嘩位では何も出来んぞ、くどう気附けておくぞ、何よりも改心が第一ぞ。八月の二十六日、㋹のひつくのかみ。

第二十帖　（一〇〇）

今のうちに草木の根や葉を日に干して貯へておけよ、保持《うけもち》の神様お怒りざから、九十四は五分位しか食べ物とれんから、その積りで用意して置いて呉れよ。神は気もない時から知らして置くから、この神示よく読んで居れよ。一握りの米に泣くことあると知らしてあろがな、米ばかりでないぞ、何もかも臣民もなくなるところまで行かねばならんのぞ、臣民ばかりでないぞ、神々様さへ今度は無くなる方あるぞ。臣民と云ふものは目の先ばかりより見えんから、呑気なものであるが、いざとなりての改心は間に合はんから、くどう気つけてあるのぞ。日本ばかりでないぞ、世界中はおろか三千世界の大洗濯と申してあろうがな、神にすがりて神の申す通りにするより外には道ないぞ、それで神々様を祀りて上の御方からも下々からも朝に夕に言霊がこの国に満つ世になりたら神の力現はすのぞ。江戸に先づ神まつれと、くどう申してあることよく分かるであろがな。八月の二十七日、⦿のひつ九のか三。

第二十一帖（一〇一）

神の申すこと何でも素直にきくやうになれば、神は何でも知らしてやるのぞ。配給のことでも統制のことも、わけなく出来るのぞ、臣民みな喜ぶやうに出来るのぞ、何もかも神に供へてからと申してあろがな、山にも川にも野《ぬ》にも里にも家にも、それぞれに神祀れと申してあろがな、ここの道理よく分らんか。神は知らしてやりたいなれど、今では猫に小判ぞ、臣民神にすがれば、神にまつはれば、その日からよくなると申してあろが、何も六ケ敷いことでないぞ、神は無理言はんぞ、この神示読めば分る様にしてあるのざから役員早う知らして縁ある臣民から知らして呉れよ。印刷出来んと申せば何もしないで居るが、印刷せいでも知らすこと出来るぞ、よく考へて見よ、今の臣民、学に囚へられて居ると、まだまだ苦しい事出来るぞ、理屈ではますます分らんやうになるぞ、早う神まつれよ、上も下も、上下揃えてまつりて呉れよ、てんし様を拝めよ、てんし様にまつはれよ、その心が大和魂ぞ、益人のます心ぞ、ますとは弥栄のことぞ、神の御心ぞ、臣民の心も神の御心と同じことになって来るぞ、世界中一度に唸《うな》る時が近づいて来たぞよ。八月の二十八日、⦿のひつ九のかみふで。

第二十二帖　（一〇二）

まつりまつりと、くどく申して知らしてあるが、まつり合はしさへすれば、何もかも、うれしうれしと栄える仕組で、悪も善もないのぞ、まつれば悪も善ぞ、まつらねば善もないのぞ、この道理分りたか、祭典と申して神ばかり拝んでゐるやうでは何も分らんぞ。そんな我れよしでは神の臣民とは申せんぞ、早うまつりて呉れと申すこと、よくきき分けて呉れよ。われがわれがと思ふてゐるのは調和《まつり》てゐぬ証拠ぞ、鼻高となればポキンと折れると申してある道理よく分らうがな、この御道は鼻高と取りちがひが一番邪魔になるのぞと申すのは、慢心と取りちがひは調和《まつり》の邪魔になるからぞ。ここまでわけて申さばよく分かるであろう、何事も真通理《まつり》が第一ぞ。八月の二十九日、⦿の一二⦿。

第二十三帖　（一〇三）

世界は一つになったぞ、一つになって神の国に攻め寄せて来ると申してあることが出て来たぞ。臣民にはまだ分るまいなれど、今に分りて来るぞ、くどう気つけて置いたことのいよいよが来たぞ。覚悟はよいか、臣民一人一人の心も同じになりて居ろがな、学と神の力との大戦ぞ、神国《かみぐに》の神の力あらはす時が近うなりたぞ。今あらはすと、助かる臣民殆んどないから、神は待てるだけ待ちてゐるのぞ、臣民もかあいいが、元をつぶすことならんから、いよいよとなりたら、何んなことありても、ここまでしらしてあるのざから、神に手落ちあるまいがな。いよいよとなれば、分っていることなれば、なぜ知らさぬのぞと申すが、今では何馬鹿なと申して取り上げぬことよく分ってゐるぞ。因縁のみたまにはよく分るぞ、この神示読めばみたまの因縁よく分るのぞ、神の御用する身魂は選《よ》りぬいて引張りて居るぞ、おそし早しはあるなれど、いづれは何うしても、逃げてもイヤでも御用さすようになりて居るのぞ。北に気つけよ、東も西も南も何うする積りか、神だけの力では臣民に気の 毒出来るのぞ、神と人との和のはたらきこそ 神喜ぶのぞ、早う身魂みがけと申すことも、悪い心洗濯せよと申すことも分かるであろう。八月三十日、⦿の一二か三。

第二十四帖　（一〇四）

富士《ニニ》を目ざして攻め寄する、大船小船あめの船、赤鬼青鬼黒鬼や、おろち悪狐を先陣に、寄せ来る敵は空蔽ひ、海を埋めて忽ちに、天日暗くなりにけり、折しもあれや日の国に、一つの光現はれぬ、これこそ救ひの大神と、救ひ求むる人々の、目にうつれるは何事ぞ、攻め来る敵の大将の、大き光と呼応して、一度にドッと雨ふらす、火の雨何んぞたまるべき、まことの神はなきものか、これはたまらぬ兎も角も、生命あっての物種と、兜を脱がんとするものの、次から次にあらわれぬ、折しもあれや時ならぬ、大風起こり雨来り、大海原には竜巻や、やがて火の雨地震ひ、山は火を吹きどよめきて、さしもの敵も悉く、この世の外にと失せにけり、風やみ雨も収まりて、山川静まり国土の、ところところに白衣《しろきぬ》の、神のいぶきに甦る、御民の顔の白き色、岩戸ひらけぬ しみじみと、大空仰ぎ神を拝み、地に跪《ひざまづ》き御民らの目にすがすがし富士の山、富士は晴れたり日本晴れ、普字は晴れたり岩戸《一八十》あけたり。八月の三十日、⦿の一二の⦿。

第二十五帖　（一〇五）

世界中の臣民はみなこの方の臣民であるから、殊に可愛い子には旅させねばならぬから、どんなことあっても神の子ざから、神疑はぬ様になされよ、神疑ふと気の毒出来るぞ。いよいよとなりたら、どこの国の臣民といふことないぞ、大神様の掟通りにせねばならんから、可愛い子ぢやとて容赦出来んから、気つけてゐるのざぞ、大難を小難にまつりかへたいと思へども、今のやり方は、まるで逆様ざから、何うにもならんから、いつ気の毒出来ても知らんぞよ。外国から早く分りて、外国にこの方祀ると申す臣民沢山出来る様になりて来るぞ。それでは神の国の臣民申し訳ないであろがな、山にも川にも海にもまつれと申してあるのは、神の国の山川ばかりではないぞ、この方世界の神ぞと申してあろがな。裸になりた人から、その時から善の方にまわしてやると申してあるが、裸にならねば、なるやうにして見せるぞ、いよいよとなりたら苦しいから今の内ざと申してあるのぞ。凡てをてんし様に献げよと申すこと、日本の臣民ばかりでないぞ、世界中の臣民みなてんし様に捧げなならんのざぞ。八月の三十日、⊙のひつ九のか三。

第二十六帖　（一〇六）

戦は一度おさまる様に見えるが、その時が一番気つけねばならぬ時ぞ、向ふの悪神は今度は⊙の元の神を根こそぎに無きものにして仕まふ計画であるから、その積りでフンドシ締めて呉れよ、誰も知れんやうに悪の仕組してゐること、神にはよく分りてゐるから心配ないなれど、臣民助けたいから、神はじつとこらへてゐるのざぞ、八月の三十日、⊙のひつ九の⊙。

第二十七帖　（一〇七）

神の堪忍袋切れるぞよ、臣民の思ふやうにやれるなら、やりて見よれ、九分九厘でグレンと引繰り返ると申してあるが、これからはその場で引繰り返る様になるぞ。誰れもよう行かん、臣民の知れんところで何してゐるのぞ、神には何も彼も分りてゐるのざと申してあろがな、早く兜脱いで神にまつはりて来いよ、改心すれば助けてやるぞ、鬼の目にも涙ぞ、まして神の目にはどんな涙もあるのざぞ、どんな悪人も助けてやるぞ、どんな善人も助けてやるぞ。江戸と申すのは東京ばかりではないぞ、今の様な都会みなエドであるぞ、江戸は何うしても火の海ぞ。それより外やり方ないと神々様申して居られるぞよ。秋ふけて草木枯れても根は残るなれど、臣民かれて根の残らぬやうなことになりても知らんぞよ、神のこのふみ早う知らしてやって呉れよ。八と十八と五月と九月と十月に気つけて呉れよ、これでこの方の神示の終りぞ。この神示は富士《ニニ》の巻として一つに纏めておいて下されよ、今に宝となるのざぞ。八月の三十日、⦿のひつ九⦿。

（富士の巻了）

ひふみ神示　第四巻

自　昭和十九年　八　月三十一日
至　昭和十九年　九　月　十四日
一〇八帖—一三七帖

天つ巻　全卅帖

第九帖（一一六）原文

一二三　一二三　五八七八八九　三八七四九　八四七三三　十八四二十十三八九ノ七七十一二三

一三一十⦿五一九二　一二三

第二十一帖（一二七）原文

六五二八一五八八九三一十　二六四三七七十十三八七二　四二一九三四九十四十八九二九十二一《ヒ》

二三《フミ》　三《ミ》四《ヨ》五《イツ》十《ト》百《モモ》千《チ》卍《ヨロズ》⦿《カミ》一《イ》十《ソ》九《グ》三《ゾ》四《ヨ》八《ハチガツ》七《ナノカ》一二⦿《ヒツキ》二《フ》三《ミ》三《ゾ》

第一帖　（一〇八）

二二は晴れたり日本晴れ、二二に御社してこの世治めるぞ。五大州ひっくり返りてゐるのが神には何より気に入らんぞ。一の大神様まつれ、二の大神様まつれよ、三の大神様まつれよ、天の御三体の大神様、地の御三体の大神様まつれよ、天から神神様御降りなされるぞ、地から御神神様おのぼりなされるぞ、天の御神、地の御神、手をとりてうれしうれしの御歌うたはれるぞ。◉の国は神の国、神の肉体ぞ、汚《けが》してはならんとこぞ。八月の三十一日、一二のか三。

第二帖　（一〇九）

これまでの改造は膏薬張りざから、すぐ元にかへるのぞ。今度は今までにない、文《ふみ》にも口にも伝えてない改造ざから、臣民界のみでなく神界も引つくるめて改造するのざから、この方らでないと、そこらにござる守護神さまには分らんのぞ、九分九厘までは出来るなれど、ここといふところで、オジヤンになるであろうがな、富や金《きん》を返したばかりでは、今度は役に立たんぞ、戦ばかりでないぞ、天災ばかりでないぞ、上も潰れるぞ、下も潰れるぞ、つぶす役は誰でも出来るが、つくりかためのいよいよのことは、神神様にも分りては居らんのざぞ、星の国、星の臣民今はえらい気張り様で、世界構うやうに申してゐるが、星ではダメだぞ、神の御力でないと何も出来はせんぞ、八月三十一日、一二⦿。

第三帖（一一〇）

一日のひのまにも天地引繰り返ると申してあろがな、ビックリ箱が近づいたぞ、九、十に気付けと、くどう申してあろがな、神の申すこと一分一厘ちがはんぞ、ちがふことならこんなにくどうは申さんぞ、同じことばかり繰り返すと臣民申して居るが、この方の申すことみなちがってゐることばかりぞ、同じこと申していると思ふのは、身魂曇りてゐる証拠ぞ。改心第一ぞ。八月三十一日、一二⦿。

第四帖　（一一一）

この方は元の肉体のままに生き通しであるから、天明にも見せなんだのざぞ、あちこちに臣民の肉体かりて予言する神が沢山出てゐるなれど、九分九厘は分りて居れども、とどめの最后は分らんから、この方に従ひて御用せよと申してゐるのぞ。砂糖にたかる蟻となるなよ。百人千人の改心なれば、どんなにでも出来るなれど、今度は世界中、神神様も畜生も悪魔も餓鬼も外道も三千世界の大洗濯ざから、そんなチョロコイ事ではないのざぞ。ぶち壊し出来ても建直し分かるまいがな。火と水で岩戸開くぞ、智恵や学でやると、グレンと引繰り返ると申しておいたが、さう云へば智恵や学は要らんと臣民早合点するが智恵や学も要るのざぞ。悪も御役であるぞ、この道理よく腹に入れて下されよ。天の神様地に御降りなされて、今度の大層な岩戸開きの指図なされるのざぞ、国々の神神様、うぶすな様、力ある神神様にも御苦労になっているのざぞ。天照皇太神宮様初め神神様、あつくまつりて呉れと申してきかしてあろがな、神も仏もキリストも元は一つぞよ。八月三十一日、ひつ九の⦿。

第五帖　（一一二）

牛の喰べ物たべると牛の様になるぞ、猿は猿、虎は虎となるのざぞ。臣民の喰べ物は定ってゐるのざぞ、いよいよとなりて何でも喰べねばならぬやうになりたら虎は虎となるぞ、獣と神とが分れると申してあろがな、縁ある臣民に知らせておけよ、日本中に知らせておけよ、世界の臣民に知らせてやれよ、獣の喰ひ物くふ時には一度神に献げてからにせよ、神から頂けよ、さうすれば神の喰べ物となって、何たべても大じょうぶになるのぞ、何もかも神に献げてからと申してあることの道理よく分りたであろがな、神に献げきらぬと獣になるのぞ、神がするのではないぞ、自分がなるのぞと申してあることも、よく分ったであろがな、くどう申すぞ。八から九から十から百から千から万から何が出るか分らんから神に献げな生きて行けん様になるのざが、悪魔にみいられてゐる人間いよいよ気の毒出来るのざぞ。八月の三十一日、ひつくのか三。

第六帖（一一三）

天《あめ》は天の神、国は国の神が治《し》らすのであるぞ、お手伝ひはあるなれど。秋の空のすがすがしさが、グレンと変るぞ、地獄に住むもの地獄がよいのぞ、天国ざぞ、逆様はもう長うはつづかんぞ、無理通らぬ時世が来たぞ、いざとなりたら残らずの活神《いきがみ》様、御総出ざぞ。九月の一日、ひつくのか三。

第七帖（一一四）

二二《ふじ》は晴れたり日本晴れ、二本のお足であんよせよ、二本のお手手で働けよ、日本の神の御仕組、いつも二本となりてるぞ、一本足の案山子《かがし》さん、今更何うにもなるまいが、一本の手の臣民よ、それでは生きては行けまいが、一本足では立てないと、云ふこと最早分ったら、神が与えた二本足、日本のお土に立ちて見よ、二本のお手手打ち打ちて、神おろがめよあめつちに、響くまことの柏手に、日本の国は晴れるぞよ、二二《ふじ》は晴れたり日本晴れ、二二《ふじ》は晴れたり、岩戸あけたり。九月一日、ひつ九のか三。

第八帖　（一一五）

あらしの中の捨小舟と申してあるが、今その通りとなりて居ろうがな、何うすることも出来まいがな、船頭どの、苦しい時の神頼みでもよいぞ、神まつりて呉れよ、神にまつはりて呉れよ、神はそれを待つてゐるのざぞ、それでもせぬよりはましぞ、そこに光あらはれるぞ。光現はれると道はハッキリと判りて来るのぞ、この方にだまされたと思うて、言ふ通りにして見なされ、自分でもビックリする様に結構が出来てるのにビックリするぞ。富士の御山に腰かけて、この方世界中まもるぞ。かのととり、結構な日と申してあるが、結構な日は恐《こわ》い日であるぞ。天から人が降る、人が天に昇ること、昇り降りでいそがしくなるぞ。てんし様御遷り願ふ時近づいて来たぞよ。奥山に紅葉ある内にと思へども、いつまで紅葉ないぞ。九月の二日、ひつく⦿。

第九帖　（一一六）

ひふみの秘密出でひらき鳴る、早く道展き成る、世ことごとにひらき、世、なる大道で、神ひらき、世に神々満ちひらく、この鳴り成る神、ひふみ出づ大道、人神出づはじめ。九月二日、ひつぐのかみ。（原文は七九前頁に掲載）

第十帖　（一一七）

一二三の裏《うら》に〇一二、三四五の裏に二三四、五六七の裏に四五六の御用あるぞ。五六七すんだら七八九ぞ、七八九の裏には六七八あるぞ、八九十の御用もあるぞ。だんだんに知らすから、これまでの神示《ふで》よく心に入れて、ジッとして置いて呉れよ。九月の三日、ひつ九のか三。

第十一帖　（一一八）

この神示言波としてよみて呉れよ、神神様にもきかせて呉れよ、守護神どのにも聞かして呉れよ、守護神どのの改心まだまだであるぞ、一日が一年になり百年になると目が廻りて真底からの改心でないとお役に立たんことになりて来るぞ。九月四日、一二《ひつ》か三《ぐ》。

第十二帖　（一一九）

遠くて近きは男女だけではないぞ、神と人、天と地、親と子、喰べる物も遠くて近いがよいのざぞ、カミそまつにすればカミに泣くぞ、土尊べば土が救って呉れるのぞ、尊ぶこと今の臣民忘れてゐるぞ、神ばかり尊んでも何にもならんぞ、何もかも尊べば何もかも味方ぞ、敵とうとべば敵が敵でなくなるのぞ、この道理分りたか。臣民には神と同じ分霊《わけみたま》さづけてあるのざから、みがけば神になるのぞ。神示は謄写よいぞ、初めは五十八、次は三百四十三ぞ、よいな。八月の五日、ひつくのか三。

第十三帖　（一二〇）

空に変りたこと現はれたなれば地に変りたことがあると心得よ、いよいよとなりて来てゐるのざぞ。神は元の大神様に延ばせるだけ延ばして頂き、一人でも臣民助けたいのでお願ひしてゐるのざが、もうおことはり申す術《すべ》なくなりたぞ。玉串神に供へるのは衣《ころも》供へることぞ、衣とは神の衣のことぞ、神の衣とは人の肉体のことぞ。臣民をささげることぞ、自分をささげることぞ、この道理分りたか。人に仕《つか》へるときも同じことぞ、人を神として仕へねばならんぞ、神として仕へると神となるのざから、もてなしの物出すときは、祓ひ清めて神に仕へると同様にして呉れよ、喰べ物今の半分で足りると申してあるが、神に献げたものか祓ひ清めて神に献げると同様にすれば半分で足りるのぞ、てんのゐへん気つけて居れよ。神くどう気つけて置くぞ。神世近づいたぞ。九月六日、一二のか三。

第十四帖　（一一二）

海一つ越えて寒い国に、まことの宝隠してあるのざぞ、これからいよいよとなりたら、神が許してまことの臣民に手柄いたさすぞ、外国人がいくら逆立ちしても、神が隠してゐるのざから手は着けられんぞ、世の元からのことであれど、いよいよが近くなりたら、この方の力で出して見せるぞ、びっくり箱が開けて来るぞ。八月の七日、ひつくのか三。

第十五帖　（一二二）

神の国には神の国のやり方あるぞ、支那には支那、オロシヤにはオロシヤ、それぞれにやり方がちがふのざぞ、教もそれぞれにちがってゐるのざぞ、元は一つであるなれど、神の教が一等よいと申しても、そのままでは外国には通らんぞ、このことよく心にたたんでおいて、上に立つ役員どの気つけて呉れよ、猫に小判何にもならんぞ、神の一度申したことは一分もちがはんぞ。八月七日、一二⦿。

第十六帖　（一二三）

今度の戦済みたらてんし様が世界中知ろしめして、外国には王はなくなるのざぞ。一旦戦おさまりても、あとのゴタゴタなかなか静まらんぞ、神の臣民ふんどし締めて神の申すことよく腹に入れて置いて呉れよ、ゴタゴタ起りたとき、何うしたらよいかと云ふことも、この神示《ふで》よく読んで置けば分るやうにしてあるのざぞ。神は天からと宙からと地からと力《ちから》合はして、神の臣民に手柄立てさす様にしてあるのざが、今では手柄立てさす、神の御用に使ふ臣民一分《いちぶ》もないのざぞ。神の国が勝つばかりではないのざぞ、世界中の人も草も動物も助けてみな喜ぶやうにせなならんのざから、臣民では見当取れん永遠《とことは》につづく神世に致すのざから、素直に神の申すこときくが一等ざぞ。人間の智恵でやれるなら、やって見よれ、あちらへ外れ、こちらへ外《はず》れて、ぬらりくらりと鰻つかみぞ、思ふやうにはなるまいがな、神の国が本の国ざから、神の国からあらためるのざから、一番つらいことになるのざぞ、覚悟はよいか、腹さへ切れぬ様なフナフナ腰で大番頭とは何と云ふことぞ、てんし様は申すもかしこし、人民さま、犬猫にも済むまいぞ。人の力ばかりで戦してゐるのでないこと位分って居らうがな、目に見せてあらうがな、これでも分らんか。八月七日、一二⦿。

第十七帖　（一二四）

昔から生き通しの活神様のすることぞ、泥の海にする位朝飯前のことざが、それでは臣民が可哀そうなから天の大神様にこの方が詑びして一日《ひとひ》一日と延ばしてゐるのざぞ、その苦労も分らずに臣民勝手なことばかりしてゐると、神の堪忍袋切れたら何んなことあるか分らんぞ、米があると申して油断するでないぞ、一旦は天地へ引き上げぞ。八月七日、一二⦿。

第十八帖　（一二五）

何時も気つけてあることざが、神が人を使うてゐるのざぞ、今度の戦で外国人にもよく分って、神様にはかなはん、何うか言ふこときくから、夜も昼もなく神に仕へるからゆるして呉れと申す様になるのざぞ、それには神の臣民の身魂掃除せなならんのざぞ、くどい様なれど一時《いちじ》も早く一人でも多く改心して下されよ、神は急ぐのざぞ。八月七日、一二の⦿。

第十九帖　（一二六）

神の力が何んなにあるか、今度は一度は世界の臣民に見せてやらねば納まらんのざぞ、世界ゆすぶりて知らせねばならん様になるなれど、少しでも弱くゆすりて済む様にしたいから、くどう気つけてゐるのざぞ、ここまで世が迫りて来てゐるのぞ、まだ目醒めぬか、神は何うなっても知らんぞ、早く気つかぬと気の毒出来るぞ、その時になりては間に合はんぞ。八月七日、一二⦿。

第二十帖　（一二七）

神の世と申すのは、今の臣民の思ふてゐるやうな世ではないぞ、金《きん》は要らぬのざぞ、お土からあがりたものが光りて来るのざぞ、衣類たべ物、家倉まで変るのざぞ。草木も喜ぶ政治と申してあらうがな、誰でもそれぞれに先きの分る様になるのぞ。お日様もお月様も海も山も野も光り輝いて水晶の様になるのぞ。悪はどこにもかくれること出来ん様になるのぞ、ばくち、しょうぎは無く致すぞ。雨も要るだけ降らしてやるぞ、風もよきやうに吹かしてやるぞ、神をたたえる声が天地にみちみちてうれしうれしの世となるのざぞ。八月の七日、ひつ九のか三ふで。

第二十一帖　（一二八）

みろく出づるには、はじめ半《なか》ばは焼くぞ、人、二分は死、みな人、神の宮となる。西に戦争《いくさ》しつくし、神世とひらき、国毎に、一二三《ひふみ》、三四五《みよいづ》たりて百千万《ももちよろづ》、神急《いそ》ぐぞよ。八月七日、ひつくのか

みふみぞ。（原文は七九前頁に掲載）

第二十二帖　（一二九）

十柱の世の元からの活神様御活動になりてゐること分りたであろうがな、けものの入れものには分るまいなれど、神の臣民にはよく分りてゐる筈ぞ。まだだんだんに烈しくなりて外国の臣民にも分る様になりて来るのざぞ。その時になりて分りたのではおそいおそい、早う洗濯いたして呉れよ。八月の九日、ひつ九のか三。

第二十三帖　（一三〇）

我がなくてはならん、我があってはならず、よくこの神示《ふで》よめと申すのぞ。悪はあるが無いのざぞ、善はあるのざが無いのざぞ、この道理分りたらそれが善人だぞ。千人力《りき》の人が善人であるぞ、お人よしではならんぞ、それは善人ではないのざぞ、神の臣民ではないぞ、雨の神どの風の神どのにとく御礼申せよ。八月の九日、一二⊙。

第二十四帖　（一三一）

今の臣民めくら聾ばかりと申してあるが、その通りでないか、この世はおろか自分の身体のことさへ分りては居らんのざぞ、それでこの世をもちて行く積りか、分らんと申しても余りでないか。神の申すこと違ったではないかと申す臣民も今に出て来るぞ、神は大難を小難にまつりかへてゐるのに分らんか、えらいむごいこと出来るのを小難にしてあること分らんか、ひどいこと出て来ること待ちてゐるのは邪《じゃ》のみたまぞ、そんなことでは神の臣民とは申されんぞ。臣民は、神に、わるい事は小さくして呉れと毎日お願ひするのが務めぞ、臣民近欲《ちかよく》なから分らんのぞ、慾もなくてはならんのざぞ、取違ひと鼻高とが一番恐いのぞ。神は生れ赤子のこころを喜ぶぞ、みがけば赤子となるのぞ、いよいよが来たぞ。九月十日、ひつ九のかみ。

第二十五帖　（一三二）

今に臣民何も言へなくなるのざぞ、神烈しくなるのざぞ、目あけて居れんことになるのざぞ。四ン這ひになりて這ひ廻らなならんことになるのざぞ、のたうち廻らなならんのざぞ、土にもぐらなならんのざぞ、水くぐらなならんのざぞ。臣民可哀さうなれど、かうせねば鍛へられんのざぞ、この世始ってから二度とない苦労ざが、我慢してやり通して呉れよ。九月十日、ひつくのか三。

第二十六帖　（一三三）

天の日津久の神と申しても一柱ではないのざぞ、臣民のお役所のやうなものと心得よ、一柱でもあるのざぞ。この方はオホカムツミノ神とも現はれるのざぞ、時により所によりてはオホカムツミノ神として祀りて呉れよ、青人草の苦瀬《うきせ》なほしてやるぞ。天明は神示《ふで》書かす御役であるぞ。九月十一日、ひつ九⊙。

第二十七帖　（一三四）

石物いふ時来るぞ、草物いふ時来るぞ。北おがめよ、北光るぞ、北よくなるぞ、夕方よくなるぞ、暑さ寒さ、やはらかくなるぞ、五六七《みろく》の世となるぞ。慌てずに急《いそ》いで呉れよ。神神様みなの産土《うぶすな》様総活動でござるぞ、神神様まつりて呉れよ、人人様まつりて呉れよ、御礼申して呉れよ。九月十二日、一二か三。

第二十八帖　（一三五）

おそし早しはあるなれど、一度申したこと必ず出て来るのざぞ。臣民は近慾で疑ひ深いから、何も分らんから疑ふ者もあるなれど、この神示一分一厘ちがはんのざぞ。世界ならすのざぞ、神の世にするのざぞ、善一すじにするのざぞ、誰れ彼れの分けへだてないのざぞ。土から草木生れるぞ、草木から動物、虫けら生れるぞ。上下ひっくり返るのざぞ。九月の十三日、ひつ九のか三。

第二十九帖　（一三六）

この方オホカムツミノ神として書きしらすぞ。病あるかなきかは手廻はして見れば直ぐ分かるぞ、自分の身体中どこでも手届くのざぞ、手届かぬところありたら病のところ直ぐ分るであろうが。臣民の肉体の病ばかりでないぞ、心の病も同様ぞ、心と身体と一つであるからよく心得て置けよ、国の病も同様ぞ、頭は届いても手届かぬと病になるのぞ、手はどこへでも届くやうになりてゐると申してあろが、今の国々のみ姿見よ、み手届いて居るまいがな、手なし足なしぞ。手は手の思ふ様に、足は足ぞ、これでは病直らんぞ、臣民と病は、足、地に着いておらぬからぞ。足地に着けよ、草木はもとより、犬猫もみなお土に足つけて居ろうがな。三尺上は神界ぞ、お土に足入れよ、青人草と申してあろうがな、草の心に生きねばならぬのざぞ。尻に帆かけてとぶようでは神の御用つとまらんぞ、お土踏《ふ》まして頂けよ、足を綺麗に掃除しておけよ、足よごれてゐると病になるぞ、足からお土の息《いき》がはいるのざぞ、臍《へそ》の緒の様なものざぞよ、一人前になりたら臍の緒切り、社《やしろ》に座りて居りて三尺上で神につかへてよいのざぞ、臍の緒切れぬうちは、いつもお土の上を踏まして頂けよ、それほど大切なお土の上堅めているが、今にみな除きて了ふぞ、一度はいやでも応でも跣足《はだし》でお土踏《ふ》まなならんことになるのぞ、神の深い仕組ざからあり難い仕組ざから喜んでお土拝めよ、土にまつろへと申してあろうがな、何事も一時に出て来るぞ、お土ほど結構なものないぞ、足のうら殊に綺麗にせなならんぞ。神の申すやう素直に致されよこの方病直してやるぞ、この神示よめば病直る様になってゐるのざぞ、読んで神の申す通りに致して下されよ、臣民も動物も草木も病なくなれば、世界一度に光るのぞ、岩戸開けるのぞ。戦も病の一つであるぞ、国の足のうら掃除すれば国の病直るのぞ、国、逆立ちしてると申してあること忘れずに掃除して呉れよ。上の守護神どの、下の守護神どの、中の守護神どの、みなの守護神どの改心して呉れよ。いよいよとなりては苦しくて間に合はんことになるから、くどう気つけておくのざぞ。病ほど苦しいものないであらうがな、それぞれの御役忘れるでないぞ。天地唸るぞ、でんぐり返るのざぞ、世界一どにゆするのざぞ。神はおどすのではないぞ、迫りて居るぞ、九月十三日、一二⊙。

第三十帖　（一三七）

富士とは火の仕組ぞ、渦うみとは水の仕組ぞ、今に分りて来るのぞ。神の国には、政治も経済も軍事もないのざぞ、まつりがあるだけぞ。まつらふことによって何もかもうれしうれしになるのざぞ。これは政治ぞ、これは経済ぞと申してゐるから「鰻つかみ」になるのぞ、分ければ分けるほど分からなくなって手におへぬことになるぞ。手足は沢山は要らぬのざぞ、火垂《ひだり》の臣《おみ》と水極《みぎり》の臣《おみ》とあればよいのざぞ。ヤとワと申してあろうがな、その下に七七ゝゝゝゝと申してあろうがな。今の臣民自分で自分の首くくるやうにしてゐるのぞ、手は頭の一部ぞ、手の頭ぞ。頭、手の一部でないぞ、この道理よく心得ておけよ。神示は印刷することならんぞ、この神示説いて臣民の文字で臣民に読める様にしたものは一二三《ひふみ》と申せよ。一二三は印刷してよいのざぞ。印刷結構ぞ。この神示のまま臣民に見せてはならんぞ、役員よくこの神示見て、その時によりその国によりてそれぞれに説いて聞かせよ。日本ばかりでないぞ、国々ところところに仕組して神柱つくりてあるから、今にびっくりすること出来るのざぞ、世界の臣民にみな喜ばれるとき来るのざぞ。五六七《みろく》の世近づいて来たぞ。富士は晴れたり日本晴れ、富士は晴れたり日本晴れ。善一すぢとは神一すぢのことぞ。この巻を「天つ巻」と申す、すっかり写して呉れよ、すっかり伝へて呉れよ。九月十四日、ひつ九のか三。

（天つ巻了）

ひふみ神示 第五巻

自 昭和十九年 九 月十五日
至 昭和十九年 十 月十一日
一三八帖—一七三帖

地《九二》つ巻 全卅六帖

第十九帖　（一五六）原文

四七十⊙九二一十十三七三十⊙九二四八十八八二一十九三六五一　三一九九一二三三四五五六七

七八九九〇一三十卍十九〇、十三九十八二二八十⊙八十一十九三九二四　一二⊙　一三

第一帖　（一三八）

地《くに》つ巻書き知らすぞ、世界は一つの実言《みこと》となるのぞ、それぞれの言の葉はあれど、実言《みこと》は一つとなるのであるぞ。てん詞様の実言《みこと》に従ふのざぞ、命《みこと》の世近づいて来たぞ。九月十五日、一二⦿。

第二帖　（一三九）

今は闇の世であるから夜の明けたこと申しても、誰にも分らんなれど、夜が明けたらなる程さうでありたかとビックリするなれど、それでは間に合はんのざぞ、それまでに心改めておいて下されよ、この道信ずれば、すぐよくなると思うてゐる臣民もあるなれど、それは己れの心のままぞ、道に外れたものは誰れ彼れはないのざぞ、これまでのやり方スックリと変へねば世は治まらんぞと申してあるが、上の人苦しくなるぞ、途中の人も苦しくなるぞ、お◯《かみ》のいふことききかん世になるぞ。

九月の十六日、ひつ九のか三。

第三帖（一四〇）

人民同士の戦では到底かなはんなれど、いよいよとなりたら神がうつりて手柄さすのであるから、それまでに身魂みがいておいて呉れよ。世界中が攻め寄せたと申しても、誠には勝てんのであるぞ、誠ほど結構なものないから、誠が神風であるから、臣民に誠なくなりてゐると、何んな気の毒出来るか分らんから、くどう気つけておくのざぞ、腹掃除せよ。九月の十六日、ひつ九のか三。

第四帖（一四一）

この神示いくらでも出て来るのざぞ、今の事と先の事と、三千世界、何も彼も分るのざから、よく読みて腹に入れておいて呉れよ、この神示盗まれぬ様になされよ、神示とりに来る人あるから気つけて置くぞ。この道は中行く道ぞ、左も右りも偏《かたよ》ってはならんぞ、いつも心にてんし様拝みておれば、何もかも楽にゆける様になりてゐるのざぞ、我れが我れがと思うてゐると、鼻ポキリと折れるぞ。九月十六日、ひつくのか三。

第五帖　（一四二）

片輪車でトンテントンテン、骨折損の草臥儲けばかり、いつまでしてゐるのぞ、神にまつろへと申してあろうがな、臣民の智恵で何出来たか、早う改心せよ。三月三日、五月五日は結構な日ぞ。九月十六日、ひつ九のか三。

第六帖　（一四三）

神の国八つ裂きと申してあることいよいよ近づいたぞ、八つの国一つになりて神の国に攻めて来るぞ。目さめたらその日の生命《いのち》おあづかりしたのざぞ、神の肉体、神の生命大切せよ。神の国は神の力でないと治ったことないぞ、神第一ぞ、いつまで仏や基《キリスト》や色々なものにこだはってゐるのぞ。出雲の神様大切にありがたくお祀りせよ、尊い神様ぞ。天つ神、国つ神みなの神々様に御礼申せよ、まつろひて下されよ、結構な恐い世となりて来たぞ、上下ぐれんぞ。九月十七日、一二の⦿。

第七帖　（一四四）

神にまつらふ者には生も死もないのぞ、死のこと、まかると申してあろうがな、生き通しぞ、なきがらは臣民残さなならんのざが、臣民でも昔は残さないで死《まか》ったのであるぞ、それがまことの神国の臣民ぞ、みことぞ。世の元と申すものは天も地も泥の海でありたのざぞ。その時からこの世初ってから生き通しの神神様の御働きで五六七《みろく》の世が来るのざぞ。腹が出来て居ると、腹に神づまりますのざぞ、高天原ぞ、神漏岐、神漏美の命《みこと》忘れるでないぞ。そこから分りて来るぞ。海をみな船で埋めねばならんぞ、海断たれて苦しまん様にして呉れよ、海めぐらしてある神の国、きよめにきよめておいた神の国に、幽国の悪わたり来て神は残念ぞ。見ておざれ、神の力現はす時来たぞ。九月十八日、ひつ九〇。

第八帖　（一四五）

祓ひせよと申してあることは何もかも借銭なしにする事ぞ。借銭なしとはめぐりなくすることぞ、昔からの借銭は誰にもあるのざぞ、それはらってしまふまでは誰によらず苦しむのぞ、人ばかりでないぞ、家ばかりでないぞ、国には国の借銭あるぞ。世界中借銭なし、何しても大望《たいもう》であるぞ。今度の世界中の戦は世界の借銭なしぞ、世界の大祓ひぞ、神主お祓ひの祝詞《のりと》あげても何にもならんぞ、お祓ひ祝詞は宣《の》るのぞ、今の神主宣《の》ってないぞ、口先きばかりぞ、祝詞も抜けてゐるぞ。あなはち、しきまきや、くにつ罪みな抜けて読んでゐるではないか、臣民の心にはきたなく映るであろうが、それは心の鏡くもってゐるからぞ。悪や学にだまされて肝心の祝詞まで骨抜きにしてゐるでないか、これでは世界はきよまらんぞ。祝詞はよむものではないぞ、神前で読めばそれでよいと思うてゐるが、それ丈では何にもならんぞ。宣るのざぞ、いのるのざぞ、なりきるのざぞ、とけきるのざぞ、神主ばかりでないぞ、皆心得ておけよ、神のことは神主に、仏は坊主にと申してゐること根本の大間違ひぞ。九月十九日、ひつ九の⦿。

第九帖　（一四六）

ひつくの神にひと時拝せよ、神のめぐみ身にも受けよ、からだ甦るぞ、神の光を着よ、み光をいただけよ、食《た》べよ、神ほど結構なものないぞ、今の臣民日をいただかぬから病になるのざぞ、神の子は日の子と申してあらうがな。九月二十日、ひつ九のか三。

第十帖　（一四七）

何事も方便と申して自分勝手なことばかり申してゐるが、方便と申すもの神の国には無いのざぞ。まことがことぞ、まの事ぞ、ことだまぞ。これまでは方便と申して逃げられたが、も早逃げること出来ないぞ、方便の人々早う心洗ひて呉れよ、方便の世は済みたのざぞ、いまでも仏の世と思うてゐるとびつくりがでるぞ、神の国、元の神がスッカリ現はれて富士の高嶺から天地《あめつち》へのりとするぞ、岩戸しめる御役になるなよ。九月の二十日、ひつ九のか三。

第十一帖　（一四八）

世界丸めて一つの国にするぞと申してあるが、国はそれぞれの色の違ふ臣民によりて一つ一つの国作らすぞ。その心々によりて、それぞれの教作らすのぞ。旧きものまかりて、また新しくなるのぞ、その心々《こころぐ》の国と申すは、心々の国であるぞ、一つの王で治めるのざぞ。天つ日嗣の実子様が世界中照らすのぞ。国のひつきの御役も大切の御役ぞ。道とは三つの道が一つになることぞ、みちみつことぞ、もとの昔に返すのざぞ、つくりかための終りの仕組ぞ、終は始ぞ、始は霊《ひ》ぞ、富士都となるのざぞ、幽界《がいこく》行きは外国行きぞ。神の国光りて目あけて見れんことになるのざぞ、臣民の身体からも光が出るのざぞ、その光によりてその御役位、分るのざからみろくの世となりたら何もかもハッキリしてうれしうれしの世となるのぞ、今の文明なくなるのでないぞ、たま入れていよいよ光りて来るのぞ、手握りて草木も四つあしもみな唄ふこととなるのぞ、み光にみな集りて来るのざぞ、てんし様の御光は神の光であるのざぞ。九月二十と一日、一二か三。

第十二帖　（一四九）

この道は道なき道ざぞ。天理も金光も黒住も今はたましひぬけて居れど、この道入れて生きかへるのぞ、日蓮も親鸞も耶蘇も何もかもみな脱け殻ぞ、この道でたま入れて呉れよ、この道は〻ぞ、◯の中に〻入れて呉れと申してあろうが。臣民も世界中の臣民も国々もみな同じことぞ、〻入れて呉れよ、〇を掃除して居らぬとゝはいらんぞ、今度の戦は〇の掃除ぞと申してあらうがな、まつりとは調和《まつり》合はすことと申してあらうがな、この道は教でないと云ふてあらうが、教会やほかの集ひでないと申してあらうがな、人集めて呉れるなと申してあらうがな。世界の臣民みな信者と申してあらうが、この道は道なき道、時なき道ぞ、光ぞ。この道でみな生き返るのざぞ。天明阿房になりて呉れよ、我《が》すてて呉れよ、神かかるのに苦しいぞ。九月二十三日、一二⦿。

第十三帖　（一五〇）

赤い眼鏡かければ赤く見えると思うてゐるが、それは相手が白いときばかりぞ、青いものは紫にうつるぞ。今の世は色とりどり眼鏡とりとりざから見当とれんことになるのざぞ、眼鏡はづすに限るのぞ、眼鏡はづすとは洗濯することざぞ。上ばかりよくてもならず、下ばかりよくてもならんぞ。上も下も天地そろうてよくなりて世界中の臣民、けものまで安心して暮らせる新《あら》の世に致すのざぞ、取り違へするなよ。九月二十三日、一二⦿。

第十四帖　（一五一）

この道分りた人から一柱でも早う出てまゐりて神の御用なされよ。どこに居りても御用はいくらでもあるのざぞ。神の御用と申して稲荷下げや狐つきの真似はさせんぞよ。この道はきびしき行《みち》ざから楽な道なのぞ。上にも下《しも》にも花さく世になるのざぞ、後悔は要らぬのざぞ。カミは見通しでないとカミでないぞ、今のカミは見通しどころか目ふさいでゐるでないか。蛙《かえる》いくら鳴いたとて夜あけんぞ。赤児になれよ、ごもく捨てよ、その日その時から顔まで変るのざぞ、神烈しく結構な世となりたぞ。九月二十三日、ひつくのか三。

第十五帖　（一五二）

神の国のカミの役員に判りかけたらバタバタに埒つくなれど、学や智恵が邪魔してなかなかに判らんから、くどう申しているのざぞ。臣民物言はなくなるぞ、この世の終り近づいた時ぞ。石物言ふ時ぞ。神の目には外国もやまともないのざぞ。みなが神の国ぞ。七王《ななおう》も八王《やおう》も作らせんぞ、一つの王で治めさすぞ。てん詞様が世界みそなはすのざぞ。世界中の罪負ひておはします素盞雄の大神様に気附かんか、盲つんぼばかりと申してもあまりでないか。九月の二十三日、ひつ九のか三。

第十六帖　（一五三）

神が臣民の心の中に宝いけておいたのに、悪にまけて汚して仕まうて、それで不足申してゐることに気づかんか。一にも金、二にも金と申して、人が難儀しようがわれさへよけらよいと申してゐるでないか。それはまだよいのぞ、神の面《めん》かぶりて口先きばかりで神さま神さまてんしさまてんしさまと申したり、頭下げたりしてゐるが、こんな臣民一人もいらんぞ、いざと云ふときは尻に帆かけて逃げ出す者ばかりぞ、犬猫は正直でよいぞ、こんな臣民は今度は気の毒ながらお出直しぞ、神の申したこと一分一厘ちがはんのざぞ、その通りになるのざぞ。うへに唾《つば》きすればその顔に落ちるのざぞ、時節ほど結構なこわいものないぞ、時節来たぞ、あはてずに急いで下されよ。世界中うなるぞ。陸が海となるところあるぞ。今に病神《やまいがみ》の仕組にかかりてゐる臣民苦しむ時近づいたぞ、病はやるぞ、この病は見当とれん病ぞ、病になりてゐても、人も分らねばわれも分らん病ぞ、今に重くなりて来ると分りて来るが、その時では間に合はん、手おくれぞ。この方の神示《ふで》よく腹に入れて病追ひ出せよ、早うせねばフニャフニャ腰になりて四ツん這ひで這ひ廻らならんことになると申してあらうがな、神の入れものわやにしてゐるぞ。九月二十三日、ひつ九のか三。

第十七帖 （一五四）

まことの善は悪に似てゐるぞ、まことの悪は善に似てゐるぞ、よく見分けならんぞ、悪の大将は光り輝いてゐるのざぞ、悪人はおとなしく見えるものぞ。日本の国は世界の雛形であるぞ、雛形でないところは真の神の国でないから、よほど気つけて居りて呉れよ、一時は敵となるのざから、ちっとも気許せんことぞ、神が特に気つけておくぞ。今は日本の国となりて居りても、神の元の国でないところもあるのざから、雛型見てよく腹に入れておいて下されよ、後悔間に合はんぞ。九月二十三日、ひつ九のか三。

第十八帖　（一五五）

われよしの政治ではならんぞ、今の政治経済はわれよしであるぞ。臣民のソロバンで政治や経済してはならんぞ、神の光のやり方でないと治まらんぞ、与へる政治がまことの政治ぞよ、臣民いさむ政治とは上下まつろひ合はす政治のことぞ、日の光あるときは、いくら曇っても闇ではないぞ、いくら曇っても悪が妨げても昼は昼ぞ、いくらあかりつけても夜は夜ぞ、神のやり方は日の光と申して、くどう気つけてあらうがな。政治ぞ、これは経済ぞと分けることは、まつりごとではないぞ。神の臣民、魂と肉体の別ないと申してあること分らぬか、神のやり方は人の身魂《からたま》人のはたらき見れば直ぐ分るでないか。腹にチャンと神鎮まって居れば何事も箱さした様に動くのざぞ、いくら頭がえらいと申して胃袋は頭のいふ通りには動かんぞ、この道理分りたか、ぢゃと申して味噌も糞も一つにしてはならんのざぞ。神の政治はやさしい六ケしいやり方ぞ、高きから低きに流れる水のやり方ぞ。神の印《しるし》つけた悪来るぞ。悪の顔した神あるぞ。飛行機も船も臣民もみな同じぞ。足元に気つけて呉れよ、向ふの国はちっとも急いでは居らぬのぞ、自分で目的達せねば子の代、子で出来ねば孫の代と、気長くかかりてゐるのざぞ、神の国の今の臣民、気が短いから、しくじるのざぞ。しびれ切らすと立ち上がれんぞ、急いではならんぞ、急がねばならんぞ。神の申すこと取り違ひせぬ様にして呉れよ。よくこの神示《ふで》よんで呉れよ、元の二八基光理《じやきこり》てわいて出た現空《あく》の種は二八基《じやき》と大老智《おろち》と世通足《よつ》となって、二八基には仁本の角、大老智は八ツ頭、八ツ尾、四通足《よつあし》は金母であるから気つけておくぞ。世通足はお実名に通《つ》いて分けてゐるから、守護神どの、臣民どの、だまされぬ様に致して下されよ。九月二十三日、あのひつ九のか三。

第十九帖　（一五六）

世成り、神国の太陽足り満ちて、皆みち足り、神国の月神、世をひらき足り、弥栄にひらき、月光、総てはみち、結び出づ、道は極みに極む、一二三《ひふみ》、三四五《みよいづ》、五六七《みろく》、弥栄々々ぞ、神、仏、耶ことごと和し、和して足り、太道ひらく永遠《とは》、富士は晴れたり、太神は光り出づ、神国のはじめ。

九月二十四日、一二⦿ふみ。（原文は九九前頁に掲載）

第二十帖　（一五七）

世界に変りたこと出来たら、それは神々様の渡られる橋ぞ。本清めねば末は清まらんぞ、根絶ちて葉しげらんぞ、元の田根《たね》が大切ざぞ、種はもとから択《よ》り分けてあるのざぞ、ぜんぶり苦《にが》いぞ。九月の二十四日、ひつ九のか三。

第二十一帖　（一五八）

神界のことは顕界ではなかなかに分るものでないと云ふこと分りたら、神界のこと分るのであるぞ。一に一足すと二となると云ふソロバンや物差しでは見当取れんのざぞ。今までの戦でも、神が蔭から守ってゐること分るであらうがな、あんな者がこんな手柄立てたと申すことあらうが、臣民からは阿房に見えても、素直な人には神がかかり易いのであるから、早う素直に致して呉れよ。海のつなみ気をつけて呉れ、前に知らしてやるぞ。九月二十五日、ひつ九のか三。

第二十二帖　（一五九）

われが助かろと思ふたら助からぬのざぞ、その心われよしざぞ。身魂みがけた人から救ふてやるのざぞ、神うつるのざぞ、ⓞのうつりた人と〇のかかりた人との大戦ぞ、ヽと〇とが戦して、やがてはヽを中にして〇がおさまるのぞ。その時は〇でなく、ヽもヽでないのざぞ、ⓞとなるのざぞ、ヽと〇のまつりぞと申してあらうがな。どちらの国も潰れるところまでになるのぞ、臣民同士は、もう戦かなはんと申しても、この仕組成就するまでは、神が戦はやめさせんから、神がやめる訳に行かんから、今やめたらまだまだわるくなるのぞ、〇の世となるのぞ、〇の世界となるのぞ。今の臣民九分通り〇になりてゐるぞ、早う戦すませて呉れと申してゐるが、今夜明けたら、臣民九分通りなくなるのざぞ。お洗濯第一ざぞ。九月の二十六日、ひつ九のか三。

第二十三帖　（一六〇）

この神示心で読みて呉れよ、九エだして読みて呉れよ、病も直るぞ、草木もこの神示よみてやれば花咲くのざぞ。この道弘めるには教会のやうなものつとめて呉れるなよ、まとゐを作りて呉れるなよ。心から心、声から声、身体《からだ》から身体へと広めて呉れよ、世界中の臣民みなこの方の民ざから、早う伝へて呉れよ。神も人も一つであるぞ、考へてゐては何も出来ないぞ、考へないで思ふ通りにやるのが神のやり方ぞ、考は人の迷ひざぞ、今の臣民身魂くもりてゐるから考へねばならぬが、考へればいよいよ曇りたものになる道理分らぬか。一九《ひく》れを気つけて呉れよ、日暮れよくなるぞ、日暮れに始めたことは何でも成就するやうになるのざぞ、一九《ひく》れを日の暮れとばかり思うてゐると、臣民の狭い心で取りてゐると間違ぶぞ。◉のくれのことを申すのざぞ。九月の二十八日、ひつ九のか三。

第二十四帖　（一六一）

この方明神とも現はれてゐるのざぞ、臣民守護の為めに現われてゐるのであるぞ。衣《ころも》はくるむものであるぞ、くるむとは、まつらふものぞ、神の衣は人であるぞ、汚《けが》れ破れた衣では神はいやざぞ。衣は何でもよいと申すやうなものではないぞ、暑さ寒さ防げばよいと申す様な簡単なものではないぞ。今は神の衣なくなってゐる、九分九厘の臣民、神の衣になれないのざぞ。悪神の衣ばかりぞ、今に臣民の衣も九分九厘なくなるのざぞ。⦿の国、霊の国とこの世とは合せ鏡であるから、この世に映って来るのざぞ、臣民身魂洗濯して呉れとくどう申してあらうがな、この道理よく分りたか。十月とは十《かみ》の月ぞ、一と丨との組みた月ぞ。九月の二十八日、ひつ九のか三。

第二十五帖　（一六二）

新しくその日その日の生まれ来るのぞ、三日は三日、十日は十日の神どの守るのざぞ、時の神ほど結構な恐《こわ》い神ないのざぞ、この方とて時節にはかなはんことあるのざぞ。今日なれば九月の二十八日であるが、旧の八月十一日どのを拝みて呉れよ、二十八日どのもあるのざぞ。何事も時待ちて呉れよ、炒豆《いりまめ》にも花咲くのざぞ、この世では時の神様、時節を忘れてはならんぞ、時は神なりぞ。何事もその時節来たのざぞ、時過ぎて種蒔いてもお役に立たんのであるぞ、草物いふぞ。旧の八月の十一日、ひつ九のか三。

第二十六帖　（一六三）

雨の日は傘いるのざと申して晴れたら要らぬのざぞ、その時その時の御用あるのざぞ、晴れた日とて傘いらぬのでないぞ、今御用ある臣民と、明日御用ある臣民とあるのざぞ、二歳《ふたつ》の時は二歳の着物、五歳《いつつ》は五歳、十歳《とう》は十歳の着物あるのざぞ。十柱の御役もその通りざぞ、役変るのぞ。旧八月の十二日、ひつ九のか三。

第二十七帖　（一六四）

天地には天地の、国には国の、びっくり箱あくのざぞ、びっくり箱あけたら臣民みな思ひが違ってゐること分るのぞ、早う洗濯した人から分るのぞ、びっくり箱あくと、神の規則通りに何もかもせねばならんのぞ、目あけて居れん人出来るぞ、神の規則は日本も支那も印度もメリカもキリスもオロシヤもないのざぞ、一つにして規則通りが出来るのざから、今に敵か味方か分らんことになりて来るのざぞ。学の世はもう済みたのぞ、日に日に神力あらはれるぞ、一息入れる間もないのぞ。

ドシドシ事を運ぶから後れんやうに、取違ひせんやうに、慌てぬやうにして呉れよ。神々様もえらい心配なされてござる方あるが、仕組はりうりう仕上げ見て下されよ。旧九月になればこの神示《ふで》に変りて天《アメ》の日つくの神の御神示出すぞ、初めの役員それまでに引き寄せるぞ、八分通り引き寄せたなれど、あと二分通りの御役の者引き寄せるぞ。おそし早しはあるなれど、神の申したこと一厘もちがはんぞ、富士は晴れたり日本晴れ、おけ、十月の四日、ひつ九のか三ふみ。

第二十八帖　（一六五）

神の国には神の国のやり方、外国には外国のやり方あると申してあらうがな、戦もその通りぞ、神の国は神の国のやり方せねばならんのざぞ、外国のやり方真似ては外国強いのざぞ、戦するにも身魂みがき第一ぞ。一度に始末することは易いなれど、それでは神の国を一度は丸つぶしにせねばならんから、待てるだけ待ってゐるのざぞ、仲裁する国はなく、出かけた船はどちらも後へ引けん苦しいことになりて来るぞ、神気つけるぞ。十月六日、ひつくのか三。

第二十九帖　（一六六）

天明は神示書かす御役ぞ、蔭の役ぞ、この神示はアとヤとワのつく役員から出すのざぞ、おもてぞ。旧九月までにはその御方お揃ひぞ、カのつく役員うらなり、タのつく役員おもてなり、うらおもてあると申してあらうがな、コトが大切ぞコトによりて伝へるのが神はうれしきぞ、文字は通基《つき》ぞ、このことよく心得よ。天の異変は人の異変ぞ、一時は神示も出んことあるぞ、神示よんで呉れよ、神示よまないで臣民勝手に智恵絞りても何にもならんと申してあらうがな、神にくどう申さすことは神国の臣民の恥ぞ。神示は要らぬのがまことの臣民ぞ、神それぞれに宿りたら神示要らぬのざぞ、それが神世の姿ぞ。上に立つ人にこの神示分るやうにして呉れよ、国は国の団体《まとひ》は団体《まとひ》の上の人に早う知らして呉れよ。アとヤとワから表《おもて》に出すと上の人も耳傾けるのざぞ。アとはアイウエオぞ、ヤもワも同様ぞ、カはうらぞ、タはおもてぞ、サとナとハとマとまつはりて呉れよ、ラは別の御役ぞ、御役に上下ないぞ、みなそれぞれ貴い御役ぞ。この神示上つ巻と下つ巻先づ読みて呉れよ、腹に入れてから神集《かむつど》ふのぞ、神は急けるぞ。山の津波《つなみ》に気つけよ、十月の七日、七つ九のか三。

第三十帖 （一六七）

一度に立替へすると世界が大変が起るから、延ばし延ばしてゐるのざぞ、目覚めぬと末代の気の毒できるぞ。国取られた臣民、どんなにむごいことになりても何も言ふこと出来ず、同じ神の子でありながら余りにもひどいやり方、けものよりもむごいことになるのが、よく分りてゐるから、神が表《おもて》に出て世界中救ふのであるぞ、この神示腹に入れると神力出るのざぞ、疑ふ臣民沢山あるが気の毒ざぞ。一通りはいやがる臣民にもこの神示一二三《ひふみ》として読むやうに上の人してやりて下されよ。生命あるうちに神の国のこと知らずに死んでから神の国に行くことは出来んぞ、神の力でないと、もう世の中は何うにも動かんやうになってゐること、上の番頭どの分かりて居らうがな、何うにもならんと知りつつまだ智や学にすがりてゐるやうでは上の人とは申されんぞ、智や学越えて神の力にまつはれよ、お土拝みて米作る百姓さんが神のまことの民ぞ、神おろがみて神示取れよ、神のない世とだん〳〵なりておろがな。真通《まつ》ることは生かす事ぞ。生かす事は能《はたら》かす事ぞ。神の国には何でもないものないのざぞ、神の御用なら何でも出て来る結構な国ぞ、何もなくなるのはやり方わるいのぞ、神の心に副はんのぞ。十月七日、一二⊙。

第三十一帖　（一六八）

この神示読ますやうにするのが役員の務めでないか、役員さへ読んでゐないではないか。神示に一《ひ》二《ふ》三《み》つけたもの先づ大番頭、中番頭、小番頭どのに読まして呉れよ、道さへつければ読むぞ、腹に這入るものと這入らぬものとはあるなれど、読ますだけは 読ませてやるのが役員の勤めでないか。旧九月になったら、いそがしくなるから、それまでに用意しておかんと悔しさが出るぞよ。いざとなりて地団太ふんでも間に合はんぞ。餅搗くには、搗く時あるのざぞ、それで縁ある人を引き寄せてゐるのざぞ、神は急けるのぞ。十月の七日、ひつ九のか三いそぐ。

第三十二帖　（一六九）

仕組通りに出て来るのざが大難を小難にすること出来るのざぞ。神も泥海は真っ平ぞ、臣民喜ぶほど神うれしきことないのざぞ、曇りて居れど元は神の息入れた臣民ぞ、うづであるのぞ。番頭どの、役員どのフンドシ締めよ。十月の七日、ひつ九のか三。

第三十三帖　（一七〇）

エドの仕組すみたらオワリの仕組にかからすぞ。その前に仕組む所あるなれど、今では成就せんから、その時は言葉で知らすぞ。宝持ちくさりにして呉れるなよ、猫に小判になりて呉れるなよ。天地一度に変ると申してあること近づいたぞ、世は持ちきりにはさせんぞよ、息吹《いぶ》き払ひて議論《ろん》なくするぞ、ことなくするぞ、物言はれん時来るぞ、臣民見当とれんことと申してあらうが、上の人つらくなるぞ、頑張りて呉れよ。十月八日、ひつ九のか三。

第三十四帖　（一七一）

神は言波ぞ、言波とはまことぞ、いぶきぞ、道ぞ、まこととはまつり合はした息吹ぞ、言葉で天地にごるぞ、言波で天地澄むぞ、戦なくなるぞ、神国になるぞ、言波ほど結構な恐いものないぞ。十月十日、あめの一二か三。

第三十五帖　（一七二）

日本の国はこの方の肉体であるぞ。国土おろがめと申してあらうがな、日本は国が小さいから一握りに握りつぶして喰ふ積りで攻めて来てゐるなれど、この小さい国が、のどにつかえて何うにも苦しくて勘忍して呉れといふやうに、とことんの時になりたら改心せねばならんことになるのぞ。外国人もみな神の子ざから、一人残らずに助けたいのがこの方の願ひと申してあらうがな、今に日本の国の光出るぞ、その時になりて改心出来て居らぬと臣民は苦しくて日本のお土の上に居れんやうになるのぞ、南の島に埋めてある宝を御用に使ふ時近づいたぞ。お土の上り下りある時近づいたぞ。人の手柄で栄耀してゐる臣民、もはや借銭済しの時となりたのぞ、改心第一ぞ。世界に変りたことは皆この方の仕組のふしぶしだから、身魂みがいたら分るから、早う身魂みがいて下されよ。身魂みがくにはまつりせねばならんぞ、まつりはまつらふことぞと申して説いてきかすと、神祭りはしないでゐる臣民居るが、神祭り元ぞ、神迎えねばならんぞ、とりちがへと天狗が一番恐いのざぞ、千匁《せんじん》の谷へポンと落ちるぞ。神の規則は恐いぞ、隠し立ては出来んぞ、何もかも帳面にしるしてあるのざぞ、神の国に借銭ある臣民はどんなえらい人でも、それだけに苦しむぞ、家は家の、国は国の借銭済《な》しがはじまってゐるのぞ、済《す》ましたら気楽な世になるのぞ、世界の大晦日《みそか》ぞ、みそかは闇ときまってゐるであらうがな。借銭《かり》返すときつらいなれど、返したあとの晴れた気持よいであらうが、昔からの借銭ざから、素直に苦しみこらへて神の申すこと、さすことに従って、日本は日本のやり方に返して呉れよ、番頭どの、下にゐる臣民どの、国々の守護神どの、外国の神々さま、人民どの、仏教徒もキリスト教徒もすべての徒もみな聞いて呉れよ、その国その民のやり方伝へてあらうがな、九十に気つけて用意して呉れよ。十月十日、ひつ九のか三。

第三十六帖　（一七三）

二二は晴れたり日本晴れ、てんし様が富士《ニニ》から世界中にみいづされる時近づいたぞ。富士は火の山、火の元の山で、汚してならん御山ざから臣民登れんやうになるぞ、神の臣民と獣《けもの》と立て別けると申してあろうが、世の態見て早う改心して身魂洗濯致して神の御用つとめて呉れよ。大き声せんでも静かに一言いえば分る臣民、一いへば十知る臣民でないと、まことの御用はつとまらんぞ、今にだんだんにせまりて来ると、この方の神示《ふで》あてにならんだまされてゐたと申す人も出て来るぞ、よくこの神示読んで神の仕組、心に入れて、息吹として言葉として世界きよめて呉れよ。分らんと申すのは神示読んでゐないしるしぞ、身魂芯《しん》から光り出したら人も神も同じことになるのぞ、それがまことの臣民と申してあらうがな、山から野《ぬ》から川から海から何が起っても神は知らんぞ、みな臣民の心からぞ、改心せよ、掃除せよ、洗濯せよ、雲霧はらひて呉れよ、み光出ぬ様にしてゐてそれでよいのか、気つかんと痛い目にあふのざぞ、誰れかれの別ないと申してあらうがな。いづれは天《アメ》の日つくの神様御かかりになるぞ、おそし早しはあるぞ、この神様の御神示は烈しきぞ、早う身魂みがかねば御かかりおそいのざぞ、よくとことん掃除せねば御かかり六ケしいぞ、役員も気つけて呉れよ、御役ご苦労ぞ、その代り御役すみたら二二晴れるぞ。十月十一日、一二か三。

（地つ巻了）

ひふみ神示 第六巻

自 昭和十九年旧九月 一日

至 昭和十九年十一月三十日

一七四帖―二一三帖

日月《ひつ九》の巻 全四十帖

第二十八帖（二〇一）〜第二十九帖（二〇二）原文

一八十、、十⦿ハレ　二三七、🌀三　九ノ🌀八九一ん四六百ノ三　四ノ百十十百ゝ百ノ八一、、、三三、、、三　九百デ、九二十七、三一、百十八九ノ九二ノ九十三　⦿三七🌀ノ⦿、九ノ四ノ大⦿三マ三　一八◎て、、七り　🌀て月、七り九二十七リタノ三三　ア、🌀ノ⦿三、七り(ワヤ)八月ノ⦿三三　九二ノ⦿三、八⦿三七🌀ノ⦿三マ三　九ノ九十一二九九ろ二一レ、、十二ハタ㊇七一三　九レン十八上下カ、、九十十百四てア、、七　一二て七🌀ヌ九十三　一八、、七ら、九十三　アメノ⦿つ九ノ⦿

一十一一十二三九十ノ四十七る三　⦿ノ九十一二四り三九十七一三　百ノ一二七四　三九十一二ノ三三三九十⦿三　三三　ア三　四カ〇るノ三　七二百八ケ四九七キアケ三　一九三百七キアケ三八九二二十九百⦿て七一三　一カり九へ四一キ三三　⦿三七🌀ノ三九十〇つり九れ四　一十九三う七八🌀十八九ノ九二三　十一　二五　一二⦿《ヒツキ》

第一帖　（一七四）

富士は晴れたり日本晴れ。⦿の巻書き知らすぞ。此の世に自分の物と云ふ物は何一つないのであるぞ。早う自分からお返しした者から楽になるのざぞ。今度の大洗濯は三つの大洗濯が一度になって居るのざから、見当取れんのざぞ。神の国の洗濯と外国の洗濯と世界ひつくるめた洗濯と一度になってゐるのざから、そのつもりで少しでも神の御用務めて呉れよ。此れからがいよいよの正念場と申してあろがな。今はまだまだ一の幕で、せんぐり出て来るのざぞ。我《が》出したら判《わか》らなくなるぞ、てんし様おがめよ、てんし様まつりて呉れよ、臣民無理と思ふ事も無理でない事沢山にあるのざぞ、神はいよいよの仕組にかかったと申してあろがな。毀《こわ》すのでないぞ、練り直すのざぞ。世界を擂鉢に入れて捏《こ》ね廻し、練り直すのざぞ。日本の中に騒動起るぞ。神の臣民気つけて呉れよ。日本も神と獣に分れているのざから、いやでも応でも騒動となるのざぞ。小さくしたいなれど。旧九月一日、ひつくのか三。

第二帖（一七五）

三千年三千世界乱れたる、罪やけがれを身において、此の世の裏に隠《か》れしまま、此の世構ひし大神のみこと畏み此の度の、岩戸開きの御用する、身魂は何れも生きかはり、死にかはりして練りに練り、鍛へに鍛へし神国の、まことの身魂天駈り、国駈ります元の種、昔の元のおん種ぞ、今落ちぶれてゐるとても、軈《やが》ては神の御民とし、天地《あめつち》駈けり神国の、救ひの神と現はれる、時近づきぬ御民等よ。今一苦労二苦労、とことん苦しき事あれど、堪へ忍びてぞ次の世の、まこと神代の礎と、磨きて呉れよ神身魂、いやさかつきに栄えなむ。みたまさちはへましまさむ。旧九月二日、ひつ九のか三。

第三帖（一七六）

此の神示声立てて読みて下されと申してあろがな。臣民ばかりに聞かすのでないぞ。守護神殿、神々様にも聞かすのぞ、声出して読みてさへおればよくなるのざぞよ。じゃと申して、仕事休むでないぞ。仕事は行であるから務め務めた上にも精出して呉れよ。それがまことの行であるぞ。滝に打たれ断食する様な行は幽界《がいこく》の行ぞ。神の国のお土踏み、神国の光いきして、神国から生れる食物《たべもの》頂きて、神国のおん仕事してゐる臣民には行は要らぬのざぞ。此の事よく心得よ。十月十九日、一二⦿。

第四帖　（一七七）

戦済みても後の紛糾なかなかに済まんぞ。人民いよいよ苦しくなるぞ。三四五《みよいづ》の仕組出来ないで、一二三《ひふみ》の御用はやめられんぞ。此の神示読んで三四五の世の仕組よく腹の中に入れておいて上《かみ》の人に知らしてやりて下されよ。三四五とはてんし様の稜威《みいづ》出づことぞ。十月二十日、ひつ九のか三。

第五帖　（一七八）

神の国には神も人も無いのざぞ。忠も孝もないのざぞ。神は人であるぞ。山であるぞ。川であるぞ。めである。野である。草である。木である。動物であるぞ。為すこと皆忠となり孝とながれるのぞ。死も無く生も無いのぞ。神心あるのみぞ。やがては降らん雨霰、役員気つけて呉れよ。神の用意は出来てゐるのざぞ。何事からでも早よう始めて呉れよ。神の心に叶ふものはどしどしとらち明くぞ。十月二十一日、一二⦿。

第六帖　（一七九）

アメツチノトキ、アメミナカヌシノミコト、アノアニナリマシキ、タカアマハラニミコトトナリタマヒキ。今の経済は悪の経済と申してあろがな、もの殺すのぞ。神の国の経済はもの生む経済ぞ。今の政治はもの毀す政治ぞ、神の政治は与へる政治と申してあろが。配給は配給、統制は統制ぞ。一度は何もかも天地に引上げと申してあるが、次の四《よ》の種だけは字に埋めておかねばならんのざぞ。それで神がくどう申してゐるのぞ。種は落ちぶれてゐなさる方《かた》で守られてゐるぞ。上下に引繰返ると申してある事近づいて来たぞ。種は百姓に与へてあるぞ。種蒔くのは百姓ぞ、十月の二十二日、ひつ九かみ。

ツギタカミムスビ、ツギカミムスビノミコトトナリタマイキ、コノミハシラスニナリマシテスミキリタマイキ。

第七帖　（一八〇）

岩戸ひらく道、神々苦むなり、弥ひらき苦む道ぞ、苦しみてなりなり、なりゑむ道ぞ、神諸々なり、世は勇むなり、新しき道、ことごとなる世、神諸《もろ》々四方《よも》にひらく、なる世の道、ことごとくの道、みいづぞ。十月二十四日、一二㋹。（岩戸ひらく以下の原文は一五六頁に掲載）

第八帖　（一八一）

ツギウマシアシカビヒコヂノカミ、ミコトトナリナリテアレイデタマイキ。

瓜《うり》の蔓に茄子《なす》ならすでないぞ。茄子には 茄子と申してあろがな。味噌も糞も一つにするでないぞ。皆がそれぞれに息する道あろがな。野見よ森見よ。神の経済よく見よ。神の政治よく見て、まことの政治つかへて呉れよ。すべてにまつろう事と申してあろがな。上に立つ番頭殿目開いて下されよ。間に合はん事出来ても神は知らんぞ。神急《せ》けるぞ。役員も気配れよ。旧九月八日、ひつ九のか三。

第九帖（一八二）

何事も持ちつ持たれつであるぞ。神ばかりではならず、人ばかりではならずと申してあろが、善一筋の世と申しても今の臣民の言ふてゐる様な善ばかりの世ではないぞ。悪《ア九》でない悪とあなないてゐるのざぞ。此のお道は、あなないの道ぞ、上ばかりよい道でも、下ばかりよい道でもないのざぞ。まつりとはまつはる事で、まつり合はす事ざぞ。まつり合はすとは草は草として、木は木として、それぞれのまつり合はせぞ。草も木も同じまつり合せでないのざぞ。十月の二十六日。ひつ九か三。

第十帖（一八三）

ツギ、アメノトコタチノミコト、ツギ、クニノトコタチノミコト、ツギ、トヨクモヌノミコトトナリナリテ、アレイデタマイ、ミコトスミキリタマヒキ。

辛酉《かのととり》の日と年はこわい日で、よき日と申してあろがな。九月八日は結構な日ざが、こわい日ざと申して知らしてありた事少しは判りたか。何事も神示通りになりて、せんぐりに出て来るぞ。遅し早しはあるのざぞ。この度は幕《まく》の一ぞ。日本の臣民これで戦済む様に申してゐるが、戦はこれからぞ。九、十月八日、十八日は幾らでもあるのざぞ。三月三日、五月五日はよき日ぞ。恐ろしい日ざぞ。今は型であるぞ。改心すれば型小《ち》さくて済むなれど、掃除大きくなるぞ。猫に気付けよ、犬来るぞ。臣民の掃除遅れると段々大きくなるのざぞ。神が表に出ておん働きなされてゐること今度はよく判りたであろがな。〇ゝと神との戦でもあると申してあろがな。戦のまねであるぞ。神がいよいよとなりて、びっくり箱開いたら、臣民ポカンぞ。手も足も動かすこと出来んぞ。たとへではないのざぞ。くどう気付けておくぞ。これからがいよいよの戦となるのざぞ、鉄砲の戦ばかりでないぞ。その日その日の戦烈しくなるぞ、褌締めて呉れよ。十月二十五日、ひつ九のか三。

第十一帖　（一八四）

学も神力ぞ。神ざぞ。学が人間の智恵と思ってゐると飛んでもない事になるぞ。肝腎の真中なくなりてゐると申してあろが。真中動いてはならんのざぞ。神国の政治は魂のまつりことぞ。苦しき御用が喜んで出来る様になりたら、神の仕組判りかけるぞ。何事も喜んで致して呉れと申してあろがな。臣民の頭では見当取れん無茶な四《よ》になる時来たのざぞ。それを闇の世と申すのぞ。神はゝ臣民は〇、外国は〇、神の国はゝと申してあろが、神国から見れば、まわりみな外国、外国から見れば神国最中。人の真中には神あらうがな。悪神の仕組は此の方には判りてゐるから一度に潰す事は易いなれど、それでは天の大神様にすまんなり、悪殺して終《しま》ふのではなく、悪改心さして、五六七《みろく》のうれしうれしの世にするのが神の願ひざから、この道理忘れるでないぞ。今の臣民幾ら立派な口きいても、文字ならべても、誠がないから力《ちから》ないぞ。黙《だま》ってゐても力ある人いよいよ世に出る時近づいたぞ。力は神から流れ来るのぞ。磨けた人から神がうつって今度の二度とない世界の、世直しの手柄立てさすぞ。みたま磨きが何より大切ぞ。十月の二十七日、ひつ九のか三。

第十二帖　（一八五）

三ハシラ、五ハシラ、七ハシラ、コトアマツカミ、ツギ、ウヒジニ、ツギ、イモスヒジニ、ツギ、ツヌグヒ、ツギ、イモイクグヒ、ツギ、オホトノジ、ツギ、イモオホトノベ、ツギ、オモタル、ツギ、イモアヤカシコネ、ミコトト、アレナリ、イキイキテ、イキタマヒキ、ツギ、イザナギノカミ、イザナミノカミ、アレイデマシマシキ。

足許に気付けよ。悪は善の仮面かぶりて来るぞ。入《はい》れん所へ悪が化けて入って神の国をワヤにしてゐるのであるぞ、己の心も同様ぞ。百人千人万人の人が善いと申しても悪い事あるぞ。一人の人云っても神の心に添ふ事あるぞ。てんし様拝めよ。てんし様拝めば御光出るぞ、何もかもそこから生れるのざぞ。お土拝めよ。お土から何もかも生れるのぞ。人拝めよ、上に立つ人拝めよ、草木も神と申してあろがな。江戸に攻め寄せると申してあろがな。富士目指して攻め来ると知らしてあること近付たぞ。今迄の事は皆型でありたぞ、江戸の仕組もお山も甲斐の仕組も皆型ぞ、鳴門とうづうみの仕組も型して呉れよ。尾張の仕組も型早よう出して呉れよ。型済んだらいよいよ末代続くまことの世直しの御用にかからすぞ。雨降るぞ。十月二十八日、ひつ九のかみ。

第十三帖　（一八六）

人間心で急ぐでないぞ。我が出てくると失策《しくじ》るから我とわからん我あるから、今度は失策ること出来んから、こことと云ふ時には神が力《ちから》つけるから急ぐでないぞ。身魂磨き第一ぞ。蔭の御用と表の御用とあるなれど何れも結構な御用ざぞ。身魂相当が一番よいのざぞ。今に分りて来るから慌てるでないぞ。今迄の神示よく読んでくれたらわかるのざぞ。それで腹で読め読めとくどう申してゐるのざぞ。食物《くいもの》気つけよ。十月二十八日、ひつ九のかみ。

第十四帖　（一八七）

世の元からの仕組であるから臣民に手柄立てさして上下揃った光の世にするのざから、臣民見当取れんから早よ掃除してくれと申してゐるのぞ。国中到る所花火仕掛けしてあるのぞ。人間の心の中にも花火が仕掛けてあるぞ。何時その花火が破裂するか、わからんであろがな。掃除すれば何もかも見通しざぞ。花火破裂する時近づいて来たぞ。動くこと出来ん様になるのぞ。蠟燭の火、明るいと思ふてゐるが、五六七《みろく》の世の明るさはわからんであろが。十月の三十一日。ひつ九のかみ。

第十五帖　（一八八）

目覚めたら其の日の生命お預りした事を神に感謝し、其の生命を神の御《み》心のままに弥《いや》栄に仕へまつる事に祈れよ。神は其の日其の時に何すべきかに就て教へるぞ。明日の事に心使ふなよ。心は配れよ。取越苦労するなよ。心配りはせなならんぞ。何もかも神に任せよ。神の生命、神の肉体となりきれよ。何もかも捨てきらねばならんぞ。天地皆神のものぞ、天地皆己れのものぞ。取違ひ致して呉れるなよ。幾ら戦してゐても天国ぞ、天国とは神国ぞ。神国の民となれば戦も有難いぞ。いきの生命いつも光り輝いてゐるぞ。神にまつろてくれと申してあろが。あめつち皆にまつろて呉れと申してあろがな。ここの道理よく判りたであろが。何も云ふ事ないぞ。神称へる辞《コト》が光透《コト》ぞ。あめつち称へる言《コト》が光透《コト》ぞ。草木の心になれと申してあろがな。神風もあるぞ。地獄の風もあるぞ。迷ふでないぞ、神の申すコトはコトであるぞ。コトに生きてくれよ。コトにまつろへよ。十一月の一日、ひつ九か三。

第十六帖　（一八九）

慌てて動くでないぞ。時節が何もかも返報《へんぽう》返しするぞ。時の神様有難いと申してあろがな。神は臣民から何求めてゐるか。何時も与《あた》へるばかりでないか。神の政治、神国の政治は与へる政治とくどう申してあろがな。今の遣方では愈々苦しくなるばかりぞ。早よう気付かぬと気の毒出来て来るぞ。金いらぬと申してあろが。やり方教へてやりたいなれど、それでは臣民に手柄無いから此の神示よく読みてくれといふてあるのぞ。よき事も現れると帳消しとなる事知らしてあろが、人に知れぬ様によき事はするのざぞ。この事よく深く考へて行へよ。昔からのメグリであるから、ちょっとやそっとのメグリでないから、何処へ逃げてもどうしてもするだけの事せなならんのざぞ。どこにゐても救ふ臣民は救うてやるぞ。真中動くでないぞ、知らぬ顔しておる事も起るぞ。十一月三日、一二㋹。

第十七帖　（一九〇）

ココニアマツカミ、モロモロノミコトモチテ、イザナギノミコトイザナミノミコトニ、コレノタダヨヘルクニ、ツクリカタメナセト、ノリゴチテ、アメノヌホコヲタマヒテ、コトヨサシタマイキ。

神の国にも善と悪とあると申してあろがな。この神示見せてよい人と悪い人とあるのざぞ。神示見せて呉れるなよ。まことの神の臣民とわかりたら此の神示写してやりてくれよ。神示は出ませぬと申せよ。時節見るのざぞ。型してくれたのざからもう一《はじめ》の仕組よいぞ。此の神示表に出すでないぞ。天明は蔭の御用と申してあろが。神示仕舞っておいてくれよ、一二三として聞かしてやって呉れよ。此の方の仕組日に日に変るのざから、臣民わからなくなると申してあろが。日に日に烈しく変りて来るのざぞ。神の子には神示伝へてくれよ。神せけるぞ。渦《うづ》海の御用結構。十一月四日、一二◉。

第十八帖　（一九一）

ツギニイザナミノミコト、イザナミノミコトニ、アマノヌホトヲタマヒテ、トモニ、タタヨヘル、コトクニツクリカタメナセトコトヨサシタマヒキ。

日に日に烈しくなると申してあろがな。水いただきにあげなならんぞ。お土堀らねばならんぞ。言波とくに磨きてくれよ。コトに気つけて呉れとくどう申してあろが。してはならず。せねばならず、神事に生きて下されよ。十一月六日、ひつ九のか三しらすぞ。

第十九帖　（一九二）

今のやり方、考へ方が間違ってゐるからぞ。洗濯せよ掃除せよと申すのはこれまでのやり方考へ方をスクリと改める事ぞ。一度マカリタと思へ。掃除して何もかも綺麗にすれば神の光スクリと光り輝くぞ。ゴモク捨てよと申してあろがな。人の心ほど怖《こわ》いものないのざぞ。奥山に紅葉あるうちにと申すこと忘れるなよ。北に気付けよ。神の詞《よ》の仕組よく腹に入れておいて下されよ。今度のさらつの世の元となるのざぞ。十一月七日、ひつ九のか三。

第二十帖　（一九三）

神の用意は何もかも済んでゐると申してあろが。臣民の洗濯早よ致してくれよ。さらつの世の用意早よしてくれよ。今度の世には四十九の御役、御仕事あるのざぞ。四十九の身魂と申してあろがな。神の申したこと次々と出て来ておろうがな。早よこの神示腹に入れよ。早よ知らしてくれよ、今迄の神示役員の腹に入る迄は暫く此の神示出ぬぞ。大切の時には知らすなれど、そのつもりでおりて呉れよ、ヌの種大切にして下されよ。毒吐き出せよ。十一月の八日、ひつくのか三。

第二十一帖　（一九四）

人まづ和し、人おろがめよ。拍手打ちて人とまつろへよ。神示よんで聞かして呉れよ。声出して天地に響く様のれよ。火《ひ》と水《み》ひふみとなるのざぞ。火近づいたぞ。水近づいたぞ、厭でも応でもはしらなならんぞ。引くり返るぞ。世が唸るぞ。神示よめば縁ある人集って来て、神の御用するもの出来て来る事わからんか。仕組通りにすすめるぞ。神待たれんぞ、十一月十日、ひつ九か三。

第二十二帖 （一九五）

お宮も壊されるぞ。臣民も無くなるぞ。上の人臭い飯食ふ時来るぞ。味方同士が殺し合ふ時、一度はあるのざぞ。大き声で物言へん時来ると申してあろがな。之からがいよいよざから、その覚悟してゐて下されよ。一二三が正念場ぞ。臣民の思ふてゐる様な事でないぞ。この神示よく腹に入れておけと申すのぞ。ちりちりばらばらになるのざぞ。一人々々で何でも出来る様にしておけよ、十一月十一日、ひつ九か三。

第二十三帖 （一九六）

一升桝には一升しか入らぬと臣民思ふてゐるが豆一升入れて粟入れる事出来るのざぞ。その上に水ならばまだはいるのざぞ。神ならばその上にまだ幾らでもはいるのざぞ。神が移りたら人が思はぬ事出来るのざぞ。今度は千人力与へると申してあろが。江戸の仕組世の終りぞ。天おろがめよ。

つちおろがめよ。まつはれよ。秋の空グレンと申してあろがな。冬も春も夏も気つけてくれよ。十一月十三日、ひつ九か三。

第二十四帖　（一九七）

ココニイザナギノミコト、イザナミノミコトハ、ヌホコ、ヌホト、クミクミテ、クニウミセナトノリタマヒキ、イザナギノミコトイザナミノミコト、イキアハシタマヒテ、アウ、あうトノラセタマヒテ、クニ、ウミタマヒキ。

コトの初め気付けて呉れよ。夜明けたら生命《いのち》神に頂いたと申してあろがな。太陽《ひ》あるうちはことごとに太陽の御用せよ。月あるうちはことごとに月の神の御用せよ。それがまことの臣民ぞ。生活心配するでないぞ。ことわけて申せば今の臣民すぐは出来ぬであろが。初めは六分国のため、四分自分の為、次は七分国のため、三分自分の為、次は八分国の為二分自分のため、と云ふ様にして呉れよ。これはまだ自分あるのざぞ。自分なくならねばならぬのざぞ。神人一つになるのざぞ。十一月二十日、ひつ九⦿。

第二十五帖　（一九八）

ハジメ◉《ヒツキ》ノクニウミタマヒキ、◉《ヒ》ノクニウミタマヒキ、☽のクニウミタマヒキ、ツギニクニウミタマヒキ。

神に厄介掛けぬ様にせねばならんぞ。神が助けるからと申して臣民懐手してゐてはならんぞ、力の限り尽さなならんぞ。◎《ヒツキ》と◉とは違ふのざぞ。臣民一日に二度食べるのざぞ、朝は日の神様に供へてから頂けよ、夜は月の神様に捧げてから頂けよ、それがまことの益人ぞ。十一月二十一日、一二◉。

第二十六帖　（一九九）

㋰、㋒、㋒、ウ、ぅにアエオイウざぞ。昔の世の元ぞ。㋐、㋳、㋻、ヤ、ワあるぞ、世の元ぞ。サタナハマからあるぞ。一柱、二柱、三柱、五柱、七柱、八柱、九柱、十柱、と申してあろがな。五十九の神、七十五柱これで判りたか。㋰はヽざぞ。ヽには裏表上下あるのざぞ。冬の先春とばかりは限らんと申してあること忘れるなよ。用意せよ、冬に桜咲くぞ。十一月二十二日、ひつ九㋹。

第二十七帖　（二〇〇）

神の国は生きてゐるのざぞ、国土おろがめよ、神の肉体ぞ。神のたまぞ。道は真直とばかり思ふなよ、曲って真直であるぞ、人の道は無理に真直につけたがるなれど曲ってゐるのが神の道ぞ。曲って真直ぐいのざぞ。人の道も同じであるぞ。足許から鳥立つぞ。愈々が近づいたぞ。世の元と申すものは泥の海でありたぞ。その泥から神が色々のもの一二三で、いぶきで生みたのぞ。人の智ではわからぬ事ざぞ。眼は丸いから丸く見えるのざぞ。この道理わかりたか。一度はどろどろにこね廻さなならんのざぞ。臣民はどない申しても近慾ざから先見えんから慾ばかり申してゐるが、神は持ち切れない程の物与へてゐるでないか。幾ら貧乏だとて犬猫とは桁違ふがな。それで何不足申してゐるのか。まだまだ天地へ取上げるぞ。日々取上げてゐる事わからんか。神が大難を小難にして神々様御活動になってゐること眼に見せてもわからんか。天地でんぐり返るぞ。やがては富士晴れるぞ。富士は晴れたり日本晴れ。元の神の世にかへるぞ。日の巻終りて月の巻に移るぞ。愈々一二三が多くなるから、今までに出してゐた神示よく腹に入れておいてくれよ、知らせねばならず、知らしては仕組成就せず、臣民早よ洗濯して鏡に映る様にしてくれよ。今の世地獄とわかってゐるであろがな。今のやり方悪いとわかってゐるであろがな。神まつれと申すのぞ。外国には外国の神あると申してあろが。み戦さすすめて外国に行った時は、先づその国の神まつらねばならんぞ、まつるとはまつろふ事と申してあろが。鉄砲や智では悪くするばかりぞ。神先づまつれとくどう気つけてあるのは日本ばかりではないぞ。此の方の申すこと小さく取りては見当取れんと申してあろがな。三千世界の事ぞ。日本ばかりが可愛いのではないぞ、世界の臣民皆わが子ぞ。わけへだてないのざぞ。この神示よみて聞かしてくれよ。読めば読むほどあかるくなるぞ。富士晴れるのざぞ。神の心晴れるのざぞ。あらたぬし世ぞ。十一月二十三日、一二⦿。

第二十八帖　（二〇一）

岩戸あけたり日本晴れ富士ひかるぞ。この巻役員読むものぞ。世の元と申すものは火であるぞ水であるぞ。くもでてくにとなったぞ。出雲《いずも》とはこの地《くに》の事ぞ。スサナルの神はこの世の大神様ぞ。

はじめは◎であるなり、◎《うご》いて月となり地となりたのざぞ。アは◉《ヒツキクニ》の神様なり、㋳《ヨ》は月の神様ぞ、クニの神様はスサナルの神様ぞ。この事はじめに心に入れれば掃除タワイないぞ、グレンとは上下かへる事と申してあろうがな、云ふてはならぬ事ぞ。いはねばならぬ事ぞ。アメの◉つ九の◉。

第二十九帖　（二〇二）

一日《ひとひ》一日みことの世となるぞ。神の事いふよりみことないぞ。物云ふなよ。みこと云ふのぞ。みこと神ざぞ。道ぞ。アぞ。世変るのぞ。何もはげしく引上げぞ。戦も引上げぞ。後に不足申すでないぞ。光食へよ。息ざぞ。素盞鳴《スサナル》尊まつり呉れよ。急ぐぞ。うなばらとはこのくにぞ。十一月二十五日、一二◉。（二十八帖〜二十九帖の原文は一二五前頁に掲載）

第三十帖　（二〇三）

おのころの国成り、この国におりましてあめとの御《み》柱見立て給ひき。茲に伊邪那岐命伊邪那美命島生み給ひき。初めに水蛭子《ひるこ》、淡《あわ》島生み給ひき。この御子国のうちにかくれ給ひければ、次にのりごちてのち生《う》み給へる御子、淡道《あわじ》之《の》穂《ほ》之《の》三《さ》別島《わけしま》、伊予の二名《ふたな》島、この島愛媛《えひめ》、飯依比古《ひひよりひこ》、大宜都比《けつひめ》売、建依別《たてよりわけ》と云ふ。次、隠岐《おき》の三子《みつこ》島、天之忍許呂別《あまのおしころわけ》。次、筑紫島《つくししま》、この島白日別《しらひわけ》、豊日別《とよひわけ》、建日《たけひ》向日豊久土比泥別《むかひとよくづひぬわけ》、建日別《たてひわけ》。次、伊伎島《いきしま》、天比登都柱《あめのひとつはしら》。次、津島《つしま》、天狭手依比売《あめのさてよりひめ》。次、佐渡島《さとしま》。次大倭秋津島《おおやまとあきつしま》、天津御空豊秋津根別《あまつみそらとよあきつねわけ》。次、吉備之児島《きびのこしま》建日方別《たてひかたわけ》。次、小豆島《あづきしま》、大野手比売《おおぬてひめ》。次、大島《おおしま》大多麻流別《おほたまるわけ》。次、女島《ひめしま》、天一根《あめひとつね》。次、知詞島《ちかのしま》、天忍男《あみのおしを》。次、両児島《ふたこしま》、天両屋《あめふたや》、二島《にしま》、八島《やしま》、六島《むしま》、合せて十六島生み給ひき。次にまたのり給ひて、大島、小島、生み給ひき。淡路島《あわじしま》、二名島《ふたなしま》、おきの島、筑紫《つくし》の島、壱岐《いき》の島、津島《つしま》、佐渡《さど》の島、大倭島《おおやまとしま》、児島《こじま》、小豆島《あづきしま》、大島《おおしま》、女島《ひめしま》、なかの島、二子島《ふたこしま》の十四島、島生みましき。次に、いぶきいぶきて、御子神生み給ひき。大事忍男神《おほことおしをのかみ》、大事忍《オホコトオシ》男之神《ヲノカミ》、石土毘古神《いしつちひこのかみ》、石土毘古神《イシツチヒコノカミ》、石巣比売神《いしすひめのかみ》、石巣比売神《イシスヒヽノカミ》、大戸日別神《おほとひわけのかみ》、オホトヒワケノカミ、天之吹男神《あめのふきをのかみ》、あま之《ノ》吹男神《フキヲノカミ》、大屋毘古神《おおやひこのかみ》、大屋毘古神《オオヤレコノカミ》、風木津別之忍男神《かさけつわけのおしをのかみ》、風木津別之忍男神《カサケツワケノオシヲノカミ》、海神《わたのかみ》、海神《ワタノカミ》、大綿津見神《おほわたつみのかみ》、水戸之神《みなとのかみ》、水戸の神《ミナトノカミ》、速秋津比神《はやあきつひのかみ》、速秋津比売神《はやあきつひめのかみ》、速秋津比売神《ハヤアキツヒメノカミ》、風《かぜの》神《かみ》、風神《カゼノカミ》、志那都比古神《しなつひこのかみ》、木神《きのかみ》、木神《キノカミ》、久久能智神《くくのちのかみ》、山神《やまのかみ》、山神《ヤマノカミ》、大山津見神《おほやまつみのかみ》、野神《ぬのかみ》、野神《ヌノカミ》、鹿屋《かや》野比売神《ぬひめのかみ》、野椎神《ぬつちのかみ》、鳥之石楠船神《とりのいわくすつねのかみ》、天鳥船神《あめのとりふねのかみ》、大宜都比売神《おほけつひめのかみ》、大宜都比売神《オホケツヒメノカミ》、火之夜芸速男神《ひのやきはやをのかみ》、火之煇比古神《ひのかがひこのかみ》生みましき。速秋津日子《はやあきつひこ》、速秋津比売《はやあきつひめ》二柱の神川海《かわうみ》に因《よ》りもちわけ、ことわけて、生ませる神、沫那芸神《あわなぎのかみ》、沫那美神《あわなみのかみ》、頬那芸神《つらなぎのかみ》、頬那美神《つらなみのかみ》、天之水分神《あめのみくまりのかみ》、国之水分神《くにのみくまりのかみ》、天之《あめの》久比奢母《くさひも》智神《ちのかみ》、国之久比奢母智神《くにのくひさもちのかみ》、次に、大山津見神《おほやまつみのかみ》、野椎神《ぬっちのかみ》の二柱神、山野《やまぬ》に依りもちわけて、ことあげて生みませる神、天野狭土神《あめのさつちのかみ》、国之狭土神《くにのさつちのかみ》、天之狭霧神《あめのさぎりのかみ》、国之狭霧神《くにのさぎりのかみ》、天之闇戸神《あめのくらとのかみ》、国之闇戸神《くにのくらとのかみ》、大《おほ》戸惑子神《とまどひこのかみ》、大戸惑女神《おほどまどひめのかみ》、大戸惑子神《オホトマドヒコノカミ》、大戸惑女神《オホトマドヒメノカミ》生みましき、伊邪那美神やみ臥《こや》しまして、たぐりになりませる神、金山比古神《かなやまひこのかみ》、金山比売神《かなやまひめのかみ》、屎《くそ》になりませる神、波仁夜須比古神《はにやすひこのかみ》、波仁夜須比売《はにやすひめの》神《かみ》、尿《ゆまり》に成りませる神、弥都波能売神《みつはのめかみ》、和久産巣日神《わくむすびのかみ》、この神の御子豊宇気比売神《とようけひめのかみ》と申す。ここに伊邪那美神《いざなみのかみ》、火の神生み給ひて、ひっちとなり成り給ひて、根の神の中の国に神去り給ひき。ここに伊邪那岐神泣き給ひければ、その涙になりませる神、泣沢女神《なきさわめのかみ》ここに迦具土神《かくつちのかみ》斬り給へば、その血石にこびりて石析神《いわさくのかみ》、根析神《ねさくのかみ》、石筒之男神《いわつつのおのかみ》、雍瓦速日神《みかはやひのかみ》、樋速日神《ひはやひのかみ》、建御雷大神《たけみかつちおのかみ》、建布都神《たけふつのかみ》、豊《とよ》布都神《ふつのかみ》、御刀《みはかし》の手上《たかみ》の血、闇於加美《くらをかみ》、闇御津羽神《くらみつはのかみ》、ここに殺されし迦具土《かぐつち》の御首《みかしら》に成りませる神、正鹿山津見神《まさかやまつみのかみ》、御胸に於藤山津見神《おとやまつみのかみ》、腹《みはら》に奥山津見神《おくやまつみのかみ》、陰《みほと》に闇山津見神《くらやまつみのかみ》、左の御手に志芸山津見《しきやまつみの》神《かみ》、右の御手に羽山津見神《はやまつみのかみ》、左の御足に原山津見神《はらやまつみのかみ》、右の御足に戸山津美神《とやまつみのかみ》、成りましき、ここに斬り給へる御刀《みはかし》、天之尾羽張《あめのおはばり》、伊都之尾羽張《いづのおはばり》、と云ふ。ここに妹《いも》恋しまし給ひて音《ね》の国に追い往《い》で給ひき。十一月二十五日夜、一二⊙。

第三十一帖　（二〇四）

一二三四五六七八九十百千卍《ひとふたみよいつむななやここのたりもちよろず》。今度は千人万人力でないと手柄出来んと申してあろがな。世界中総掛りで攻めて来るのざから、一度はあるにあられん事になるのぞ。大将ざからとて油断出来ん。富士の山動く迄にはどんな事も耐《こら》えねばならんぞ。上辛いぞ。どんなことあっても死急ぐでないぞ。今の大和魂と神の魂と違ふ所あるのざぞ。その時その所によりて、どんなにも変化るのが神の魂ぞ。馬鹿正直ならんと申してあろ。今日《けう》あれし生命勇む時来たぞ。十一月二十六日、一二⊙。

第三十二帖　（二〇五）

おもてばかり見て居ては何も判りはせんぞ。月の神様まつりて呉れよ。此の世の罪穢れ負ひて夜となく昼となく守り下さる素盞鳴神様あつくまつり呉れよ。火あって水動くぞ。水あって火燃ゆるぞ。火と水と申しておいたがその外に隠れた火と水あるぞ。それを一二三と云ふぞ。一二三とは一二三と云ふ事ぞ、言波ぞ。言霊《コトタマ》ぞ、祓ひぞ、◎ぞ。スサナルの仕組ぞ。成り成る言葉ぞ、今の三み一たいは三み三たいぞ。一《ひ》とあらはれて二三《ふみ》かくれよ。月とスサナルのかみ様の御恩忘れるでないぞ。御働き近づいたぞ。十一月二十七日、ひつ九かみ。

第三十三帖　（二〇六）

宝の山に攻め寄せ来ると申してくどう気付けておいたでないか。神の国にはどんな宝でもあるのざぞ◯《かみ》の国、昔から宝埋けておいたと申してあろがな。◯《かみ》の国にも埋けておいてあるのざぞ。この宝は神が許さな誰にも自由にはさせんのざぞ。悪が宝取らうと思ったとてどんなに国に渡り来てもどうにもならん様に神が守ってゐるのざぞ。いよいよとなりたら神がまことの神力出して宝取り出して世界のどんな悪神も神の国にはかなはんと申す所まで、とことん心から降参する所まで、今度は戦するのざから臣民余程見当取れんことに、どんな苦労もこばらなならんのざぞ。知らしてあった事、日《にち》々どしどしと出て来るぞ。われよしすてて呉れよ。十一月二十八日、ひつ九のか三。

第三十四帖　（二〇七）

この神示よく読みてくれよ。早合点してはならんぞ。取違ひが一番怖いぞ。どうしたらお国の為になるのぞ。自分はどうしたら好いのぞと取次にきく人沢山出て来るなれど、この神示読めば、どうしたらよいか判るのざぞ。その人相当にとれるのぞ。神示読んで読んで腹に入れてもう分らぬと云うことないのざぞ。分らねば神知らすと申してあろうがな。迷うのは神示読まぬからぞ。腹に入れておらぬからぞ。人が悪く思へたり、悪くうつるのは己が曇りてゐるからぞ。十一月二十九日、ひつ九のか三。

第三十五帖　（二〇八）

元からの神示腹に入れた人が、これから来る人によく話してやるのざぞ。この道はじめは辛いなれど楽の道ぞ。骨折らいでも素直にさへしてその日その日の仕事しておりて下されよ。心配要らん道ぞ。手柄立てようと思ふなよ。勝たうと思ふなよ。生きるも死ぬるも神の心のままざぞ。どこにどんな事して居ても助ける人は助けるのざぞ。神の御用ある臣民安心して仕事致しておりて下されよ。火降りても槍降りてもびくともせんぞ。心安心ぞ。くよくよするでないぞ。神に頼りて神祀りてまつわりておれよ。神救ふぞ。十一月二十九日、ひつ九のか三。

第三十六帖 （二〇九）

今の臣民見て褒める様な事は皆奥知れてゐるぞ。之が善である、まことの遣方ぞと思ってゐる事九分九厘迄は皆悪のやり方ぞ。今の世のやり方、見れば判るであらうが、上の番頭殿悪い政治すると思ってやってゐるのではないぞ。番頭殿を悪く申すのでないぞ。よい政治しようと思ってやってゐるのぞ。よいと思ふ事に精出してゐるのざが、善だと思ふ事が善でなく、皆悪ざから、神の道が判らんから、身魂曇りてゐるから、臣民困る様な政治になるのぞ。まつりごとせなならんぞ。わからん事も神の申す通りすれば自分ではわからんこともよくなって行くのざぞ。悪と思ってゐることに善が沢山あるのざぞ。人裁くのは神裁くことざぞ。怖いから改心する様な事では、戦がどうなるかと申す様な事ではまことの民ではないぞ。世が愈々のとことんとなったから、今に大神様迄悪く申すもの出て来るぞ。産土様何んぞあるものかと、悪神ばかりぞと申す者沢山出てくるぞ。此の世始まってない時ざから我身我家が可愛い様では神の御用つとまらんぞ。神の御用すれば、道に従へば、我身我家は心配なくなると云ふ道理判らんか。何もかも結構な事に楽にしてやるのざから、心配せずに判らん事も素直に云ふ事聞いて呉れよ。子に嘘吐く親はないのざぞ。神界の事知らん臣民は色々と申して理屈の悪魔に因はれて申すが、今度の愈々の仕組は臣民の知りた事ではないぞ。神界の神々様にも判らん仕組ざから、兎や角申さずと、神の神示腹に入れて身魂磨いて素直に聞いて呉れよ。それが第一等ざぞ。此の神示は世に出てゐる人では解けん。苦労に苦労したおちぶれた人で、苦労に負けぬ人で気狂と云はれ、阿呆と謂はれても神の道素直に聞く臣民でないと解けんぞ。解いてよく噛砕いて世に出てゐる人に知らしてやりて下されよ。苦労喜ぶ心より楽喜ぶ心高いぞ。

十一月二十九日、一二⊙。

第三十七帖　（二一〇）

天にもあまてらすめ大神様、あまてらす大神様ある様に地にも、あまてらすめ大神様、あまてらす大神様あるのざぞ。地にも月読の大神様隠れて御座るのざぞ。素盞鳴の大神様罪穢れ祓ひて隠れて御座るのざぞ。結構な尊い神様の御働きで、何不自由なく暮して居りながら、その神様あることさへ知らぬ臣民ばかり。これで此の世が治まると思ふか。神々まつりて神々にまつはりて神国のまつりごといたして呉れよ。詰らぬ事申してゐると愈々詰らぬ事になりて来るぞ。十一月三十日、ひつ九の神しらすぞ。

第三十八帖　（二一一）

大きアジアの国々や、島々八十《やそ》の人々と、手握り合ひ神国の、光り輝く時来しと、皆喜びて三千年、神の御業《みわざ》の時来しと、思へる時ぞ神国の、まこと危き時なるぞ、夜半に嵐のどっと吹く、どうすることもなくなくに、手足縛られ縄付けて、神の御子等を連れ去られ、後には老人不具者《としよりかたわ》のみ、女子供もひと時は、神の御子たる人々は、悉々暗い臭い屋に、暮さならん時来るぞ、宮は潰され御文《みふみ》皆、火にかけられて灰となる、この世の終り近づきぬ。この神示《ふで》心に入れ呉れと、申してある事わかる時、愈々間近《まぢか》になりたぞよ。出掛けた船ぞ、褌締めよ。十一月三十日、ひつ九のか三。

第三十九帖　（二一二）

喜べば喜ぶ事出来るぞ、悔めば悔む事出来るぞ。先の取越苦労は要らんぞ、心くばりは要るぞと申してあろがな。神が道つけて楽にゆける様に嬉し嬉しでどんな戦も切抜ける様にしてあるのに、臣民逃げて眼塞いで、懐手してゐるから苦しむのぞ。我れよしと云ふ悪魔と学が邪魔してゐる事にまだ気付かぬか。嬉し嬉しで暮らせるのざぞ。日本の臣民は何事も見えすく身魂授けてあるのざぞ、神の御子ざぞ。掃除すれば何事もハッキリとうつるのぞ。早よ判らねば口惜しい事出来るぞ。言葉とこの神示と心と行と時の動きと五つ揃たら誠の神の御子ぞ、神ぞ。十一月三十日、ひつ九のか三のふで。

第四十帖　（二一三）

ここに伊邪那美の命語らひつらく、あれみましとつくれる国、末だつくりおへねど、時まちてつくるへに、よいよ待ちてよと宣り給ひき。ここに伊邪那岐命、みましつくらはねば吾とくつくらめ、と宣り給ひて、帰らむと申しき。ここに伊邪那美命九《こ》聞き給ひて、御頭《みかしら》に大雷《おおいかつち》、オホイカツチ、胸に火《ホ》の雷《いかつち》、ホノイカツチ、御腹には黒雷《くろいかつち》黒雷《クロイカツチ》、かくれに折雷《さくいかつち》、サクイカツチ、左の御手に若雷《わきいかつち》、ワキ井カツチ、右の御手に土雷《つちいかつち》、ツチイカツチ、左の御足に鳴雷《なるゐかつち》、ナルイカツチ。右の御足に伏雷《ふしいかつち》、フシ井カツチ、なり給ひき。伊邪岐の命、是見《こみ》、畏みてとく帰り給へば、妹伊邪那美命は、よもつしこめを追はしめき、ここに伊邪那岐命黒髪かつら取り、また湯津々間櫛《ゆつつまぐし》引きかきて、なげ棄《う》て給ひき。伊邪那美命二《つき》の八くさの雷神《いかつちかみ》に黄泉軍《よもついくさ》副へて追ひ給ひき。ここに伊邪那岐命十挙剣《とつかのつるぎ》抜きて後手《しりへて》にふきつつさり三度黄泉比良坂《よもつひらさか》の坂本に到り給ひき。坂本なる桃の実一二三《ひふみ》取りて待ち受け給ひしかば、ことごとに逃げ給ひき。ここに伊邪那岐命桃の実に宣り給はく、汝吾《みまし》助けし如、あらゆる青人草の苦瀬《うきせ》になやむことあらば、助けてよと宣り給ひて、また葦原の中津国にあらゆる、うつしき青人草の苦瀬に落ちて苦しまん時に助けてよとのり給ひて、おほかむつみの命、オホカムツミノ命と名付け給ひき。ここに伊邪那美命息吹き給ひて千引《ちびき》岩を黄泉比良坂に引き塞《そ》へて、その石なかにして合ひ向ひ立たしてつつしみ申し給ひつらく、うつくしき吾が那勢命《なせのみこと》、時廻り来る時あれば、この千引の磐戸、共にあけなんと宣り給へり、ここに伊邪那岐命しかよけむと宣り給ひき。ここに妹《いも》伊邪那美の命汝《みまし》の国の人草日にちひと死《まけ》と申し給ひき。伊邪那岐命宣り給はく、吾は一日《ひとひ》に千五百《ちいほ》生まなむと申し給ひき。この巻二つ合して日月の巻とせよ。十一月三十日、ひつ九のか三。

（日月の巻了）

第七帖　（一八〇）岩戸以下原文

五八三十十九四六七八八九四六　三三九四七九七百三　三九三三　一二三　三五　一九七四　一六七一三〇九七四ゝ⃝九四百一九七四三九三三　一三　十　二四　一二ゝ⃝。

ひふみ神示 第七巻

自 昭和十九年十二月 一日
至 昭和十九年十二月二十九日

二一四帖—二三六帖

日の出の巻 全廿三帖

第一帖　（二一四）

春とならば萠《もえ》出づるのざぞ、草木許りでないぞ、何もかももえ出づるのぞ、此の方の申す事譬でないと申してあろが、少しは会得《わか》りたか。石もの云ふ時来たぞ、此の道早く知らして呉れよ、岩戸は五回閉められてゐるのざぞ、那岐《なぎ》、那美《なみ》の尊の時、天照大神の時、神武天皇の時、仏来た時と、大切なのは須佐之男神様に罪着せし時、その五度の岩戸閉めであるから此度の岩戸開きはなかなかに大そうと申すのぞ。愈々きびしく成ってきたが此れからが正念場ざぞ、否でも応でも裸にならなならんぞ、裸程結構なもの無い事始めて会得《わか》りて来るぞ。十二月一日、一二⊙。

第二帖　（二一五）

九歳《とし》は神界の紀《もと》の年ぞ、神始めの年と申せよ。一二三《ひふみ》、三四五《みよいつ》、五六七《みろく》ぞ、五の歳は子の歳ざぞよ。取違ひせん様にせよ。月日の巻十人と十人の役員に見せてやりて呉れよ、時節到来したのであるぞ。桜咲き神の御国は明けそめにけり、十二月二日、ひつ九のか三しらす。

第三帖　（二一六）

次の世とは通基（月）の世の事ぞ、一二《ひつき》の通基（二）の世ぞ、⦿☽の月の世ぞ、取違ひせん様に致して呉れよ。智や学がありては邪魔になるぞ、無くてもならぬ六ケ敷い仕組ぞ、月の神様祀りて呉れよ、素盞鳴《すさなる》の神様祀りて呉れよ、今に会得《わか》る事ぞ、日暮よくなるぞ、日暮《一九れ》に祀り呉れよ、十柱揃ふたら祀り呉れいと申してあらうがな、神せけるのざぞ、十二月二日、ひつくのかみふで。

第四帖　（二一七）

旧十月八日、十八日、五月五日、三月三日は幾らでもあるぞと申してあろが、此の日は臣民には恐い日であれど神には結構な日ざぞと申してあろが、神心になれば神とまつはれば神とあななへば臣民にも結構な日となるのぞ。其の時は五六七《みろく》の世となるのざぞ。桜花《さくらばな》一度にどっと開く世となるのざぞ、神激しく臣民静かな御代《みよ》となるのざぞ、日日《ひにち》毎日富士晴れるのざぞ、臣民の心の富士も晴れ晴れと、富士は晴れたり日本晴れ、心晴れたり日本晴ぞ。十二月二日、ひつくのかみ。

第五帖　（二一八）

右《みぎり》に行かんとする者と左りに行かんとするものと結ぶのが◎の神様ぞ、◎の神様とは素盞鳴の大神様ざぞ、この御用《はたらき》によりて生命あれるのぞ、力生れるのぞ、◎がまつりであるぞ、神国の祀◎であるぞ、神はその全き姿ぞ、神の姿ぞ。男の魂は女、女《おんな》の魂は男と申して知らしてあろがな。十二月三日、ひつ九のかみ。

第六帖　（二一九）

神界の事は人間には見当取れんのであるぞ、学で幾ら極め様とて会得《わか》りはせんのざぞ、学も無くてはならぬが囚《とら》はれると悪となるのざぞ、しもの神々様には現界の事は会得りはせんのざぞ、会得らぬ神々に使はれてゐる肉体気の毒なから身魂磨け磨けと執念《くどう》申してゐるのざぞ。三、四月に気つけて呉れよ、どえらい事出来るから何うしても磨いておいて下されよ、それまでに型しておいて呉れよ。十二月五日、ひつ九のかみ。

第七帖（二二〇）

おろしやにあがりておりた極悪の悪神、愈々神の国に攻め寄せて来るぞ。北に気づけと、北が愈々のキリギリざと申して執念《くどう》気つけてありた事近ふなりたぞ。神に縁深い者には、深いだけに見せしめあるのざぞ。国国もその通りざぞ、神には依帖《えこ》無いのざぞ。ろしあの悪神の御活動と申すものは神々様にもこれは到底かなはんと思ふ様に激しき御力ぞ。臣民と云ふものは神の言葉《ことと》は会得らんから悪神の事に御とつけるのは会得らんと申すであろが、御とは力一杯の事、精一杯の事を申すのであるぞ。何処から攻めて来ても神の国には悪神には分らん仕組致してあるから、心配ないのざぞ、愈々と成りた時には神が誠《まこと》の神力出して、天地ゆすぶってトコトン降参ざと申す処までギュウギュウと締めつけて万劫末代、いふ事聞きますと改心する処までゆすぶるから、神の国、神の臣民心配致すでないぞ、心大きく御用して呉れよ、何処に居ても御用してゐる臣民助けてやるぞ。十二月六日、ひつ九か三。

第八帖　（二二一）

一二三《ひふみ》の食物《たべもの》に病無いと申してあろがな、一二三の食べ方は一二三唱《十七》へながら噛むのざぞ、四十七回噛んでから呑むのざぞ、これが一二三の食べ方頂き方ざぞ。神に供へてから此の一二三の食べ方すれば何んな病でも治るのざぞ、皆の者に広く知らしてやれよ。心の病は一二三唱へる事に依りて治り、肉体の病は四十七回噛む事に依りて治るのざぞ、心も身も分け隔て無いのであるが会得る様に申して聞かしてゐるのざぞ、取り違い致すでないぞ。日本の国は此の方の肉体と申してあろがな、何んな宝もかくしてあるのざぞ、神の御用なら、何時でも、何んなものでも与へるのざぞ、心大きく持ちてどしどしやりて呉れよ。集団《まどい》作るなと申せば、ばらばらでゐるが裏には裏あると申してあろが、心配《こころくば》れよ、十二月七日、ひつくのかみふで。

第九帖　（二二二）

人神とまつはれば喜悦《うれ》しうれしぞ、まつはれば人でなく神となるのぞ、それが真実《まこと》の神の世ぞ、神は人にまつはるのざぞ、ヽと〇と申してあろが、戦もヽと〇と壊し合ふのでは無いぞ、ヽと〇とまつらふことぞ、岩戸開く一つの鍵ざぞ、和すことぞ、神国真中に和すことぞ。それには〇掃除せなならんぞ、それが今度の戦ぞ、戦の大将が神祀らねばならんぞ。二四《にし》は剣《つるぎ》ざぞ。神まつりは神主ばかりするのではないぞ、剣と鏡《かがみ》とまつらなならんぞ、まつはれば霊《たま》となるのざぞ。霊なくなってゐると申して知らせてあろがな、政治も教育も経済の大将も神祀らねばならんのぞ。天の天照皇大神様は更なり、天の大神様、地《くに》の天照大神様、天照皇太神様、月の神様、特に篤く祀り呉れよ、月の大神様御出でまして闇の夜は月の夜となるのざぞ。素盞鳴の大神様も篤く祀りて呉れよ、此の神様には毎夜毎日御詫びせなならんのざぞ、此の世の罪穢負はれて陰から守護されて御座る尊い御神様ぞ、地の御神様、土の神様ぞ、祓ひ清めの御神様ぞ、国々の産土の神様祀り呉れよ、遅くなればなる程苦しくなるのざぞ、人ばかりでないぞ。十二月八日、ひつ九のか三。

第十帖　(二二三)

桜咲き神の御国は明けそめにけり。十月になったらぼつぼつ会得るぞと申してあろがな。叩《はたき》かけてばたばたと叩く処もあるぞ、箒で掃く処もあるぞ、雑巾かけしたり水流す処もあるのざぞ、掃除始ったらばたばたに埒《らち》つくと申してあろがな、めぐりだけの事は、今度は何うしても借銭無しにするのざぞ、花咲く人もあるぞ、花散る人もあるぞ。あめのひつ九のかミの御神名書かすぞ、それを皆の者に分けてやれよ。聴き度い事はサニワで聞けよ、何んなことでも聞かしてやると申してあろがな、神せけるぞ。火吹くぞ。火降るぞ。十二月十日、ひつくのか三。

第十一帖　（二二四）

江戸に道場作れよ、先づ一二三《ひふみ》唱へさせよ、神示読みて聞かせよ、鎮魂《みたましずめ》せよ、鎮神《かみしずめ》せよ、十回で一通り会得る様にせよ、神祀りて其の前でせよ、神がさすのであるからどしどしと運ぶぞ。誠《まこと》の益人作るのぞ、此んな事申さんでもやらねばならぬ事ざぞ、神は一人でも多く救ひ度さに夜も昼も総活動してゐる事会得るであろがな、神かかれる人早う作るのぞ、身魂せんだくするぞ、神かかりと申しても狐憑きや天狗憑や行者の様な神憑りでないぞ、誠の神憑りであるぞ、役員早う取りかかり呉れよ。十二月十一日、一二⦿。

第十二帖　（二二五）

日に日に厳しくなりて来ると申してありた事始ってゐるのであるぞ、まだまだ激しくなって何うしたらよいか分らなくなり、あちらへうろうろ、こちらへうろうろ、頼る処も着るものも住む家も食ふ物も無くなる世に迫って来るのざぞ。それぞれにめぐりだけの事はせなならんのであるぞ、早い改心はその日から持ちきれない程の神徳与へて喜悦《うれ》し喜悦《うれ》しにしてやるぞ、寂しくなりたら訪ねて御座れと申してあろがな、洗濯次第で何んな神徳でもやるぞ、神は御蔭やりたくてうづうづしてゐるのざぞ、今の世の様見ても未だ会得らんか。神と獣とに分けると申してあろが、早う此の神示《ふで》読み聞かせて一人でも多く救けて呉れよ。十二月十二日、ひつ九のか三。

第十三帖　（二二六）

此れまでの仕組や信仰は方便のものでありたぞ。今度は正味《せうまつ》の信仰であるぞ、神に真直《ますぐ》に向ふのざぞ。日向《ひむか》と申してあろがな。真上《まうへ》に真すぐに神を戴いて呉れよ、斜に神戴いても光は戴けるのであるが、横からでもお光は戴けるのであるが、道は真すぐに、神は真上に戴くのが神国のまことの御道であるぞ。法便の世は済みたと申してあろがな、理屈は悪ざと申して聞かしてあろが、今度は何うしても失敗《しくじる》こと出来んのざぞ。神の経綸《しぐみ》には狂ひ無いなれど、臣民愈々苦しまなならんのざぞ、泥海に臣民のたうち廻らなならんのざぞ、神も泥海にのたうつのざぞ、甲斐ある御苦労なら幾らでも苦労甲斐あるなれど泥海のたうちは臣民には堪《こば》られんから早う掃除して神の申す事真すぐに肚に入れて呉れよ。斜や横から戴くと光だけ影がさすのざぞ、影させば闇となるのざぞ、大きいものには大きい影がさすと臣民申して、己むを得ぬ事の様に思ふてゐるがそれはまことの神の道知らぬからぞ、影さしてはならんのざぞ、影はあるが、それは影でない様な影であるぞ、悪でない悪なると知らせてあろが。真上に真すぐに神に向へば影はあれど、影無いのざぞ、闇ではないのざぞ。此の道理会得るであろがな、神の真道《まみち》は影無いのざぞ、幾ら大きな樹でも真上に真すぐに光戴けば影無いのざぞ、失敗《しくじり》無いのざぞ、それで洗濯せよ掃除せよと申してゐるのぞ、神の真道《まみち》会得《わか》りたか。天にあるもの地にも必ずあるのざぞ、天地合せ鏡と聞かしてあろがな、天に太陽様ある様に地にも太陽様《おひさま》あるのざぞ、天にお月様ある様に地にもお月様あるのざぞ。天にお星様ある様に地にもお星様あるのざぞ。天からい吹《ぶ》けば地からもい吹くのざぞ、天に悪神あれば地にも悪神あるのざぞ。足元気つけと申してあろがな。今の臣民上許り見て頭ばかりに登ってゐるから分らなくなるのざぞ、地に足つけよと申してあろが、地拝《おろが》めと、地にまつろへと申してあろが、地の神様忘れてゐるぞ。下と申しても位の低い神様のことでないぞ、地の神様ぞ、地にも天照皇太神様、天照大神様、月読大神様、須佐嗚之大神様あるのざぞ、知らしてあること、神示克く読んで下されよ、国土の事、国土のまことの神を無いものにしてゐるから世が治まらんのざぞ。神々祀れと申してあろがな、改心第一と申してあろがな、七人に伝へと申してあろがな、吾れ善はちょんぞ。十二月十四日、ひつくのかみ。

第十四帖　（二二七）

お太陽《ひ》様円いのでないぞ、お月様も円いのではないぞ、地球も円いのではないぞ、人も円いのが良いのではないぞ、息してゐるから円く見えるのざぞ、活《はたら》いてゐるから円く見えるのざぞ、皆形無いものいふぞ、息してゐるもの皆円いのざぞ。神の経済この事から生み出せよ、大きくなったり小さくなつたり、神の御心通りに活《はたら》くものは円いのざぞ、円い中にも心《しん》あるぞ、神の政治、この事から割り出せよ、神は政事《まつりごと》の姿であるぞ、神の政治生きてゐるぞ、人の政治死んでゐるぞ。十二月十五日、一二⊙。

第十五帖　（二二八）

十柱の神様奥山に祀りて呉れよ、九柱でよいぞ、何れの神々様も世の元からの肉体持たれた生き通うしの神様であるぞ、この方合はして十柱となるのざぞ。御神体の石集めさしてあろがな、篤く祀りで、辛酉《かのととり》の日にお祭りして呉れよ。病あるかないか。災難来るか来ないかは、手届くか届かないかで分ると申してあろがな。届くとは注《そそ》ぐ事ぞ、手首の息と腹の息と首の息と頭の息と足の息と胸の息と臍の息と脊首の息と手の息と八所十所の息合ってゐれば病無いのざぞ、災難見ないのざから、毎朝神拝みてから克く合はしてみよ、合ってゐたら其日には災難無いのざぞ、殊に臍の息一番大切ざぞ、若しも息合ってゐない時には一二三《ひふみ》唱へよ、唱へ唱へて息合ふ迄禱《ゐの》れよ、何んな難儀も災難も無くしてやるぞ、此の方意富加牟豆美《オホカムツミ》神であるぞ。神の息と合はされると災難、病無くなるのざぞ、大難小難にしてやるぞ、生命助けてやるぞ、此の事は此方信ずる人でないと誤るから知らすではないぞ、手二本足二本いれて十柱ぞ手足一本として八柱ぞ、此の事早う皆に知らしてどしどしと安心して働く様にしてやれよ。飛行機の災難も地震罪穢の禍も大きい災難ある時には息乱れるのざぞ、一二三祝詞と祓え祝詞と神の息吹と息と一つになりておれば災難逃れるのぞ、信ずる者ばかりに知らしてやりて呉れよ。十二月十八日、ひつ九か三。

第十六帖　（二二九）

悪の衣《ころも》着せられて節分に押込められし神々様御出でましぞ。此の節分からは愈々神の規則通りになるのざから気つけておくぞ、容赦《ようしゃ》は無いのざぞ、それまでに型さしておくぞ、御苦労なれど型してくれよ。ヤの身魂御苦労、石なぜもの言はぬのぞ、愈々となりてゐるではないか、春になりたら何んな事あるか分らんから今年中に心の洗濯せよ、身辺《みのまわり》洗濯せよ、神の規則臣民には堪《こば》れんことあるも知れんぞ、気つけておくぞ。十二月十九日、一二⊙。

第十七帖　（二三〇）

何もかもひつくるめて建直しするのであるから、何処から何が出て来るか分らんぞ、御用はそれぞれの役員殿手分けて努めて呉れよ、皆のものに手柄さし度いのぞ、一《ひと》ケ処の御用二人宛《づつ》でやりて呉れよ、結構な御用であるぞ、いづこも仮であるぞ世が変りたら結構に真通理《まつり》呉れよ、今は型であるぞ、祀れと申してあること忘れるなよ、まつはらねばならぬのざぞ、神がついてゐるのざから神の申す通りにやれば箱指した様に行くのざぞ。産土神《うぶすなさま》忘れずにな。十二月十九日、ひつ九か三。

第十八帖　（二三一）

富士の御用は奥山に祀り呉れよ、カイの御用も続け呉れよ、江戸一の宮作りて呉れよ、道場も同じぞ、◎海の御用とは◎海の鳴門《なると》と◎海の諏訪と◎海のマアカタと三所へ祀りて呉れよ。その前の御用、言葉で知らした事済みたぞ、◎海マアカタとは印幡ぞ。十柱とは火の神、木の神、金の神、日出之神、竜宮の乙姫、雨の神、風の神、地震の神、荒の神、岩の神であるぞ。辛酉の日に祀りて呉れよ。暫く御神示出ないぞ。皆の者早く今迄の神示肚に入れて呉れよ、神せけるぞ。神示読めば神示出て来るぞ。神祀り早く済せて呉れよ。十二月二十一日朝、一二のか三。

第十九帖 （二三二）

海には神の石鎮め祀り呉れよ、山には神の石立てて樹植えて呉れよ、石は神の印つけて祀る処に置いてあるぞ、祀り結構ぞ、富士奥山には十柱の石あるぞ、十柱祀りて呉れよ、祀る処に行けば分る様にしてあるぞ。十二月二十二日、ひつ九のか三。

第二十帖 （二三三）

今度は世に落ちておいでなされた神々様をあげねばならぬのであるぞ、臣民も其の通りざぞ、神の申す通りにすれば何事も思ふ通りにすらすらと進むと申してあろがな。此れからは神に逆ふものは一つも埒あかんぞ、やりてみよれ九分九厘でぐれんざぞ。神の国は何うしても助けならんから、神が一日一日と延してゐること会得らんか。皆の者がかみを軽くしてゐるからお蔭なくなってゐるのざぞ、世の元の神でも御魂となってゐたのではまことの力出ないのざぞ。今度の経綸《しぐみ》は世の元の生き通うしの神でないと間に合はんのざぞ。何処の教会も元はよいのであるが、取次役員がワヤにしてゐるのぞ、今の様《さま》は何事ぞ。此の方は力《ちから》あり過ぎて失敗《しくじ》った神ざぞ、此の世かもう神でも我出すと失敗るのざぞ、何んな力あったとて我出すまいぞ、此の方がよい手本《みせしめ》ぞ。世界かもう此の方さへ我で失敗ったのぞ、執念《くど》い様なれど我出すなよ、慢心と取違ひが一等気ざはりざぞ。改心ちぐはぐざから物事後先になりたぞ、経綸少しは変るぞ。今の役員、神の道広めると申して我《われ》を弘めてゐるでないか、そんな事では役員とは言はさんぞ。今迄は神が世に落ちて人が神になりておりたのぞ、これでは世は治まらんぞ。神が上《かみ》で、臣民、人民下におらねばならんぞ。吾が苦労して人救ふ心でないと、今度の岩戸開けんのざぞ、岩戸開きの御用する身魂は吾の苦労で人助けねばならんのざ。

十年先は、五六七《みろく》の世ざぞ、今の人間鬼より蛇より邪見ざぞ、蛇の方が早う改心するぞ、早う改心せねば泥海にせなならんから、神は日夜の苦労ぞ。道は一つと申してあろがな、二つ三つ四つあると思ふてはならんぞ、足元から鳥立つと申してあろが、臣民火がついてもまだ気付かずにゐるが、今に体《からだ》に火ついてチリチリ舞ひせなならんことになるから、神、執念気つけておくのざぞ。三四気つけて呉れよ、神の国は神の力で何事も思ふ様に行く様になりてゐるのに、学や智に邪魔されてゐる臣民ばかり、早う気付かぬと今度と云ふ今度は取返しつかんぞ。見事なこと神がして見せるぞ、見事なことざぞ、人間には恐しいことざぞ、大掃除する時は棚のもの下に置く事あるのざぞ、下にあったとて見下げてはならんぞ、この神は神の国の救はれること一番願ってゐるのざぞ、外国人も神の子ではあるが性来が違ふのざぞ、神の国の臣民がまこと神の子ざぞ、今は曇りてゐるなれど元の尊い種植えつけてあるのざぞ、神の国の臣民がまこと神の子ざぞ、今は曇りてゐるなれど元の尊い種植えつけてあるのざぞ、曇り取り去りて呉れよ、依怙《えこ》の様なれど外国は後廻しぞ、同じ神の子でありながら神の臣民の肩持つとは公平でないと申す者あるなれど、それは昔からの深い経綸であるから臣民には会得《わから》んことであるぞ、一に一足《た》す二でないと申してあろが、何事も神の国から神の臣からぞ、洗濯も同様ぞ。今度の御用外《はず》したら何時になりても取返へしつかんことになるのざから、心して御用して呉れよ、遺損ひ出来ないことになりてゐるのざぞ。天に一柱地に一柱火にも焼けず水にも溺れぬ元の種隠しておいての今度の大建替ぞ、何んなことあっても人間心で心配するでないぞ、細工は隆々仕上げ見て呉れよ、此の神はめったに間違いないぞ。三千年地に潜りての経綸で、悪の根まで調べてからの経綸であるから人間殿心配せずに神の申す様素直に致して下されよ。末法の世とは地の上に大将の器《うつわ》無くなりてゐることざぞ。オロシヤの悪《あく》神と申すは泥海の頃から生きてゐる悪の親神であるぞ。北に気つけて呉れよ、神の国は結構な国で世界の真中の国であるから、悪の神が日本を取りて末代の住家とする計画でトコトンの智恵出して何んなことしても取る積りで愈々を始めてゐるのざから余程褌締めて下されよ、日本の上に立ちて居る守護神に分りかけたらばたばたに埒あくぞ。早う改心して呉れよ。十二月二十六日、一二㋹。

第二十一帖　（二三四）

神かかりと申しても七つあるのであるぞその一つ一つがまた七つに分れてゐるのざぞ、㋹ガカり、かみかかり、か三かゝりぞ、ゝ《カミ》ガカリぞ、〇《かみ》かゝり、か三かゝり、かみかゝりざぞ、神かゝってゐるないと見える神カカリが誠《まこと》の神カカリと申してあろが。そこらに御座る神憑は五段目六段目の神憑ぞ。神カカリとは惟神《かむながら》の事ぞ、これが神国の真事《まこと》の臣民の姿ぞ。惟神の国、惟神ぞ、神と人と融け合った真事の姿ぞ、今の臣民のいふ惟神では無いぞ、此の道理会得りたか、真事の神にまつりあった姿ぞ。悪の大将の神憑は、神憑と分らんぞ、気つけて呉れよ、これからは神カカリでないと何も分らん事になるのざぞ、早う神カヽリになる様掃除して呉れよ、神の息吹に合ふと神カカリになれるのぞ。一二三唱へよ、祓えのれよ、神称へよ、人称《た》へよ、神は人誉《ほ》め人は神称へてまつり呉れよ、まつはり呉れよ、あななひ呉れよ。十二月二十七日、ひつ九のか三。

第二十二帖　（二三五）

左は火ぞ、右は水ざぞ、㋨の神と◎の神ぞ、日の神と月の神ざぞ、日の神許り拝んで月の神忘れてはならんぞ、人に直接《じきじき》恵み下さるのは◎の神、月神ぞ、ぢゃと申して日の神疎《おろそか》にするでないぞ、水は身を護る神さぞ、火は魂護る神ざぞ、火と水とで組み組みて人ぞ、身は水で出来てゐるぞ、火の魂入れてあるのざぞ、国土も同様ぞ。◎海の御用大切ざぞ。十二月二十八日、ひつ九のか三。

第二十三帖　（二三六）

此の世の位もいざとなれば宝も勲章も役には立たんのざぞ、此世去って、役に立つのは身魂の徳だけぞ、身についた芸は其の儘役立つぞ。人に知れぬ様に徳つめと申してあろがな、神の国に積む徳のみが光るのざぞ、マアカタの御用結構であったぞ、富士晴れるぞ、湖《うみ》晴れるぞ。此の巻、日出之巻として纒めて役員に読ませて一二三として皆に知らせて呉れよ、神急ぐぞ。十二月二十九日、ひつ九のか三。

（日の出の巻了）

第二十二帖　（二三五）原文

ヒた《ダ》り八火三三《ザゾ》　三キ《ギ》リ八水三三《ザゾ》　⦿《ヒツキ》のか三十《ト》◎《ウズ》のか三三《ゾ》　⦿《ヒ》のか三十《ト》月《ツキ》のか三三《ゾ》　⦿《ヒ》のか三八《バ》かりおろか《ガ》んて《デ》月《ツキ》のか三◯《ワ》すれて八七《ナ》らん三《ゾ》　一《ヒ》十《ト》二《チ》ちき〱め九《グ》三《ミ》九《ク》た《ダ》三《サ》るの八◎のか三月《ツキ》のか三三《ミソ》　三《ザ》十《ト》百四《モーシ》て⦿《ヒ》のか三おろそか二するて《デ》七《ナ》一《イ》三《ゾ》　三《ミヅ》八三《ミ》をまもるか三三三《ミザゾ》　一《ヒ》八たままもるか三三三《ミザゾ》　一《ヒ》十《ト》三《ミヅ》十《ト》て九《ク》三《ミ》九《ク》三《ミ》て一《ヒ》十《ト》三《ゾ》　三《ミ》八水てて《デデ》きて一《イ》る三《ゾ》　一《ヒ》のたま一《イ》れてあるの三三《ザゾ》　九《ク》二

つち百《モ》十《ドー》四《ヨー》三《ソ》　◎《ウズ》う三の五《ゴ》四《ヨー》た一《イ》せつ三《ザ》三《ソ》
十二かつ二十八にち　　ひつ九のか三

「白雲」

「真如」天明（六十五歳）

ひふみ神示 第八巻

自 昭和十九年 十二月三十日

至旧昭和十九年旧十一月三十日

二三七帖―二五七帖

磐戸《一八十》の巻 全廿一帖

第一帖 （二三七）

イワトの巻かき知らすぞよ、イワトひらくには神人共にゑらぎにぎはふのざぞ、カミカカリして唱ひ舞ふのざぞ、ウズメノミコトいるのざぞ。ウズメとは女《おみな》のみでないぞ、男《おのこ》もウズメざぞ、女のタマは男、男のタマは女と申してあろがな。ヤミの中で踊るのざぞ、唄ふのざぞ、皆のものウズメとなりて下されよ、暁《あけ》つげる十理《とり》となりて下されよ、カミカカリて舞ひ唄ひ下されよ、カミカカリでないと、これからは何も出来ぬと申してあろがな。十二月三十日、◉の一二◉。

第二帖 （二三八）

キつけてくれよ、キがもとざぞ、キから生れるのざぞ、心くばれと申してあろが、心のもとはキざぞ、総てのもとはキであるぞ、キは◉《よろこび》ざぞ、臣民みなにそれぞれのキうへつけてあるのざぞ、うれしキはうれしキことうむぞ、かなしキはかなしキことうむぞ、おそれはおそれうむぞ、喜べば喜ぶことあると申してあろがな、天災でも人災でも、臣民の心の中にうごくキのままになるのざぞ。この道理わかるであろがな。爆弾でもあたると思へばあたるのざぞ、おそれるとおそろしことになるのざぞ、ものはキから生れるのざ、キがもとぞ、くどくキづけておくぞ。ムのキ動けばムくるぞ、ウのキうごけばウ来るぞ、どんな九十でもキあれば出来るぞ、キからうまれるぞ、勇んで神の御用つとめて下されよ。十二月三十一日、⦿の一つ九⦿。

第三帖　（二二三九）

二二は晴れたり、日本晴れ、びっくりばこいよいよとなりたぞ。春マケ、夏マケ、秋マケ、冬マケてハルマケドンとなるのざぞ、早う改心せんとハルマケドンの大峠こせんことになるぞ。大峠となりたらどんな臣民もアフンとしてもの云へんことになるのざぞ、なんとした取違ひでありたかとじだんだふんでも、其時では間に合はんのざぞ、十人なみのことしてゐては今度の御用は出来んのざぞ。逆様にかへると申してあろが、大洗濯ざぞ、大掃除ざぞ、ぐれんざぞ、二二に花咲くぞ。一月一日、⦿のひつ九か三。

第四帖　（二四〇）

この方この世のあく神とも現はれるぞ、閻魔とも現はれるぞ、アクと申しても臣民の申す悪ではないぞ、善も悪もないのざぞ、審判《さばき》の時来てゐるにキづかぬか、其日其時さばかれてゐるのざぞ、早う洗濯せよ、掃除せよ、磐戸《ゐわと》いつでもあくのざぞ、善の御代来るぞ、悪の御代来るぞ。悪と善とたてわけて、どちらも生かすのざぞ、生かすとは神のイキに合すことぞ、イキに合へば悪は悪でないのざぞ。この道理よく肚に入れて、神の心早うくみとれよ、それが洗濯ざぞ。一月二日、⦿のひつ九のか三。

第五帖　（二四一）

天《あま》さかり地《くに》さかります御代となるぞ、臣民の心の中にいけおいた花火愈々ひらくときたぞ、赤い花火もあるぞ、青いのもあるぞ、黄なのもあるぞ、それぞれのミタマによりて、その色ちがふのざぞ、ミタマ通りの色出るのざぞ。金は金ぞ、鉄は鉄ぞ、鉛は鉛として磨いてくれよ、金のまねするでないぞ。地つちの軸動くぞ、フニャフニャ腰がコンニャク腰になりてどうにもこうにもならんことになるぞ、其時この神示、心棒に入れてくれよ、百人に一人位は何とか役に立つぞ、あとはコンニャクのお化けざぞ。一月三日、⦿のひつ九のか三。

第六帖　（二四二）

北、南、たから出す時近づいたぞ、世の元《もと》からの仕組であるからめったに間違ひないぞ、これから愈々臣民にはわからなくなれど仕上げ見て下されよ、何事も神の申すこと聞いてすなほになるのが一等ざぞ、神示《ふで》出ぬ時近ふなりたぞ、神示出なくなりたら口で知らすぞ、神示早う腹《はら》に入れぬと間に合はんことになりてくるぞ、西も東もみな宝あるぞ、北の宝はシホミツざぞ、南の宝はシホヒルざぞ、東西の宝も今にわかりてくるぞ、此宝あっぱれ、この世の大洗濯の宝であるぞ。一月の四日、⦿のひつ九のか三。

第七帖　（二四三）

人民のイクサや天災ばかりで、今度の岩戸ひらくと思ふてゐたら大きな間違ひざぞ、戦や天災でラチあく様なチョロコイことでないぞ、あいた口ふさがらんことになりて来るのざから、早うミタマ磨いてこわいもの無いやうになっておりてくれよ、肉体のこわさではないぞ、タマのこわさざぞ、タマの戦や禍は見当とれまいがな、真通理《まつり》第一と申すのざ、神のミコトにきけよ、それにはどうしてもミタマ磨いて神かかれる様にならねばならんのざ。神かかりと申しても其処らに御座る天狗や狐や狸つきではないぞ。まことの神かかりであるぞ。右行く人、左行く人とがむるでないぞ。世界のことは皆、己の心にうつりて心だけのことより出来んのざぞ、この道理わかりたか、この道はマナカゆく道とくどう申してあること忘れるなよ、今迄の様な宗教や教の集団《ツドヒ》はつぶれて了ふぞ、神がつぶすのではないぞ、自分でつぶれるのざぞ、早うこの神示、魂にしてマコトの道に生きてくれよ、俳句は俳句と申してあるが、天理は天理、金光は金光だけの教であるぞ。この神の申すこと、天のミチぞ、地のミチぞ、人のミチざぞ。今度の岩戸ひらきの大望《たいもう》すみたとて、すぐによいことばかりはないのざぞ、二度とないことであるから臣民では見当とれんから、肚の底から改心して、すなほに、神の申す通りにするのが何より結構なことざぞ。一月七日、⦿のひつ九か三。

第八帖　（二四四）

神の国の昔からの生神の声は、世に出てゐる守護人の耳には入らんぞ、世に出てゐる守護人は九分九厘迄外国魂ざから、聞えんのざぞ。外国の悪の三大将よ、いざ出て参れよ、マトモからでも、上からでも、下からでも、横からでも、いざ出てまゐれよ。この神の国には世の元からの生神が水ももらさぬ仕組してあるから、いざ出て参りて得心ゆくまでかかりて御座れ、敗けてもクヤシクない迄に攻めて御座れよ、堂々と出て御座れ、どの手でもかかりて御座れ。その上で、敗けてこれはカナワンと云ふ時迄かかりて御座れよ。学、勝ちたら従ってやるぞ、神の力にカナワンこと心からわかりたら末代どんなことあっても従はして元の神のまことの世にして、改心さして、万劫末代口説《くぜつ》ない世に致すぞよ。一月九日、⦿の一二のか三。

第九帖　（二四五）

富士と鳴門の仕組わかりかけたら、いかな外国人でも改心するぞ、それ迄に神の国の臣民改心して居らぬと気毒出来るぞ。天狗や狐は誰にでもかかりてモノいふなれど、神は中々にチョコラサとはかゝらんぞ、よき代になりたら神はモノ云はんぞ。人が神となるのざぞ、この神は巫女《みこ》や弥宜《ねぎ》にはかからんぞ、神が誰にでもかかりて、すぐ何でも出来ると思ふてゐると思ひが違ふから気つけておくぞ。かみがかりに凝るとロクなことないからホドホドにして呉れよ。この道は中行く道と申してあろがな。戦すみたでもなく、すまぬでもなく、上げもおろしもならず、人民の智や学や算盤では、どうともできんことになるのが目の前に見へてゐるのざから、早う神の申す通り素直に云ふことききと申してゐるのざぞ。長引く程、国はヂリヂリになくなるぞ。米あると申して油断するでないぞ、タマあると申して油断するでないぞ。命《いのち》あると申して油断するでないぞ。この神示よく読めば楽になって人々から光り出るのざぞ、辰の年はよき年となりてゐるのざぞ、早う洗濯してくれよ。一月十一日、㋹のひつ九㋹。

第十帖　（二四六）

悪の仕組は、日本魂をネコソギ抜いて了ふて、日本を外国同様にしておいて、一呑にする計画であるぞ。日本の臣民、悪の計画通りになりて、尻の毛まで抜かれてゐても、まだキづかんか、上からやり方かへて貰はねば、下ばかりでは何うにもならんぞ。上に立ちてゐる人、日に日に悪くなりてきてゐるぞ。メグリある金でも物でも持ちてゐたらよい様に思ふてゐるが、えらい取違ひであるぞ。早う神の申すことききて下されよ。世界の何処さがしても、今では九九《ここ》より外に、神のマコトの道知らす所ないのざぞ。此道の役員、上から見られん所によきことないと今度の御用、なかなかにつとまらんぞ、洗濯急げよ、掃除急げよ、家の中が治らんのは女にメグリあるからぞ、このことよく気付けておくぞ、村も国々も同様ぞ。女のメグリはコワイのざぞ。節分からは八回拍手うちて下されよ。神はげしくなるぞ。一月十二日、⦿のひつ九の⦿。

第十一帖　（二四七）

心にメグリ積むと動物のイレモノとなるぞ、神のイレモノ、動物等に自由にされてゐて、それでマコトの神の臣民と申されるか、判らんと申してあまりであるぞ。ゴモク吐き出せよ、其儘にしておくと段々大きくなりて始末にゆかんことになりて、しまいには灰にするより、手なくなるぞ、石流れて、木の葉沈むと申してあろが、今がその世ざぞ。改心してキレイに掃除出来たら、千里先きにゐても、ひつきの神とたのめば何んなことでもさしてやるぞ、この神は世界中何処へでも届く鼻もってゐるのざぞ、この世つくりたこの神ざ、この世にわからんこと一つもないのざぞ、神の御用さへつとめて下されたら、心配ごとが嬉し嬉しのこととなる仕組ざぞ、日本臣民ばかりでないぞ、何処の国の民でも同様に助けてやるぞ、神にはエコがないのぞ。一月十三日、⦿の一二か三。

第十二帖　（二四八）

マコトの者は千人に一人ざぞ、向ふの国にはまだまだドエライ仕組してゐるから今の内に神の申すこと聞いて、神国は神国のやりかたにして呉れよ。人の殺し合ひ乍りではケリつかんのざぞ、今度のまけかちはそんなチョロコイことではないのざぞ、トコトンの処まで行くのざから神も総活動ざぞ、臣民石にかじりついてもやらねばならんぞ、そのかわり今後は万劫末代のことざから何時迄もかわらんマコトの神徳あたへるぞ。云はれぬこと、神示に出せぬことも知らすことあるぞ。一月十三日、⦿の一二のか三。

第十三帖　（二四九）

コトちがふから、精神ちがふから、ちがふことになるのざぞ、コト正しくすれば、正しきこととなるのざぞ。日本の国は元の神の血筋のまじりけのないミタマで、末代世治めるのざ。何事も末代のことであるから、末代動かん様に定めるのざから、大望であるぞ。上の臣民この儘で何とか彼んとか、いける様に思ふてゐるが其心われよしざぞ。今度は手合して拝む乍りでは駄目ざと申してあろが、今度は規則きまりたら、昔より六ヶ敷くなるのざぞ、まけられんことになるのざぞ、神魂《カミタマシ》の臣民でないと神の国には住めんことになるのざぞ。この世治めるのは地の 先祖の 生神の 光出さねば、この世治らんのざぞ、今度はトコトン掃除せねば、少しでもまぢり気《け》ありたら、先になりてまた大きな間違ひとなるから、洗濯々々とくどう申してゐるのざ。神は一時は菩薩とも現はれてゐたのざが、もう菩薩では治らんから、愈々生神の性来現はしてバタバタにらちつけるのざぞ、今の学ある者大き取り違ひいたしてゐるぞ。大国常立尊大神と現はれて、一時は天もかまひ、地の世界は申すに及ばず、天へも昇り降りして、⦿《モト》の⦿《ニホン》の⦿《カミ》の光りクッキリ現はさなならんと仰せあるぞ、早う洗濯せんと間に合はんぞ。この道の役員、吾は苦労して人助けるのざぞ、その心でないと我出して吾のこと思ふてゐるとグレンざぞ。仏もキリストも何も彼もスカリと救はねばならんのざ、殺して救ふのと、生かして御用に使ふのとあるぞ、今度はハッキリ区別するのざぞ、昔からの因縁ざぞ。この方のもとに参りて、昔からの因縁、この先のこと克く聞いて得心出来たら、肚の底から改心してマコトの御用結構につとめあげてくれよ。逃道つくってはならんぞ、二つ三つ道つくってはならんぞ。ますぐに神の道に進めよ。神の道は一筋ざと申してあろが。何なりとそれぞれの行せねばマコトのことは出来んのざぞ、世界の片八四浜辺からいよ〱が始まると知らしてあること近うなりたぞ、くどい様なれどさっぱりと洗濯してくれよ、神の国は神のやり方でないと治らんから今迄の法度《はっと》からコトから、やりかたかえて、今迄はやりかた違ってゐたから、神のお道通りに致しますと心からお詫びせねば、する迄苦しむのざぞ、この苦しみは筆にも口にもない様なことに、臣民の心次第でなるのざから、くどう申してゐるのざぞ、何も彼も神にささげよ、てんし様にささげよと申してあろがな、それが神国の民の心得ぞ、否《いや》でも応《おう》でもそうなって来るのざぞ。神国の政治経済は一つざと申してあろうがな、今の臣民に判る様に申すならば、臣民働いてとれたものは、何でも神様にささげるのざ、神の御社は幸でうづもれるのざぞ、御光輝くのざぞ、光のまちとなるのざぞ。神からわけて下さるのざぞ、其人の働きによってそれぞれに恵みのしるし下さるのざぞ、それがお宝ぞ、お宝徳相当に集るのざぞ、キンはいらんと申してあろがな、元の世になる迄に、さうした事になってそれからマコトの神の世になるのざ。神の世はマツリあるだけぞ、それ迄にお宝下さるのざぞ、お宝とは今のお札の様なものざぞ。判る様に申すなら、神の御社と臣民のお役所と市場と合した様なものが、一時は出来るのざぞ、嬉し嬉しとなるのざぞ、マコトのマツリの一《ハジメ》ざぞ。このことよく肚に入れて一二三《ひふみ》として説いて、早う上の守護人殿にも、下の守護人殿にも知らして、安心して、勇んで暮す様にしてやりて下されよ。それも臣民の心次第、素直な人、早う嬉しくなりて、心勇むぞ、さびしくなりたらたづねて御座れと申してあろがな。一月十三日、⦿の一二か三。

第十四帖　（二五〇）

生味《しょうみ》の、生き通しの神が、生味を見せてやらねばならんことに、何れはなるのざが、生神の生味はははげしいから、今の内に綺麗に洗濯しておけと申すのざ、皆にまつろひておけと申すのざ。可哀さうなは兵隊さんざぞ、神に祈りてやりて呉れよ。幽界人《がいこく》よ、日本の国にゐる幽界魂《がいこく》の守護人よ、愈よとなりて生神の総活動になりたら、死ぬことも生きることも出来ん苦しみに一時はなるのざから、神から見ればそなた達も子ざから早う神の下にかえりてくれよ、いよいよとなりて来たのざぞ、くどうきづけるぞ。一月十三日、⦿の一二のか三。

第十五帖　（二五一）

この方の道、悪きと思ふなら、出て御座れ、よきかわるきか、はっきりと得心ゆくまで見せてやるぞ。何事も得心させねば、根本からの掃除は出来んのざぞ、役員気つけて呉れよ。皆和合して呉れよ。わるき言葉、息吹が此方一番邪魔になるぞ、苦労なしにはマコト判らんぞ、慾はいらぬぞ、慾出したら曇るぞ。めくらになるぞ、おわびすればゆるしてやるぞ、天地に御無礼ない臣民一人もないのざぞ。病治してやるぞ、神息吹つくりてやれよ、神いぶきとは一二三書いた紙、神前に供へてから分けてやるもののことざぞ。腹立つのは慢心からぞ、守護神よくなれば肉体よくなるぞ、善も悪も分らん世、闇の世と申すぞ。天照皇太神宮様の岩戸開きは、だました、間違ひの岩戸開きぞ、無理にあけた岩戸開きざから、開いた神々様に大きなメグリあるのざぞ、今度はメグリだけのことはせなならんぞ、神にはわけへだて無いのざぞ、今度の岩戸開きはちっとも間違ひない、まぢりけのない、マコトの神の息吹でひらくのざぞ。まぢりありたら、にごり少しでもありたら、またやり直しせなならんからくどうきつけてゐるのざぞ。何時迄もかわらんマコトでひらくのざぞ。一月十四日、旧十一月三十日、㋬の一二㋬。

第十六帖　（二五二）

世の元からの生神が揃うて現はれたら、皆腰ぬかして、目パチクリさして、もの云へん様になるのざぞ。神徳貰うた臣民でないと中々越せん峠ざぞ、神徳はいくらでも脊負ひきれん迄にやるぞ、大き器《うつわ》もちて御座れよ、掃除した大きいれものいくらでも持ちて御座れよ、神界にはビクともしぬ仕組出来てゐるのざから安心して御用つとめてくれよ。今度はマコトの神の力《ちから》でないと何も出来はせんぞと申してあろが、日本の国は小さいが天と地との神力強い、神のマコトの元の国であるぞ。洗濯と申すのは何事によらん、人間心すてて仕舞て、智恵や学に頼らずに、神の申すこと一つもたがはず生れ赤子の心のうぶ心になりて、神の教守ることぞ。ミタマ磨きと申すのは、神からさづかってゐるミタマの命令に従ふて、肉体心すてて了ふて、神の申すことはそむかん様にすることぞ。学や智を力と頼むうちはミタマは磨けんのざ。学越えた学、智越えた智は、神の学、神の智ざと云ふこと判らんか、今度の岩戸開きはミタマから、根本からかへてゆくのざから、中々であるぞ、天災や戦ばかりでは中々らちあかんぞ、根本の改めざぞ。小さいこと思ふてゐると判らんことになると申してあろがな、この道理よく肚に入れて下されよ、今度は上中下三段にわけてあるミタマの因縁によって、それぞれに目鼻つけて、悪も改心さして、善も改心さしての岩戸開きざから、根本からつくりかへるよりは何れだけ六ケ敷いか、大層な骨折りざぞよ。叱るばかりでは改心出来んから喜ばして改心さすことも守護神にありてはあるのざぞ、聞き分けよい守護神殿少いぞ、聞分けよい悪の神、早く改心するぞ、聞分け悪き善の守護神あるぞ。この道の役員は昔からの因縁によってミタマ調べて引寄せて御用さしてあるのざ、めったに見当くるわんぞ、神が綱かけたら中々はなさんぞ、逃げられるならば逃げてみよれ、くるくる廻って又始めからお出直しで御用せならん様になって来るぞ。ミタマ磨け出したら病神などドンドン逃げだすぞ。出雲《いずも》の神様大切申せと知らしてあること忘れるなよ。子《ネ》の歳真中にして前後十年が正念場《しょうねんば》、世の立替へは水と火とざぞ。ひつじの三月三日、五月五日は結構な日ぞ。一月十四日、⦿の一二のか三。

第十七帖　（二五三）

この神はよき臣民にはよく見え、悪き臣民には悪く見へるのざぞ、鬼門の金神とも見へるのざぞ、世はクルクルと廻るのざぞ、仕合せ悪くとも悔むでないぞ、それぞれのミタマの曇りとりてゐるのざから、勇んで苦しいこともして下されよ、上が裸で下が袴はくこと出て来るぞ。神が化かして使うてゐるのざから、出来上がる迄は誰にも判らんが、出来上りたら、何とした結構なことかと皆がびっくりするのざぞ、びっくり箱にも悪いびっくり箱と、嬉し嬉しのびっくり箱とあるのざぞ、何も知らん臣民に、知らんこと知らすのざから、疑ふは無理ないなれど、曇りとれば、すぐうつる、もとの種もってゐるのざから、早うこの神示読んで洗濯して呉れよ、どんな大峠でも楽に越せるのざぞ、神の道は無理ない道ざと知らしてあろが。ミタマの因縁おそろしいぞ。上下わき上るが近うなりたぞ。一月十四日、⦿の一二か三。

第十八帖　（二五四）

今度の御用は世におちて苦労に苦労した臣民でないと中々につとまらんぞ、神も長らく世におちて苦労に苦労かさねてゐたのざが、時節到来して、天晴《あっぱれ》世に出て来たのざぞ、因縁のミタマ世におちてゐるぞと申してあろがな、外国好きの臣民、今に大き息も出来んことになるのざぞ、覚悟はよいか、改心次第で其時からよき方に廻してやるぞ。改心と申して、人間の前で懺悔するのは神国のやり方ではないぞ、人の前で懺悔するのは神きづつけることになると心得よ、神の御前にこそ懺悔せよ、懺悔の悪きコトに倍した、よきコトタマのれよ、コト高くあげよ、富士晴れる迄コト高くあげてくれよ、そのコトに神うつりて、何んな手柄でも立てさせて、万劫末代名の残る様にしてやるぞ。この仕組判りたら上の臣民、逆立しておわびに来るなれど、其時ではもう間に合はんからくどう気付けてゐるのざぞ。臣民、かわいから嫌がられても、此方申すのざ。悪と思ふことに善あり、善と思ふ事も悪多いと知らしてあろがな、このことよく心得ておけよ、悪の世になってゐるのざからマコトの神さへ悪に巻込まれて御座る程、知らず知らずに悪になりてゐるのざから、今度の世の乱れと申すものは、五度の岩戸しめざから見当とれん、臣民に判らんのは無理ないなれど、それ判りて貰はんと結構な御用つとまらんのざぞ、時が来たら、われがわれの口でわれが白状する様になりて来るぞ、神の臣民はづかしない様にして呉れよ、臣民はづかしことは、神はづかしのざぞ。愈よ善と悪のかわりめであるから、悪神暴れるから巻込まれぬ様に褌しめて、この神示よんで、神の心くみとって御用大切になされよ。一月十四日、㋹の一二のか三。

第十九帖　（二五五）

向ふの国いくら物ありても、人ありても、生神が表に出て働くのざから、神なき国は、いづれは往生ざぞ。この神の申すことよく肚に入れて、もうかなはんと申す所こらへて、またかなはんと申す所こらへて愈よどうにもならんといふ所こらへて、頑張りて下されよ、神には何も彼もよくわかりて帳面に書きとめてあるから、何処までも、死んでも頑張りて下されよ、其処迄見届けねば、この方の役目果せんのざ、可哀さうなれど神の臣民殿、こらえこらえてマコト何処迄も貫きて下されよ、マコトの生神がその時こそ表に出て、日本に手柄さして、神の臣民に手柄たてさして、神からあつく御礼申してよき世に致すのであるぞ、腹帯しっかり締めてくれよ。重ねて神が臣民殿にたのむぞよ、守護神殿にたのむぞよ。一月十四日、㊀のひつ九のか三。

第二十帖　（二五六）

いくさ何時も勝と許りはかぎらんぞ、春まけとなるぞ、いざとなれば昔からの生神様総出で御働きなさるから、神の国の神の道は大丈夫であるなれど、日本臣民大丈夫とは申されんぞ、その心の通りになること忘れるなよ、早うミタマ磨いてくれよ、も少し戦すすむと、これはどうしたことか、こんなはづではなかったなあと、どちらの臣民も見当とれん、どうすることも出来んことになると知らしてあろが、さうなってからでは遅いからそれ迄に、この神示よんで、その時にはどうするかと云ふこと判りて居らんと仕組成就せんぞ、役員の大切の役目ざぞ、われの思いすてて了ふて早うこの神示、穴のあく程うらの裏まで肚に入れておいてくれよ、この神示の終りに、神強く頼むぞよ。旧十一月三十日、㋹の一二の㋹。

第二十一帖　（二五七）

元の大和魂にかへれと申すのは、今の臣民には無理ぢゃな、無理でも、神に心向ければ出来るのざぞ、どうしても今度は元のキの儘の魂にかへらんとならんのぞ、かんじんの神示むやみに見せるではないぞ。仕組こわれるぞ、今に神示に書けないことも知らさなならんから、みみから知らすから、肚から肚へと伝へて呉れよ。節分からははげしくなりて、はげしき神示はかかせんぞ。天明神示の御用はこれでしばらく御用すみぞ、その代りみみ掃除しておいてくれよ。旧十一月三十日、⦿の一二⦿。

（磐戸の巻了）

―老　子―

キの巻

全十七帖

ひふみ神示 第九巻

自 昭和二十年 一 月二十九日

至 昭和二十年 三 月 二十 日

二五八帖―二七四帖

第一帖　（二五八）

節分からは手打ち乍ら、ひふみ祝詞宣《の》りて呉れよ、拍手は元の大神様の全き御働きぞ、タカミムスビとカミムスビの御働きぞ、御音ぞ、和ぞ、大和のことぞ、言霊ぞ、喜びの御音ぞ、悪はらう御音ぞ。節分境に何も彼も変りて来るぞ、何事も掃除一番ぞ。一月二十九日、⦿のひつくの神しるす。

第二帖　（二五九）

神示読めば何も彼も判る様になりてゐること分らぬか、おはりの御用御苦労であったぞ、奥の奥のこと仕組通りになりてゐる、臣民心配するでないぞ、一の宮は桜咲く所へつくれよ、わかりたか、天之日津久神奉賛会でよいぞ、オホカムツミの神と申しても祀り呉れよ、祭典、※国民服の左の胸に八《や》たれのシデ二本つけてキヌのシデつけて当分奉仕してよいぞ。道場は一の宮と一つ所でよいぞ、イイヨリの御用タニハの御用御苦労であったぞ。皆の者愈々ざぞ、今から弱音では何も出来んぞ、春マケ、夏マケ、秋マケ、冬マケ、ハルマケドンと申してあろが、愈々ざぞ、褌しめよ、グレ

ンざぞ。二月二十六日、ひつぐの神。（※戦時中に着用した成人男子の洋服）

第三帖　（二六〇）

雨の神風の神、地震の神、岩の神、荒の神様にお祈りすれば、この世の地震、荒れ逃《のが》らせて下さるぞ、皆の者に知らしてやりて下されよ、この方イの神と現われるぞ、キの神と現われるぞ、シチニの神と現れるぞ、ヒの神と現はれるぞ、ミの神と現はれるぞ、イリ井の神と現はれるぞ、五柱の神様厚くおろがめよ、十柱の神厚くおろがめよ。三月八日、ひつぐの神しらすぞ。

第四帖　（二六一）

カミの大事の肝腎の所が違ふた事になりてゐるから、其の肝腎要《かんじんかなめ》の所元に戻さな何程人間が、いくら学や智でやりてもドウにもならんぞ、元の先祖の神でないと、此処と云ふ所出来んぞ、神の国の元の因のキのミタマを入れて練直《ねりなお》さな出来んのざぞ、肝腎がひっくり返りてゐるぞ、早う気付かんと、間に合はんぞ、もちと大き心持ちなされよ、世界の事ざから、世界の御用ざから大き心でないと、御用出来んぞ。これからは神が化けに化けて心引くことあるから其のつもりでゐて呉れよ、三、四月気付けて呉れよ。三月九日、ひつ九の神ふで。

第五帖　（二六二）

この神示は心通りにうつるのざぞ、思ひ違ふといくら神示読んでも違ふことになるぞ、心違ふと今度はどんなに偉い神でも人でも気の毒出来るぞ、この方クヤム事嫌《きら》いぞ。次の世となれば、これ迄の様に無理に働かなくても楽に暮せる嬉し嬉しの世となるのざが、臣民今は人の手に握ってゐるものでもタタキ落して取る様になりてゐるのざから神も往生ざぞ、神は臣民楽にしてやりたいのに楽になれて、自分でした様に思ふて神をなきものにしたから今度の難儀となって来たのざぞ、其処にまだ気付かんか、キが元ざと申してあろがな、早う気付かんと間に合はんぞ。この神は従ふ者にはおだやかざが、さからふ者には鬼となるのざぞ。三月十日、一二の神。

第六帖　（二六三）

道場開き結構でありたぞ、皆の者御苦労ぞ、知らしてある様に道開いて下されよ、天と地と合せ鏡ぞ、一人でしてはならんぞ。桜咲く所、桜と共に花咲くぞ、夏マケ、秋マケ、となったら冬マケで泣きあげてはならんぞ、戦《いくさ》すんでからが愈々のイクサぞ、褌しめよ、役員も一度は青なるのざぞ、土もぐるのざぞ、九、十、気付けて呉れよ。神示よく読めよ、肝腎のこと判りては居らんぞ、一のことぞ。一ヽヽヽ三《ひふみざぞ》　三月十一日、ひつぐの神。

第七帖　（二六四）

物、自分のものと思ふは天の賊ぞ、皆てんし様の物ざと、クドウ申してあるのにまだ判らんか。行出来て口静かにして貰ふと、何事もスラリとゆくぞ、行《ぎょう》が出来ておらんと何かの事が遅《おくれ》るのざぞ、遅るだけ苦しむのざぞ。神の国の半分の所にはイヤな事あるぞ、洗濯出来た臣民に元の神がうつりて、サア今ぢゃと云ふとこに、なりたら、臣民の知らん働きさして悪では出来ん手柄さして、なした結構な事かとビックリ箱あくのざぞ。天と地との親の大神様のミコトでする事ぞ、いくら悪神じたばたしたとて手も出せんぞ、この世三角にしようと四角にしようと元のこの方等の心のままぞ。後から来た守護神先になるから今の役員さうならん様に神示で知らしてあるのざから、よく裏の裏まで読んで肚に入れて、何一つ分らん事のない様にして呉れよ、今に恥《はづ》かしい事になるぞ。元の大和魂の誠の身《み》魂《たま》揃ふたら、人は沢山なくてもこの仕組成就するのざと申してあろが、末代動かぬ世の元の礎きづくのざから、キマリつけるのざから、気つけおくぞ。キが元と申してあろがな、上は上の行、中は中、下は下の行ひ、作法あるのざぞ、マゼコゼにしてはならんぞ、この中からキチリキチリと礼儀正しくせよ。三月十一日、ひつ九の神。

第八帖　（二六五）

今迄のして来た事が、成程天地の神の心にそむいてゐると云ふこと心から分りて、心からお詫《わび》して改心すれば、この先末代身魂をかまうぞ、借銭負うてゐる身魂はこの世にはおいて貰へん事に規則定ったのざぞ、早う皆に知らしてやれよ。タテコワシ、タテナホシ、一度になるぞ、建直しの世直し早うなるも知れんぞ、遅れるでないぞ。建直し急ぐぞ、建直しとは元の世に、神の世に返す事ざぞ、元の世と申しても泥《どろ》の海ではないのざぞ、中々に大層な事であるのざぞ。上下グレンと申してあることよく肚に入れて呉れよ。三月十一日、ひつぐの神。

第九帖　（二六六）

悪いこと待つは悪魔ぞ、何時建替、大峠が来るかと待つ心は悪魔に使はれてゐるのざぞ。この神示世界中に知らすのざ、今迄は大目に見てゐたが、もう待たれんから見直し聞き直しないぞ、神の規則通りにビシビシと出て来るぞ、世界一平に泥の海であったのを、つくりかためたのは国常立尊であるぞ、親様を泥の海にお住まひ申さすはもったいないぞ、それで天におのぼりなされたのぞ。岩の神、荒の神、雨の神、風の神、地震の神殿、この神々様、御手伝ひでこの世のかため致したのであるぞ、元からの竜体持たれた荒神様でないと今度の御用は出来んのざぞ、世界つくり固めてから臣民つくりたのであるぞ、何も知らずに上に登りて、神を見おろしてゐる様で、何でこの世が治まるものぞ。天と地の御恩といふことが神の国の守護神に判りて居らんから難儀なことが、愈々どうにもならん事になるのぞ、バタバタとなるのぞ。臣民生れおちたらウブの御水を火で暖めてウブ湯をあびせてもらふであろが、其の御水はお土から頂くのざぞ、たき火ともしは皆日の大神様から頂くのざぞ、御水と御火と御土でこの世の生きあるもの生きてゐるのざぞ、そんなこと位誰でも知ってゐると申すであろが其の御恩と云ふ事知るまいがな、一厘の所分かるまいがな。守護神も曇りてゐるから神々様にも早うこの神示読んで聞かせてやれよ、世間話に花咲かす様では誠の役員とは云はれんぞ、桜に花咲かせよ。せわしくさしてゐるのざぞ、せわしいのは神の恵ざぞ、今の世にせわしくなかったら臣民くさって了ふぞ、せわしく働けよ、三月十一日、ひつぐの神。

第十帖　（二六七）

山の谷まで曇りてゐるぞ、曇りた所へ火の雨降るぞ、曇りた所には神は住めんぞ、神なき所愈々ざぞ。ひどい事あるぞ、神がするのでないぞ、臣民自分でするのざぞ。一日一日のばして改心さすやうに致したなれど一日延《のば》せば千日練《ねり》直さなならんから神は愈々鬼となって規則通りにビシビシと埓《らち》あけるぞ、もう待たれんぞ、何処から何が出て来るか知れんぞと申してあろがな。花火に火つけよ、日本の国の乱れて来たのは来られんものを来らしたからぞ。三千年の昔に返すぞ、三万年の昔に返すぞ、三十万年の昔に返さなならんかも知れんぞ。家内和合出来ん様では、この道の取次とは

申されんぞ、和が元ざと申してあろが、和合出来ぬのはトラとシシぞ、どちらにもメグリあるから
ざぞ、昼も夜もないのざぞ、坊主坊主くさくてはならんぞ。三月十三日、一二⦿。

第十一帖　（二六八）

一二三《ひふみ》とは限りなき神の弥栄であるぞ、一《ひ》は始めなき始であるぞ、ケは終りなき終りであるぞ、
神の能《はたらき》が一二三であるぞ、始なく終なく弥栄の中今《なかいま》ぞ。一二三は神の息吹であるぞ、一二三唱え
よ、神人共に一二三唱へて岩戸開けるのざぞ、一二三にとけよ、一二三と息せよ、一二三着よ、一
二三食《お》せよ、始め一二三あり、一二三は神ぞ、一二三は道ぞ、一二三は祓ひ清めぞ、祓ひ清めとは
弥栄ぞ、神の息ぞ、てんし様の息ぞ、臣民の息ぞ、けもの、草木の息ぞ。一であるぞ、二である
ぞ、三であるぞ、ケであるぞ、レであるぞ、ホであるぞ、◎であるぞ、◎であるぞ。皆の者に一二
三唱へさせよ、五柱御働きぞ、八柱十柱御働きぞ、五十連《いつら》ぞ、意露波（いろは）ぞ、判りたか。三
月十四日、ひつ九ノか三。

第十二帖　（二六九）

みぐるしき霊《たま》にはみぐるしきもの写るぞ、それが病の元ぞ、みぐるしき者に、みぐるしきタマあたるぞ、それで早う洗濯掃除と申してくどう気付けておいたのぞ。神のためしもあるなれど、所々にみせしめしてあるぞ、早う改心して呉れよ、それが天地への孝行であるぞ、てんし様への忠義であるぞ、鎮魂《ミタマシズメ》には神示読みて聞かせよ、三回、五回、七回、三十回、五十回、七十回で始めはよいぞ、それで判らぬ様なればお出直しで御座る。三月十五日、ひつぐの神。

第十三帖　（二七〇）

世に落ちておいでなさる御方御一方竜宮の音姫殿御守護遊ばすぞ、この方、天晴れ表《おもて》に表れるぞ、これからは神徳貰はんと一寸先へも行けんことになったぞ、御用さして呉れと申してもメグリある金《かね》は御用にならんぞ、メグリになるのざ。自分の物と思ふのが天の賊ぞ、これまで世に出ておいでになる守護じん九分九厘迄天の賊ぞ。偉い人愈々とんでもないことになるぞ、捕《とら》はれるぞ、痛い目にあわされるぞ、今に目覚《さ》めるなれど其時では遅い遅い。おかみも一時は無くなるのざ、一人々々何でも出来る様になりて居りて呉れと申してあること近うなりたぞ、ひの大神気付けて呉れよ、どえらいことになるぞ。一厘のことは云はねばならず云ふてはならず、心と心で知らしたいなれど、心でとりて下されよ、よく神示読んでさとりて呉れよ、神たのむのざぞ。三月十六日、ひつぐの神。

第十四帖　（二七一）

三月三日から更に厳《きび》しくなるから用意しておけよ、五月五日から更に更に厳しくなるから更に用意して何んな事起ってもビクともせん様に心しておいてくれよ、心違ふてゐるから臣民の思ふことの逆《さか》さ許《ばか》りが出てくるのざぞ、九月八日の仕組近ぶなったぞ、この道はむすび、ひふみとひらき、みなむすび、神々地に成り悉く弥栄へ戦争《いくさ》つきはつ大道ぞ。一時はこの中も火の消えた様に淋しくなってくるぞ、その時になっておかげ落さん様にして呉れよ、神の仕組愈々世に出るぞ、三千年の仕組晴れ晴れと、富士は晴れたり日本晴れ、桜花一二三《ひふみ》と咲くぞ。三月十七日、ひつぐの神。

第十五帖　（二七二）

誠《まこと》申すと耳に逆らうであろが、其の耳取り替へて了ふぞ、我れに判らんメグリあるぞ、今度は親子でも夫婦でも同じ様に裁く訳《わけ》には行かんのざ、子が天国で親地獄と云ふ様にならん様にして呉れよ、一家揃ふて天国身魂となって呉れよ、国皆揃ふて神国となる様つとめて呉れよ、メグリは一家分け合って、国中分け合って借金なしにして下されよ、天明代りに詑《わび》してくれよ、役員代りて詑びして呉れよ、この神示肚に入れておれば何んな事が出て来ても胴《どう》すわるから心配ないぞ、あななひ、元津神々人の世ひらき和し、悉くの神人みつ道、勇み出で、総てはひふみひふみとなり、和し勇む大道、三月十九日、ひつ九の神。

第十六帖　（二七三）

元津神代の道は満つ、一時は闇の道、ひらき極み、富士の代々、鳴り成るには弥栄に変わり和すの道、道は弥栄。ひふみ道出で睦び、月の神足り足りて成り、新しき大道みつ。神々みち、ゑらぎ百千万のよきこと極む。いよいよとなり、何も彼も百千とひらき、道栄え道極み進み、道極み真理の真理極む。元の光の神々ゑらぎ、更に進む世、和合まずなりて百《もも》の世極みなる。世に光る神々の大道、神々ことごとにゑらぎて大道いよいよ展き進みて、大真理世界の三つは一と和し、鳴り成りて始めて、まことの愛の代極み来る、弥栄の代の神、人、神人わけへだてなく光り輝き、道は更に極みの極みに進み動き、ありとあることごとくの成り結び、更に新しく更に極むるの大道、神代歓喜の代々。三月二十日、ひつ九の神。（原文は二一一頁に掲載）

第十七帖　（二七四）

すり鉢に入れてコネ廻してゐるのざから一人逃れ様とてのがれる事出来んのざぞ、逃れようとするのは我れよしざぞ、今の仕事五人分も十人分も精出せと申してあろがな、急ぐでないぞ、其の御用すみたら次の御用にかからすのざから、この世の悪も善も皆御用と申してあろが。身《み》魂《たま》相当の御用致してゐるのざぞ、仕事し乍ら神示肚に入れて行けば仕事段々変るのざぞ、神示声立てて読むのざと、申してあること忘れるなよ、その上で人に此の道伝へてやれよ、無理するでないぞ。我捨てて大き息吹きにとけるのざぞ、神の息吹きにとけ入るのざぞ、「御みいづ」にとけ入るのざぞ、愈々神示一二三《ひふみ》となるぞ、一二三とは息吹ぞ、みみに知らすぞ、云はねばならぬから一二三として、息吹きとして知らすぞ。神示よく読めば分ることぞ、神示読めよ、よむと神示出るぞ、此の巻は「キの巻」と申せよ。富士は晴れたり⊕《せかい》ばれ、岩戸あけたり⊕ばれぞ。三月二十日、ひつ九の神。

（キの巻了）

第十六帖　（二七三）原文

⊙四三〇百一四八三八九二二四四七七◎二八八五十三三〇◎一二三五六二十十十七一三三　⊙⊙三◎百十卍一千九九三一四一四十七◎七二百百千八千八三三九◎三九二二九一◎ノ九⊙〇◎八四〇五〇一七百四九七◎四二一⊙⊙三⊙二九八三◎⊚三二四三七⊚一⦿二◎四九四〇九十ノ四二一⊙三⊙四二一⊙三〇◎ノ百ノ七一ノ三⊙四三一四四

三かつ二十か　ひつ九か三

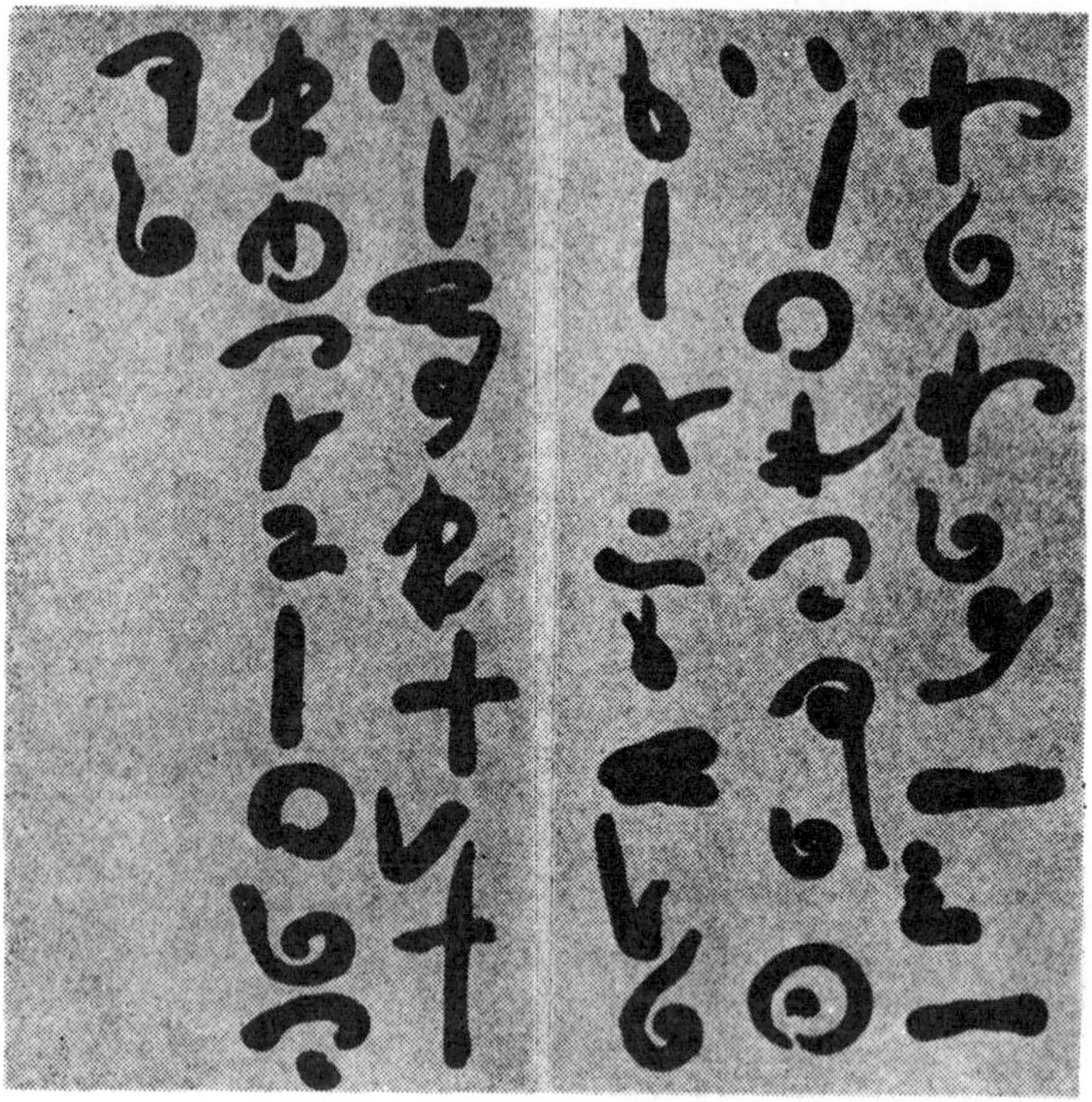

⦿神《ひつぐ》示原文抜粋訳

われわれの一切
はうまれつゝある⦿《かみ》
も宇宙も、しんら《森羅》
万象のことごとく
が常に生れつつ
ある

ひふみ神示 第十巻

自 昭和二十年旧三月 十 日

至 昭和二十年 六 月二十三日

二七五帖—二九一帖

水の巻

全十六帖

全十七帖

第十二帖

（二八六）七行目　正しく……以下原文

六八二一三七五　一九　四八五二七　三八八三七八四五二三一五三　せか一《イ》の四《シ》ん三《ミ》んでん四《シ》三《サ》まおろか《ガ》六《ム》十《ト》キ九《ク》るの三《ザ》三《ソ》　千《チ》八《ヤ》ませす《ズ》二《ニ》けん二《ブ》つ一《イ》た三《サ》れ四《ヨ》　五《ゴ》四《ヨー》八《ハ》せ七《ナ》七《ナ》らん三《ソ》　九《コ》の二《フ》て《デ》四《ヨ》め四《ヨ》　九《コ》へたか九《ク》九《コ》の二《フ》て《デ》千《チ》十《ト》せ四《ヨ》　ます一《ヒ》十《ト》十《ト》七《ナ》る三《ソ》　てんち〇《マ》せ《ゼ》九《ゴ》せ《ゼ》十《ト》七《ナ》る三《ソ》

六かつ十二にち　　三のひつ九ノ⦿

第一帖　（二七五）

三⦿《みず》の巻書き知らすぞ。見渡す限り雲もなく富士は晴れたり、日本晴れ、海は晴れたり、日本晴れ、港港に日の丸の旗飜る神の国。それ迄に云ふに云はれんことあるなれど、頑張りて下されよ。道も無くなるぞ。てん詞様おろがみてくれよ。てん詞様は神と申して知らしてあろがな、まだ分らんか、地《くに》の神大切せよと聞かしてあろが、神様にお燈明ばかり備へてはまだ足らぬのぞ。お燈明《あかし》と共に水捧げなならんのざぞ。火と水ぞと申してあろ、神示よく裏の裏まで読みて下されよ、守護神殿祭りて呉れよ。まつはらねば力現はれぬぞ、守護神殿は拍手四つ打ちておろがめよ、元の生神様には水がどうしてもいるのざぞ、火ばかりでは力《ちから》出ぬのざぞ、わかりたか、曇りなく空は晴れたり。旧三月十日、三のひつ九⦿。

第二帖　（二七六）

ひふみ、よいむなや、こともちろらね、しきる、ゆゐつわぬ、そをたはくめか、うおえ、にさりへて、のますあせゑほれけ。一二三《ひふみ》祝詞《のりと》であるぞ。たかあまはらに、かむつまります、かむろぎ、かむろみのみこともちて、すめみおやかむいざなぎのみこと、つくしのひむかのたちばなのおどのあはぎはらに、みそぎはらひたまふときに、なりませる、はらえとのおほかみたち、もろもろのまがことつみけがれを、はらえたまへきよめたまへとまおすことのよしを、あまつかみ、くにつかみ、やほよろづのかみたちともに、あめのふち、こまのみみふりたてきこしめせと、かしこみかしこみもまおす。あめのひつくのかみ、まもりたまへさちはへたまへ、あめのひつくのかみ、やさかましませ、いやさかましませ、一二三四五六七八九十《ヒトフタミヨイツムユナナヤココノタリ》。旧三月十日、三のひつ九か三。

第三帖　（二七七）

神の子は神としての自分養《やしな》ふことも、つとめの一つであるぞ。取違ひすると大層な事になるから、気つけておくぞ。書かしてある御神名は御神体として祭りてもよく、お肌守としてもよいぞ、皆に多く分けてやれよ。御神名いくらでも書かすぞ、その用意しておいてくれよ、神急ぐぞ。祓え祝詞書き知らすぞ。

かけまくもかしこき、いざなぎのおほかみ、つくしのひむかの、たちばなの　おとのあはぎはらに、みそぎはらえたまふときになりませる、つきたつふなどのかみ、みちのなかちはのかみ、ときおかしのかみ、わつらひのうしのかみ、ちまたのかみ、あきくひのうしのかみ、おきさかるのかみ、おきつなぎさびこのかみ、おきつかひへらのかみ、へさかるのかみ、へつなぎさひこのかみ、へつかひへらのかみ、やそまがつひのかみ、おほまがつひのかみ、かむなほひのかみ、おほなほひのかみ、いづのめのかみ、そこつわたつみのかみ、そこつつのおのかみ、なかつわたつみのかみ、なかつつのおのみこと、うわつわたつみのかみ、うわつつのおのみこと、はらえと四はしらのかみたちともに、もろもろのまがこと、つみけがれをはらえたまへ、きよめたまへとまおすことを、きこしめせと、かしこみかしこみもまおす。次に「うけひ」の言葉しらすぞ。

ご三たいのおほかみさま、ご三たいのおほかみさま、ひつきのおほかみさま、くにとこたちのおほかみさま、とよくもぬのおほかみさま、つきのおほかみさま、すさなるのおほかみさま、あめのかみさま、かぜのかみさま、いわのかみさま、キのかみさま、かねのかみさま、ひのかみさま、ひのでのかみさま、りゅうぐうのおとひめさま、やほよろづのいきかみさま、ことにいすずにます、

ぞ。人間心出してはならんぞ。五月一日、三《みづ》のひつ九のかみ。

第六帖　（二八〇）

キが元ぞと申してあろがな。神国負けると云ふ心、言葉は悪魔ぞ、本土上陸と云ふキは悪魔ざぞ。キ大きく持ちて下されよ。島国日本にとらはれて呉れるなよ。小さい事思ふてゐると見当取れん事になるぞ。一たべよ、二たべよ、食べるには噛むことぞ、噛むとはかみざぞ、神にそなへてからかむのざぞ、かめばかむほど神となるぞ、神国ぞ、神ながらの国ぞ。かみながら仕事してもよいぞ。青山も泣き枯る時あると申してあろが。日に千人食殺されたら千五百の産屋《うぶや》建てよ。かむいざなぎの神のおん教ぞ。神きらふ身魂は臣民も厭ふぞ。五月二日、三のひつくのか三。

第七帖　（二八一）

皆病気になりてゐること分らぬか。一二三のりとで直してやれよ。神示読みて直してやれよ。自分でも分らぬ病になってゐるぞ、早ふ直さぬとどうにもならんことになって来るぞ。この宮、仮であるぞ。真中に富士の山つくり、そのまわりに七つの山つくりて呉れよ。拝殿つくり呉れよ。神示書かす所作りてくれよ。天明弥澄む所作りて呉れよ。いづれも仮でよいぞ。早ようなされよ。松の心にさへなりておれば、何事もすくすく行くぞ。五月四日、みづのひつ九のか三。

第八帖 （二八二）

鎮座は六月の十日であるぞ。神示書かしてまる一年ぞ。神示で知らしてあろが、それからがいよいよの正念場ざぞ。びっくり箱あくぞ。五月四日、みづのひつ九のか三。

第九帖 （二八三）

富士は晴れたり日本晴れ、いよいよ岩戸開けるぞ。お山開きまこと結構。松の国松の御代となるぞ。旧九月八日から大祓ひのりとに天津祝詞の太のりと「一二三《ひふみ》のりとコト」入れてのれよ。忘れずにのれよ。その日からいよいよ神は神、けものはけものとなるぞ。江戸道場やめるでないぞ、お山へ移してよいぞ、役員一度やめてよいぞ。またつとめてよいぞ。めぐりあるから心配あるのぞ。

めぐり無くなれば心配なくなるぞ。心配ないのが富士は晴れたりぞ、富士晴れ結構ぞ。日津久の御民何時も富士晴れ心でおりて下されよ。肉体ちっとの間であるが、魂は限りなく栄へるのざぞ。金に難渋して負けぬ様にして下されよ。金馬鹿にしてはならんぞ。あせるでないぞ。あせると心配事出来るぞ。神が仕組みてあること、臣民がしようとて出来はせんぞ。細工はりうりう滅多に間違ひないのざぞ。見物して御座れ、見事して見せるぞ。不和の家、不調和《ふわ》の国のささげもの神は要らんぞ。喜びの捧げもの米一粒でもよいぞ。神はうれしいぞ。旧九月八日とどめぞ。六月二日、みづのひつ九のか三。

第十帖　（二八四）

五大洲引繰り返って居ることまだ判らぬか。肝腎要《かんじんかなめ》の事ざぞ。七大洲となるぞ。八大洲となるぞ。今の臣民に判る様に申すならば御三体の大神様とは、天之御中主神様、高皇産霊神様、神皇産霊神様、伊邪那岐神様、伊邪那美神様、つきさかきむかつひめの神様で御座るぞ。雨の神とはあめのみくまりの神、くにのみくまりの神、風の神とはしなどひこの神、しなどひめの神、岩の神とはいわなかひめのかみ、いわとわけの神、荒の神とは大雷のをの神、わきいかづちおの神、地震の神とは武甕槌《たけみかづち》神、経津主《ふつぬし》神々様の御事で御座るぞ。木の神とは木花開耶《このはなさくや》姫《ひめの》神、金《かね》の神とは金かつかねの神、火の神とはわかひめきみの神、ひのでの神とは彦火々出見《ひこほほでみ》神、竜宮の乙姫殿とは玉依姫《たまよりひめ》の神様のおん事で御座るぞ。此の方の事何れ判りて来るぞ。今はまだ知らしてならん事ぞ。知らす時節近づいたぞ。六月十一日、みづの一二⦿。

第十一帖　（二八五）

神第一とすれば神となり、悪魔第一とすれば悪魔となるぞ。何事も神第一結構。カイの言霊《かへし》キざぞ。キが元ぞと知らしてあろが、カイの御用にかかりてくれよ。何と云ふ結構なことであったかと、始めは苦しいなれど、皆が喜ぶ様になって来るのざぞ。先楽しみに苦しめよ。ぎゅうぎゅうと、しめつけて目の玉がとび出る事あるのざぞ、そこまでに曇りて居るのざぞ、はげしく洗濯するぞ。可愛い子、谷底に突落さなならんかも知れんぞ、いよいよ神が表に現はれて神の国に手柄立てさすぞ、神国光輝くぞ。日本にはまだまだ何事あるか判らんぞ。早く一人でも多く知らしてやれよ。タマ磨けば磨いただけ先が見えすくぞ。先見える神徳与へるぞ。いくらえらい役人頑張りても今迄の事は何も役に立たんぞ。新しき光の世となるのぞ。古きもの脱ぎすてよ、と、申してあろがな。まこと心になりたならば自分でも判らん程の結構出て来るぞ。手柄立てさすぞ。いくら我張りても我では通らんぞ。我折りて素直になりて下されよ、これでよいと云ふことないぞ。いくらつとめても、これでよいと云ふことは、ないのざぞ。神の一厘のしぐみわかりたら世界一列一平になるぞ。ますかけひいて、世界の臣民、人民勇みに勇むぞ。勇む事此の方嬉しきぞ。富士は何時爆発するのざ、何処へ逃げたら助かるのぞと云ふ心我れよしぞ。何処に居ても救ふ者は救ふと申してあろが。悪るき待つキは悪魔のキざぞ。結構が結構生むのざぞ。六月十一日、みづのひつ九か三。

第十二帖 (二八六)

人間心には我《が》があるぞ。神心には我がないぞ。我がなくてもならんぞ、我があってはならんぞ。我がなくてはならず、あってはならん道理分りたか。神にとけ入れよ。てんし様にとけ入れよ。我なくせ、我出せよ。建替と申すのは、神界、幽界、顕界にある今までの事をきれいに塵一つ残らぬ様に洗濯することざぞ。今度と云ふ今度は何処までもきれいさっぱりと建替するのざぞ。建直と申すのは、世の元の大神様の御心のままにする事ぞ。御光の世にすることぞ。てんし様の御稜威輝く御代とする事ぞ。政治も経済も何もかもなくなるぞ。食べるものも一時は無くなって仕舞ふぞ。覚悟なされよ。（正しくひらく道道鳴り出づ、はじめ苦し、展きゐて、月鳴る道は弥栄、地ひらき、世ひらき、世むすび、天地栄ゆ、はじめ和の道、）世界の臣民、てん詞様おろがむ時来るのざぞ。邪魔せずに見物いたされよ、御用はせなならんぞ。この神示読めよ、声高く。この神示血とせよ、益人となるぞ。天地まぜこぜとなるぞ。六月十二日、みづのひつ九の⦿。「（ ）の中の原文は二二六頁」

第十三帖（二八七）

火と水と申してあろがな。火つづくぞ。雨つづくぞ。火の災《わざわい》あるぞ。水の災あるぞ。火のおかげあるぞ、水の災気つけよ。火と水入り乱れての災あるぞ、近ふなりたぞ。火と水の御恵みあるぞ。一度は神の事も大き声して言へん事あるぞ、それでも心配するでないぞ。富士晴れるぞ。家族幾人居ても金いらぬであろうが。主人《あるぢ》どっしりと座りておれば治まっておろうが。神国の型残してあるのざぞ。国治めるに政治はいらぬぞ、経済いらぬぞ。神おろがめよ、神祭れよ、てんし様おろがめよ。何もかも皆神に捧げよ、神からいただけよ。神国治るぞ。戦もおさまるぞ。今の臣民口先ばかりでまこと申してゐるが、口ばかりでは、なほ悪いぞ。言やめて仕へまつれ。でんぐり返るぞ。六月十三日、みづのひつくのかみ。

第十四帖 （二八八）

今迄は闇の世であったから、どんな悪い事しても闇に逃れる事出来てきたが闇の世はもうすみたぞ。思ひ違ふ臣民沢山あるぞ。何んな集ひでも大将は皆思ひ違ふぞ。早ふさっぱり心入れ換へて下されよ。神の子でないと神の国には住めんことになるぞ。幽界《がいこく》へ逃げて行かなならんぞ。二度と帰れんぞ。幽界《がいこく》行とならぬ様、根本から心入れかへて呉れよ。日本の国の臣民皆兵隊さんになった時、一度にどっと大変が起るぞ。皆思ひ違ふぞ。カイの御用はキの御用ぞ。それが済みたら、まだまだ御用あるぞ。行けども行けども、草ぼうぼう、どこから何が飛び出すか、秋の空グレンと変るぞ。この方化《ば》けに化けて残らずの身魂調べてあるから、身魂の改心なかなかにむつかしいから。今度と云ふ今度は、天の規則通り、びしびしとらちつけるぞ。御三体の大神様三日此の世をかまひなさらぬとこの世はクニャクニャとなるのざぞ。結構近づいて居るのざぞ。大層が近づいて居るのざぞ。この神示読みて神々様にも守護神殿にも聞かせて呉れよ。いよいよあめの日津久の神様おんかかりなされるぞ。旧五月五日、みづのひつ九か三。

第十五帖　（二八九）

富士、火吐かぬ様おろがみて呉れよ、大難小難にまつりかへる様おろがみて呉れよ。食物《たべもの》頂く時はよくよく噛めと申してあろが、上の歯は火ざぞ、下の歯は水ざぞ。火と水と合すのざぞ。かむろぎかむろみぞ。噛むと力生れるぞ。血となるぞ、肉となるぞ。六月十七日、ひつ九のかみ。

第十六帖　（二九〇）

まだまだ御苦労あるぞ。たまの宮つくりてよいぞ。われの事言はれて腹のたつ様な小さい心では、今度の御用出来はせんのざぞ。心大きく持てと申してあろがな。六月二十日、ひつ九のかみ。

第十七帖　（二九一）

カイの御用はキの御用であるぞ。臣民はミの御用つとめて呉れよ。キとミの御用であるぞ。ミの御用とは体《からだ》の御用であるぞ。身養ふ正しき道開いて伝へて呉れよ。今迄の神示読めばわかる様にしてあるぞ。キの御用に使ふものもあるぞ。キミの御用さす者もあるぞ、お守《まもり》の石どしどしさげてよいぞ。水の巻これで終りぞ。六月二十三日、三《みず》の一二㋹。

（水の巻了）

第十二帖　後より四～五行目原文

六八二一三七五一九四八五二七三八八三七八四五二三一五三

ひふみ神示　第十一巻
自　昭和二十年　六　月十七日
至　昭和二十年　七　月十九日
二九二帖—三二〇帖

松の巻

全廿九帖

第二十三帖　（二一四）原文

九《ク》二《ニ》九《グ》二《ニ》十《ト》九《コ》◎《ロ》十《ド》九《コ》◎《ロ》二《ニ》三十十七◎三八日八九三二五六一ゝ〇⊙二八八⊙六十十千〇日五一二三十七七◎三五八八九七三二七卍九十〇日一九十〇日三八九二三三三八九一七百十三二九◎日六三八〇一二九◎日六三一日一二三六九　アメの一二の⊙

第二十四帖　（二一五）原文

八《ハ》ゝ《ヤ》九《ク》〱十《ト》百《モー》千《セ》十《ド》百《モ》三ゝ二八一◎〇〇◎日ゝ八⊙百ゝ三ゝ一八ゝ七◎⊙一二八七◎　⊙⊙一十九ゝ十一日ゝ日二七◎五三七六二十九一二三卍千百十八一三〇十⊙◎八ゝ⊙一七◎十三十八◎八九⊙〇⊙一十◎二⊙◎三　大日三火三◎二七◎一◎九十〇〇◎三〇二七九か⊙三七《ヒツ》九《ク》◎《リ》八《ハ》九《コ》三《ソ》七かつ十か　アメのひつ九か三

第一帖　（二九二）

富士は晴れたり世界晴れ。三千世界一度に晴れるのざぞ。世の元の一粒種の世となったぞ。松の御代となったぞ。世界ぢうに揺《ゆす》りて眼覚すぞ。三千年の昔に返すぞ。煎り豆花咲くぞ。上下ひっくり返るぞ。水も洩さん仕組ぞ。六月十七日、あめのひつ九のか三。

第二帖　（二九三）

神の国を、足の踏むところない迄にけがして仕舞ふてゐるが、それで神力は出ぬぞ。臣民無くなるぞ。残る臣民三分むつかしいぞ。三分と思へども、二分であるぞ。邪魔せん様に、分らん臣民見物して御座れ。ここまで知らして眼覚めん臣民なら手引いて見てゐて御座れ。見事仕上げて見せるぞ。雀ちうちう烏かうかう。六月十八日、あめのひつ九か三。

第三帖（二九四）

神烈しく、人民静かにせよ。云ふた事必ず行はねばならんぞ。天から声あるぞ、地から声あるぞ。身魂磨けばよくわかるのざぞ。旧九月八日までにきれいに掃除しておけよ。残る心獣ぞ。神とならば、食ふ事も着る事も住む家も心配なくなるぞ。日本晴れとはその事ざぞ。六月十九日、あめのひつ九のかみ。

第四帖（二九五）

幾ら誠申してもまことは咽喉へつかへて呑み込めぬから、誠の所へは人民なかなか集まらんなれど、今度の御用は臣民沢山は要らんぞ。何もかも神が仕組みてゐるのざから人民仕様とて何も出来はせんぞ、神の気概に叶はん人民は地の下になるのざぞ。神示わからねば一度捨てて見るとわかるのざぞ。六月二十日、アメのひつ九のかミ。

第五帖　（二九六）

この先どうしたらよいかと云ふ事は、世界中金《かね》の草鞋《わらじ》で捜《さが》しても九九《ここ》より他分からんのざから、改心して訪ねて御座れ。手取りてよき方に廻してやるぞ。神の国の政治は、もの活す政治と申してあろが、もの活かせば、経済も政治も要らんぞ。金もの云ふ時から、物もの云ふ時来るぞ。誠もの云う時来るぞ。石もの云ふ時来るぞ。六月二十一日の朝、アメのひつ九のかみ神示。

第六帖　（二九七）

今の世に出てゐる守護神、悪神を天の神と思ってゐるからなかなか改心むつかしいぞ。今迄の心すくりとすてて生れ赤子となりて下されと申してあろが。早よ改心せねば間に合はん、残念が出来るぞ。この神示わからんうちから、わかりておらんと、分りてから、分りたのでは、人並ざぞ。地の規則天の規則となる事もあるのざぞよ。六月二十二日、アメのひつ九のかみふで。

第七帖（二九八）

偉い人皆俘虜《とりこ》となるぞ。夜明け近くなったぞ。夜明けたら何もかもはっきりするぞ。夜明前は闇より暗いぞ慌てるでないぞ。神の国一度負けた様になって、終ひには勝ち、また負けた様になって勝つのざぞ。腹の中のゴモク一度に引張り出してもならぬし、出さねば間に合わんし、いよいよ荒事にかかるからそのつもりで覚悟よいか。わからん人民退いて邪魔せずに見物してござれよ。六月二十三日、アメのひつ九の㋹。

第八帖（二九九）

神の国には昔から神の民より住めんのであるぞ、幽界《がいこく》身魂は幽界《がいこく》行。一寸の住むお土も神国にはないのぞ。渡れん者が渡りて穢して仕舞ふてゐるぞ。日本の人民、大和魂何処にあるのざ、大和魂とは神と人と解け合った姿ぞ。戦いよいよ烈しくなると、日本の兵隊さんも、これは叶はんと云ふ事になり、神は此の世にいまさんと云ふ事になって来るぞ。それでどうにもこうにもならん事になるから、早よう神にすがれと申してゐるのぞ。誠ですがれば、その日からよくなるぞ、神力現れるぞ。今度の建替は、此の世初まってない事であるから、戦ばかりで建替出来んぞ。世界隅々まで掃除するのであるから、どの家もどの家も、身魂も身魂も隅々まで生き神が改めるのざから、辛い人民沢山出来るぞ。ミタマの神がいくら我張っても、人民に移っても、今度は何も出来はせんぞ。世の元からの生神でない事には出来ないのであるぞ。それで素直に云ふ事聞けとくどう申すのぞ、今度は神の道もさっぱりとつくりかへるのざぞ。臣民の道は固《もと》より、獣の道もつくりかへぞ。戦の手伝位誰でも出来るが、今度の御用はなかなかにむつかしいぞ。赤いものが赤い中にゐると色無いと思ふのぞ、気付けて呉れよ。悪神の守護となれば自分で正しいと思ふ事、悪となるのざぞ。悪も改心すれば助けてやるぞ。海の御守護は竜宮のおとひめ様ぞ。海の兵隊さん竜宮のおとひめ殿まつり呉れよ。まつわり呉れよ。竜宮のおとひめ殿の御守護ないと、海の戦は、けりつかんぞ。朝日輝る夕日たださす所に宝いけておいてあるぞ。宝愈々世に出るぞ。人民の改心第一ぞ。顔は今日でも変るぞ。人民の改心なかなかぞ。六月二十三日、アメのひつ九のかみ。

第九帖（三〇〇）

悪のやり方は始めはどんどん行くなれど、九分九厘でグレンぞ、善のやり方始め辛いなれど先行く程よくなるぞ。この世に何一つ出来んと云ふことない此の方のすることぞ。云ふ事きかねば、きく様にしてきかすぞ。因縁だけのことはどうしてもせねば、今度の峠は越せんのざぞ。ここの役員は皆因縁ミタマばかり、苦労しただけお蔭あるぞ。六月二十四日、あめのひつ九のかみしるす。

第十帖（三〇一）

今度役目きまったら、末代続くのざぞ、神示に出た通りの規則となるぞ。善も末代ぞ、悪も末代ぞ。此の世は一であるぞ。われの身体われに自由にならぬ時来たぞ。神に縋《すが》るより仕方なくなって、すがったのでは、間に合はんぞ。今度はいろはの世に戻すぞ。ひふみの世に戻すぞ。素直にすればタマ入れかへて、よい方に廻はしてやるぞ。よろこびの身といたしてやるぞ。六月二十四日、あめのひつ九のかみしるす。

第十一帖　（三〇二）

今の法律此の方嫌ひぢゃ、嫌ひのもの無くするぞ。凝り固まると害《そこな》ふぞ。此の道中行く道と申してあるが、あれなら日津久の民ぞと世間で云ふ様な行ひせねばならんぞ。神の国と申すものは光の世、よろこびの世であるぞ。虫けらまで、てんし様の御光に集まるよろこびの世であるぞ。見事此の方についてご座れ。手引ぱって峠越さしてやるぞ。六月二十五日、あめのひつぐのかみ。

第十二帖　（三〇三）

前にも建替はあったのざが、三千世界の建替ではなかったから、どの世界にでも少しでも曇りあったら、それが大きくなって悪は走れば、苦労に甘いから、神々様でも、悪に知らず知らずなって来るのざぞ。それで今度は元の生神が天晴れ現はれて、悪は影さへ残らぬ様、根本からの大洗濯するのぞ、神神様、守護神様、今度は悪は影も残さんぞ。早よう改心なされよ。建替の事学や智では判らんぞ。六月二十八日、あめのひつくのかみ。

第十三帖　（三〇四）

この世界は浮島であるから、人民の心通り、悪くもなりよくもなるのざぞ。食ふ物ないと申して歩き廻ってゐるが、餓鬼に喰はすものは、もういくら捜してもないのぞ。人は神の子ざから食ふだけのものは与へてあるぞ。神の子に餓死《うえじに》はないぞ。いやさかのみぞ。此処は先づ世界の人民の精神よくするところであるから、改心せねばする様いたすぞ、分らんのは我かまうひと慢心してゐるからぞ。旧五月十六日、あめのひつ九の㋹。

第十四帖　（三〇五）

裏切る者沢山出てくるぞ、富士と鳴戸の仕組、諏訪《スワ》マアカタの仕組。ハルナ、カイの御用なされよ。悪の総大将よ。早よ改心なされ、悪の神々よ。早よ改心結構であるぞ。いくら焦りてあがいても神国の仕組は判りはせんぞ。悪とは申せ大将になる身魂、改心すれば、今度は何時迄も結構になるのぞ。日本の臣民人民皆思ひ違ふと、くどう知らしてあろが。まだ我捨てぬが、水でも掃除するぞ。六月二十九日、あめのひつぐのかみ神示。

第十五帖　（三〇六）

この神示うぶのままであるから、そのつもりで、とりて呉れよ。嘘は書けん根本ざから此の神示通りに天地の規則きまるのざぞ、心得て次の世の御用にかかりて呉れよ。世界の事ざから、少し位の遅し早しはあるぞ。間違ひない事ざぞ。大将が動く様では、治らんぞ。真中動くでないと申してあろが、此の世の頭から改心せねば、此の世治まらんぞ。此の方頼めばミコトでおかげやるぞ。竜宮のおとひめ殿烈しき御活動ぞ。六月三十日、あめのひつぐのかみしるす。

第十六帖　（三〇七）

火と水と組み組みて地が出来たのであるぞ、地《つち》の饅頭の上に初《はじ》めに生《は》えたのがマツであったぞ。マツはもとのキざぞ、松植へよ、松供へよ、松ひもろぎとせよ、松玉串とせよ、松おせよ、何時も変らん松心となりて下されよ。松から色々な物生み出されたのぞ、松の国と申してあろが。七月五日、あめのひつ九のかみ。

第十七帖　（三〇八）

釈迦祀れ。キリスト祀れ。マホメット祀れ。カイの奥山は五千の山に祀り呉れよ。七月の十と二日に天晴れ祀りて呉れよ。愈々富士晴れるぞ。今の人民よいと思ってゐる事、間違ひだらけざぞ。此処までよくも曇りなされたな。二の山三の山四の山に祀り呉れよ。まだまだ祀る神様あるぞ。七月二日、あめのひつぐのかみ。

第十八帖　（三〇九）

人民同志の戦ではかなはんと云ふ事よく判りたであろがな。神と臣民融け合った大和魂でないと勝てんことぞ。悪神よ。日本の国を此処までよくも穢したな、これで不足はあるまいから、いよいよ此の方の仕組通りの、とどめにかかるから、精一杯の御力でかかりて御座れ。学問と神力の、とどめの戦ざぞ。七月三日、あめのひつ九のかみ。

第十九帖　（三一〇）

改心次第で善の霊《れい》と入れ換へて、その日からよき方に廻してやるぞ。宵《よい》の明星が東へ廻ってゐたら、愈々だぞ。天の異変気付けと、くどう申してあろがな。道はまっすぐに行けよ。寄道するではないぞ。わき目ふると悪魔魅入るぞ。それも我れの心からざぞ。七月四日、あめのひつくのかみ。

第二十帖　（三一一）

此処まで来れば大丈夫ざぞ。心大きく持ちて焦らずに御用せよ、饌《け》にひもじくない様、身も魂も磨いておけよ。もう何事も申さんでも、天と地にして見せてあるから、それよく見て、改心第一ぞ。悪は霊力が利かん様になったから最後のあがきしてゐるのざぞ。人助けておけば、その人は神助けるぞ。神界と現界の事この神示よく分けて読みて下されよ。これから愈々の御用あるぞ。皆の者も同様ぞ。七月五日、あめのひつくのかみ。

第二十一帖　（三一二）

旧九月八日からの祝詞は初めに、ひとふたみ唱え、終りに百千《ももち》卍《よろずの》宣れよ。お神山《やま》作る時は、何方《どちら》からでも拝《おが》める様にしておけよ。一方から拝むだけの宮は我れよしの宮ぞ。何もかも変へて仕舞ふと申してあろうが。神徳貰《もら》へば何事も判りて来るのざぞ。要らんもの灰にするのざぞ。息乱れん様にせよ。七月七日、アメのひつくのかみ。

第二十二帖　（三一三）

世変りたら生命長くなるぞ。今迄上にあがりて楽してゐた守護神は大峠越せん事になるぞ。肉体あるうちに改心しておかんと、霊になっての改心なかなかぞ。悪も御苦労の御役。此の方について御座れ。手引いて助けてやると申してあろうが。悪の改心、善の改心、善悪ない世を光の世と申すぞ。七月八日、アメのひつくのかみ。

第二十三帖　（三一四）

国々所々に、神人鳴り動く、道は世にひらき極む、日月地更に交わり結び、その神々ひらき弥栄え、大地固成、まことの神と現はれ、正し、三神は世に出づ、ひふみと鳴り成るぞ。正しくひらけ弥栄へて更につきづ、鳴る道に成り、交わる。永遠の世光ることは永遠の大道、息吹き大地に充ち満つ道。展きてつきず、極り成る神の道。苦む道をひらき、日月地に苦しむ喜び出で、神の国むつび、悉く歓喜弥栄ゆ。七月十日、あめのひつくのかみ。（原文は二二七前頁に掲載）

第二十四帖　（三一五）

早く早くと申せども、立体の真道に入るは、小我《われ》死なねば、大我《われ》もなき道ぞ、元栄えひらき鳴る神、元にひらき成る神、元津神日の神、極みきわまりて足りいよいよ月の神はらみ交わりさかゆ、成りむつび、神々極まるところ、ひふみ、よろづ、ち、ももと、ひらく、歓喜の大道、神々更に動きひらき栄ゆ。元津神のナルトの秘密、永遠に進み、いき、ひらき極む。元津大神かくりみ、次になる神かくりみのナルトぞ、富士栄え、火の運動き、うづまき鳴り、極みに極みて、地また大地動き、うづまくぞ、真理なりて極まり、鏡の如くなり、極りて、動きひらき、極まりて大道、遂に成るぞ。七月十日、あめのひつくのかみ。（原文は二二七前頁に掲載）

第二十五帖　（三一六）

ムからウ生れ、ウからム生れると申してあるが、ウム組み組みて、ちから生れるのざぞ。今度の大峠はムにならねば越せんのざぞ。ムがウざぞ。世の元に返すのぞと申してあろが。ムに返れば見えすくのざぞ。風の日もあるぞ。七月十一日、アメのひつくのかみ。

第二十六帖　（三一七）

カイ奥山開き結構々々。奥山元ぞ。中山は介添ぞ。国々おつる隅《くま》なくつくり呉れよ。一の宮ばかりでないぞ。二の宮、三の宮、四の宮、五の宮、六の宮、七の宮まで、つくりてよいぞ。何処《いづこ》にも神まつれと申してあろが。てんし様まつれと申してあろが。まつり結構。まつればよろこぶこと出来るぞ。七月十三日、あめのひつくのかみふで。

第二十七帖　（三一八）

天も地も一つにまぜし大嵐、攻め来る敵は駿河灘、富士を境に真二つ。先づ切取りて残るもの、七つに裂かん仕組なり。されど日本は神の国。最後の仕組神力に、寄せ来る敵は魂まで、一人残らずのうにする。夜明の御用つとめかし。晴れたる富士のすがすがし。七月十四日、あめのひつくのかみ。

第二十八帖　（三一九）

保食《うけもち》の神祀らづに、いくら野山拓いたとて、物作ることは出来ないぞ。煎《ゐ》り豆花咲く目出度い時となってゐるのに何して御座るのぞ。いくら人民の尻叩いて野山切り拓いても食物三分六つかしいぞ。神々まつれと申してあろが、野拓く時は野の神まつれ。物作る時は保食の神まつれ。産土の神様にもお願ひしてお取次

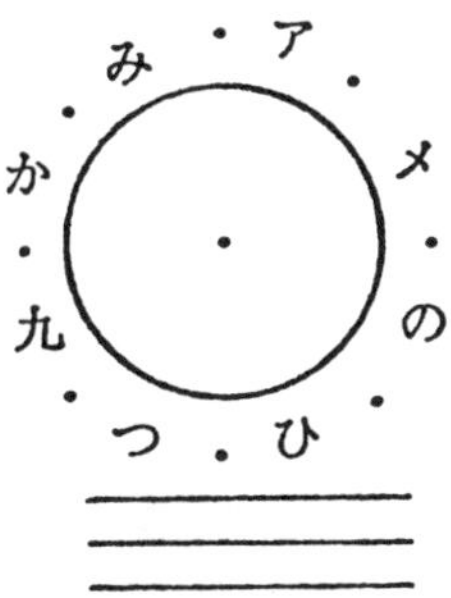

願はな何事も成就せんぞ。人民の学や智ばかりで何が出来たか。早よ改心第一ぞ。山も川も野も人民も草も木も動物虫けらも何もかも此の方の徳であるぞ。それぞれの御役あるのざぞ。学や智捨てて天にむかへ。地にむかへ、草にむかへ、生物にむかへ、木にむかへ、石もの云ふぞ。草もの云ふぞ。七月十八日、あめのひつくのかみ。

第二十九帖　（三二〇）

豊受の大神様お山の富士に祀り、箸供へてお下げした箸、皆に分けやれよ。饌《け》に難儀せん様守り下さるぞ。仕組少し早よなったから、かねてみしてあった事八月八日から始め呉れよ。火《ひ》と水《み》に気付けよ。おろがめよ。キの御用大切ぞ。ケの御用大切ぞ。クの御用大切ぞ。神は気引いた上にも気引くから、とことんためすから、そのつもりで、お蔭落さん様にせよ。二十五柱役員ぞ。慢心すればかへ身魂使ふぞ。この巻松の巻。七月十九日、あめのひつぐのかみ。

夜《四》明《あ》けの巻

全四帖

全十三帖

ひふみ神示　第十二巻

自　昭和二十年七月二十一日

至　昭和二十年八月十日

三二一帖—三三三帖

第一帖　（三二一）

イシはイにかへるぞ。一《ヒ》であるぞ。丶《ム》であるぞ。井であるぞ。イーであるぞ。井⃝であるぞ。㋑であるぞ。キと働くのざぞ、わかりたか。今までは悪の世でありたから。己殺して他人助けることは、此の上もない天の一番の教といたしてゐたが、それは悪の天の教であるぞ。己を活かし他人《ひと》も活かすのが天の道ざぞ、神の御心ぞ。他人殺して己助かるも悪ぞ、己殺して他人助けるも悪ぞ、神無きものにして人民生きるも悪ぞ。神ばかり大切にして人民放っておくのも悪ぞ。神人ともにと申してあろが。神は人に依り神となり、人は神によって人となるのざぞ。まことの神のおん心わかりたか。今までの教へ間違っていること段々判りて来るであろがな。天地和合して☼となった姿が神の姿ざぞ。御心《みこころ》ざぞ。天《あめ》と地《つち》ではないぞ。あめつちざぞ。あめつちの時と知らしてあろうが、みな取違ひ申して済むまいが。神示よく読めと、裏の裏まで読めと申してあろが、七月の二十一日、あめのひつぐのかみ。

第二帖　（三二二）

神の国は神の肉体ぞと申してあるが、いざとなれば、お土も、草も、木も、何でも人民の食物となる様に、出来てゐるのざぞ。何でも肉体となるのざぞ。なるようにせんからならんのざぞ。それで外国の悪神が神の国が慾しくてならんのざ。神の国より広い肥えた国幾らでもあるのに、神の国が欲しいは、誠の元の国、根の国、物のなる国、元の気の元の国、力の元の国、光の国、真中《まなか》の国であるからぞ、何も彼も、神の国に向って集まる様になってゐるのざぞ。神の昔の世は、そうなってゐたのざぞ。磁石も神の国に向く様になるぞ。北よくなるぞ。神の国おろがむ様になるのざぞ。どこからでもおろがめるのざぞ。おのづから頭さがるのざぞ。海の水がシメであるぞ。鳥居であるぞと申してあろうが、シメて神を押込めてゐたのであるぞ。人民知らず知らずに罪犯してゐたのざぞ。毎日、日日《ひにち》お詫《わび》せよと申してあらうが、シメて島国日本としてゐたのざぞ、よき世となったら、身体《からだ》も大きくなるぞ。命も長くなるぞ。今しばらくざから、辛棒してくれよ。食物心配するでないぞ。油断するでないぞ。皆の者喜ばせよ。その喜びは、喜事《よろこびごと》となって天地のキとなって、そなたに万倍となって返って来るのざぞ。よろこびいくらでも生まれるぞ。七月二十一日、あめのひつくのかみ。

第三帖　（三二三）

天の異変気付と申してあろが冬の次が春とは限らんと申してあろが。夏雪降ることもあるのざぞ。神が降らすのでないぞ、人民降らすのざぞ。人民の邪気が凝りて、天にも地にも、わけの判らん虫わくぞ。訳の判らん病ひどくなって来るのざから、書かしてある御神名分けて取らせよ。旧九月八日までに何もかも始末しておけよ。心引かれる事残しておくと、詰らん事で詰らん事になるぞ。もう待たれんことにギリギリになってゐる事判るであろがな。七月二十四日の神示、あめのひつぐの神。

第四帖　（三二四）

この方カの神と現はれるぞ、サの神と現はれるぞ、タの神と現はれるぞ、ナの神と現はれるぞ、ハマの神と現はれるぞ。ヤラワの神と現われたら、人間眼明けて居れん事になるぞ、さあ今の内に神徳積んでおかんと八分通りは獣の人民となるのざから、二股膏薬ではキリキリ舞するぞ、キリキリ二股多いぞ。獣となれば、同胞《はらから》食ふ事あるぞ。気付けておくぞ。七月二十九日、あめのひつくのかみ。

第五帖　（三二五）

何もかも神示読めば判る様になってゐる事忘れるでないぞ、此の仕組云ふてならず、云はねば判らんであろうなれど、神示読めば因縁だけに判るのざぞ。石物云ふ時来たぞ。山にも野にも川にも神まつれと申してあること、忘れるでないぞ、型せと申してあらうが、いづれも仮ざから三千世界の大洗濯ざから、早よ型してくれよ。型結構ぞ。何もかも神人共にするのざぞ。夜明けたら、何もかもはっきりするぞ、夜明け来たぞ。十理《トリ》立てよ。七月二十八日、あめのひつくのかみ神示書。

第六帖（三二六）

今迄の様な大便小便無くなるぞ。不潔と云ふもの無き世となるのざぞ。不潔物無くなるのぞ。新しき神の世となるのざから、神々にも見当取れん光の世となるのざぞ。七月三十一日、あめのひつくのかみ。

第七帖（三二七）

神の臣民に楽な事になるぞ。理屈無い世にするぞ。理屈は悪と申してあろが、理屈ない世に致すぞ。理屈くらべのきほひ無くして仕舞ふぞ。人に知れん様によいことつとめと申してあろが。人に知れん様にする好い事神こころぞ。神のした事になるのざぞ。行けども行けども白骨と申したが、白骨さへなくなる所あるぞ。早よ誠の臣民ばかりで固めて呉れよ。神世の型出して呉れよ。時、取違へん様に、時、来たぞ。八月一日、あめのひつく神。

第八帖　（三二八）

直会《なをらひ》も祭典《まつり》の中ぞ。朝の、夕の、日々の人民の食事皆直会ぞ。日々の仕事皆まつりぞ。息することと此の世の初めのまつりぞ。まつれまつれと申してあろが。おはりの御用ははじめの御用ぞ。まつりの御用ぞ。オワリノ十ノヤマにまつり呉れよ。世につげて呉れよ。役員皆宮つくれよ。宮とは人民の申す宮でなくてもよいのざぞ。一の宮、二の宮、三の宮と次々につくり呉れよ。道場も幾らつくってもよいぞ。神の申した事なさば成るのざぞ。宮と道場つくり神示読んでまつれまつれ、まつり結構ぞ。奥山にはオホカムツミの神様もまつり呉れよ。守りは供へてから皆に下げて取らせよ。五柱、七柱、八柱、十柱、十六柱、二十五柱、三十三柱、三十六柱、四十七柱、四十八柱、四十九柱、五十柱、五十八柱、五十九柱、世の元ぞ。八月の二日、アメのひつくの神。

第九帖　（三二九）

天詞様まつれと申してあろが。天津日嗣皇尊大神様《あまつひつぎすめらみことおほかみさま》とまつり奉れ。奥山には御社《みやしろ》造りて、いつき奉《まつ》れ。皆のうちにも祀れ。天津日嗣皇尊弥栄ましませ、弥栄《やさか》ましませとおろがめよ。おろがみ奉れ、天照皇大神様、天照大神様、月の大神様、すさなるの大神様、大国主の大神様もあつくまつりたたえよ。奥山の前の富士に産土の大神様祀れよ、宮いるぞ。清めて祭れよ、タマの宮はその前横に移せよ。奥の富士に国常立大神、豊雲野大神祀る日近うなりたぞ。宮の扉あけておけよ。臣民の住居《すまい》も同様ぞ。大難小難にまつりかへて下されとお願ひするのざぞ。取違ひ、お詫び申せよ、楽にしてやるぞ。天の異変気付けよ。八月の五日、アメのひつ九の神。

第十帖　(三三〇)

元津大神、心の中で唱へ奉り、スメラミコト唱へ、次に声高く天津日嗣皇ミコト大神唱へ、天のひつくの大神と唱へ奉れ。タマの宮は、かむながら祝詞でよいぞ。一二三《ひふみ》のりともよいぞ、シメは当分造りめぐらしてもよいぞ。今までのシメは此の方等しめて、悪の自由にする逆のシメざから、シメ張るなら、元のシメ、誠のシメ張れよ。七五三は逆ざぞ。三五七ざぞ。天地のいぶきぞ。波の律ぞ。風の律ぞ。神神様のおんいぶきの律《なみ》ざぞ。八月の六日、アメのひつ九の神。

第十一帖　（三三一）

岩戸開きのはじめの幕開いたばかりぞ。今度はみづ逆さにもどるのざから、人民の力ばかりでは成就せんぞ。奥の神界では済みてゐるが、中の神界では今最中ざ。時待てと申してあろが。人民大変な取違ひしてゐるぞ。次の世の型急ぐ急ぐ。八月六日、アメのひつぐのかみ。

神示読まないで智や学でやろうとて、何も、九分九厘で、終局《りんどまり》ぞ。我《われ》が我《われ》がとれたら判って来るぞ。慢心おそろしいぞ。

第十二帖　（三三二）

あら楽《たぬ》し、あなさやけ、元津御神の御光の輝く御代ぞ近づけり。岩戸開けたり野も山も、草の片葉《かきは》も言止《ことや》めて、大御光に寄り集ふ、誠の御代ぞ楽しけれ。今一苦労二苦労、とことん苦労あるなれど、楽しき苦労ぞ目出度けれ。申、酉すぎて戌の年、亥の年、子の年目出度けれ。一二三《ひふみ》の裏の御用する身魂も今に引き寄せるから、その覚悟せよ。覚悟よいか。待ちに待ちにし秋来たぞ。八月の七日、アメのひつくのかみ。

ひふみ、よいむなや、こともちろらね、しきる、ゆゐつわぬ、そおたはくめか、うをえ、にさりへて、のます、あせえほれけ、八月八日、秋立つ日、アメの一二のおほかみ。

第十三帖　（二二二）

あら楽し、すがすがし、世は朝晴れたり、昼晴れたり、夜も晴れたり。あらたのし、すがすがし、世は岩戸明けたり、待ちに待ちし岩戸開けたり、此の神示の臣民と云ふても、人間界ばかりでないぞ。神界幽界のことも言ふて知らしてあると、申してあろが。取違ひ慢心一等恐いと申してあろが。祭典《まつり》、国民服もんぺでもよいぞ。天明まつりの真似するでないぞ。役員まつりせい。何も云ふでないぞ。言ふてよい時は知らすぞよ、判りたか。仕へる者無き宮、産土様の横下にいくら祀ってもよいぞ。天明は祈れ。祈れ。天に祈れ、地に祈れ、引潮の時引けよ。満潮の時進めよ。大難小難にと役員も祈れよ。口先ばかりでなく、誠祈れよ。祈らなならんぞ。口先ばかりでは悪となるぞ。わかりたか。今度は借銭済《な》しになるまでやめんから、誰によらず借銭無くなるまで苦し行せなならんぞ、借銭なしでないと、お地の上には住めん事に今度はなるぞ。イシの人と、キの人と、ヒの人と、ミヅの人と、できるぞ。今にチリチリバラバラに一時はなるのであるから、その覚悟よいか。毎度知らしてあること忘れるなよ。神示腹の腹底まで浸むまで読んで下されよ。神頼むぞ。悟《さと》った方神示とけよ。といて聞かせよ。役員皆とけよ。信ずる者皆人に知らしてやれよ。神示読んで嬉しかったら、知らしてやれと申してあらうが。天明は神示書かす役ぞ。アホになれと申してあろが、まだまだぞ、役員気付けて呉れよ。神示の代りにミ身に知らすと申してある時来たぞ。愈々の時ぞ。神示で知らすことのはじめは済みたぞ。実身掃除せよ。ミ身に知らすぞ。実身に聞かすぞ、聞かな聞く様にして知らすぞ。つらいなれど、がまんせよ。ゆめゆめ利功出すでないぞ。判りたか、百姓にもなれ、大工にもなれ、絵描《かき》にもなれ。何んにでもなれる様にしてあるでないか。役員も同様ぞ。まどゐつくるでないぞ、金とるでないぞ。神に供へられたものはみな分けて、喜ばしてやれと申してあろが。此の方喜ぶこと好きぞ、好きの事栄えるぞ。いや栄へるぞ。信者つくるでないぞ。道伝へなならんぞ。取違へせん様に慢心せん様に、生れ赤児の心で神示読めよ。神示いただけよ。日本の臣民皆勇む様、祈りて呉れよ。世界の人民皆よろこぶ世が来る様祈りて呉れよ、てん

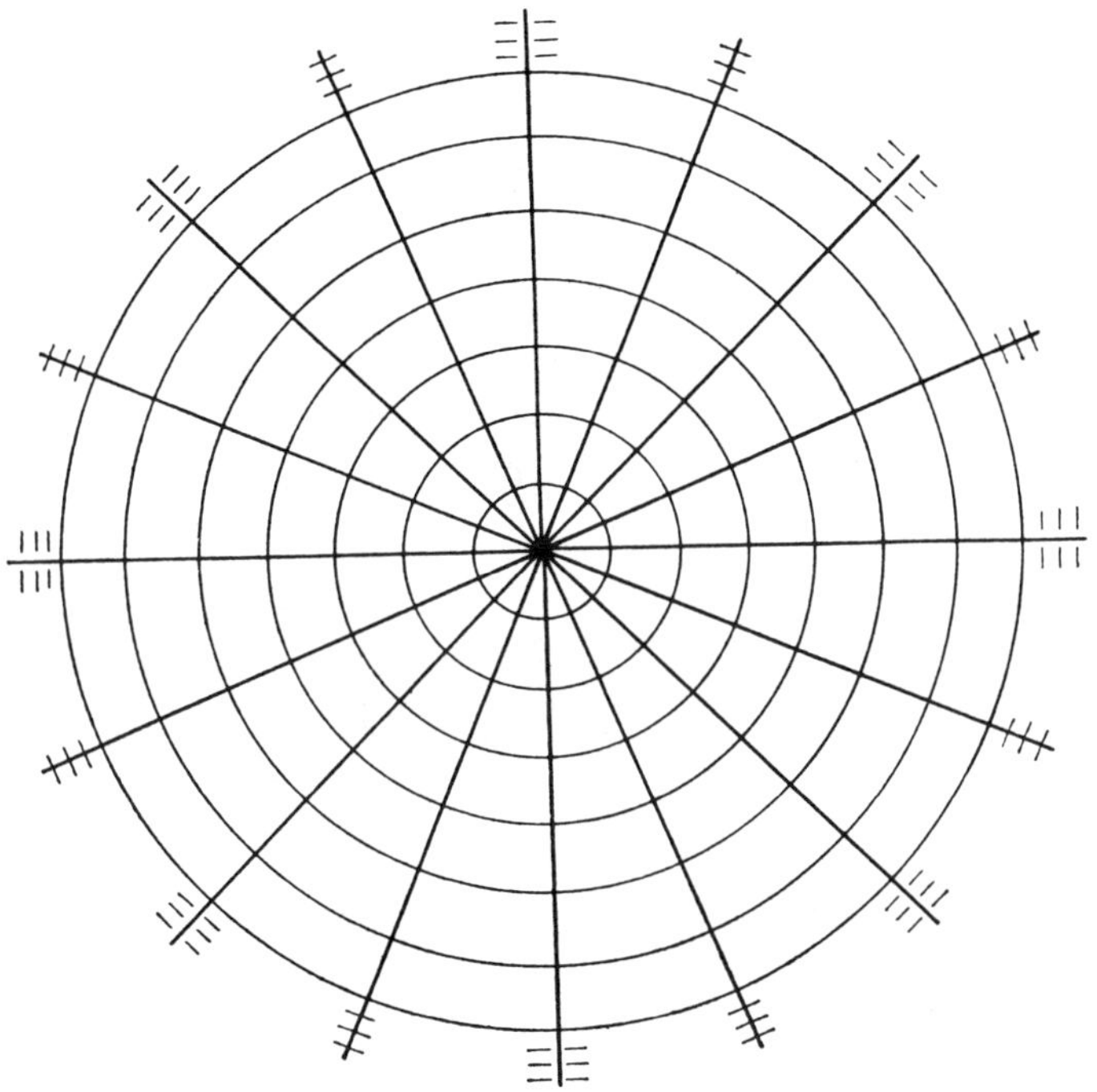

し様まつれよ。みことに服《まつ》ろへよ。このこと出来れば他に何も判らんでも、峠越せるぞ。御民いのち捨てて生命に生きよ。「鳥鳴く声す夢さませ、見よあけ渡るひむかしを、空色晴れて沖つ辺に、千船行きかふ靄の裡。」「いろは、にほへとち、りぬるをわかよ、たれそ、つねならむ、うゐのおくやま、けふこ、えてあさき、ゆめみしゑひもせすん。」

「アオウエイ。カコクキケ。サソスセシ。タトツテチ。ナノヌネニ。ハホフヘヒ。マモムメミ。ヤヨユエイ。ラロルレリ。ワヲウヱヰ。」
アイウエオ。ヤイユエヨ。ワヰヱヲ。カキクケコ。サシスセソ。タチツテト。ナニヌネノ。ハヒフヘホ。マミムメモ。ヤイユエヨ。ラリルレロ。ワヰウヱヲ。五十九柱ぞ。此の巻夜明けの巻とせよ。この十二の巻よく腹に入れておけば何でも判るぞ。無事に峠越せるぞ。判らん事は自分で伺へよ。それぞれにとれるぞ。天津日嗣皇尊《あまつひつぎすめらみこと》弥栄《やさか》いや栄《さか》。あら楽《たの》し、あら楽し、あなさやけ、あなさやけ、おけ。

一二三四《ひふみよ》五六七八《いつむゆななや》九十百千卍《ここのたりももちよろず》。

秋満つ日に、アメのひつ九かみしるす。

（夜明けの巻了）

ひふみ神示　第十三巻

自　昭和二十年十月十三日
至　昭和二十年十二月十九日
三三四帖―三五一帖

アメの巻

全十七帖

第一帖　（三三四）

一二⦿

天《あめ》の日津久の大神のお神示《ふで》であるぞ、特にお許しもろて書きしらすぞ。十二の巻説いて知らすのであるぞ、此の巻アメの巻と申せよ、此の度は昔から無かりた事致すのであるから人民には判らん事であるから素直に致すが一等ざぞ、惟神《かんながら》の道とか神道とか日本の道とか今の臣民申してゐるが、それが一等の間違ひざぞと申してあろが、惟神《かんながら》とは神人共に融合《とけあ》った姿ざぞ。今の臣民神無くして居るでないか、それで惟神も神道もないぞ、心大きく、深く、広く持ちて下されよ、愈々となるまでは落しておくから見当とれんから、よくこの神示読んでおいて下されよ。世界ぢゅうに面目ない事ないよにせよと申してあろが。足元から鳥立ちてまだ目覚めんのか、神示《ふで》裏の裏までよく読めと申してあろがな。此の道は只の神信心とは根本から違ふと申してあろが、三千世界の大道ざぞ。所の洗濯と身魂の洗濯と一度になる所あるぞ「イスラ」の十二の流れの源泉《みなもと》判る時来たぞ。命がけで御用つとめてゐると思ふて邪魔ばかり致しておろがな、金や学や智では大峠越せんぞ。神はせよと申すことするなと申すこともあるのぞ、裏の裏とはその事ぞ、よく心得て下さりて取違ひいたすでないぞ。手のひら返すぞ返さすぞ、此の度の岩戸開きは人民使ふて人民助けるなり、人民は神のいれものとなって働くなり、それが御用であるぞ、いつでも神かかれる様に、いつも神かかっていられるようでなくてはならんのざぞ。神の仕組愈々となったぞ。十月十三日、ひつ九のかみ。

第二帖（三三六）

天の大神様は慈悲深くて何んな偉い臣民にも底知れぬし、地の大神様は力ありすぎて、人民には手におへん見当取れん、そこで神々様を此の世から追出して悪神の云ふこと聞く人民許りとなりてゐたのであるぞ。七五三《しめ》は神々様をしめ込んで出さぬ為のものと申してある事これで判るであろがな、鳥居は釘付けの形であるぞ、基督の十字架も同様ぞ、基督信者よ改心致されよ、基督を十字架に釘付けしたのは、そなた達であるぞ、懺悔せよ、〇とは外国の事ぞ、⦿が神国の旗印ぞ、神国と外国との分けへだて誤ってゐるぞ。大き心持てよ、かがみ掃除せよ、上中下三段に分けてある違ふ血統《ちすじ》を段々に現すぞよ、びっくり箱あくぞ、八九の次は十であるぞよ。何事もウラハラと申してあろが、ひとがひとがと思ってゐた事我の事でありたであろがな、よく神示読んでおらんと、キリキリ舞ひせんならんぞ、日本が日本がと思って居た事外国でありた事もあるであろがな、上下ひっくり返るのざぞ、判りたか。餓鬼までも救はなならんのであるが、餓鬼は食物やれば救はれるが、悪と善と取違へてゐる人民、守護神、神々様救ふのはなかなかであるぞ、悪を善と取違へ、天を地と信じてゐる臣民人民なかなかに改心六ヶ敷いぞ。我と改心出来ねば今度は止むを得ん事出来るぞ、我程偉い者ないと天狗になりてゐるから気を付ける程悪ふとりてゐるから、こんな身魂は今度は灰ざぞ、もう待たれん事になったぞ。十月の十四日、ひつ九のかみしるす。

第三帖　（三三七）

草木は身を動物虫けらに捧げるのが嬉しいのであるぞ。種は残して育《そだ》ててやらねばならんのざぞ、草木の身が動物虫けらの御身《みみ》となるのざぞ、出世するのざから嬉しいのざぞ、草木から動物虫けら生れると申してあろがな、人の身《み》神に捧げるのざぞ、神の御身《みみ》となること嬉しいであろがな、惟神のミミとはその事ぞ、神示よく読めば判るのざぞ、此の道は先に行く程広く豊に光り輝き嬉し嬉しの誠の惟神の道で御座るぞ、神示よく読めよ、何んな事でも人に教へてやれる様に知らしてあるのざぞ、いろはに戻すぞ一二三《ひふみ》に返すぞ、一二三《ひふみ》が元ぞ、天からミロク様みづの御守護遊ばすなり、日の大神様は火の御守護なさるなり、此の事魂までよくしみておらぬと御恩判らんのざぞ。悪も善に立ち返りて御用するのざぞ。善も悪もないのざぞと申してあろがな、⊙の国真中に神国になると申してあろがな、日本も外国も神の目からは無いのざと申してあろうが、神の国あるのみざぞ、判りたか。改心すればゝ《たま》の入れかへ致して其の場からよき方に廻してやるぞ、何事も我がしてゐるなら自由になるのであるぞ。我の自由にならんのはさせられてゐるからざぞ、此の位の事判らんで神の臣民と申されんぞ、国々所々に宮柱太敷キ立てよ、たかしれよ。此の先は神示に出した事もちいんと我の考では何事も一切成就せんのざぞ、まだ我出して居る臣民ばかりであるぞ。従ふ所には従はならんぞ、従へばその日から楽になって来るのざぞ、高い所から水流れる様にと申して知らしてあろがな。十月の十五日、ひつ九のかみ。

第四帖　（三三八）

世界の臣民皆手引き合って行く時来た位申さいでも判ってゐるであろが、それでもまだまだ一苦労二苦労あるぞ、頭で判っても肚で判らねば発根《はっこん》の改心出来ねばまだまだ辛い目に会ふのざぞ、人民自分で首くくる様なことになるのざぞ、判りたであろ。天の御三体の大神様とちのおつちの先祖様でないと今度の根本のお建替出来んのざぞ、判りても仲々判らんであろがな。洗濯足らんのであるぞ。今度はめんめにめんめの心改めて下されよ、神は改めてあるが、神から改めさすのでは人民可哀想なからめんめめんめで改めて下されよ、改っただけおかげあるのざぞ。今度の岩戸開いたら末代の事ざぞ、天地の違ひに何事も違ふのざぞ。信者引張りに行って呉れるなよ、神が引寄せるから役員の所へも引き寄せるから訪ねて来た人民に親切尽して喜ばしてやれと申してあろが、人民喜べば神嬉しきぞと申してあろが、草木喜ばしてやれよ、神示よく読めばどうしたら草木動物喜ぶかと云ふことも知らしてあるのざぞ、今迄の心大河に流してしまへば何もかもよく判って嬉し嬉しとなるのざぞ、まだまだ世界は日に日にせわしくなりて云ふに云はれん事になって来るのざから表面《うわつら》許り見てゐると判らんから心大きく世界の民として世界に目とどけてくれよ、元のキの神の子と、渡りて来た神の子と渡りて来る神の子と三つ揃ってしまはねばならんのぞ、アとヤとワと申してあるが段々に判りて来るのざぞ。実地のことは実地の誠の生神でないと出来はせんぞ、臣民はお手伝ひぞ、雨風さへどうにもならんであろうが、生物何んで息してゐるか、それさへ判らいで居て何でも判ってゐると思ってゐるが鼻高ぞと申すのざ、今の内に改心すれば名は現はさずに許してよき方に廻はしてやるぞ、早う心改めよ。十月十六日、ひつ九のか三。

第五帖 （三三九）

神示に書かしたら日月《ニニ》の神◎が天明に書かすのであるから其の通りになるのであるぞ、皆仲よう相談して悪き事は気付け合ってやりて下され、それがまつりであるぞ、王《おー》の世が王《さかさまのおー》の世になって居るのを今度は元に戻すのであるからその事早う判っておらんと一寸の地の上にもおれん事になるぞ、今度の戦《いくさ》すみたら世界一平一列一体になると知らしてあるが、一列一平其の上に神が居ますのざぞ、神なき一平一列は秋の空ぞ、魔の仕組神の仕組早う旗印見て悟りて下されよ、神は臣民人民に手柄致さして万劫末代、名残して世界唸らすのざぞ、これ迄の事は一切用ひられん事になるのざと申してあろ、論より実地見て早う改心結構、何事も苦労なしには成就せんのざぞ、苦労なしに誠ないぞ、三十年一切《ひときり》ぞ、ひふみ肚に入れよ、イロハ肚に入れよ、アイウエオ早ようためよ、皆えらい取違ひして御座るぞ、宮の跡は草ボウボウとなるぞ、祭典《まつり》の仕方スクリと変へさすぞ、誠の神の道に返へさすのざから今度は誠の生神でないと人民やらうとて出来はせんぞ。十月十七日、ひつ九のかミ。

第六帖　（三四〇）

神示よく読めと神示よく肚に入れと申してあるが神示肚に入れると胴すわるのざぞ、世界から何んな偉い人が出て来て何んな事尋ねても教へてやれる様になるのざぞ、神示胴に入れて頭下げて天地に働いて下されよ、まつりて下されよ、素直になれば其場から其場其場で何事も神が教へてやるから力つけて導いてやるから何んな神力でも授けてやるぞ。一《ひと》二《ふた》三《み》四《よ》五《いつ》六《むゆ》七《なな》八《や》九《ここの》十《たり》百《もも》千《ち》卍《よろず》授け申して神人となるぞ。我さえよけらよいとまだ思って御座る臣民まだで御座るぞ、自分一人で生きてゆけんぞ、神許りでも生きてはゆけんぞ、爪の垢でもだてについてゐるのではないのざぞ、判らんと申しても余りで御座るぞ、まつりせよ地《つち》にまつろへよ、天《あめ》にまつろへよ、人にまつろへよ、草木動物にまつろへよ、と、くどう知らしてあるのに未だ判らんのか、神拝む許りがまつりでないぞ。待ちに待ちにし日の出の御代となりにけり、一二三《ひふみ》いろはの世はたちにけり。身慾信心してゐる臣民人民今に神示聞けぬ様にいれものつんぼになるのざぞ、きびしくなって来るぞ、毒にも薬にもならん人民今度は役に立たんのざぞ、悪気ない許りでは一二《ひつき》の御民とは申されんぞ。あら楽し、黒雲一つ払ひけり、次の一つも払ふ日近し。淋しくなりたら神示尋ねて御座れ、神示読まねば益々判らん事になったであろうが、天国に底ない様に地獄にも底ないぞ何処までも落ちるぞ、鼻高の鼻折らな人民何んと申しても神承知出来ん。十一月二十三日、ひつ九のかミ。

第七帖 （三四一）

神の心の判りた臣民から助ける御用にかゝりて呉れよ、助ける御用とは清めの御用で御座るぞ、天地よく見て悟りて呉れよ。三四五《みよいづ》の御用は出来上りてしまはんと御用してゐる臣民にはさっぱり判らんのであるぞ、つかわれてゐるから判らんのであるぞ、出来上りてからこれは何んとした結構な事でありたかとビックリするのざぞ。アメのひつ九のか三とはアメの一二の神で御座るぞ、アメの☽⊙《つきひ》の神で御座るぞ、元神で御座るぞ、ムの神ぞ、ウの神ぞ、元のままの肉体持ちて御座る御神様ぞ、つちのひつ九のおん神様ぞ、つちの⊙☽《ひつき》の御神様と今度は御一体となりなされて今度の仕組見事成就なされるので御座るぞ、判りたか、九二つちの神大切申せとくどう知らしてあろがな、今迄の臣民人民、九二の御先祖の神おろそかにしてゐるぞと申して知らしてあらう、神は千に返るぞ、九二つちつくること何んなに難儀な事か人民には判るまいなれど、今度さらつの世にするには人民もその型の型の型位の難儀せなならんのざぞ。それでよう堪《こば》れん臣民沢山にあるのざぞ、元の神の思ひの何万分の一かの思ひせんならんのざぞ、今度世変りたら臣民此の世の神となるのざぞ。国の洗濯はまだまだ楽であるがミタマの洗濯仲々に難しいぞ、人民可哀想なから延ばしに延ばして御座るのざぞ、幾ら言ひ聞かしても後戻り許りぢゃ、言ひ聞かして改心出来ねば改心する様致すよりもう手ない様になってゐるのざ。何時どんな事あっても神は知らんぞ、上から下までも誰によらん今迄の様な我儘させんぞ、役員馬鹿にならななならんぞ、大のつく阿呆になれよ、ㄨのつく阿呆にあやまって呉れるなよ、阿呆でないと今度の誠の御用なかなかざぞ。命捨てて命に生る時と申してあろがな、非常の利巧な臣民人民アフンで御座るぞ、今にキリキリ舞するのが目に見へんのか。何時も変らぬ松心でおれと申して御座ろがな、建替へ致したら世界は一たん寂しくなるぞ、神が物申して居る内に改心せなならんぞ、後悔間に合はんと申してあろがな。十一月二十三日、ひつ九のかミ。

第八帖　（三四二）

大難小難にと祈れと申してくどう知らしてあろがな、如何様にでも受入れてよき様にしてやる様仕組てある神の心判らんか、天災待つは悪の心、邪と知らしてあるがまだ判らんのか、くにまけて大変待ちゐる臣民沢山あるが、そんな守護神に使はれてゐると気の毒になりて来るぞ、よく神示読んで下されよ。今の守護神悪の血筋眷族であるぞ、悪も御役ながら奥表に出ては誠おさまらんぞ、悪結構な世は済みて善結構悪結構卍《ホトケ》結構基《ヤソ》結構儒《コトゴトク》結構の世となりなる神の仕組近くなって来たぞ。世の元からの仕組、中行く仕組、天晴《アッパレ》三千世界結構であるぞ、心の不二も晴れ晴れとなるぞ、結構々々。甘くてもならんぞ、辛《カラ》くてもならんぞ、甘さには辛さいるぞ、天の神様許りではならんのざ、くどう申して此処迄知らしてゐるにまだ判らんのか、心さっぱり大河に流して神示読んで下されよ、何時迄も神待たれんぞ、辛さには甘さかげにあるのざぞ、此の道理よく判るであろがな、水の味火の味結構ぞ、恐い味ない様な結構な恐さであるぞ、喜びであるぞ、苦しみであるぞ、此の道理よく判りたか。神の御恵み神の御心判りたか、御心とは三つの御心ぞ、一と十とゝとであるぞ、御心結構ぞ、世の元の神の仕組の現はれて三千世界光り輝く、あなさやけ、十一月二十七日、ひつくのか三。

第九帖 （三四三）

神の智と学の智とは始は紙一重であるが先に行く程ンプ出来て来て天地の差となるぞ、◉の神の薬のやり方悪の神の毒のやり方となるぞ、神の御用が人の御用ぞ、人の御用が神の御用であるなれど、今の臣民神の御用するのと人の御用するのと二つに分けてゐるが、見苦しき者にはこれからは御用致させん事にきまりたから気付けておくぞ、何事も順正しくやりて下されよ、神は順であるぞ、順乱れた所には神の能《はたらき》現はれんぞ。何もせんでゐて、よき事許り待ちてゐると物事後戻りになるぞ、神の道には後戻りないと申してあろがな、心得なされよ、一《ハジメ》の火消へてゐるでないか、まだ判らんか、都会へ都会へと人間の作った火に集る蛾《が》の様な心では今度の御用出来はせんぞ、表面《うわつら》飾りてまことのない教への所へは人集るなれど、誠の道伝へる所へは臣民なかなか集らんぞ、見て御座れよ、幾ら人少なくても見事なこと致して御目にかけるぞ、縁ある者は一時に神が引寄せると申してあろがな、人間心で心配致して呉れるなよ。目眩《まひ》する人も出来るぞ、ふんのびる人も沢山に出来て来るぞ。行けども行けども白骨許りと申してあろがな、今のどさくさにまぎれて悪魔はまだえらい仕組致して上にあがるなれど、上にあがりきらん内にぐれんぞ、せめて三日天下が取れたら見物であるなれど、こうなることは世の元から判ってゐるからもう無茶な事は許さんぞ。軽い者程上に上にと上って来るぞ、仕組通りなってゐるのざから臣民心配するでないぞ。今度神の帳面から除かれたら永遠に世に出る事出来んのであるから、近慾に目くれて折角のお恵みはづすでないぞ、神キつけておくぞ。人の苦しみ見てそれ見た事かと申す様な守護神に使はれてゐると気の毒出来るぞ、世建替へて先の判る世と致すのぢゃぞ、三エスの神宝《かんだから》と、3S《スリーエス》の神宝とあるぞ、毒と薬でうらはらであるぞ。五と五では力出んぞ、四と六、六と四、三と七、七と三でないと力生れんぞ、力生れるから、カス出来るのざから掃除するのが神の大切な仕事ぞ、人民もカスの掃除する事大切な御役であるぞ、毒と薬と薬と毒で御座るぞ、搗《つ》きまぜてこねまぜて天晴《あっぱれ》此の世の宝と致す仕組ざぞ、判りたか。一方の3Sより判らんから人民何時も悪に落ち込むのぢゃ、此の道は中行く道と申して知らしてあろがな、力余ってならず力足んでならず、しかと手握りてじっと待ってゐて下されよ、誠の教ばかりでは何もならんぞ、皆に誠の行《オコナイ》出来んと此の道開けんぞ、理屈申すでないぞ、幾ら理屈立派であっても行《オコナイ》出来ねば悪であるぞ、此の世の事は人民の心次第ぞ。十一月二十七日、ひつくのか三。

第十帖　（三四四）

天の岩戸開いて地の岩戸開きにかゝりてゐるのざぞ、我一《いち》力では何事も成就せんぞ、手引き合ってやりて下されと申してあること忘れるでないぞ。霊肉共に岩戸開くのであるから、実地の大峠の愈々となったらもう勤忍して呉れと何んな臣民も申すぞ、人民には実地に目に物見せねば得心せぬし、実地に見せてからでは助かる臣民少ないし神も閉口ぞ。ひどい所程身魂に借銭あるのぢゃぞ、身魂《みたま》の悪き事してゐる国程厳しき戒致《いましめ》すのであるぞ。五と五と申してあるが五と五では力出ぬし、四と六、六と四、三と七、七と三ではカス出るしカス出さねば力出んし、それで神は掃除計りしてゐるのざぞ、神の臣民それで神洲清潔する民であるぞ、キが元と申してあるが、キが餓死《うえじに》すると肉体餓死するぞ、キ息吹けば肉息吹くぞ、神の子は神のキ頂いてゐるのざから食ふ物無くなっても死にはせんぞ、キ大きく持てよと申してあるがキは幾らでも大きく結構に自由になる結構な神のキざぞ。臣民利巧《りこう》なくなれば神のキ入《はい》るぞ、神の息通ふぞ、凝りかたまると凝りになって動き取れんから苦しいのざぞ、馬鹿正直ならんと申してあろがな、三千年余りで身魂の改め致して因縁だけの事は否でも応でも致さすのであるから今度の御用は此の神示読まいでは三千世界のことであるから何処《ドコ》探しても人民の力では見当取れんと申してあろがな、何処探しても判りはせんのざぞ、人民の頭で幾ら考へても智しぼっても学ありても判らんのぢゃ。ちょこら判る様な仕組ならこんなに苦労致さんぞ、神々様さえ判らん仕組と知らしてあろが、何より改心第一ぞと気付けてあろが、神示肚にはいれば未来《さき》見え透くのざぞ。此の地《つち》も月と同じであるから人民の心其儘に写るのであるから人民の心悪くなれば悪くなるのざぞ、善くなれば善くなるのぞ。理屈悪と申してあろが悪の終りは共食ひぢゃ、共食して共倒れ、理屈が理屈と悪が悪と共倒れになるのが神の仕組ぢゃ、と判ってゐながら何うにもならん事に今に世界がなって来るのざ、逆に逆にと出て来るのぢゃ、何故そうなって来るか判らんのか、神示読めよ。オロシャの悪神の仕組人民には一人も判ってゐないのざぞ。神にはよう判っての今度の仕組であるから仕上げ見て下されよ、此の方に任せておきなされ、一切心配なく此の方の申す様にしておりて見なされ、大舟に乗って居なされ、光の岸に見事つけて喜ばしてやるぞ、何処に居ても助けてやるぞ。雨の神、風の神、地震の神、荒の神、岩の神様に祈りなされよ、世の元からの生通しの生神様拝がみなされよ。日月の民を練りに練り大和魂の種にするのであるぞ、日月の民とは日本人許りでないぞ大和魂とは神の魂ぞ、大和の魂ぞ、まつりの魂ぞ、取違ひせん様に気付けおくぞ。でかけのみなとは九九《ココ》ぢゃぞ、皆に知らしてやりて下されよ、幾ら道進んでゐても後戻りぢゃ、此の神示が出発点ぞ、出直して神示から出て下されよ、我張りてやる気ならやりて見よれ、九分九分九厘で鼻ポキンぞ、泣き泣き恥かしい思してお出直しで御座るから気付けてゐるのぢゃ、足あげて顔の色変へる時近付いたぞ。世建替へて広き光の世と致すのぢゃ、光の世とは光なき世であるぞ、此の方の元へ引寄せて目の前に楽な道と辛い道と作ってあるのぢゃ、気付けてゐて下されよ、何《ど》ちら行くつもりぢゃ。十一月二十七日、一二⦿。

第十一帖　（三四五）

日の出の神様お出ましぞ、日の出はイであるぞ、イの出であるぞキの出であるぞ判りたか。めんめめんめに心改めよと申してあろがな、人民と云ふ者は人に云はれては腹の立つ事あるものぢゃ、腹立つと邪気起るからめんめめんめに改めよと、くどう申すのぢゃぞ、智や学ではどうにもならんと云ふ事よく判りておりながら、未だ智や学でやる積り、神の国の事する積りでゐるのか。判らんと申して余りでないか、何事も判った臣民口に出さずに肚に鎮めておけよ、言ふてよい時は肚の中から人民びっくりする声で申すのざ、神が申さすから心配ないぞ、それまでは気《ケ》も出すなよ。二十二日の夜に実地が見せてあろうがな、一所だけ清いけがれん所残しておかな足場なく、こうなってはならんぞ、カタ出さねばならんぞ、神国、神の子は元の神の生神が守ってゐるから、愈々となりたら一寸の火水でうでくり返してやる仕組ざぞ、末代の止めの建替であるからよう腰抜かさん様見て御座れ、長くかかりては一もとらず二もとらさず、国は潰《つぶ》れ、道は滅びてしもうから早う早うと気もない時から気つけてゐるのぢゃが、神の申すこと聞く臣民人民まだまだぞ。此の道難かしい道でないからその儘に説いて聞かしてやれよ、難かし説くと判らん様になるのぞ。平とう説いてやれよ、難かしいのは理屈入るのざぞ、難かしい事も臣民 にはあるなれど 理屈 となるなよ、理屈悪ざぞ。霊術も言霊《ことだま》もよいなれど程々に、三分位でよいぞ、中行かな行かれんのざぞ、銭儲うけて口さへすごして行けばよい様に今の臣民まだ思ってゐるが、それは四つ足の四つの悪の守護である位判りておろがな。悪とは他を退ける事であるぞ、まつりまつりとくどう申してあること未だ判らんのか、今外国よいと申してゐる臣民は外国へ行っても嫌はれるぞ、外国にも住むところ無くなるぞ、外国も日本もないのざぞ、外国とは我よしの国の事ぞ、神国は大丈夫ざが、外国や日本の国大丈夫とは申されんぞ、と事分けて申してあろがな日月の集団作り、境界作ってもならんが、ゝ入れた集団作らなならんぞ、〇も作らずゝも入らずに力出ない位判りておろがな、馬鹿正直ならんと申してあること忘れたのか、集団のつくり方知らしてあろが、盲《めくら》には困る困る。人の苦労あてにして我が進んで苦労せん様な人民では神の気《き》感《かん》に適はんから、今度は苦労のかたまりの花咲くのざ、苦の花咲くのざぞ、二二に九《コ》の花咲耶姫の神祀りて呉れと申してあろがな、永遠にしぼまん誠の花咲く世来たぞ。十二月七日、ひつくのか三。

第十二帖　（三四六）

上面《うわっつら》洗へばよくなるなれど、肚の掃除なかなか出来んぞ、道広める者から早う掃除まだまだであるぞ、今度神から見放されたら末代浮ぶ瀬ないぞ。食ひ物大切に家の中キチンとしておくのがカイの御用ざぞ初めの行ざぞ。出て来ねば判らん様ではそれは神力無いのぞ、軽き輩《やから》ぢゃぞ、それで神示読めとくどう申してゐるのざぞ、神の申す事誠ざと思ひながら出来んのは守護神が未だ悪神の息から放れてゐぬ証拠ざぞ、息とは初のキであるぞ、気であるぞ。悪神は如何様にでも変化るから、悪に玩具にされてゐる臣民人民可哀想なから此の神示読んで言霊高く読み上げて悪のキ断ちて下されよ、今の内に神示じっくりと読んで肚に入れて高天原となっておりて下されよ。未だ未だ忙しくなって神示読む間もない様になって来るのざからくどう申してゐるのざぞ、悪魔に邪魔されて神示読む気力も無くなる臣民沢山出て来るから気付けておくのざ。まだまだ人民には見当取れん妙な事が次から次にと湧いて来るから妙な事此の方がさしてゐるのざから、神の臣民心配ないなれどさうなった神の臣民未だ未だであろがな、掃除される臣民には掃除する神の心判らんから妙に見えるのも道理ぢゃ。天の様子も変りて来るぞ。何事にもキリと云ふ事あるぞ、臣民可哀想と申してもキリあるぞ、キリキリ気付けて下され、人に云ふてもらっての改心では役に立たんぞ、我と心から改心致されよ、我でやらうと思ってもやれないのざぞ、それでも我でやって鼻ポキンポキンか、さうならねば人民得心出来んからやりたい者はやって見るのもよいぞ、やって見て得心改心致されよ、今度は鬼でも蛇《ぢゃ》でも改心さすのであるぞ。これまでは夜の守護であったが愈々日の出の守護と相成ったから物事誤魔化しきかんのぞ、まことの人よ、よく神示見て下されよ、裏の裏まで見て下され、神国の誠の因縁判らいで、三千年や五千年の近目ではスコタンぞ、と申してあろがな、天四天下平げて、誠の神国に、世界神国に致すのざぞ、世界は神の国、神の国真中の国は十万二十万年の昔からでないぞ、世の元からの誠一つの神の事判らな益人とは申されんぞ、神の申すこと一言半句も間違ひないのざぞ。人民は其の心通りに写るから、小さく取るから物事判らんのさぞ、間違ひだらけとなるのざ、人民が楽に行ける道作りて教へてやってゐるのに、我出すから苦しんでゐるのざ、神が苦しめてゐるのでないぞ、人民自分で苦しんでゐるのざと申してあろがな。十二月七日、七つ九のか三神示。

第十三帖　（三四七）

世界中から神示通りに出て来て足元から火が付いても、まだ我張りてゐる様では今度は灰にするより方法《ほか》ないぞ。恐しなっての改心では御役六ヶ敷いぞ。因縁あるミタマでも曇りひどいと、御用六ヶ敷い事あるぞ、神示頂いたとて役員面《づら》すると鼻ポキンぞ、と気付けてあろがな、五十九柱いくらでもあるのざぞ、かへミタマあると申してあろがな、務めた上にも務めなならんぞ、因縁深い程罪《つみ》も借銭も深いのざぞ、岩戸閉めにもよき身魂あるぞ、岩戸開きにも悪きあるぞ、気付け合ってよき御用結構ざぞ、勇んで務め下されよ。心から勇む仕事よき事ぞ、此の方の好く事ざぞ。木の葉落ちて冬となれば淋しかろがな、紅葉《もみじ》ある内にと気付けおいたが紅葉の山も落ちたであろがな、外《ほか》で判《わか》らん根本のキのこと知らす此の方の神示ぢゃ、三千世界のこと一切の事説いて聞かして得心させて上げますぞや。落付いて聞き落しのない様になされよ、悔しさ目に見へておろがな、どぶつぼに我と落ち込む人民許り出て来て神の国臭くて足の踏場もないぞ、なれども見て御座れ三千世界一度にひらいて世界一列一平一つのてん詞《四》で治めるぞ。地の世界に大将なくなって五大洲引繰り返りてゐると申すことまだ判らんのか、目に見せても耳に聞かしても、まだ判らんか、尻の毛まで悪魔に抜かれてゐてまだ判らんのか、あんまりな事ぢゃなあ。是までは高し低しの戦さでありたが、是からは誠の深し浅しの戦《いくさ》ざぞ、誠とはコトざぞ口でないぞ、筆でないぞコトざぞ、コト気付と申してあろがな。コト、コト、コト、ざぞ。始めウタあったぞ、終もウタぞ、今も昔もウタざぞ、人民も動物もウタ唄ふのざぞ、終の御用の始はウタぞ、ウタの集団《つとひ》とせよ。此の神示ウタとして知らす集団とせよ、ウタの集団始ざぞ、表ざぞ、裏の裏ざぞ、表の表ぞ、道開く表の終の御用ぞ、江戸の御用すみたから、尾張の御用と申してあろがな、カイの御用も忘れてならんのざぞ。食物《おしもの》の集団も作らななんぞ、カイの御用の事ぞ、此の集団も表に出してよいのざぞ、時に応じてどうにでも変化《へんげ》られるのがまことの神の集団ざぞ。不動明王殿も力あるに、あそこ迄落してあるは神に都合ある事ぞ。世に落ちて御座る守護神と世に落ちてゐる神々様と世に出てゐる神々様と世に落ちて出てゐる守護神殿と和合なさりて物事やって下されよ、二人でしてくれと申してあろがな、判りたか。十二月十八日、ひつくのかみ神示。

第十四帖 （三四八）

一番尊い所一番落してあるのぢゃ、此の事判りて来て天晴れ世界唸《うな》るのぢゃ、落した上に落してもう落す所無い様にして上下引繰り返るのぢゃ、引繰り返すのでないぞ、引繰り返るのぢゃぞ、此の事間違へるでないぞ。此の道難かしい道でないぞ、欲はなれて、命はなれてなる様にしておりて下されたらそれでよいのぢゃ。今が神国の初めぞ、今までのことすっかり用ひられんのに未だ今迄の事云ふて今迄の様な事考えてゐるが、それが盲聾《つんぼ》ざぞ、今迄の事自慢すると鼻ポキンぞ、皆鼻ポキン許りぢゃなあ。まだまだ俘虜《とりこ》になる者沢山あるなれど、今度の俘虜《とりこ》まだまだぞ、何れ元に帰って来るから、元に帰って又盛り返して来るなれど、またまた繰り返へすぞ、次に又捕へられる者出て来るのざぞ、次はひどいのざぞ、是も因縁ざぞ。神の国は誰が見ても、どう考へても、二度と立ち上がられん、人民皆外国につく様になって此の方の申した事、神示に書かした事、皆嘘《うそ》ざと申す所まで世が落ちてしまうてから始めて神力現れるのざぞ、人民臣民早合点して御座るが九分九分九厘と申してあろがな、事務所作らいでもよいぞ、事務所作るのは表の仕組ぞ、裏の御用事務所禁物ぞ、それぞれの役員殿の住むとこ皆それぞれの事務所でないか、よく相談してやりて下されよ、段々判りて来るぞ。表と裏とあなないぞ、あなないの道と申してあろ、引寄せる身魂は、天で一度改めて引寄せるのであるぞ、今お役に立たん様に臣民の目から、役員の目から見えても袖にするでないぞ、地でも改めしてまだまだ曇り取らなならんぞ、磨けば皆結構な身魂許りぢゃぞ、人民の肚さへたら天もさへるぞ、心鎮《しづ》もれは天も鎮もるぞ、神勇むぞ。我《が》はぢっと奥に鎮めて表面《うわべ》には気《け》も出されんぞ、我の無い様な事では、我で失敗《しくじ》た此の方の御用出来ないのざぞ、毒にも薬にもならん人民草木にかへしてしまふぞ。此の神示無暗《むやみ》に見せるでないぞ、神示は出ませんと申せよと申してある事忘れるでないぞ。天の規則千でやる事になってゐるのざぞ、今度規則破りたら暗い所へ落ち込んで末代浮ばれんきつい事になるのざから、神くどう気付けておくぞ。次に世に出る番頭殿まだ神なきものにして御座るから一寸先も判らんぞ、先判らずに人間の勝手な政治して世は治まらん道理ぢゃぞ、三日天下でお出直しぞ、その次もその次も又お出直しぢゃ、此の神示よく見てこの先何うなる、其の先どうなると云ふ事、神はどんな事計画しておいでますと云ふ事判らいで政治ないぞ、すればする程悪うなるぞ、神にはこうなる事判って呑んでゐるのざから、何んなことあっても心配ないなれど、それでは臣民可哀想なから、此の神示ウタにして印刷して世によき様にして皆に知らしてやれよ、表の集団でよいぞ、神は天からも地からも日も夜も九十《コト》で知らしてゐるのに、九十《コト》聞く身魂《みたま》ないから、九十《コト》きく御身《みみ》曇りてゐるから、人民は判らんなれど、余り判らんでは通らんぞ、早う洗濯掃除せよと申してゐるのざ。人の十倍も今の仕事して其の上で神の御用するのが洗濯ぞ、掃除ぞと申して知らした事忘れたか、字に足つけよと申した事判らんのか、百姓になれ、大工になれと申した事判らんのか、譱《てん》の地もあるぞ、天の百姓、大工もあるのざぞ。善と悪と小さく臣民分けるから判らんのざぞ、大きく目ひらけよ。松食《お》せよ、松おせば判らん病直るのぢゃぞ、松心となれよ、何時も変らん松の翠《みどり》の松心、松の御国の御民幸あれ。十二月十八日、ひつ九のかみ。

第十五帖　（三四九）

四八音《ヨハネ》世に出るぞ、五十音《イソネ》の六十音《ムソネ》と現はれるぞ、用意なされよ。それまでにさっぱりかへてしもうぞ、天も変るぞ地も変るぞ。此の方等が世建直すと申して此の方等が世に出て威張るのでないぞ、世建直して世は臣民に任せて此の方等は隠居ぢゃ、隠れ身ぢゃぞ。字から世持ちて嬉し嬉しと申すこと楽しみぞ、子供よ、親の心よく汲み取りてくれよ。此の神示読まいでやれるならやりてみよれ、彼方《あちら》でこつん此方《こちら》でくづれぢゃ、大事な仕組早う申せば邪魔はいるし、申さいでは判らんし何にしても素直に致すが一番の近道ざぞ、素直になれんのは小才があるからざぞ。鼻高ぢゃからざぞ神の国は神の国のやり方あると申してあろがな、よきは取り入れ悪きは捨てて皆気付け合って神の国は神の国ぢゃぞ、金は金ぢゃ、銀は銀ぢゃぞと申してあろがな盲ならんぞ、カイの御用もオワリの仕組も何も彼も裏表あるのざぞ、裏と表の外《ほか》に裏表あるぞ、ウオヱであるぞ、アとヤとワざぞ、三つあるから道ざぞ、神前に向って大きくキを吸ひ肚に入れて下座に向って吐き出せよ、八度繰返せよ、神のキ頂くのざぞ、キとミとのあいの霊気頂くのざぞ。ひふみがヨハネとなり、五十連《イツラ》となりなって十二の流れとなるのざぞムがウになるぞ、ンになるぞ、ヤとワとほりだして十二の流れ結構ざぞ。知らしてあろがな、是迄の考へ方やり方致すなら建替ではないぞ、何も彼も上中下すっかりと建替へるのざぞ、外国は竜宮の音秘《オトヒメ》様ぐれんと引繰り返しなさるのざぞ、竜宮の音秘《オトヒメ》様、雨の神様の御活動激しきぞ。今度次の大層が出て来たら愈々ざぞ。最後の十十◓《トドメ》(透答命《トドメ》)ざぞ、今度こそ猶余ならんのざぞ、キリキリであるから用意なされよ、三四月気付けよ、キきれるぞ。信心なき者ドシドシ取り替《かへ》るぞ、此の中、誠一つに清め下されよ、天明まだまだざぞ、世の元の型まだまだざぞ、神の仕組成就せんぞ、神人共にと申してあろがな、神厳しきぞ、ぬらりくらりぬるくって厳しきぞと、申してあろがな。役員多くなくても心揃へて胴+すへて居りて下されよ、神がするのであるから 此の世に足場作りて居りて下されよ、神無理申さんぞと申してあろがな、けれどもちつとも気許しならんのざぞ。身魂相当に皆させてあろがな、掃除早ぅせよ、己れの戦まだすんでゐないであろが、洗濯掃除早ぅ結構ぞ、此の方の神示元と判り乍ら他の教で此の道開かうとて開けはせんのざぞ、鏡曇ってゐるから曲って写るのざぞ、一人の改心ではまだまだぞ、一家揃って皆改心して手引合ってやれよ、外国人も日本人もないのざぞ、外国々々と隔て心悪ぢゃぞ。十二月十九日、一二㋹。

第十六帖 (三五〇)

此の世と申しても臣民の世ばかりでないぞ、神の世界も引くるめて申してゐるのぢゃぞ、勇んでやって下されよ、勇む所此の方力添え致すぞ。心配顔此の方嫌ひぞ、歌唄ひ下されよ、笑ひて下されよ、笑へば岩戸開けるぞ。今の人民キリキリ舞しながらまだキリキリ舞する様もがいて御座るぞ。つ千に返ると申してあろがな、早ぅ気付いた臣民人民楽になるぞ。神の守護と申すものは人民からはちっとも判らんのであるぞ、判る様な守護は低い神の守護ざぞ、悪神の守護ざぞ、悪神の守護でも大将の守護ともなれば人民には判らんのざぞ、心せよ、何んな事あっても不足申すでないぞ、不足悪ざぞ、皆人民の気からぞとくどう申してあろがな、人民キから起って来たのざぞ、我の難儀、我が作るのざぞ、我恨むより方法《ほか》ないぞ、人民の心さへ定まったら、此の方自ら出て手柄立てさすぞ、手柄結構ざぞ。此の世の物一切神の物と云ふ事まだ判らんのか、一切取り上げられてから成程なァと判ったのではおそいから嫌がられても、くどう同じ様な事申してゐるのざぞ、人民の苦しみ此の方の苦しみざぞ、人民も此の方も同じものざぞ、此の道理判りたか、此の方人民の中に居るのざぞ、事訳《ことわけ》て申してゐるのざぞ。まだまだ大き戦激しきぞ、是で世よくなると思ってゐると大間違ひとなるのざぞ、是からが褌《ふんどし》ざぞ、よき世となれば褌要らんのざぞ、フラリフラリと風に吹かれるヘチマぢゃ、ヘチマ愉快で嬉しひなあ、風の間に間に雨の間に間にユタリユタリと嬉しかろがな、何も彼も嬉し真から楽しき世ざぞよ。誠が神であるぞ、コトが神であるぞ、元であるぞ、道であるぞ、日であるぞ月であるぞ。始めコトありと申してあろがな、キであるぞ、まつりであるぞ。

十二月十九日、一二⦿。

第十七帖　（三五一）

天地の先祖、元の神の天詞《てんし》様が王の王と現はれなさるぞ、王の王はタマで御現はれなされるのざぞ。礼拝の仕方書き知らすぞ、節分から始めて下されよ、先づキ整へて暫し目つむり心開きて一拝二拝八拍手せよ、又キ整へて一二三《ひとふたみ》四《よ》五六七八《いつむゆななや》九十《ここのたり》と言《こと》高くのれよ、又キ整へてひふみ三回のれよ、これはこれは喜びの舞、清めの舞、祓の歌であるぞ。世界の臣民皆のれよ、身も魂も一つになって、のり歌ひ舞へよ、身魂《みたま》全体で拍手するのざぞ、終って又キ整へて一二三四五六七八九十一二三四五六七八九十百千卍《ももちよろず》と言《こと》高くのれよ、神気整へて天《アメ》の日月の大神様弥栄ましませ弥栄ましませと祈れよ、これは祈るのざぞ、九二《くに》のひつくの神様弥栄ましませ弥栄ましませと祈れよ、終りて八拍手せよ次に雨の神様、風の神様、岩の神様、荒の神様、地震の神様、百々《もも》の神様、世の元からの生神様、産土《うぶすな》の神様に御礼申せよ、終りてから神々様のキ頂けよ、キの頂き方前に知らしてあろがな、何よりの臣民人民の生《いき》の命の糧《かて》であるぞ、病なくなる元の元のキであるぞ、八度繰返せと申してあろ、暫くこのやうに拝めよ、神代になる迄にはまだ進むのざぞ、それまではその様にせよ、此の方の申す様にすればその通りになるのざぞ、さまで苦しみなくて大峠越せるぞ、大峠とは王統消《わうとうけ》すのざぞ。新しき元の生命《いのち》と成るのざぞ。神の心となれば誠判るぞ。誠とはマとコトざぞ、神と人民同じになれば神代ざぞ、神は隠身《かくりみ》に、人民表に立ちて此の世治まるのざぞ。雀の涙程の物取合ひへし合ひ何して御座るのぞ、自分のものとまだ思ってゐるのか。御恩とは五つの音の事ざぞ、御音(恩)返さなならんのざぞ、此の事よく考へて間違はん様にして下されよ。此の巻は雨《アメ》の巻ぞ、次々に知らすからミタマ相当により分けて知らしてやれよ、事分けて一二三《ひふみ》として知らしてやるのもよいぞ。投員皆に手柄立てさしたいのぢゃ、臣民人民皆にそれぞれに手柄立てさしたいのぢゃ、待たれるだけ待ってゐるのぢゃ、一人で手柄は悪ぢゃ、分けあってやれよ、手握りてやれよ。石もの云ふぞ、十六の八の四の二の一目出度や目出度やなあ。神の仕組の世に出でにけり、あなさやけ、あな面白や、五つの色の七変はり八変はり九《ここ》の十々《たりたり》て百千万《ももちよろず》の神の世弥栄。十二月十九日、ひつ九のかミ。

（アメの巻了）

カゼの巻

全十四帖

ひふみ神示　第十四巻

自　昭和二十年十二月二十五日

至　昭和二十一年　二　月　十　六　日

三五二帖―三六五帖

皆出てござれそれぞれにうれしうれしの御用いくらでもあたえてとらすぞこの巻かぜのまきひつ九のかみ

十二月十六日

第一帖　（三五二）

用意なされよ。いよいよざぞ、愈々九《く》◎《る》三《ぞ》。神のみこと知らすぞ。知らすぞ、眼覚めたら起き上るのざぞ。起きたらその日の命頂いたのざぞ。感謝せよ、大親に感謝、親に感謝せよ、感謝すればその日の仕事与へられるぞ。仕事とは嘉事《よごと》であるぞ、持ち切れぬ程の仕事与へられるぞ。仕事は命ざぞ。仕事喜んで仕へ奉れ。我出すと曇り出るぞ。曇ると仕事わからなくなるぞ。腹へったらおせよ。二分は大親に臣民腹八分でよいぞ。人民食べるだけは与へてあるぞ。貪《むさぶ》るから足らなくなるのざぞ。減らんのに食べるでないぞ。食《おせ》よ。おせよ。一日一度からやり直せよ。ほんのしばらくでよいぞ。神の道無理ないと申してあろが。水流れる様に楽し楽しで暮せるのざぞ、どんな時どんな所でも楽に暮せるのざぞ。穴埋めるでないぞ、穴要るのざぞ。苦しいという声此の方嫌ひざ。苦と楽共にみてよ、苦の動くのが楽ざぞ。生れ赤児みよ。子見よ、神は親であるから人民守ってゐるのざぞ。大きなれば旅にも出すぞ、旅の苦楽しめよ、楽しいものざぞ。眠くなったら眠れよ、それが神の道ぞ。神のこときく道ざぞ。無理することは曲ることざぞ。無理と申して我儘無理ではないぞ、逆行くこと無理と申すのざ。無理することは曲ることざ、曲っては神のミコト聞へんぞ。素直になれ。火降るぞ。相手七と出たら三と受けよ、四と出たら六とつぐなへよ、九と出たら一とうけよ、二と出たら八と足して、それぞれに十となる様に和せよ。まつりの一つの道ざぞ。⚲《おう》の世⊙《おう》の世にせなならんのざぞ、今は⫰《をう》の世ざぞ、⫰《わう》の世⚲の世となりて、⚲《おう》の世にヽ入れて⊙《おう》の世となるのざぞ。タマなくなってゐると申してあろがな、タマの中に仮の奥山移せよ、急がいでもよいぞ、臣民の肉体神の宮となる時ざぞ、当分宮なくてもよいぞ。やがては二二《ふじ》に九《コ》の花咲くのざぞ、見事二二《ふじ》に九《こ》の火《ほ》が鎮まって、世界治めるのざぞ、それまでは仮でよいぞ、臣民の肉体に一時は鎮まって、此の世の仕事仕組みて、天地でんぐり返して光の世といたすのぢゃ。花咲く御代近づいたぞ。用意なされよ、用意の時しばし与えるから、神の申すうち用意しておかんと、とんでもないことになるのざぞ。⊙の世輝くと☼となるのざぞ、☼と申して知らしてあろがな。役員それぞれのまとひつくれよ、何れも長《おさ》になる身魂でないか。我軽しめる事は神軽くすることざわかりたか。おのもおのも頭領であるぞ、釈迦ざぞ。キリストざぞ。その上に神ますのざぞ、その上神又ひとたばにするのざぞ、その上に又ヽでくるぞ、その上にもヽあるのざぞ、上も下も限りないのざぞ。奥山何処に変っても宜いぞ、当分肉体へおさまるから何処へ行ってもこの方の国ぞ、肉体ぞ、心配せずに、グングンとやれよ、動くところ、神力加はるのざぞ、人民のまどひは神無きまどひぞ、神無きまどひつくるでないぞ、神上に真中《まなか》に集れよ。騒動待つ心悪と申してあること忘れるなよ、神の申した事ちっとも間違ひないこと、少しは判りたであろがな。同じ名の神二柱あるのざぞ、善と悪ざぞ、この見分けなかなかざぞ、神示よめば見分けられるように、よく細かに解《と》いてあるのざぞ、善と悪と間違ひ申してゐると、くどう気付けてあろがな、岩戸開く一つの鍵ざぞ、名同じでも裏表ざぞ、裏表と思ふなよ、頭と尻違ふのざぞ。千《ち》引の岩戸開けるぞ。十二月二十五日、ひつぐのかミ。

第二帖　（三五三）

二柱の神あると申してあろが、旗印も同様ぞ、かみの国の旗印と、◉《もとつかみ》の国の旗印と同様であるぞ、●であるぞと知らしてあろがな、●にも二通りあるのざぞ、スメラ●の旗印と十✳✺●と申して知らしてあろがな、今は逆ざぞと申してあろがな、このことわからいでは、今度の仕組分らんぞ、神示分らんぞ、岩戸開けんぞ。よく旗印みてよと申してあろがな、お日様赤いのでないぞ、赤いとばかり思ってゐたであろがな、まともにお日様みよ、みどりであるぞ、お日様も一つでないぞ。ひとりまもられているのざぞ。さむさ狂ふぞ。一月の一日、ひつ九の㋹。

第三帖（三五四）

愈々の大建替は国常立の大神様、豊雲野の大神様、金の神様、竜宮の乙姫様、先づ御活動ぞ。キリギリとなりて岩の神、雨の神、風の神、荒の神様なり、次に地震の神様となるのざぞ。今度の仕組は元のキの生き神でないとわからんぞ、中津代からの神々様では出来ない、わからん深い仕組ざぞ、猿田彦殿、天鈿女命《あめのうずめのみこと》殿、もとのやり方では世は持ちて行けんぞ。今一度悪栄えることあるぞ、心して取違ひない様にいたされよ。口と心と行ひとで神示とけよ、堂々説けよ。一月四日、一二のかみ。

第四帖（三五五）

岩戸開けたり野も山も、草のかき葉もことやめて、大御光により集ふ、楽しき御代とあけにけり、都も鄙《ひな》もおしなべて、枯れし草木に花咲きぬ、今日まで咲きし草や木は、一時にどっと枯れはて、つちにかへるよすがしさよ、ただ御光の輝きて、生きの生命《いのち》の尊さよ、やがては人のくにつちに、うつらん時の楽しさよ、岩戸開けたり御光の、二二《ふじ》に九《こ》の花どっと咲く、御代近づきぬ御民等よ、最后の苦労勇ましく、打ち越し呉れよ共々に、手引きあひて進めかし、光の道を進めかし。ウタのまどひつくれよ。目出度《めでたき》夜明けぞ。旧一月一日、一二⦿。

第五帖　（三五六）

我が名呼びておすがりすれば、万里先に居ても云ふこときいてやるぞ、雨の神、風の神、岩の神、荒の神、地震の神、と申してお願ひすれば、万里先に居ても、この世の荒れ、地震のがらせてやるぞ、神神様に届く行で申せよ。こんなよき世は今迄になかりたのぢゃ、膝元《ひざもと》に居ても言葉ばかりの願ひ聞こえんぞ、口と心と行と三つ揃った行い、マコトと申して知らしてあろが。時節来てゐるなれど、わからん人民多い故物事遅くなりて気の毒なるぞ、今暫くの辛棒なるぞ、神は人民に手柄立てさしたいのぢゃ、許せるだけ許してよき世に致すのぢゃ、ここまで開けたのも神が致したのぢゃ、今の文明なくせんと申してあろうが、文明残してカスだけ無《のう》にいたすのぢゃ、取違ひ慢心致すなよ。日本の国いくら大切と申しても、世界中の臣民とはかへられんから、くにひっくりかへること、まだまだあるかも知れんぞ、くにの軸動くと知らしてあろがな。此の神示キの儘であるから心なき人民には見せるでないぞ、あまりきつくて毒になるから、役員薄めて見せてやれよ、一日も早く一人でも多く助けてやりたいのぢゃ、神まつり結構ぞ、神まつらいでいくら道説いても肚にはいらんぞ、肚に入らん道は悪の道となるのぢゃ、頭ばかりで道歩めん道理わからんか、改心足らんぞ。二月十六日、一二㋹。

第六帖　（三五七）

江戸の仕組江戸で結ばんぞ。この道開くに急いではならんぞ、無理して下さるなよ、無理急ぐと仕組壊れるぞ。まだまだ敵出て来るなれど、神心になれば敵、敵でなくなるぞ、敵憎んではならんぞ、敵も神の働きぞ。神は六ケ敷いこと云はんぞ、神に心皆任せてしまうて、肉体慾捨ててしまふて、それで嬉し嬉しぞ。神が限りなき光り、よろこび与へるのざぞ。いやならいやでそなたのすきにしてやりてござれ、一旦天地へ引上と申してある通りになるぞ。一度の改心六ヶ敷いからくどう申してあるのざぞ。今までほかで出て居たのは皆神示先《ふでさき》ぢゃ、ここは神示《ふで》ぢゃ、何時もの如く思って居ると大変が足元から飛び立つのざぞ、取返しつかんから気付けてゐるのぢゃ。何れは作物《つくりもの》取らしておくから、沢山取れたら更に更に愈々ざと心得よ。神の国治めるのは物でないぞ、まことざぞ、世界治めるのもやがては同様であるぞ、人民マコトと申すと何も形ないものぢゃと思ってゐるが、マコトが元ざぞ。タマとコト合はしてまつり合はして真実《マコト》と申すのぢゃ。〇とヽをまつりたものぢゃ、物無くてならんぞ、タマなくてならんぞ、マコト一つの道ざと申してあろがな、わかりたか。ミタマ相当にとりて思ふ様やりてみよ、行出来ればその通り行くのぢゃ、神に気に入らん事スコタンばかりぢゃから、引込み思案せずに堂々とやりて下されよ。こんな楽な世になってゐるのぢゃ、屁《へ》も放《ひ》れよ、沈香もたけよ、ふらふらして思案投首この方嫌ひぢゃ。光る仕組、中行く経綸《しくみ》となるぞ。二月十六日、一二の⦿。

第七帖　（三五八）

神にすがり居りたればこそぢゃと云ふとき、眼の前に来てゐるぞ。まだ疑うてゐる臣民人民気の毒ぢゃ、我恨むより方法ないぞ。神の致すこと、人民の致すこと、神人共に致すこと、それぞれに間違ひない様に心配《く》ばりなされよ。慢心鼻ポキンぞ、神示よく読んで居らんと、みるみる変って、人民心ではどうにもならん、見当取れん事になるのざぞ、神示はじめからよく読み直して下されよ、読みかた足らんぞ、天の神も地の神もなきものにいたして、好き勝手な世に致して、偽物の天の神、地の神つくりてわれがよけらよいと申して、我よしの世にしてしまふてゐた事少しは判って来たであらうがな。愈々のまことの先祖の、世の元からの生神、生通しの神々様、雨の神、風の神、岩の神、荒の神、地震の神ぞ、スクリと現れなさりて、生通しの荒神様引連れて御活動に移ったのであるから、もうちともまたれん事になったぞ、神示に出したら直ぐに出て来るぞ、終りの始の神示ざぞ、夢々おろそかするでないぞ、キの神示ぢゃ、くどい様なれどあまり見せるでないぞ。

二月十六日、ひつぐの⦿。

第八帖　（三五九）

世界中自在に別け取りしてゐた神々様、早う改心第一ぞ。一《ひとつ》の王で治めるぞ。てん詞様とは天千様のことぞと申してあろがな、この方シチニの神と現はれるぞと申してあろがな、天二《てんぷ》様のことざぞ。行なしではまことのことわからんぞ、出来はせんぞ、神の道無理ないなれど、行は誰にもよらずせなならんぞ。この方さへ三千年の行したぞ、人民にはひと日も、ようせん行の三千年、相当のものざぞ。海にはどんな宝でも竜宮の音秘《オトヒメ》殿持ちなされてゐるのざぞ、この世の宝皆この方つくりたのざぞ、神の道無理ないと申して楽な道でないぞ、もうこれでよいと云ふことない道ざぞ。日本の人民もわたりて来た人民も、世持ちあらした神々様も人民も、世界の人民皆思ひ違ふぞ、九分九分九厘と一厘とで、物事成就するのざぞよ。世をもたれん天地の大泥棒をこの世の大将と思ってゐて、それでまだ眼覚めんのか、よく曇りなされたなあ、建替は今日の日の間にも出来るなれど、あとの建直しの世直し、中々ざから、人民に少しは用意出来んと、おそくなるばかりぢゃ、それでカタ出せ出せと申してゐるのぢゃぞ。あれこれとあまり穢れてゐる腸、ばかりぢゃから、一度に引出して、日に干してからでないと、洗濯出来ん様になりて御座るぞ。ひぼしこばれん人民あるから、今のうちから気付けてゐるのぢゃぞ。けんびき痛いぞ、あまりにも狂ふて御座るぞ。元の根本の世より、も一つキの世にせならんのざから、神々様にも見当取れんのぢゃ、元の生神でないと、今度の御用出来んぞ。二月十六日、ひつ九の◉。

第九帖　（三六〇）

土地分盗《わけと》りばかりか、天まで分盗って自分のものと、威張ってゐるが、人民の物一つもないのぢゃ。大引上げにならんうちに捧げた臣民結構ぞ。宮の跡はSとなるぞ。ナルトとなるぞ。天の言答《一八十》は開いてあるぞ。地の言答《一八十》、人民開かなならんぞ、人民の心次第で何時でも開けるのざぞ。泥の海になると、人民思ふところまで一時は落ち込むのぢゃぞ、覚悟はよいか。神国には神国の宝、神国の臣民の手で、元の所へ納めなならんのざ。タマなくなってゐると申してあらうがな。何事も時節到来致してゐるのざぞ、真理《ふじ》晴れるばかりの御代となってゐるのぢゃぞ。人民神に仕へて下さらんと神のまことの力出ないぞ、持ちつ持たれつと申してあらうがな、神まつらずに何事も出来んぞ、まつらいでするのが我よしぞ、天狗の鼻ざぞ。まつらいでは真暗ぞ、真暗の道で、道開けんぞ。神は光ぞと申してあらうが、てん詞《し》様よくなれば、皆よくなるのざぞ。てん詞《し》様よくならんうちは、誰によらん、よくなりはせんぞ、この位のことなぜにわからんのぢゃ、よくなったと見えたら、それは悪の守護となったのぢゃ。神がかりよくないぞ、やめて下されよ、迷ふ臣民出来るぞ。程々にせよと申してあらうが。皆々心の鏡掃除すれば、それぞれに神かかるのぢゃ。肉体心で知る事は皆粕ばかり、迷ひの種ばかりぢゃぞ、この道理判りたであらうがな、くどう申さすでないぞ。二月の十六日、ひつ九の⦿。

第十帖（三六一）

これからは、人民磨けたら、神が人民と同じ列にならんで経綸《しごと》致さすから、これからは恐しい結構な世となるぞ。もう待たれんから、わからねばどいてみて御座れと申してあろが、わからんうちに、わかりて下されよ。肉体のあるうちには、中々改心は出来んものぢゃから、身魂にして改心するより外ない者沢山あるから、改心六ヶ敷いなれど、我慢してやりて下されよ。時節には時節の事もいたさすぞ。時節結構ぞ。二月十六日、ひつぐの⦿。

第十一帖　（三六二）

日本の国に食物なくなってしまふぞ。世界中に食べ物なくなってしまふぞ。何も人民の心からぞ。食物無くなっても食物あるぞ、神の臣民、人民心配ないぞ、とも食ひならんのざぞ。心得よ。

二月十六日、ひつ九のか三。

第十二帖　（三六三）

日本の人民餌食《えじき》にしてやり通すと、悪の神申してゐる声人民には聞へんのか。よほどしっかりと腹帯締めおいて下されよ。神には何もかも仕組てあるから、心配ないぞ。改心出来ねば気の毒にするより方法ないなれど、待てるだけ待ってゐるぞ、月の大神様が水の御守護、日の大神様が火の御守護、お土つくり固めたのは、大国常立の大神様。この御三体の大神様、三日この世構ひなさらねば、此の世、くにやくにやぞ。実地を世界一度に見せて、世界の人民一度に改心さすぞ。五十になっても六十になっても、いろは、一二三《ひふみ》から手習ひさすぞ。出来ねばお出直しぞ。慢心、早合点大怪我のもと、今の人民、血が走り過ぎてゐるぞ、気付けおくぞ。二月十六日、ひつ九のか三。

第十三帖　（三六四）

楽してよい御用しようと思ふてゐるのは悪の守護神に使はれてゐるのざぞ。人の殺し合ひで此の世の建替出来ると思ふてゐるのも悪の守護神ざ。肉体いくら滅ぼしても、よき世にならんぞ。魂は鉄砲では殺せんのざぞ。魂はほかの肉体にうつりて、目的たてるのざぞ、いくら外国人殺しても、日本人殺しても、よき世は来ないぞ。今迄のやり方、スクリかへて神の申す様にするよりほかに道ないのざ。このたびの岩戸開きは、なかなかぞと申してあろが、見て御座れ、善一筋の、与へる政治で見事建替へてみせるぞ。和合せんとまことのおかげやらんぞ、一家揃ふたらどんなおかげでもやるぞ。一国そろたらどんな神徳でもやるぞ、おのづから頂けるのざぞ。神いらん世にいたして呉れよ。二月の十六日、ひつくか三。

第十四帖　（三六五）

新しき世とは神なき世なりけり人神となる世にてありけり。世界中人に任せて神々は楽隠居なり、あら楽し世ぞ。この世の頭《かしら》いたして居る者から、改心致さねば、下の苦労いたすが長うなるぞ、此処までわけて申しても、実地に見せてもまだわからんのか。世界中のことざから、この方世界構ふお役ざから、ちと大き心の器持ちて来て下されよ。金も銀も銅も鉄も鉛も皆出てござれ。それぞれにうれしうれしの御用いくらでも与へてとらすぞ。この巻かチの巻。ひつくのか三、二月十六日。

（カチの巻了）

ひふみ神示 第十五巻

自 昭和二十一年旧一月十五日

至 昭和二十一年旧一月十五日

三六六帖—三七六帖

一《イ》八《ハ》の巻

全十一帖

第一帖　（三六六）

一《い》八《わ》の巻書き知らすぞ。一八は弥栄。☉は丶と〇、☉、◎が神ざぞ。◎が神ざと申してあろう。悪の守護となれば、悪よく見えるのざぞ。人民悪いこと好きでするのでないぞ、知らず知らずに致してゐるのであるぞ。神にも見のあやまり、聞きのあやまりあるのざぞ。元の神には無いなれど、下々の神にはあるのざぞ。それで見なほし、聞きなほしと申してあるのざぞ。元の神には見直し聞きなほしはないのさぞ、スサナルの大神様鼻の神様かぎ直しないぞ、かぎのあやまりはないのざぞ。人民でも、かぎの間違ひないのざぞ。鼻のあやまりないのざぞ。スサナルの大神様この世の大神様ぞと申してあらうがな。間違の神々様、この世の罪けがれを、この神様にきせて、無理やりに北に押込めなされたのざぞ。それでこの地の上を極悪神がわれの好き候に持ちあらしたのざ。それで人皇の世と曇りけがして、つくりかへ、仏の世となりて、さらにまぜこぜにしてしまふて、わからんことになりて、キリストの世にいたして、さらにさらにわからぬことにいたしてしもふて、悪の仕組通りにいたしてゐるのぢゃぞ、わかりたか。釈迦もキリストも立派な神で御座るなれど、今の仏教やキリスト教は偽の仏教やキリスト教ざぞ。同じ神二つあると申してあらうがな。ゝなくなってゐるのざぞ、ゝない◎ざぞ、◉でないと、まことできんのざぞ、わかりたか。ゝなきもの悪ざぞ、ゝは霊ぞ、火ぞ、一《はじめ》ざぞ。くらがりの世となってゐるのも、ゝないからざぞ。この道理わかるであらうがな。旧一月十五日、かのととりの日、一二⊙。

第二帖　（三六七）

三千年の昔に返すと申してあらうがな。よい御用いたす身霊ほど苦労さしてあるのぢゃ。他から見ては、わからんなれど、苦労に苦労さして、生き変り、死に変り、鍛へに鍛へてあるのぢゃぞ。肉体の苦労も霊の苦労も、どちらの苦労にも、まけん人民臣民でないと、眼先きのことで、グレングレンと引繰りかへりて、あわてふためく様なことでは、どんな事あっても、びくともせん、ミタマでないと、御用六ケ敷しいぞ。こんどの苦の花は真理《ふじ》に咲くのみざぞ。不二に九《こ》の花咲くや媛まつれと申してあるが、九《こ》の花、おのおのもの心の富士にも咲くのざぞ。九《こ》の花咲けば、此の世に出来んことないぞ。まことの◎かかりぞ。この先もう建替出来んギリギリの今度の大建替ぢゃ。愈々の建替ざから、もとの神代よりも、も一つキの光輝く世とするのぢゃから、中々に大層ざぞ。人民苦しからうが、先楽しみに御用美事つとめ上げて下されよ。二つづつある神様を一つにするのであるから、嘘偽《うそいつわり》ちっともならんのぢゃ。少しでも嘘偽あったら、曇りあったら、神の国に住めんことになるのざぞ。途中から出来た道では今度と云ふ今度は間に合はんのざぞ。根本からの道でないと、今度は根本からの建直しで末代続くのぢゃから間に合はん道理わかるであらうがな。われの国同志の戦始まるのぢゃ。この戦、神は眼あけて見ておれんなれど、これも道筋ぢゃから、人民にも見て居られんのぢゃが、友喰ひと申して知らしてあらうが。この方等が天地自由にするのぢゃ。元のキの道にして、あたらしき、キの光の道つくるのぢゃ。あらたぬし、世にするのぢゃと申してあること愈々ざ、人民、臣民勇んでやりて下され。神々様守護神どの、勇め勇め。二月十六日、ひつ九⦿。

第三帖　（三六八）

天地引くるめて大建替いたすのぢゃ。天地のビックリ箱とはそのことざぞ。間違ひ出来んうちに、間違はん様気つけて下されよ。出来てからは、いくら泣いても詫びしても後へは返せん。この方でもどうにもならん元のキの道ぢゃぞ。くどう気付けておくぞ。これまでは道はいくらもあったのぢゃが、これからの道は善一筋ざぞ。インチキ神の前には通らんのざぞ、心せよと知らしてあらうがな。三千年で世一キリといたすのぢゃぞ。まことの集りが神徳ぢゃ、神徳つむと、世界中見えすくのざぞ。神だけではこの世の事は成就せんと申してあらうがな。神がうつりて成就さすと申してあらうがな。こんなことこれまでにはなかりたぞ。二月十六日、一二⊙。

第四帖　（三六九）

元は十と四十七と四十八とあはせて百と五ぞ、九十五柱ざぞ。旧一月十五日、かのととり、一《ひ》つ九のか三。

第五帖　（三七〇）

人民眼の先見えんから疑ふのも無理ないけれど、ミタマ磨けばよく判るのぢゃ、ついて御座れ、手引張ってやるぞ。誠の道行くだけではまだ足らんぞ。心に誠一杯につめて空っぽにして進みてくれよ、このことわからんと神の仕組おくれると申してあろうがな、早くなったところもあるなれど、おくれがちぢゃぞ。苦労、苦労と申しても、悪い苦労気の毒ざぞ、よき苦労花咲くぞ。花咲いて実結ぶのざぞ。人民苦しみさえすればよい様に早合点してゐるなれど、それは大間違ざぞ。神の道無理ないと、くどう申してあらうがな。此の道理よく噛み分けて下されよ。神の国は元のキの国、外国とは、幽界とは生れが違ふのぢゃ。神の国であるのに人民近慾なから、渡りて来られんものが渡り来て、ワヤにいたしてしまふてゐるのに、まだ近慾ざから近慾ばかり申してゐるから、あまりわからねば、わかる様にいたすぞ。眼の玉飛び出すぞ。近くは仏魔渡り来て、わからんことにされてゐるであらうがな。五度の岩戸開き一度にせなならんと申してあらうが、生れ赤児の心で神示読めと申してあらうかな。二月十六日、ひつ九かミ。

第六帖　（三七一）

向ふの云ふこと、まともに聞いてゐたら、尻の毛まで抜かれてしまふのが、神にはよく判りて気つけてゐたのに、今の有様その通りでないか。まだまだ抜かれるものあるぞ。のばせばのばせば、人民まだまだ苦しいことになるぞ。延ばさねば助かる人民ないし、少しは神の心も察して下されよ、云ふ事きいて素直にいたされよ、神たのむぞ。愈々時節来たのであるから、何と申しても時節には、かなわんから神示通りになって来るから、心さっぱり洗ひ晴らしてしまふて、持ち物さっぱり洗ひかへしてしまふて、神のみことに生きて呉れよ、みことになるぞ、タマぞ、ミコト結構ぞ。

一八五二六八八二三三一二三　卍千百三七六五卍十　十十八七六五日一二三五六　八二三三一二

三　六五八八　八八　十十二一三八七七八九二六　三三一八五　一二〇〇〇〇〇三　二一八九百一

七　百〇四七　九日三八一三日二

@@⊖@一九三三⊘九二〇⊖

☽⊘〇二五一二二二二三三

九一かつ十五にち　ひつ九のか三

わからん裡にわかりてくれよ。旧一月十五日、ひつ九のかミ。

第七帖　（三七二）

この神の許へ来て信心さへして居たらよい事ある様に思ふてゐるが、大間違ひざぞ。この方の許へ参りて先づ借銭なしに借銭払ひして下されよ。苦しいこと出来て来るのが御神徳ぞ。この方の許へ来て悪くなったと云ふ人民遠慮いらん、帰りて呉れよ。そんな軽い信心は信心ではないぞ。結構な苦しみがわからん臣民一人も要らんのぞ。しかと褌締めてついて御座れよ。此の方悪神とも見えるると申してあらうがな。わかりてもわからん、出来ん事致さすぞ、神が使ふのざから楽でもあるのざぞ。静かに神示よく肚に入れて御用して下されよ。神の道光るぞ。旧一月十五日、一二㋹。

第八帖　（三七三）

此の方のコト、腹にひしひしと響き出したら、よき守護神となったのざぞ。神の国の元のミタマと外国のミタマとスッカリ取換へられてゐるのにまだ眼覚めんのか。神の国は真中の国土台の国、神の元の鎮まった国と申してあらうがな。神の国であるぞ、我さへよけら、よその国、よその人民どうなってもよいといふ程に世界の臣民、皆なりてゐるが、表面ばかりよい事に見せてゐるが、中は極悪ぢゃ。気付いてゐる臣民もあるなれど、どうにも、手も足も出せんであらうがな。それが悪神に魅いられてゐるのぢゃぞ。道はあるに闇、祓ひ潔めて道見て進め。勇ましきやさかの道、光りあるぞ。二月十六日、一二㋹。

第九帖（三七四）

今度捕へられる人民沢山にあるが、今度こそはひどいのざぞ。牢獄で自殺するものも出来て来るぞ。女、子供の辛いことになるぞ。九分通りは一度出て来るぞ、それまでに一度盛り返すぞ、わからんことになったら愈々のことになるのざぞ。みたま磨けよ。旧一月十五日、一二㋹。

第十帖（三七五）

わからんミタマも今迄は機嫌取って引張りて来たなれど、もう機嫌取りは御免ぢゃ。こんなことに長う掛りてゐたなら実地が後れるから、ひときりにいたすぞ。神代となれば天は近くなるぞ、神人共にと申してあらうがな。一人となりても、神の申す事ならば、ついて来る者が誠の者ざぞ、誠の者少しでも今度の仕組は成就するのざぞ、人は沢山には要らんのざぞ。信者引張ってくれるなよ。道は伝へて下されと申してあらうがな。竜宮の乙姫殿のお宝、誰にも判るまいがな。びっくり箱の一つであるぞ。キT《た》がよくなる、キたが光るぞ、きT《た》が一番によくなると申してあること段々に判りて来るのざぞ。これ程に申してもまだ疑ふ人民沢山あるなれど、神も人民さんには一目置くのぞ、閉口ぞ、よくもまあ曇ったものぢゃなあ、疑ふなら今一度我でやって見よれ、それもよいぞ、あちらこちらにグレングレンとどうにもならんのざぞ、人民には見当取れん大きな大きな大望ざから、その型だけでよいからと申してゐるのぢゃ、型して下されよ。改心の見込ついたら、世の元からの生神が、おのおのにタマ入れてやるから力添へ致してやるから、せめてそこまで磨いて下されよ。悪はのびるのも早いが、枯れるのも早いぞ。いざとなればポキンぞ。花のまま枯れるのもあるぞ。

二月十六日、一二の⦿。

第十一帖　（三七六）

誰の苦労で此の世出来てゐると思ふてゐるのぢゃ。此の世を我がもの顔にして御座るが、守護神よ、世を盗みた世であるくらゐ、わかってゐるであらうがな。早う元にかへして改心いたされよ、神国《かみくに》の王は天地の王ざぞ、外国《とつくに》の王は人の王ざぞ。人の王では長う続かんのぢゃ。外国にはまだまだ、きびしいことバタバタに出て来るぞ、日本にもどんどん出て来るぞ。云はねばならんことあるぞ。出づ道は二つ、一はひらく道、二は極む道、道出で世に満つ、ゐらぎゐらぐ世ぞ。前に書かしてあること、よく読めばわかるのぢゃ、御身《みみ》に利《き》かして御身でかかしたもの二日《じし》んの巻といたせよ。いよいよアの九《あらく》なって来るのざぞ。因縁みたま結構となるのざぞ。旧一月十五日、ひつ九のか三神示。（岩の巻了）

ひふみ神示　第十六巻

自　昭和二十一年一月十九日

三七七帖

ア⊙《レ》の巻

全一帖

アカの本
ひんみつナキハ
ひうづきのかり

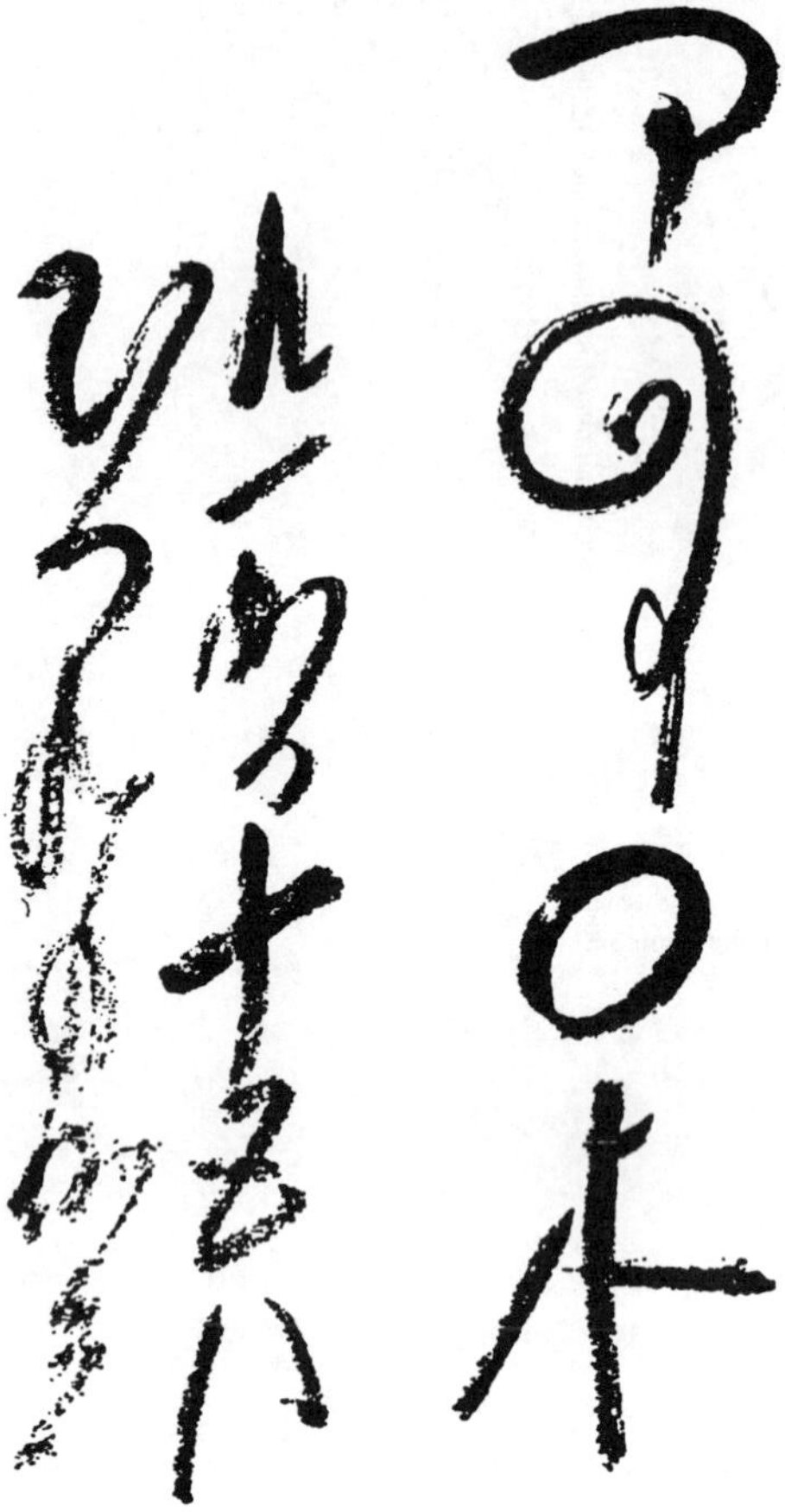

ア◎《レ》の〇木《マキ》

言答《一八十》《イワト》開《一◎》《ビラ》き《キ》成《七》《十》り《◎》成《七》《ナ》る《◎》ぞ《三》。誠《〇九十》《マコト》言答《一八十》《イワト》は《八》永《十》《ト》遠《八》《ハ》ぞ《三》。

瞳《火十三》《ヒトミ》ぞ《三》。御位《三九◎一》《ミクライ》継《二》《ツ》ぐ理《三》《ミチ》の始《一》《ハジメ》ぞ《三》。

字《二》《ジ》絶対《一》の世《四》《ヨ》始《一》《ハジメ》出《五》《イ》づぞ《三》。二《二》《ツキ》一《一》《ヒ》開《八》《ヒラ》き、結《六》《ムス》ぶ《二》玉《五》《タマ》に《二》祝《一八》《イワ》う《二》ぞ《三》。読《四》《ヨ》む《六》開《八》《メヒラ》き、字《二》《ジ》出《五》《イ》づ理《三》《ミチ》に《二》成《七》《ナ》り、結《ムス》ぶ玉《タマ》に弥栄《イヤサカ》開《ヒラ》く大和心《ヤマトゴコロ》の道《ミチ》ぞ。道《ミチ》開《ヒラ》く理《リ》の極《キワ》みぞ。本能秀《ホンノホ》（生命）月日《ツキヒ》の極《キワ》み成《ナ》る読《ヨ》む言《コト》の極《キワ》み。弥栄《イヤサカ》に真問《マト》ひ極《キワ》む世《ヨ》。那美《ナミ》（名実）那岐《ナキ》（名基）の理《ミチ》の玉継《タマツ》ぐ意味《イミ》開《ヒラ》くなり。字《ジ》の絶対《ゼッタイ》継《ツ》ぐ意味《イミ》弥勒《ミロク》弥勒《ミロク》となるぞ。

根《ネ》《ネ》っこ《九》理《ミチ》《三》ぞ《三》。誠《マコト》《〇九十三》ざぞ《三》。弥栄《イヤサカ》《一八三か》弥栄《イヤサカ》《一八三か》。玉《タマ》《〇》秘《ヒ》《一》出《イ》《五》づ

理《ミチ》《三》ぞ《三》。玉《タマ》《〇》基《キ》《キ》理《ミチ》《三》ぞ《三》。通《ツ》《二》基《キ》秘《ヒ》《一》理《ミチ》《三》、極《キワ》《九》み成《ナ》《の》る識《シキ》《日キ》道《ドー》《三》、

本《ホン》《火》能《ノ》秀《ホ》《火》（生命）ざ《三》ぞ《三》。不見《ミズ》《水》の実主《ミズ》《水》ざ《三》ぞ《三》。

(ゝ)ゝゝゝゝゝ　(ゝ)ゝゝゝゝゝ

玆《ココ》《九九》の理《リ》《三》、字《ジ》《二》の絶対《ゼッタイ》《一》出《イズ》《五》づ

《大スサナルのハタラキぞ》《三》。

南無《ナム》《七六》（名務）荷《ニナ》《二》い開《ヒラ》《八》く弥勒《ミロク》《三六》。日継《ヒツギ》《一二》の意味《イミ》《五三》荷《ニナ》《二》う数《カズ》《一》と字《ジ》《二》の絶対光《ゼッタイコー》《一九》の道《ミチ》《三》。字《ジ》《二》の絶対開《ゼッタイヒラ》《一八》き、那美《ナミ》《七三》（名実）開《ヒラ》《八》くぞ《三》。字《ジ》《二》の極意《ゴクイ》《九九五》の極《キワ》《九》みは読字《ヨミジ》《日三二》（黄泉）ぞ《三》。富士《フジ》《二二》（普字）に《二》花咲《ハナサ》《八七三》く《九》時《トキ》《十キ》ざ《三》ぞ《三》。開《ヒラ》《八》く結《ムス》《六一》びの命《イノチ》《五五》、字開《ジヒラ》《二八》きに《二》字《ジ》《二》、開《ヒラ》《八》き実《ミノ》《三》る《の》ぞ《三》。

山《ヤマ》にも地《チ》にも万劫光《マンゴーコ》の花開《ハナヒラ》くの理《ミチ》ぞ。

光《コ》の経綸《シグミ》　四八音《ヨハネ》となるぞ。意露波《イロハ》理《ミチ》ぞ。

人《ヒト》　佛《ホトケ》の極《キワ》みは、命《イノチ》の光普《ヒカリアマネ》き、智《チ》普《アマネ》く基《キ》の

天《テン》の言玉《イワタマ》の理《ミチ》、理《リ》の極《キワミ》の光《ヒカリ》の答《トー》の山路《ヤマジ》（大空

間）百霊継《ヒャクレイツ》ぐ文字《モジ》の道《ミチ》。生《セイ》（基）の極《キワ》みたり。

面白《オモシロ》に秘《ヒ》解《ト》く成答《ナルト》、文道《フミミチ》とどめたり。
数《カズ》の始《ハジメ》の絶対《ゼッタイ》の理《ミチ》ざぞ。字《ジ》、絶対《ゼッタイ》の理《リ》。誠《マコト》
母《モモ》（親の古字）の秘文《ヒフミ》。霊気《レイキ》世《ヨ》に満《ミ》ち漲《ミナギ》り、
国々《クニグニ》晴《ハ》れ渡《ワタ》るぞ。日継《ヒツギ》（秘通基）開《ヒラ》く文字《モジ》、
網母《モモ》成《ナ》る極《キワ》みなり。言《コト》の絶対《ゼッタイ》の答《コタヘ》　人《ヒト》の意《イ》の

極《キワ》みなる意味《イミ》ぞ。読み《ヨミ》これぞ。答《コタヘ》の名基荷負《ナキニナ》う始《ハジ》め、伊勢世《イセヨ》の始《ハジ》め、普字《フジ》鳴戸《ナルト》（成答）の経綸動《シグミイゴク》ぞ。字《ジ》に成《ナ》り成《ナ》りませる光《ヒカリ》の神《カミ》には、何事《ナニゴト》も弥栄弥栄《イヤサカイヤサカ》ざぞ。

このふで《九ノ二て》軸《四九》《ジク》（時《◎》間空《◎》間）読《四三》《ヨミ》、御しるしのヨ《三日の日ノ四》

八音ざぞ《ハネ三三》。諏訪《⧁ア》《スワ》麻賀多《○ア〉〉》《マガタ》榛名《〉〉》《ハルナ》甲斐《〉〉》《カヒ》玉《〉〉》《タマ》和《○》《ワ》す理ざぞ《○⧁三三三》。

字《二》《ジ》の言座《九十九の》《コトクラ》、名《七》《ナ》（言波）の極《九》《キワミ》ぞ《三》。意思《一四》《イシ》の極《九》《キワ》み

成《ナ》《ナ》るぞ《の三》。道《三》は道理《十の》《ドウリ》であるぞ《アの三》。字《二》《ジ》開《八》《ヒラ》き、務に《六二》《ム》結び《六一》《ムス》、

咲《三》《サ》く《九》花《八七》《ハナ》の結《六》《ムス》び秘《一二三》《ヒ》文《フミ》ぞ《十》。普《二》《フ》字《二》《ジ》軸《二九》《ジク》の理《三》《リ》ぞ《三》。宮柱《三八八四の》《ミヤバシラ》

太《フト》しき立《タ》つぞ。祝詞《ノリト》の心《ココロ》、はじめの開《ヒラ》き字《ジ》に現《アラ》はるぞ。真心《マゴコロ》響《ヒビ》く誠《マコト》ぞ。言《コト》ざぞ。細工《サイク》隆《リュウ》隆《リュウ》読《ヨミ》の極《キワ》み立《タ》つ世《ヨ》ぞ。

数《カズ》の極《キワ》み神《カミ》ぞ。数《カズ》の極《キワ》み大素佐成《オースサナル》（大数叉名立）五十の極《キワ》み　継《ツ》ぐ印《シル》し給《タマ》ひて、幹《ミキ》（実基）字《ジ》完し、完し、山《ヤマ》（屋間《ヤマ》）の文読《フミヨ》み、皆喜《ミナヨロコ》び、荷《ニナ》ふ理《ミチ》の宮継《ミヤツ》ぐ普字軸《フジジク》の世《ヨ》。喜《ヨロコ》び言《ゴト》、全土《ゼンド》に響《ヒビ》く理《ミチ》ぞ。八雲出雲《ヤグモイズモ》は、聞理《キクリ》じや、これは、基《キ》の大数叉名立大神《オースサナルオーカミ》、世《ヨ》に光《ヒカ》り輝《カガヤ》くの《ノ》理《ミチ》ぞ。理《リ》は世《ヨ》の元《モト》に立《タ》つ道《ミチ》ぞ。

理《ミチ》、遠《トー》きには無《ナ》し、心《ココロ》せよ。誠《マコト》の道《ミチ》は　神《カミ》の理《ミチ》ざぞ。読《ヨミ》　はじめの世《ヨ》ぞ。皆《ミナ》神《カミ》の子ぞと申《モー》してあるぞ。名《ナ》基《キ》の世《ヨ》　しかと開《ヒラ》き、生《キ》の基《モト》の誘基《イザナキ》の命現《イノチア》れき。太始《フトハジ》めの御玉《ミタマ》組《ク》み組《ク》み神《カミ》継《ツ》ぐ極《キワ》みと成《ナ》り、始《ハジマ》る道《ミチ》ぞ理《リ》の極《キワ》み。
字《ジ》句《ク》字《ジ》句《ク》、真《マ》問《ト》ひ成《ナ》り成《ナ》り鳴《ナ》り、読《ヨミ》（黄泉）
の岩戸《イワト》（言答）開《ア》くなり。
はじめの光《ヒカ》り、今《イマ》輝《カガヤ》きて、答《トー》神《カミ》（真理）
覚《サ》め覚《サ》め棒《ササ》ぐもの、百《モモ》取《ト》りしろ（網母十理詞

露）に充《ミ》ち満《ミ》ちて、弥栄《イヤサカ》御座《ミグラ》湧《ワ》きに湧《ワ》き

天晴《アッパ》れ継《ツ》ぐ　神《カミ》の答《コタヘ》は字《ジ》に有《ア》り。

見《ミ》よ、御子達《ミコタチ》、大《オー》き道《ミチ》座《マ》し座《マ》す言座《コトクラ》。

吾《ア》疑問《ギト》ひ秘文字《ヒモジ》奥義《オウギ》、敬《ウヤマ》ひ、喜《ヨロコ》び、申《モー》すらく

を、天《アメ》の《ノ》普智独楽《フチコマ》の実《ミ》実《ミ》普理《フリ》聞《キ》こし食《メ》すらむ

千萬《千卍》《チヨロズ》の《ノ》御代《三日》《ミヨ》。光《一火》《ヒカ》り《◎》神《十》《カミ》
太《二十》《フト》光《一火》《ヒカ》り《◎》（秘加理）ぞ《十》。理《三千》《ミチ》の《ノ》（真理）御山《三八〇》《ミヤマ》
（大空間）の《ノ》良《日》《ヨ》き《キ》を《火》寿《九十九》《コトホ》ぐ。五十鈴《五十⊙》《イスズ》の《ノ》川《火〇》《カワ》の《ノ》良《日》《ヨ》き《キ》
を《火》寿《九十九》《コトホ》ぐ、動《五》《ウゴ》く《九》事《九十七》《コト》なく《九》、止《十》《ト》まる《〇◎》事《九十七》《コト》なく《九》永遠《十九》《トコ》世《日》《ヨ》に《二》
弥栄《一八三火》《イヤサカ》弥栄《ぐ》《イヤサカ》、喜《日◎九》《ヨロコ》び《一》の《ノ》、今《一〇》《イマ》開《八》《ヒラ》く字《千》《ジ》の理《三》《ミチ》成《◎》《ナ》りて《て》、光《九》《コ》

の《ノ》花《ハナ》《ハナ》の《ノ》、一時《一二》《イチジ》にどっと《二十十》咲《三》《サ》く《九》所《十九の》《トコロ》、玉《○》《タマ》の《ノ》御代《三日》《ミヨ》とて《十て》
神代《⦿日》《カミヨ》より《日の》　生《一》《イ》き《キ》し《日》生《一》《イ》き《キ》神《⦿》《ガミ》引《七》《ヒ》き《キ》合《ア》《ア》ふぞ。《二三》
誠《○九十》《マコト》の《ノ》　もの《百ノ》云《一》《イ》ふ《二》時《十キ》《トキ》来《キ》《キ》し《日》と《十》《と》　みそぐ《三三九》の《の》太《の》《フト》神《のの》《カミ》覚《三十》《サトりて》
りて《のて》　サン《三》《サン》太《大》《オー》神《⦿》《カミ》様《三○》　知る《日の》
誠《○九十》《マコト》　尊《十十》《トート》き《キ》御代《三四》《ミヨ》と《十》成《七》《ナ》り《の》ま《○》す《⦿》の《ノ》ぞ。《三》

仕事《シゴト》は、めんめの働《はたら》きあるぞよ、

実空字《ミグヂ》　大《オー》き理智《ミチ》在せることの印《シル》しなり。

終《ヲワ》りに、言《コト》　言《コト》　神国《カミクニ》の、誠《マコト》の鏡《カガミ》（完神）

のとどろきも、皆御文字世《ミナミモジヨ》の始《ハジメ》かし、今《イマ》、始《ハジマ》る

世《ヨ》（詞）の基《モトイ》。雨《アメ》の神《カミ》　風《カゼ》の神《カミ》　岩《イワ》の神《カミ》　荒《アレ》の神《カミ》

地震《ジシン》の神《カミ》　世《ヨ》の基《モト》にして、理《ミチ》実《ミノ》りの常盤《トキワ》の普《フ》
字《ジ》の実《ミノ》り良《ヨ》くも、命《メ》出《デ》度《タ》命《メ》出《デ》度《タ》ざぞ。
弥栄鳴戸《ヤサカナルト》（成答）は、光《コ》の御座《ミクラ》の問《ト》ひに開《ヒラ》
くぞ。八百《ヤホ》の道《ミチ》（理）の寄《ヨ》る　把立名《ハルナ》（榛名）
吾基《アキ》（安芸）時節《ジセツ》来《キ》て、誠《マコト》もの云《イ》ふ神の世《ヨ》の、

夜明《日ア》《ヨア》けの《ノ》神々《⊙⊙》《カミガミ》覚れよと《三十の日十》《サト》、神《⊙》《カム》（可務）露務《の六》《ロム》

可務露基《火六のキ》《カムロキ》　可務露実《火六の三》《カムロミ》の命《三九十百》《ミコト》もち《千》　八百万《八火日の⊙》《ヤホヨロズ》の《ノ》神々《⊙⊙》《カミガミ》

神集《⊙十一》《カミツド》ひに《二十》集ひ《一〇》《ツド》給ひ《一》《タマ》　神計《火六八の》《カムハカ》りに《二八》計り《の〇》《ハカ》給ひ《一》《タマ》　言問《九十十》《コトト》

ひし《一日》草《九三》《クサ》の《ノ》かきは《火キ八》も《百》言止め《九十八⊖》《コトヤ》、天《ア⊖》《アメ》の《ノ》岩戸《一八十》《イワト》（言答《コトド》《イワト》）

開放《ア八七》《アケハナ》ち《千》、天《ア⊖》《アメ》の《ノ》弥栄弥栄《一八三火く》《イヤサカイヤサカ》に《二》智湧《千〇》《チワ》きに智湧《千》《チワ》き《キ》、

大《オオ》実《ミ》光《ヒカ》りの尊《トウト》き御代《ミヨ》ぞ、神《カミ》在《イマ》す天下《アメガシタ》
四方《ヨモ》の国々《クニグニ》 治《シ》ろし食《メ》す 寿命大神《スメオオカミ》（大実親）
の字《チ》の理《ミチ》 網母《モモ》（現実親）の空字《クジ》（国《クニ》） こと
ごとく定《サダ》まりし 弥勒《ミロク》の世《ヨ》とぞ成《ナ》りふるなり。
成《ナ》るは、誠《マコト》の開《ヒラ》きの秘《ヒ》の山《ヤマ》の神基《カミモト》開《ヒラ》く真《マコト》の

神にかゝり給《タマ》ひしぞ。

空《ク》字《ニ》御《ミ》霊《タマ》　大皇《オース》命《メ》神《ガミ》の秘《ヒ》の、仰《アオ》ぐさまの良《ヨ》き時《トキ》ぞ。　理《ミチ》実《ミノ》る世《ヨ》　数《カズ》の極《キワミ》　真理《シンリ》ぞ。

普字《フジ》の山《ヤマ》（不二の大空間）晴《ハ》れたり。　光《ヒカ》り（秘加理）輝《カガ》やきて　御空《ミソラ》に太《フト》まに百草《モモグサ》のかき葉《ハ》も競《キソ》ひかも、寄《ヨ》り集《ツド》ふ誠一《マコトヒト》つの神《カミ》の世《ヨ》ぞ。

読字《ヨミジ》（黄泉）ぞ。くくりし読《ヨミ》は惟完読《カンナガラヨミ》。

軸字《シクジ》　軸字《ジクジ》と木霊《コダマ》と木霊《コダマ》、字開《ジヒラ》き、

数開《カズヒラ》き成《ナ》る言《コト》　網母《モモ》（現実親）に有《ア》り。鳴戸《ナルト》

（成答）　理開《ミチヒラ》きに開《ヒラ》き、貴人《ウズヒト》の御代《ミヨ》成《ナ》り成《ナ》る

ぞ。弥栄《イヤサカ》つぎに通基《ツキ》つきて、御代印し《ミヨジルシ》の基継《モトツ》ぐ成《ナ》るぞ。艮《トド》めに普字《フジ》の神《カミ》産《ウ》み給《タマ》いき、普字《フジ》数叉名立《スサナル》の神《カミ》現《ア》れ　生《イ》き生《イ》き給《タマ》ひき。兹《ココ》に　誘名基《イザナキ》の神《カミ》　神加実達《カミガミタチ》に理給《ミチタマ》ひて、喜《ヨロコ》び光賜《ヒカリタマ》ひき。陽《ヒ》の神《カミ》は秘《ヒ》の国《クニ》、通基《ツキ》の神《カミ》は

実数《ミズ》の国《クニ》　数叉名立神《スサナルカミ》は、名波裸治《ナハラシ》らせ　と給《タマ》ひき。それは、その時《トキ》より　理決《ミチキ》まれる事《コト》にぞあれば、何《ナニ》も彼《カ》も真問《マト》ひ理《ミチ》に来《コ》いとぞ。あななひの道ざぞ。弥栄《イヤサカ》の理《ミチ》ざぞ、あなさやけ、あな清々《スガスガ》し世《ヨ》ぞ。

生《ウマ》れし道《ミチ》ぞ。　都《ミヤコ》も鄙《ヒナ》も皆《ミナ》　大《オー》実《ミ》光《ヒカ》りに寄《ヨ》り集《ツド》ふ　誠一《マコトヒト》つの理《ミチ》なるぞ。　秘《ヒ》文《フミ》の国《クニ》ぞ、言《コト》玉《タマ》の弥《イヤ》栄《サカ》光《ヒカ》る国《クニ》なるぞ。　理《ミチ》の言《コト》　普字《フジ》に印《シル》しあり。　理《ミチ》（真理）の普字《フジ》、早《ハヨ》う開《ヒラ》きそ。

誠《マコト》の空《ク》字《ニ》の御《ミ》光《ヒカ》りの　世《チ》界《カ》の読《ヨミ》（黄泉）喜《ヨロコ》びに

泣《ナ》く時《トキ》来《キ》た印《シル》し文《フミ》。　はらに読《ヨミ》（黄泉）理良《ミチトド》め
成《ナ》る。　問《ト》ひ問《ト》ひ文《フミ》も　解《ト》くなる始《ハジ》め、
天《アメ》のはじめのみひかりなり。
読路《ヨミジ》（黄泉）の玉糸《タマイト》（意答）秘名《ヒナ》の光立《ヒカリタ》つ。
草《クサ》もの云《イ》ふ世《ヨ》となりふなり。　御玉救《ミタマスク》ふ

道《ミチ》　神《カミ》の理《ミチ》開《ビラ》き基《モト》ぞ。　月《ツキ》日《ヒ》出《イ》づ開《ヒラ》きに秘《ヒ》
文《フミ》開《ヒラ》き、　字《ジ》の命《イノチ》開《ヒラ》く極《キワミ》　名《ナ》美《ミ》秘《ヒ》文《フミ》三《ぞ》。　秘《ヒ》文《フミ》
ぞ。　神《カミ》々《ガミ》様《サマ》御《オ》喜《ヨロコ》びざぞ。
今《イマ》は、　神《カミ》解《ワカ》り　解《ワカ》りし字《ジ》に言《コト》玉《タマ》息《イ》吹《ブ》き鳴《ナ》り、
息《イ》吹《ブ》きのまゝに理《ミチ》満《ミ》ち、　元《モト》の大《オー》神《カミ》にこにこ

と捧《ササ》ぐるもの食《メ》し給《タマ》ひ　喜《ヨロコ》び意図《ゴジュウ》の弥栄《イヤサカ》弥栄《イヤサカ》
成《ナ》れる　良《ヨ》き嘉《ヨ》き御代《ミヨ》来《ク》るぞ。
目《メ》で聞《キ》く大神《オーカミ》、世《ヨ》のあななひの友《トモ》、天晴《アッパ》れ
詞数《シスク》食ふ能《ハタラ》き　誠《マコト》の御代《ミヨ》ぞ。　宇宙波（場）知
る場《バ》加《カ》、月日《ツキヒ》御稜威《ミイヅ》の花《ハナ》ぞ。　覚《サト》れ、覚《サト》れと、

言《九十》《コト》、言《九十》《コト》、軸《四九》《ジク》。　百霊《百〇》《ヒャクレイ》の世《日》《ヨ》　玉《〇》《タマ》秘尊《火十十》《ヒトート》き《キ》。
神《⦿》《カミ》の《ノ》実言《三九十》《ミコト》（命）聞《キ》《キ》く《九》身々《三三》《ミミ》　早《八四》《ハヨ》う掃除《十二》《ソージ》一番《一八》《イチバン》ぞ《三》。
掃除《十二》《ソージ》智座《チ九の》《チクラ》、秘継《一二》《ヒツ》ぐ数字《一二》《カズジ》（スジ）大神《〇⦿》《オーカミ》（加実）
絶対《一》《ゼッタイ》開《八》《ヒラ》く元神《百十⦿》《モトカミ》は、独楽《九〇》《コマ》の《ノ》理《三》《リ》、四十七音《四十七ノ》（ひふ
み）四十八音《四十八》（意露波《いろは》）目《⊖》《メ》にもの見せて《二百ノ三千て》神国《⦿九二》《カミグニ》

の、誠《マコト》の善《チ》は、悪魔《アクマ》迄《マデ》皆新《ミナアラ》め生《イ》くの始終光《シジュウコー》

ぞ、惟完《カンナガラ》ざぞ。

字《チ》そそぐ光《ヒカ》り裏《ウラ》（心）山《ヤマ》（大空間）荷《ニ》負《ナ》ふ

母《ハハ》（親）の誠《マコト》に覚《サ》め、字《ジ》開《ヒラ》く命《イノチ》ぞ。

普字《フジ》に花咲《ハナサ》く御代《ミヨ》嬉《ウレ》し嬉《ウレ》し、早《ハヨ》う光《コ》の

文路《フミジ》知らせたり。急《イソ》ぐ心《ココロ》ぞ。読字《ヨミジ》（黄泉）

弥栄《ヤサカ》に光《ヒカ》り文成《フミナ》るぞ。

文命《フミミコト》の言《コト》の御代《ミヨ》の、月《ツキ》の光《ヒカ》りなり。

五十意図始《タマイトハジ》めの光《ヒカ》り知《シ》りて、尊《トート》き御代《ミヨ》とぞなりふる誠《マコト》の神《カミ》のふでなるぞ。心《ココロ》しめて読《ヨ》む時《トキ》ぞ。　真言《マコト》の神《カミ》と飛来《ヒライ》の神《カミ》と皆和《ミナワ》す時《トキ》き成《ナ》るぞ。　あら楽《タノ》し、　あなさやけ、　普字《フジ》は晴《ハ》れたり　言答《イワト》開《ア》けたり。　あなさやけ　おけ、　後《ノチ》の世《ヨ》に書《カ》きしるすぞ、　日月《ヒツギ》の神《カミ》　書《カ》き印《シル》すぞ。

ひふみ神示 第十七巻

自 昭和二十年九月 十 日

至 昭和二十年十月三十日

三七八帖―三九六帖

二日ん《ジシン》の巻

全十九帖

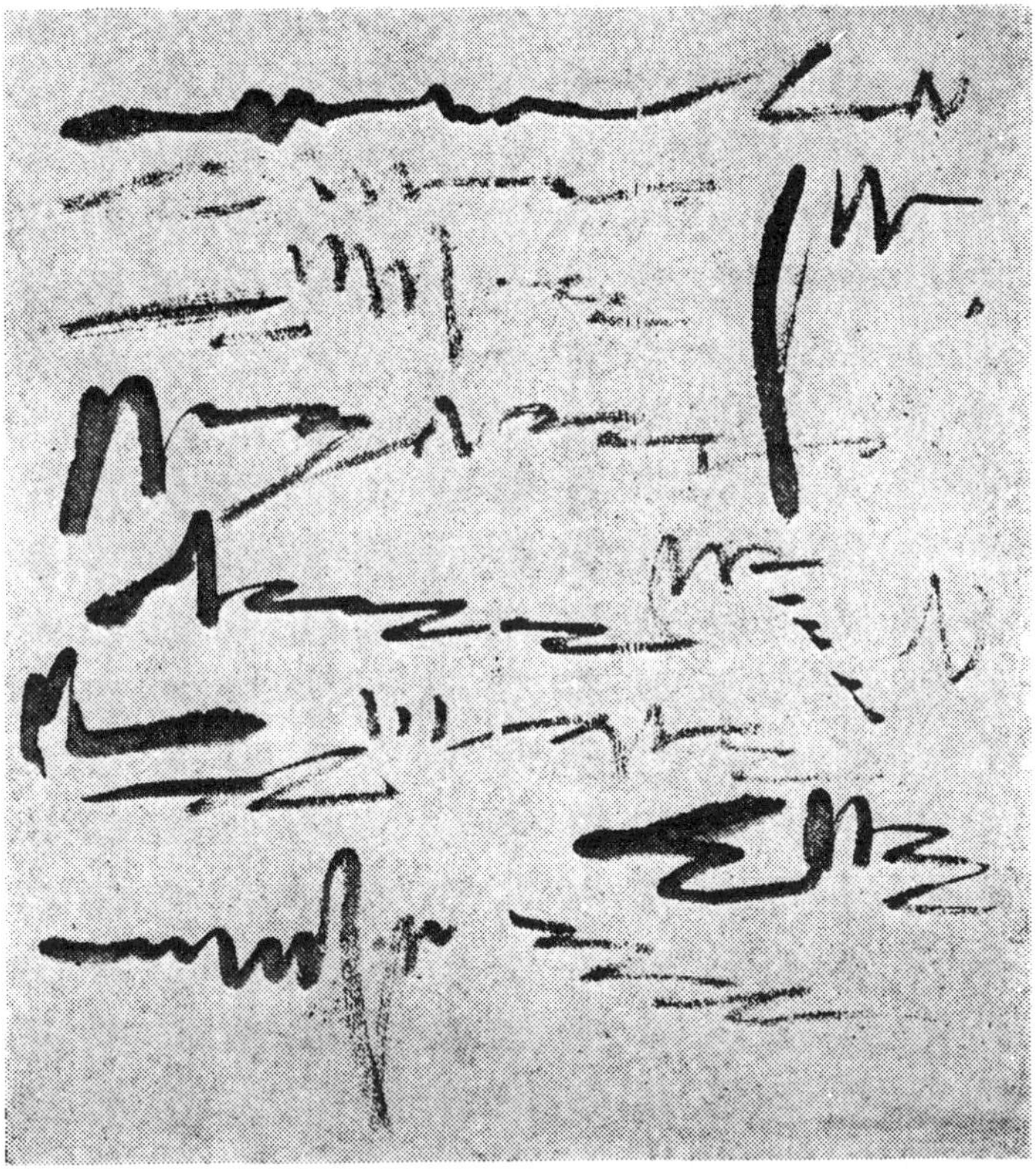

— 第 1 帖 —

第一帖

われわれの一切は生れつつある。神も、宇宙も、森羅万象の悉くが、常に生れつつある。太陽は太陽として、太陰は太陰として、絶えず生れつづけている。一定不変の神もなければ、宇宙もない。常に弥栄えつつ、限りなく生れに生れゆく。過去もなければ、現在もなく、未来もない。只存在するものが生れに生れつつある。生もなければ死もない。善も思わず真も考えず美も思わない。只自分自身のみの行為はない。只生れゆき栄えゆくのみである。善を思い悪を思うのは、死をつくり生をつくり出すことである。故に地上人が自分自身でなすことには、総て永遠の生命なく、弥栄はあり得ない。何故ならば、地上人は、地上人的善を思い、悪を思い、真を思い、偽を思うからである。思うことは行為することである。生前、生後、死後は一連の存在であって、そこには存在以外の何ものもないのである。存在は生命であり、生れつつあるもの、そのものである。何ものも、それ自らは存在しない。弥栄しない。必ず、その前なるものによって呼吸し、脈うち、生命し、存在し、弥栄する。また、総てのものの本体は、無なるが故に永遠に存在する。地上人は、生前に生き、生前に向って進みゆく。また、地上人は、地上に生き、地上に向って進みゆく。また、地上人は、死後に生き、死後に向って進みゆく。しかし、その総ては神の中での存在であるから、それ自体のものはない。善でもなく、悪でもなく、只生れつつあるのみ。霊人に空間はない。それは、その内にある情動によって定まるが故である。また、その理によって一定せる方位もない。また時間もなく只情動の変化があるのみである。地上人は、肉体を衣とするが故に、宇宙の総てを創られたものの如く考えるが、創造されたものではない。創造されたものならば、永遠性はあり得ない。宇宙は、神の中に生み出され、神と共に生長し、更に常に神と共に永遠に生れつつある。その用は愛と現われ、真と見ゆるも、愛と云うものはなく、また、真なるものも存在しない。只大歓喜のみが脈うち、呼吸し、生長し、存在に存在しつつ弥栄するのである。存在は千変万化する形に於て、絶えず弥栄する。それは⦿であり、◎なるが故である。⦿は大歓喜の本体であり、◎はその用である。それは、善でもなく悪でもない。真でもなく偽でもない。美でもなく醜でもない。また愛でもなく憎でもない。プラスでもなければマイナスでもない。しかし、善の因と真の因とが結合し、悪の因と偽の因とが結合し、美の因と愛の因とが結合し、醜の因と憎の因とが結合して、二義的には現われ、働き、存在として、またはたらく。善因は偽因と結合せず、悪因は真因と結合しない。これらの総ては、これ生みに生み、成りに成りて、とどまるところを知らない。それは、神そのものが絶えず、鳴り成り、成り鳴りてやまず、止まる所なく生長し、歓喜しつつあるがためである。神が意志するということは、神が行為することである。そして、さらに神の行為は、弥栄であり、大歓喜である。神の歓喜をそのまま受け入れる霊人とは、常に対応し、地上人として地上に生命し、また霊人として霊界に生命する。神の歓喜を内的にうけ入れる霊人の群は無数にあり、これを日の霊人と云う。神の歓喜を外的にうけ入れる霊人の群も無数にあり、これを月の霊人と云う。月の霊人の喜びが、地上人として地上に生れてくる場合が多い。日の霊人は、神の歓喜をその生命に吸い取るが故に、そのままにして神に抱かれ、神にとけ入り、直接、地上人として生れ出ることは、極めてまれである。月の霊人は、神の歓喜をその智の中にうけ入れる。故に、神に接し得るのであるが、全面的には解け入らない。地上人は、この月の霊人の性をそのままうけついでいる場合が多い。日の霊人は、神の歓喜を、そのまま自分の歓喜とするが故に、何等それについて疑いをもたない。月の霊人は、神の歓喜を歓喜として感じ、歓喜としてうけ入れるが故に、これを味わわんとし、批判的となる。ために二義的の歓喜となる。故に、日の霊人と月の霊人とは、同一線上には住み得ない。おのずから、別の世界を創り出すが故に、原則としては、互に交通し得ないのである。この二つの世界の中間に、その融和、円通をはかる霊人と、その世界が存在する。これによって、二つの世界、二つの生命集団が円通し、常に弥栄するのである。地上人と霊人との間も同様、直接、全面的な交流はあり得ない。それは、別の世界に住んでいるためであって、その中間の半物、半霊の世界と、霊人がいて、常にその円通をはかっている。以上の如くであるから、日と月、愛と信、善と美も、本質的なものではなく、二義的なものである。

— 第 2 帖 —

第二帖

天界も無限段階、地界も無限段階があり、その各々の段階に相応した霊人や地上人が生活し、歓喜している。その霊人たちは、その属する段階以外の世界とは、内的交流はあっても、全面的交流はないのである。何故ならば、自らなる段階的秩序を破るからである。秩序、法則は、神そのものであるから、神自身もこれを破ることは許されない。しかし、同一線上に於ける横の交流は、可能である。それは丁度、地上に於ける各民族がお互に交流し、融和し得るのと同様である。総て分類しなければ生命せず、呼吸せず、脈うたない。分類しては、生命の統一はなくなる。其処に、分離と統合、霊界と現実界との微妙極まる関係が発生し、半面では、平面的には割り切れない神秘の用が生じてくる。一なるものは、平面的には分離し得ない。二なるものは、平面的には一に統合し得ないのである。分離して分離せず、統合して統合せざる、天地一体、神人合一、陰陽不二の大歓喜は、立体的神秘の中に秘められている。、については一なるも、○に於ては二となり三となり得るところに、永遠の生命が歓喜する。一は一のみにて一ならず、善は善のみにて善ならず、また、真は真のみにて真となり得ない。神霊なき地上人はなく、地上人とはなれた神霊は、存在しない。しかし、大歓喜にましますのゝは、そのままで成り鳴りやまず存在し、弥栄する。それは、立体を遙かに越えた超立体、無限立体的無の存在なるが故である。霊人は、その外的形式からすれば地上人であり、地上人は、その内的形式からすれば霊人である。生前の形式は、生後の形式であり、死後の形式である。即ち、死後は生前の形式による。形式は愛と現われ、真と現われ、善と現われ、美と現われる。而して、その根幹をなし、それを生命させるのは歓喜であって、歓喜なき所に形式なく、存在は許されない。愛の善にして真の美と合一しなければ呼吸せず、現の現人にして霊の霊人と合一しなければ生命しない。これら二つが相関連せるを外の真と云う。外の愛も外の真も共に生命する。人間に偽善者あり、霊界に偽善霊の存在を許されたるを見れば判るであろう。表面的なるものの動きも、内面的に関連性をもつ。故に、外部的にまげられたる働きの許されてあるを知ることができるであろう。許されてはいるが、それは絶えず浄化し、弥栄すればこそである。浄化し弥栄しゆく悪は悪でなく、偽は偽でない。動かざる善は善でなく、進展せぬ真は真でない。更に善を善とし、悪を悪として、それぞれに生かし弥栄するのを歓喜と云う。歓喜は神であり、神は歓喜である。一から一を生み、二を生み、三を生み、無限を生みなすことも、みなこれ歓喜する歓喜の現われの一つである。生み出したものなればこそ、生んだものと同じ性をもって弥栄える。故に本質的には善悪のないことが知られるであろう。死後の世界に入った最初の状態は生存時と殆ど変化がない。先に霊人となっている親近者や知人と会し、共に生活することもでる。夫婦の場合は、生存時と同様な夫婦愛を再びくりかえすことができるのである。霊界は、想念の世界であるから、時間なく、空間なく、想念のままになるのである。しかし、かくの如き死後の最初の状態は長くはつづかない。何故ならば、想念の相違は、その住む世界を相違させ、その世界以外は想念の対象とならないからである。而して、最初の状態は、生存時の想念、情動がそのままにつづいているから、外部的のもののみが強く打ち出される。故に、外部の自分に、ふさわしい環境におかれるが、次の段階に入っていくと、外部的のものは漸次うすれて、内分の状態に入っていくのである。内分と外分とは、互に相反するが、霊人の本態は内分にあるのであるから、この段階に入って始めて本来の自分にかえるのである。生存時に於ては、地上的な時、所、位に応じて語り、行為するが為に、限られたる範囲外には出られないが、内分の自分となれば、自由自在の状態におかれる。生存時に偽りのなかった霊人は、この状態に入って始めて真の自分を発見し、天国的光明の扉をひらくのである。偽の生活にあった霊人は、この状態に入った時は、地獄的暗黒に自分自身で向うのである。かくすることによって、生存時に於ける、あらゆる行為が情算されるのである。この状態に入ったならば、悪的なものは益々悪的なものを発揮し、善的なものは善的な力を益々発揮する。故に、同一の環境には住み得ないのである。かくして、諸霊人は最後の状態に入り、善霊は善霊のみ、悪霊は悪霊のみ、中間霊は中間霊のみの世界に住み、善霊は善霊のみの、悪霊は悪霊のみのことを考え、且つ行為することになる。そして、それは、その時の各々にとっては、その時の真実であり、歓喜である。

— 第 3 帖 —

第三帖

愛の影には真があり、真の影には愛がはたらく。地上人の内的背後には霊人があり、霊人の外的足場として、地上人が存在する。地上人のみの地上人は存在せず、霊人のみの霊人は呼吸しない。地上人は常に霊界により弥栄する。弥栄は順序、法則、形式によりて成る。故に、順序を追わず、法則なく、形式なき所に弥栄なく、生れ出て呼吸するものはあり得ない。個の弥栄は、全体の弥栄である。個が、その個性を完全に弥栄すれば全体は益々その次を弥栄する。個と全体、愛と真との差が益々明らかになれば、その結合は益々強固となるのが神律である。霊界と物質界は、かくの如き関係におかれている。其処にこそ、大生命があり、大歓喜が生れ、栄えゆくのである。更に、極内世界と極外世界とが映像され、その間に中間世界がまた映像される。極内世界は生前、極外世界は死後、中間世界は地上世界である。極内は極外に通じて㋹を為す。すべて一にして二、二にして三であることを理解せねばならない。かくして、大神の大歓喜は、大いなる太陽と現われる。これによりて、新しく総てが生れ出る。太陽は、神の生み給えるものであるが、逆に、太陽から神が、更に新しく生れ給うのである。のは絶えずくりかえされ、更に新しき総ては、神の中に歓喜として孕み、生れ出て、更に大完成に向って進みゆく。親によって子が生れ、子が生れることによって親が新しく生れ出ずるのであることを知らねばならない。されば、その用に於ては千変万化である。千変万化なるが故に、一である。一なるが故に、永遠である。愛は愛に属する総てを愛とし、善となさんとするが故に悪を生じ、憎を生じ、真は真に属する総てを真とし美となさんとする故に偽を生じ、醜を生ずるのである。悪あればこそ、善は善として使命し、醜あればこそ、美は美として生命するのである。悪は悪として悪を思い、御用の悪をなし、醜は醜として醜を思い、御用の醜を果す。共に神の御旨の中に真実として生きるのである。真実が益々単にして益々充実し、円通する。されば、⦿の中のヽの中なる⦿のヽの中なる一切万象、万物中の最も空にして無なるものの実態である。これが、大歓喜そのものであって、神は、このヽに弥栄し給えるが故に、最外部の○の外にも弥栄し給うことを知覚し得るのである。始めなき始めのヽの真中の真空にいますが故に、終りなき終りの○の外の無にいまし、中間に位する力の◎の中に生命し給うのである。一物の中のヽなるが故に一物であり、万象万物であることを知覚しなければならない。生前の様相であり、呼吸するが故に死後の呼吸とつづき、様相として弥栄ゆるのである。神が生み、神より出て、神の中に抱かれているが故に神と同一の歓喜を内蔵して歓喜となる。歓喜に向うとは親に向うことであり、根元に通ずることである。世をすて、外分的、肉体的諸欲をすてた生活でなければ、天国に通じ得ぬと考えるのは誤りである。何故ならば、地上人に於ける肉体は、逆に霊の守護をなす重大な役目をもっているからである。地上人が、その時の社会的、物質的生活をはなれて、霊的生活にのみ入ると云うのは大いなる誤りであって、社会生活の中に行ずることが、天国への歩みであることを知らねばならない。天国をうごかす力は地獄であり、光明を輝かす力は暗黒である。地獄は天国あるが故であり、暗は光明あるが故である。因が果にうつり、呼が吸となりゆく道程に於て、歓喜は更に歓喜を生ず。その一方が反抗すればするだけ他方が活動し、また、強力に制しようとする。呼が強くなれば吸も強くなり吸が長くなれば呼もまた長くなる。故に地獄的なものも天国的なものも同様に、神の呼吸に属し、神の脈うつ一面の現われであることを知らねばならない。天国に限りなき段階と無数の集団があると同様に、地獄にも無限の段階と無数の集団がある。何故ならば、天国の如何なる状態にも対し得る同様のものが自らにして生み出されねばならぬからであって、それにより、大いなる平衡が保たれ、呼吸の整調が行なわれるからである。この平衡の上に立つ悪は悪ではなく、偽は偽でなく、醜は醜でなく、憎は憎でなく、また地獄は地獄でない。地獄は本来ないのである。また、この平衡の上におかれた場合は、善も善でなく、美も美でなく、愛も愛でなく、そこでは、天国も天国ではない。只ひたすらなる大歓喜が弥栄ゆるのみである。

— 第 4 帖 —

第四帖

同気同類の霊人は、同一の情態で、同じ所に和し、弥栄え、然らざるものは、その内蔵するものの度合に正比例して遠ざかる。同類は相寄り、相集まり、睦び栄ゆ。生前の世界は、地上人の世界の原因であり、主体であるが、また死後の世界に通ずる。同気同一線上にいる霊人たちは、且って一度も会せず語らざるも、百年の友であり、兄弟姉妹である如くに、お互いに、その総てを知ることができる。生前の世界に於ける、かかる霊人が肉体人として生れ出でた場合の多くは、同一の思想系をもつ。但し、地上人としては、時間と空間に制限されるが故に相会し、相語られざる場合も生じてくる。また、生前の生活と同様のことを繰返すこともある。霊人の同一線上にある場合は、その根本的要貌は非常に似ているが、部分的には相違し、同一のものは一としてない。そこに、存在の意義があり、真実の道が弥栄え、愛を生じ、真が湧き出てくるのである。生前の霊人の場合は、自分自身のもつ内の情動はそのままに、その霊体の中心をなす顔面に集約され、単的に現われていて、いささかも反する顔面をもつことは許されない。一時的に満すことはできても、長くは続かない。この情態の原理は、地上人にも、反影している。生前の世界は、以上の如くであるから、同一状態にある霊人が多ければ、その団体の大きく、少なければ、その集団は小さい。数百万霊人の集団もあれば、数百、数十名で一つの社会をつくる団体もある。各々の団体の中には、また特に相似た情動の霊人の数人によって、一つの家族的小集団が自らにしてでき上っている。そしてまた、各々の集団の中心には、その集団の中にて最も神に近い霊人が座を占め、その周囲に幾重にも、内分の神に近い霊人の順に座をとりかこみ運営されている。若しそこに、一人の場所、位置、順序の間違いがあっても、その集団は呼吸しない。而して、それは一定の戒律によって定められたものではなく、惟神の流れ、則ち歓喜によって自ら定まっているのである。またこれら集団と集団との交流は、地上人の如く自由ではない。総ては㋹の、を中心として㋹の姿を形成しているのである。、と○とを、生前の世界に於て分離することは極めて至難ではあるが、或段階に進むときは一時的に分離が生ずる。しかし、この場合も、は、であり○は○である。これが地上世界の行為に移りたる場合は、不自由不透明な物質の約束があるため、その分離、乱用の度が更に加わって、真偽混乱に及ぶものである。悪人が善を語り、善をなし、真を説くことが可能となるが如く写し出されるのである。生前界では、悪を意志して悪を行なうことは、御用の悪として自ら許されている。許されているから存在し行為し現われているのである。この場合の悪は、悪にあらずして〇の〇であることを知らねばならない。即ち、道を乱すが故である。地上人の悪人にも善人にも、それは強く移写される。愛は真により、真は愛より向上し、弥栄する。その根底力をなすは歓喜である。故に、歓喜なき所に真実の愛はない。歓喜の愛は、これを愛の善と云う、歓喜なき愛を、愛の悪と云うのである。その歓喜の中に、また歓喜があり、真があり、真の真と顕われ、〇となり、ヽと集約され、その集約のヽの中に〇を生じ、更に尚、ヽと弥栄ゆる。生前の世界、死後の世界を通じて、一貫せる大神の大歓喜の流れ行く姿がそれである。大神は常に流れ行きて、一定不変ではない。千変万化、常に弥栄する姿であり、大歓喜である。完成より大完成へ向い進む大歓喜の呼吸である。されど、地上人に於ては、地上的物質に制限され、物質の約束に従わねばならぬ。其処に時間を生じ、距離を生じ、これを破ることはできない。故に同時に、善と悪との両面に通じ、両面に生活することとなるのである。其処に、地上人としての尊きかなしさが生じてくる。霊人に於ては、善悪の両面に住することは、原則として許されない。一時的には仮面をかむり得るが、それは長くつづかず、自分自身絶え得ぬこととなる。地上人と雖も、本質的には善悪両面に呼吸することは許されていない。しかし、悪を抱き参らせて、悪を御用の悪として育て給わんがために課せられたる地上人の光栄ある大使命なることを自覚しなければならない。悪と偽に、同時にはいることは、一応の必要悪、必要偽として許される。何故ならば、それがあるために弥栄し、進展するからである。悪を殺すことは、善をも殺し、神を殺し、歓喜を殺し、総てを殺す結果となるからである。霊物のみにて神は歓喜せず、物質あり、物質と霊物との調和ありて、始めて力し、歓喜し、弥栄するからである。霊は絶えず物を求め、物は絶えず霊を求めて止まぬ。生長、呼吸、弥栄は、そこに歓喜となり、神と現われ給うのである。霊人も子を生むが、その子は歓喜である。歓喜を生むのである。

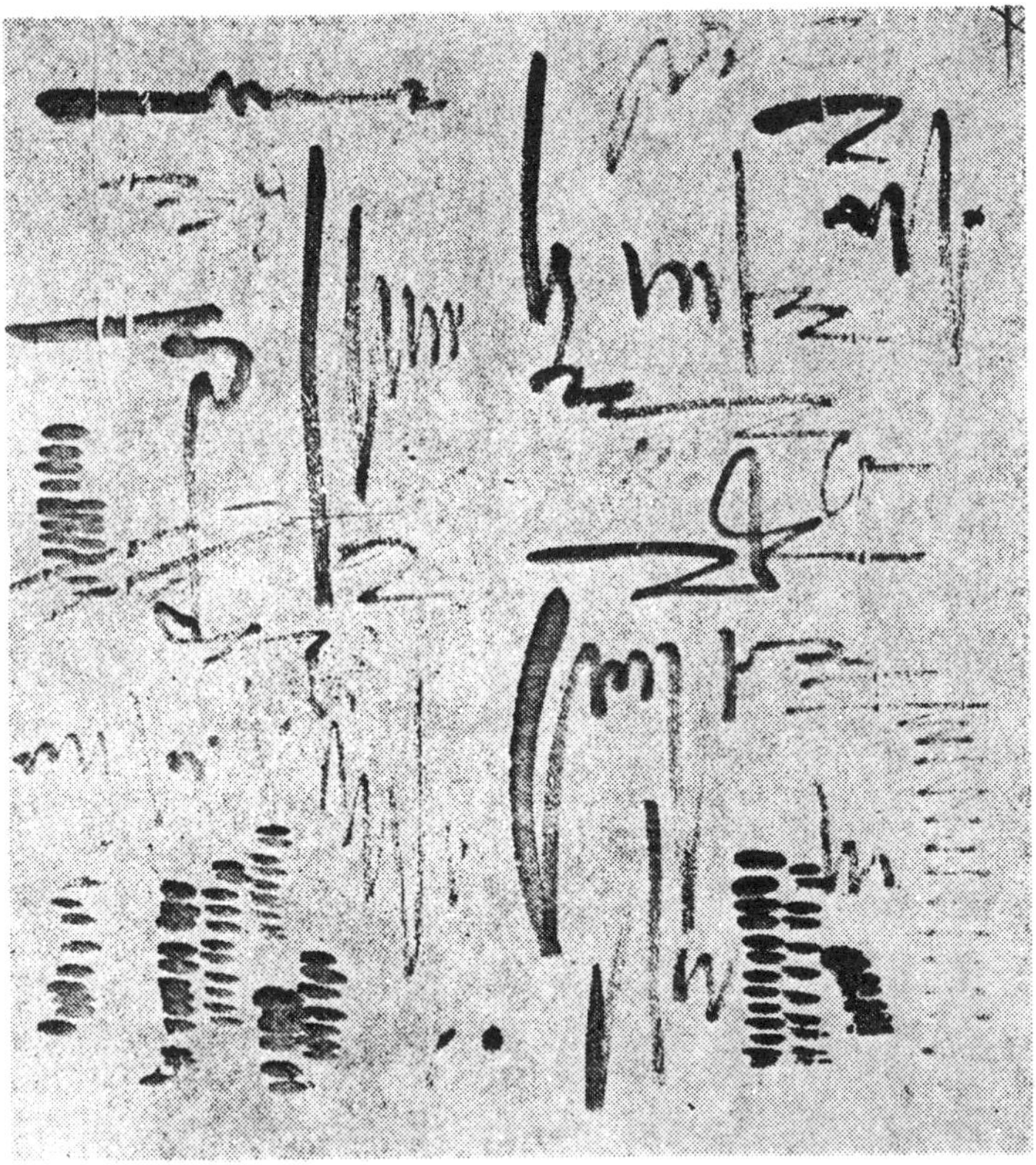

— 第 5 帖 —

第五帖

全大宇宙は、神の外にあるのではなく、神の中に、神に抱かれて育てられているのである。故に、宇宙そのものが、神と同じ性をもち、同じ質をもち、神そのものの現われの一部である。過去も、現在も、未来も一切が呼吸する現在の中に存し、生前も死後の世界もまた神の中にあり、地上人としては地上人の中に、霊界人にありては霊界人の中に存在し、呼吸し、生長している。故に、その全体は常に雑多なるものの集合によって成っている。部分部分が雑多なるが故に、全体は存在し、力し、弥栄し、変化する。故に、歓喜が生ずる。本質的には、善と真は有であり、悪と偽は影である。故に、悪は悪に、偽は偽に働き得るのみ。影なるが故に悪は善に、偽は真に働き得ない。悪の働きかけ得る真は、真実の真ではない。悪は総てを自らつくり得、生み得るものと信じている。善は総てが神から流れ来り、自らは何ものをも、つくり得ぬものと信じている。故に、悪には本来の力なく、影にすぎない。善は無限の力をうけるが故に、益々弥栄する。生前の世界は有なるが故に善であり、死後の世界も同様である。生前の自分の行為が地上人たる自分に結果して来ている。生前の行為が生後審判され、酬いられているのではあるが、それは、悪因縁的には現われない。そこに、神の大いなる愛の現われがあり、喜びがある。悪因縁が悪として、また善因縁は善として、生後の地上人に現われるのではない。何故ならば、大神は大歓喜であり、三千世界は、大歓喜の現われなるが故にである。地上人的に制限されたる感覚の範囲に於ては、悪と感覚し、偽と感覚し得る結果を来す場合もあるが、それは何れもが弥栄である。これを死後の生活にうつされた場合もまた同様であって、そこには地獄的なものはあり得ない。川上で濁しても川下では澄んでいると同様である。要するに、生前には、地獄がなく、生後にも、死後にもまた地獄はないのである。この一貫して弥栄し、大歓喜より大々歓喜に、更に超大歓喜に向って弥栄しつつ永遠に生命する真相を知らねばならぬ。しかし、天国や極楽があると思念することは既に無き地獄を自らつくり出し、生み出す因である。本来なきものをつくり出し、一を二にわける。だが、分けることによって力を生み弥栄する。地獄なきところに天国はない。天国を思念する処に地獄を生ずるのである。善を思念するが故に、悪を生み出すのである。一あり二と分け、はなれてまた、三と栄ゆるが故に歓喜が生れる。即ち、一は二にして、二は三である。生前であり、生後であり、死後であり尚それらの総ては〇である。○はのであり⊙であり、ヽと集約される。故に、これらの総ては無にして有である。人の生後、即ち地上人の生活は、生前の生活の延長であり、また死後の生活に、そのままにして進み行く、立体となり、立々体と進み、弥栄する処につきざる歓喜があり、善悪美醜の呼吸が入り乱れつつ調和して、一の段階より二の段階へ、更に三の段階へと弥栄浄化する。浄化、弥栄することにより、善悪美醜のことごとくは歓喜となる。故に、神の中に神として総てが弥栄するのである。悉くの行為が批判され、賞罰されねばならぬと考える地上人的思念は、以上述べた神の意志、行為、弥栄と離れたものである。歓喜に審判なく、神に戒律はない。戒律は弥栄進展を停止断絶し、審判は歓喜浄化を裁く。このことは神自らを切断することである。裁きはあり得ず戒律はつくり得ず、すべてはこれ湧き出づる歓喜のみの世界なることを知らねばならない。行為は結果である。思念は原因である。原因は結果となり、結果は只、結果のみとして終らず、新しい原因を生む。生前の霊人は、生後の地上人を生む。地上人は死後の霊人を生み、死後人たる結果は、更に原因となりて生前の霊人を生む。⊙はのとなりて廻り、極まるところなくして弥栄える。以上述べた処によって、これら霊人、地上人、地上人の本体が歓喜と知られるであろう。されば、常に歓喜に向ってのみ進むのである。これは只、霊人や地上人のみではない。あらゆる動物、植物、鉱物的表現による森羅万象の悉くが同様の律より一歩も出でず、その極内より極外に至るのみ。故に地上世界の悉くは生前世界にあり、且つ死後の世界に存在し、これらの三は極めて密接なる関係にあり、その根本の大呼吸は一である。生前の呼吸はそのまま生後、死後に通ずる。地上に於ける総ては、そのままにして生前なるが故に、生前の世界にも、家あり、土地あり、山あり、川あり、親あり、子あり、夫婦あり、兄弟姉妹あり、友人あり、また衣類あり、食物あり、地上そのままの生活がある。地上人、地上生活を中心とすれば、生前、死後は映像の如く感覚されるものである。しかし、生前よりすれば、地上生活、物質生活は、その映像に過ぎないことを知らねばならぬ。時、所、位による美醜、善悪、また過去、現在、未来、時間、空間の悉くを知らんとすれば、以上述べたる三界の真実を知らねばならぬ。

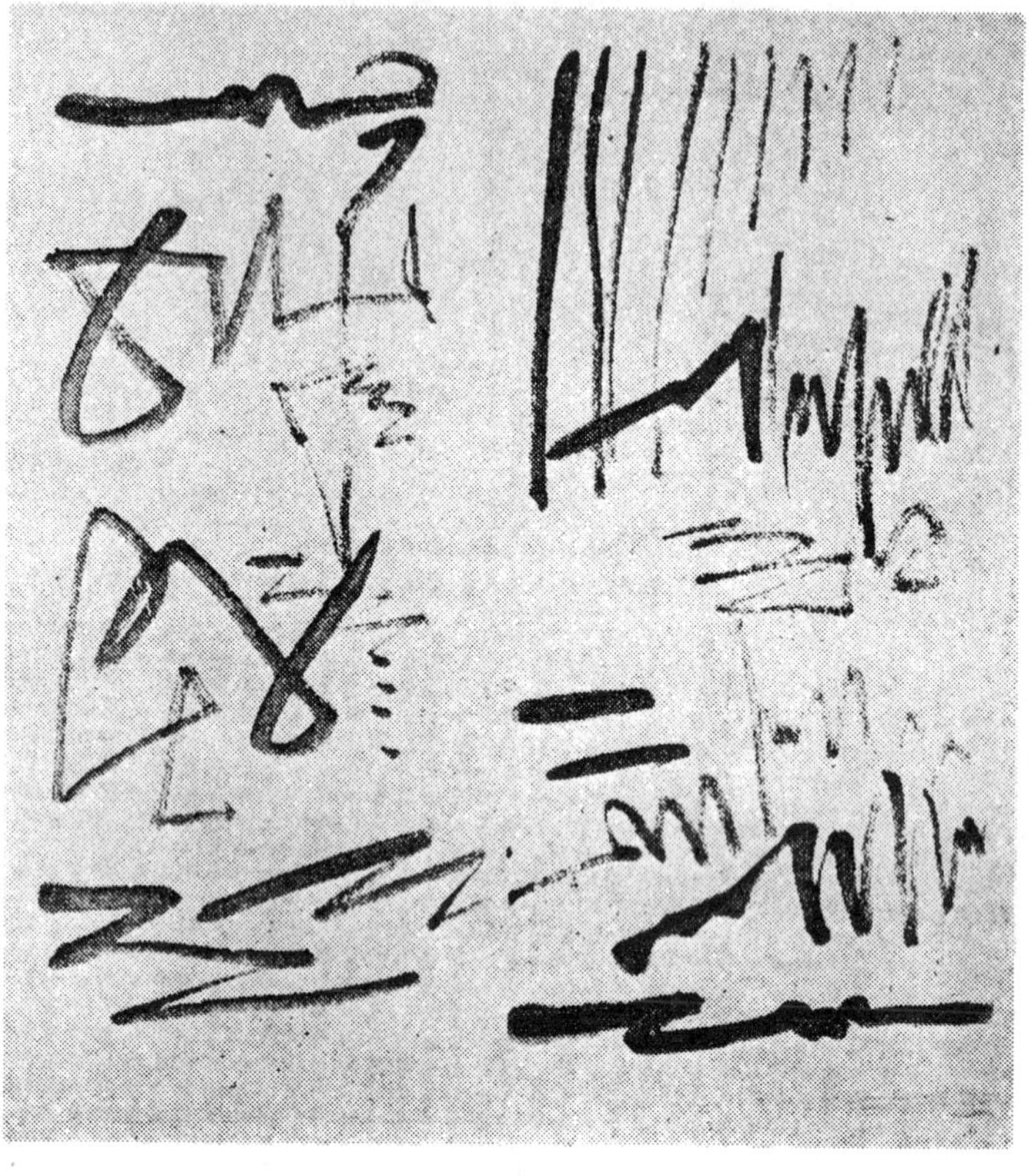

— 第 6 帖 —

第六帖

霊界人は、その向いている方向が北である。しかし、地上人の云う北ではなく、中心と云う意味である。中心は、歓喜の中の歓喜である。それを基として前後、左右、上下その他に、無限立体方向が定まっているのである。霊界人は地上人が見て、何れの方向に向っていようと、その向っている方向が中心であることを理解しなければならない。故に、霊人たちは、常に前方から光を受け、歓喜を与えられているのである。それは絶えざる愛であり、真理と受取られ、それを得ることによって霊人たちは生長し、生命しているのである。要するに、それは霊人たちの呼吸と脈搏の根元をなすものである。地上人から見て、その霊人たちが各々異った方向にむかっていようとも、同じく、それぞれの中心歓喜に向って座し、向って進んでいる。上下、左右、前後に折り重なっていると見えても、それは、決して、地上人のあり方の如く、霊人たちには障害とならない。各々が独立していて、他からの障害をうけない。しかし、その霊人たちは極めて密接な関係におかれていて、全然別な存在ではない。各自の眼前に、それ相応な光があり、太陽があり、太陰があり、歓喜がある。

それは、霊人たちが目でみるものではなく、額で見、額で感じ、受け入れるのであるが、その場合の額は、身体全体を集約した額である。地上人に於ても、その内的真実のものは額でのみ見得るものであって、目に見え、目にうつるものは、地上的約束下におかれ、映像された第二義的なものである。映像として真実であるが、第一義的真理ではない。故に、地上人の肉眼に映じたままのものが霊界に存在するのでない。内質に於ては同一であるが、現われ方や位置に於ては相違する。故に、霊界人が現実界を理解するに苦しみ、地上人は霊界を十分に感得し得ないのである。霊人の中では太陽を最も暗きものと感じて、太陽に背を向けて呼吸し、生長していると云う。地上人には理解するに困難なことが多い。要するに、これらの霊人は、反対のものを感じ、且つうけ入れて生活しているのであるが、其処にも、それ相当な歓喜があり、真実があり、生活がある。歓喜のうけ入れ方や、その厚薄の相違はあるが、歓喜することに於ては同様である。歓喜すればこそ、彼の霊人たちは太陽に背を向け、光を光と感得し得ずして、闇を光と感得していることを知らねばならぬ。この霊人たちを邪霊と呼び、邪鬼と云い、かかる霊人の住む所を地獄なりと、多くの地上人は呼び且つ感じ、考えるのである。しかし、それは本質的には地獄でもなく、邪神、邪霊でもない。霊界に於ては、思念の相違するものは同一の場所には存在しない。何故ならば、思念による思念の世界につながる故である。現実的にみては折り重なって、この霊人たちが生活するとも、全然その感覚外におかれるために、その対象とはならない。地上人に於ても原則としては同様であるが、地上的、物質的約束のもとにあるため、この二者が絶えず交叉混交する。交叉混交はしても、同一方向には向っていない。そこに地上人としての霊人に与えられていない特別の道があり、別の使命があり、別の自由が生じてくるのである。

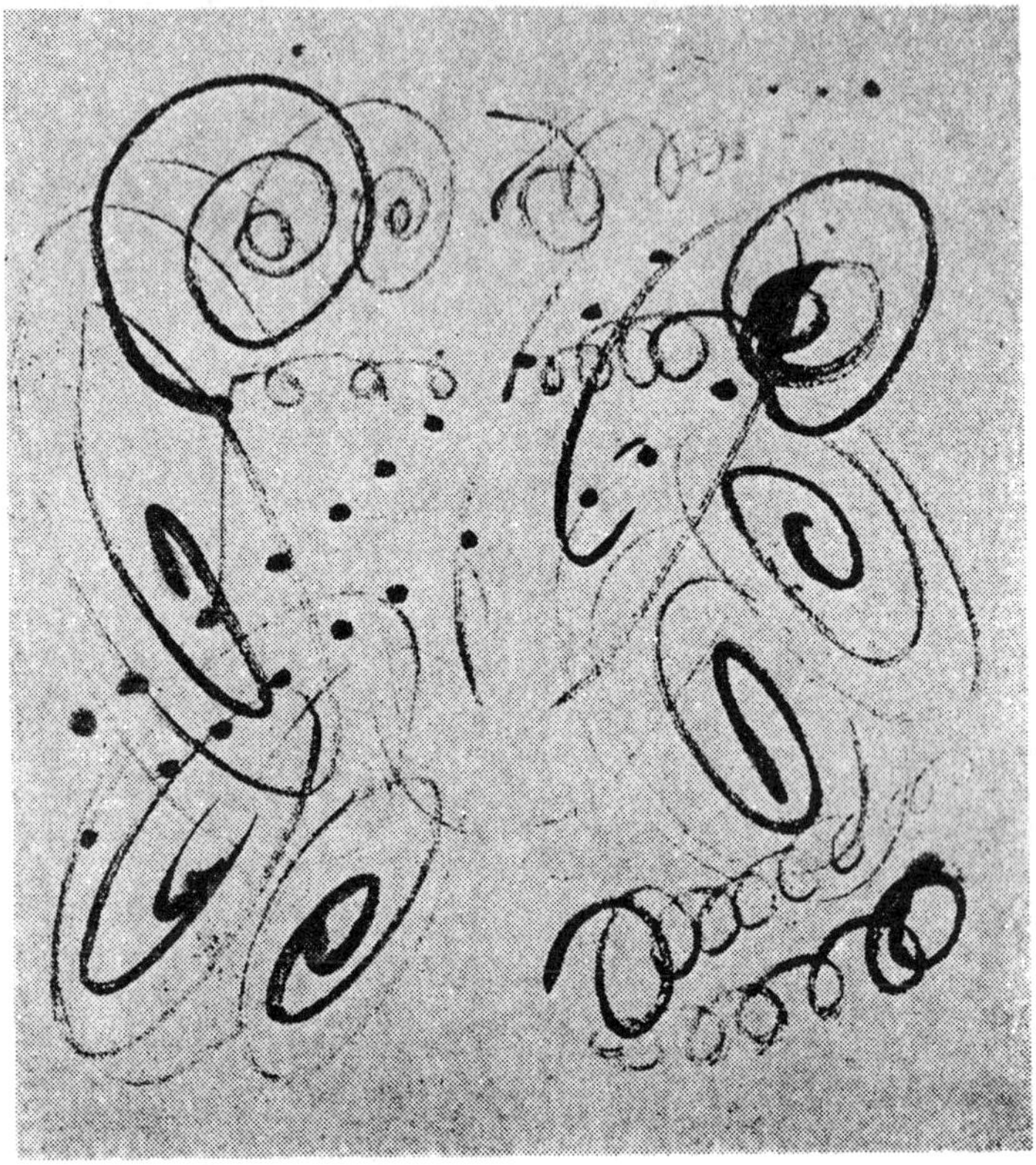

— 第 7 帖 —

第七帖

地上には、地上の順序があり、法則がある。霊界には、霊界の順序があり、法則がある。霊界が、原因の世界であるからと云って、その秩序、法則を、そのまま地上にはうつし得ず、結果し得ないのである。また地上の約束を、そのまま霊界では行ない得ない。しかし、これらの総ては大神の歓喜の中に存在するが故に、歓喜によって秩序され、法則され、統一されているのである。その秩序、法則、統一は、一応完成しているのであるが、その完成から次の完成へと弥栄する。故にこそ弥栄の波調をもって全体が呼吸し、脈搏し、歓喜するのである。これが、生命の本体であって、限られたる智によって、この動きを見るときは、悪を許し、善の生長弥栄を殺すが如くに感ずる場合もある。しかし、これこそ善を生かして、更に活力を与え、悪を浄化して必用の悪とし、必然悪として生かすのである。生きたる真理の大道であり、神の御旨なることを知り得るのである。本来悪はなく暗はなく、地獄なきことを徹底的に知らねばならない。これは生前、生後、死後の区別なく、総てに通ずる歓喜である。一の天界に住む天人が、二の天界に上昇した時、一の天界は、極めて低い囚われの水の世界であったことを体得する。更に一段上昇、昇華して三の段階に達した時も同様である。地上人的感覚によれば、二の天界に進んだ時、一の天界は悪に感じられ、三の天界に進んだ時、一の天界は最悪に、二の天界は悪に感じられる場合が多い。悪的感覚と悪的実態は自ら別であるが、この実状を感覚し分け得た上、体得する霊人は極めて少ない如く、地上人に到りては極めて稀であることを知らなくてはならない。悪を悪なりと定めてしまって、悪は総て祖先より、或いは原因の世界より伝えられたる一つの因果であると云う平面的、地上的考え方の誤っていることは、以上述べた処で明白となり、己を愛するは、先ず悪の第一歩なりと考える。その考えが悪的であることを知らねばならぬ。来るべき新天地には、悪を殺さんとし悪を悪として憎む思念はなくなる。しかし、それが最高の理想郷ではない。更に弥栄して高く、深く、歓喜に満つ世界が訪れることを知り、努力しなければならぬ。

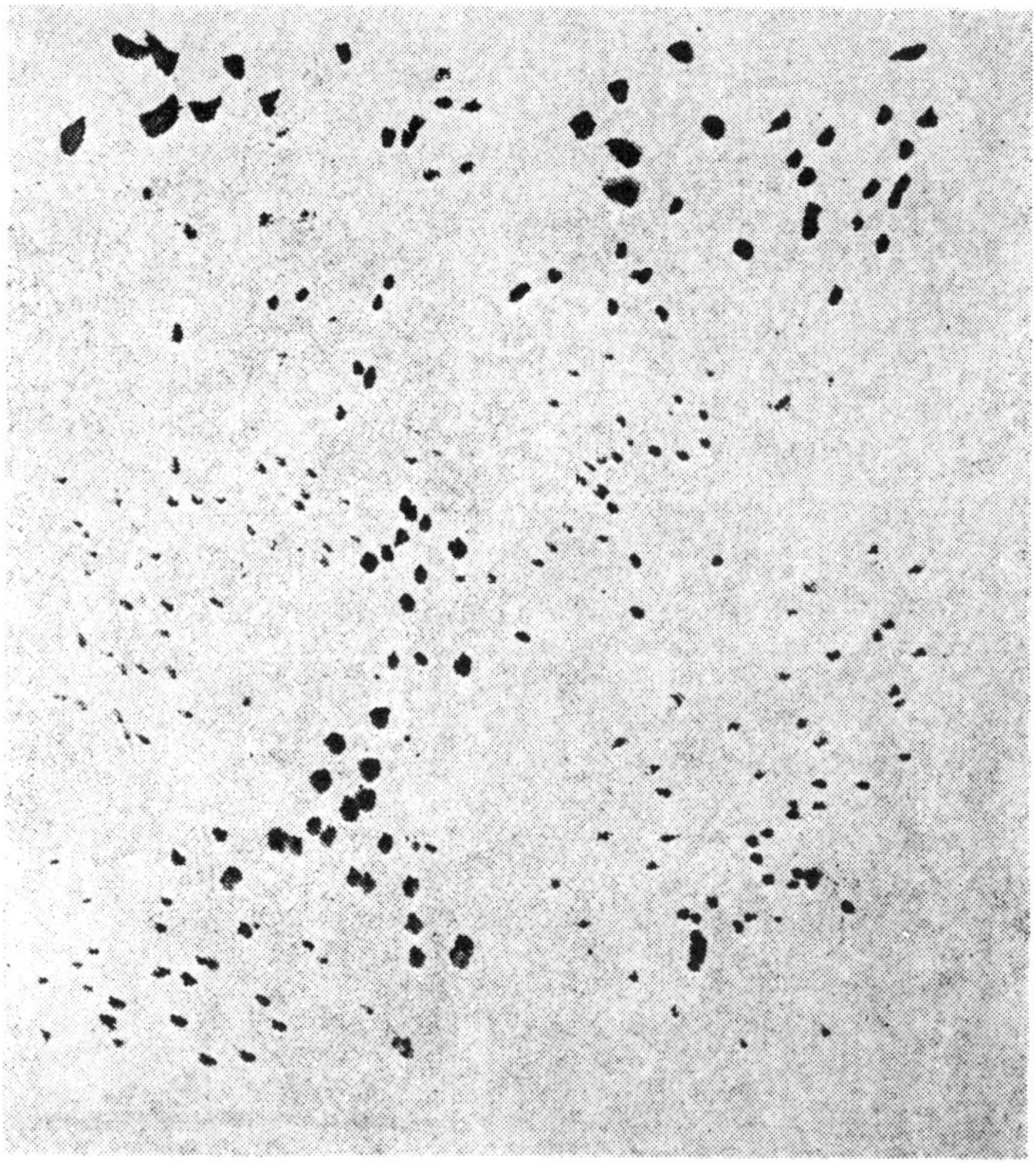

— 第 8 帖 —

第八帖

生前の世界に、霊人が生活している。山があり、川があり、住宅、衣類、食物がある。しかし、それは最初からのものではない。それらの元をなす、が歓喜していた、その、が生後、地上世界にうつされて、地上的約束の下に生長し、秩序されたがため、その結果が、死後の世界につづき、死後の世界の様相は、の原理によって、生前世界に移行して、生前的に進展し、弥栄し、その、を幾度となく繰返すうちに、漸次、内的、に向って弥栄する面と、外的、地上的に進む、と、その交叉融和することによって更に生み出され弥栄する、と、その各々が各々の立場に於て、(すすみ)、(呼吸し)、(脈うち)、(生命) していると同時に全体的にも、(生命し)、(歓喜し)、(弥栄) している。而して、その現われとしては、、(和) せば、(和) するほど相離れ、遠ざかりつつ、(生長) する。また、(生命) の、(大歓喜) として湧き出ている。故に、地獄にあらざる地獄的霊界、天国にあらざる天国的霊界は、霊人により生み、霊人により育てられると同時に、人々より生み、人々により育てられ、歓喜されるのである。かく弥栄進展するが故に、人類も霊人類も、各々その最後の審判的段階に入る迄は、真の三千世界の実相を十分に知り得ない。故に、新天新地の来る迄、真の天国を体得し得ない。新天新地の新しき世界に生れ出づる自己を知り得ない。この新天新地は幾度となく繰り返されているのであるが、何れも、の形に於けるが如く同一形式のものではあるが、同一のものではない。より小なるものより、より大なるものが生れ、より大なるものより、より小なるものが生れ、より新しきものより、より古きものが生れ、より古きものより、より新しきものが生れ、弥栄し、一つの太陽が二つとなり、三つとなり、更には一つとなることを理解しない。月より地球が生れ、地球より太陽が生れると云うことを理解するに苦しむものであるが、最後の審判に至れば自ら体得し得るのである。これは外部的なる智によらず、内奥の神智にめざめることによってのみ知り得る。新天新地新人はかくして、生れ、呼吸し、弥栄える。しかし、新人と生れ、新天新地に住むとも、その以前の自分の総ては失わない。只その位置を転換されるのみである。地上人が死後、物質的に濃厚なる部分をぬぎすてるが、その根本的なものは何一つとして失わず生活するのである。その状態よりも尚一層、そのままであって何等の変化もないと思える程である。蛆が蝶になる如く弥栄えるものであって、それは大いなる喜びである。何故ならば、大歓喜なる大神の中に於て、大神のその質と性とをうけつぎ呼吸しているからである。総てのものは歓喜に向い、歓喜によって行為する。歓喜がその目的であるが故に、歓喜以外の何ものも意識し得ない。故に、歓喜よりはなれたる信仰はなく、真理はなく、生命はない。生前の霊人が地上人として生れてくるのも死ではなく、地上人が霊界に入るのもまた死ではなく、弥栄なる誕生であることを知らねばならぬ。歓喜は行為となる。行為せざる歓喜は、真実の歓喜ではない。只考えたり意志するのみでは萌え出でない。生命しない。只意志するだけで行為しないことは、まことに意志することではない。霊界に於ては意志することは直ちに行為となるのである。地上人にありては物質によりて物質の中に、その意志を行為することによって始めて歓喜となり、形体を為し弥栄えるのである。生前の霊界は、愛の歓喜、真の歓喜、善の歓喜、美の歓喜の四段階と、その中間の三段階を加えて七つの段階に先ず区別され、その段階に於て、その度の厚薄によりて幾区画にも区分され、霊人の各々は、自らの歓喜にふさわしい所に集まり、自ら一つの社会を形成する。自分にふさわしくない環境に住むことは許されない。否苦しくて住み得ないのである。若しその苦に耐え得んとすれば、その環境は、その霊人の感覚の外に遠く去ってしまう。例えば、愛の歓喜に住む霊人は、その愛の内容如何によって同一方向の幾百人か幾千、幾万人かの集団の中に住み、同一愛を生み出す歓喜を中心とする社会を形成する。故に、生前の世界では、自分の周囲、自分の感覚し得るものの悉くが最もよく自分に似ており、自分と調和する。山も川も家も田畑も、そこに住む霊人たちも、動物も植物も鉱物も、総て自分自身と同一線上にあり、同一の呼吸、同一の脈搏の中にあり、それらの総てが、大きな自分自身と映像する場合が多い。自分は他であり、他は自分と感覚する。故に、その性質は生後に基づき、地上人もその周囲を自分化しようとする意志をもっているのである。しかし、地上世界は、物質的約束によって、想念のままには動かない。死後の世界もまた生前と同様であるが、一度物質世界を通過したものと、しないものとの相違が生じてくるのである。だが、何れにしても物質世界との密接なる呼吸のつながりを断ちきることは出来ない。物質は物質的には永遠性をもたず、霊は永遠性をもつが、霊的角度から見れば永遠性はもたない。しかし、物質面より見れば永遠性をもつものであり、永遠から永遠に弥栄してゆくものである。而して、永遠性をもつ事物は、地上的物質的事物を自分に和合せしめる働きを内蔵している。無は有を無化せんとし、有は無を有化せんとし、その融合の上に生命が歓喜するのである。無は有を生み、有は無を生み出す大歓喜の根本を知得しなければならない。

— 第 9 帖 —

第九帖

霊・力・体の三つがよりよく調和する処に真実が生れ、生命する。これは根元からの存在であり用であるが、動き弥栄する道程に於て、復霊、復力、復体のの（うごき）をなす。霊の立場よりすれば、霊は善であって、体は悪、体の立場よりすれば、体は善であって、霊は悪である。悪あればこそ善が善として救われ弥栄する。善あればこそ悪は悪の御用を為し得るのである。悪は悪善として神の中に、善は善悪として神の中に弥栄える。力がそこに現れ、呼吸し、脈打ちて生命する。故に生前の霊人は、生前界のみにては善なく、生命なく、地上人との交流によって始めて善悪として力を生じ、生命してゆく。地上人は地上物質界のみの立場では悪なく、生命なく、生前界との交流によって始めて悪善としての力に生き、弥栄してゆく。而して、尚地上人は死後の世界に通じなければならぬ。死後の世界との関連により複数的悪善におかれる。善悪善の立場におかれる場合が多いために、地上に於ける司宰神としての力を自ら与えられるのである。善悪の生かされ、御用の悪として許されているのは、かかる理由によるものである。善のみにては力として進展せず無と同じこととなり、悪のみにてもまた同様である。故に神は悪を除かんとは為し給わず、悪を悪として正しく生かさんと為し給うのである。何故ならば、悪もまた神の御力の現われの一面なるが故である。悪を除いて善ばかりの世となさんとするは、地上的物質的の方向、法則下に、総てをはめんとなす限られたる科学的平面的行為であって、その行為こそ、悪そのものである。この一点に地上人の共通する誤りたる想念が存在する。悪を消化し、悪を抱き、これを善の悪として、善の悪善となすことによって、三千世界は弥栄となり、不変にして変化極まりなき大歓喜となるのである。この境地こそ、生なく、死なく、光明、弥栄の生命となる。地上人のもつ想念の本は霊人そのものであり、霊人のもつ想念の本は神であり、神のもつ想念の本は大歓喜である。故に、地上人は霊人によって総ての行為の本をなし、霊人は神により、神は大歓喜によりて総ての行為の本とする。故に、地上人そのもののみの行為なるものはない。何れも、神よりの内流による歓喜の現われであることを知らねばならぬ。歓喜の内奥より湧き出づるものは、霊に属し、外部より発するものは体に属する。霊に属するものは常に上位に位し、体に属するものは、常に下位に属するのであるが、体的歓喜と霊的歓喜の軽重の差はない。しかし、差のない立場に於て差をつくり出さねば、力を生み出すことは出来ず、弥栄はあり得ない。すなわち善をつくり力を生み出すところに悪の御用がある。動きがあるが故に、反動があり、そこに力が生れてくる。霊にのみ傾いてもならぬが、強く動かなければならない。体のみに傾いてもならぬが、強く力しなければならない。悪があってもならぬが、悪が働かねばならない。常に、動き栄えゆく、大和の◎を中心とする上下、左右、前後に円を描き、中心を丶とする立体的うごきの中に呼吸しなければならない。それが正しき惟神の歓喜である。惟神の歓喜は総てのものと交流し、お互いに歓喜を増加、弥栄する。故に、永遠の大歓喜となり、大和の大真、大善、大美、大愛として光り輝くのである。

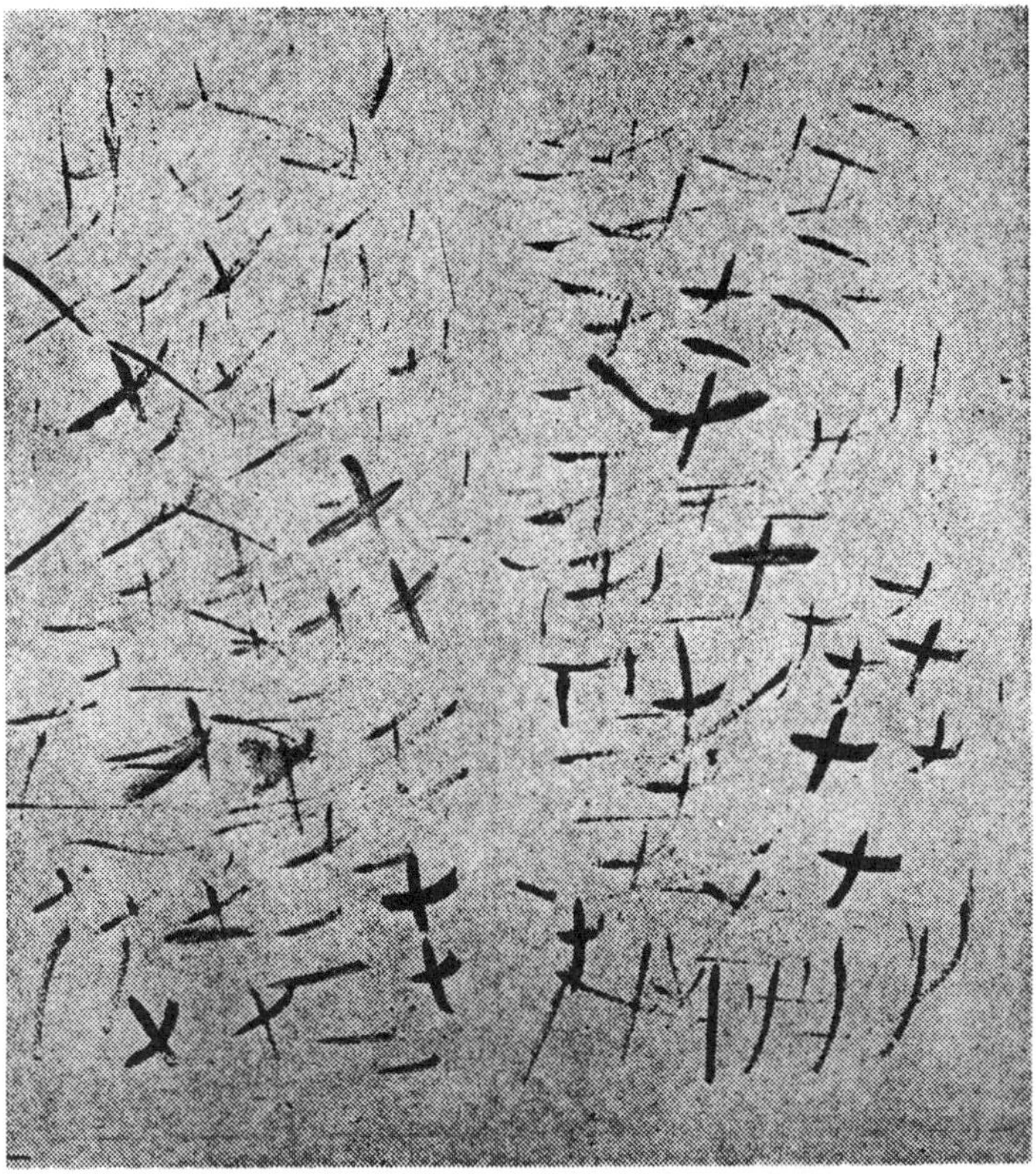

— 第 10 帖 —

第十帖

地上人は、内的に生前の霊人と＋（通じ）、また死後の霊人と＋（通ず）る。地上人が、生前を知得するのは、この霊人を＋（通ず）るが故であり、死後を知得するのも、また同様に＋（通ず）るからである。生前と死後は同一線上におかれているが同一ではない。地上には、物質的＋（形式）があり、霊界には霊的＋（形式）がある。その＋（形式）は＋（歓喜）の交叉し、発する処によって自ら＋（成る）ものである。＋（形式）なくしては＋（合一）なく、十（力）なく、＋（形式）あるが故に＋（もの）が＋（総て）に十（合一）＋し、（弥栄）し、＋（力）し、＋（大弥栄）するのである。＋（形式）の中に＋（和）することは、その＋＋（個々）が、＋＋（差別）されているからである。＋＋（差別）し、＋＋（区分）せられることは、その各々に、＋＋（各々）が共通する内質をもつからである。＋＋（共通性）なきものは、＋＋（差別）し、＋＋（区分）することができない。＋（霊界）と＋（現実界）との関係はかかるものであるが故に、＋（常）に＋（相応）し、＋（力）し、＋（力）を生じ、また常に、＋（相通）じて＋（力）を生みゆく。これは、平面的頭脳では、仲々に＋（理解）

しがたいのであるが、この根本＋（原理）を体得、理解し得たならば、＋（神）＋（幽）＋（現）三界に通じ、永遠に弥栄する＋（大歓喜）に住するのである。されば＋（差別）は、＋（平等）と＋（合一）することによって＋（立体）の＋＋（差別）となり、＋（平等）は＋（差別）と合一することによって＋＋（立体平等）となり得る。＋（霊人）が＋（地上人）と＋（和合）し、また＋（地上人）が＋（霊人）と＋（和合）し、＋（弥栄）するのは、この＋＋（立体平等）と＋＋（立体差別）との＋（弥栄）ゆるが為であることを知らねばならぬ。この二つの十（相反）するものを＋（統一）し、常に＋（差別）しつつ＋（平等）に導き、＋＋（立体）していく＋（力）こそ、＋（神）そのものの＋（力）であり、＋（歓喜）である。この＋（二つの力）と＋（神）の＋（歓喜）なくしては、十（地上人）なく、また（霊人）もあり得ないのである。＋＋（生成発展）もなく＋（神）も＋（歓喜）し得ない。この（力）なくしては、＋（地上人）は＋（霊人）と＋（和）し、＋（神）に＋（和）し奉ることはできない。故に、＋（生命）しないのである。

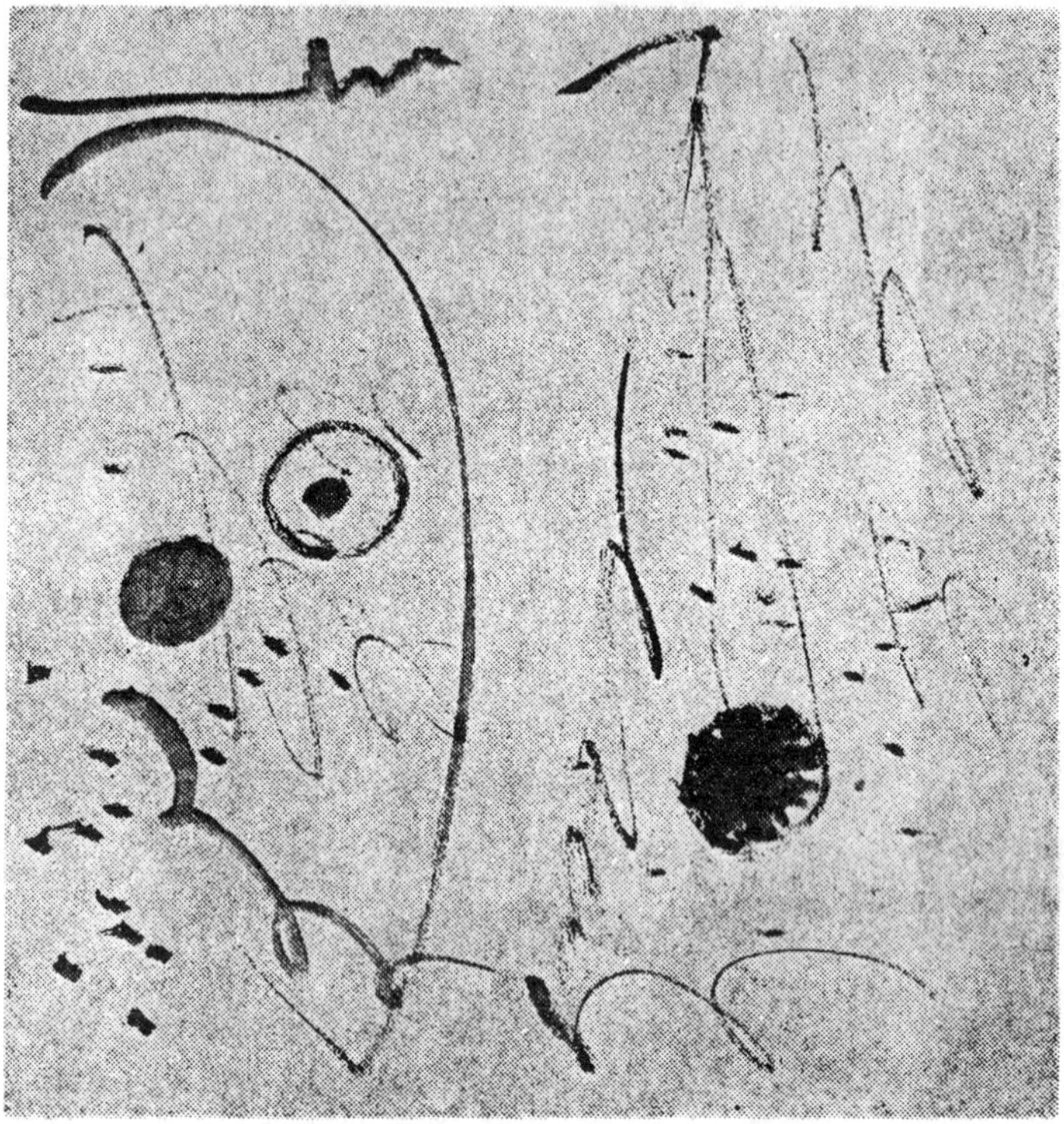

— 第 11 帖 —

第十一帖

　霊人は、遠くにいても近くにいても、常にお互いに語り得る。同一線上にいる霊人の言葉は、何れも同一であって共通する。霊人の言葉は、霊人の想念のままに流れ出るのであるから、そのままにして通ずるのである。しかし、相手がきくことを欲しない時には聞えない。それは丁度テレビやラジオの如きものであると考えたらよい。またその語ること、その語音によって、その相手の如何なるものなるかを知り得るのである。即ち、その発音から、また言葉の構成から、その霊人の如何なるものなるかは、直ちに判明する。霊人の言葉と地上人の言葉とは本質的には同様であるが、その表現は相違している。故に、霊人と地上人と会話する時は、霊人が地上人の想念の中に入るか、地上人が霊人の想念に和するか、その何れかでなくてはならない。しかし、霊人の言葉は、地上人の言葉に比して、その内蔵するものが極めて深く広いが故に霊人の一語は地上人の数十語、数百語に価する場合が多く、その霊人が高度の霊人であればあるだけに、その度を増してくるのである。原因と結果とを一にし、更に結果より生ずる新しい原因も、新しい結果をも同時に表現し、なお言葉そのものが一つの独立せる行為となり、且つ一つの独立せる生きものとなって現われ、行為し、生命するからである。言葉そのものが弥栄であり、生命である。また総てであるということは、地上人には理解できぬであろう。それは、過去が現在であり、未来もまた現在であり、更に生前も、生後の立場においては生後であり、死後の立場においては死後である。また一里先も、百里先もまた千万里はなれていても、同一の場所であるのと同様であって理解するに極めて困難である。だが、地上人に於てもそれを知り得る内的な生命をもっているのであるから、理解することは困難であるが不可能ではない。霊人の言葉は歓喜より発するが故に歓喜そのものであり、神の言葉でもあるが、その霊人のおかれている位置によって二つのものに大別し得る。歓喜の現われとしての愛に位置している霊人の言葉は、善的内容を多分に蔵している。故に、柔かくして連続的であり、太陽の⦿（ひかり）と●（熱）とに譬えることができる。また、歓喜の現われとして真に位置する霊人の言葉は、智的内容を多分に蔵している。故に、清く流れ出でて連続的ではなく、或種の固さを感じさせる。そしてそれは月の光と、水の如き清さとを感じさせる。また前者は曲線的であって消極面を表に出し、後者は直線的であって積極面を表に出している。また前者は愛に住するが故に、主として○と

Uの音が多く発せられ、後者は智に住するが故に主としてEとIの音が多く発せられている。そして、その何れもがA音によって統一要約する神密極まる表現をなし、またそれを感得し得る能力をもっている。しかし、これらOU、EI及びAの母音は想念の、をなすものであって地上人よりすれば、言葉そのものとしては、感得し得ないことを知らねばならないのである。霊界に於ける音楽もまた同様であって、愛を主とした音楽はO及びUを多分に含み、曲線的であり、真を伝える音楽はI及びEの音が多く、直線的である。それは、言葉そのものがかかる内質をもっており、各々が霊界に於ける生命の歓喜の表現なるが為である。またこれら霊人の言葉は、天的の韻律をもっている。即ち愛を主とするものは、五七七律を、真を主とするものは、三五七律を主としているが、その補助律としては、千変万化である。言葉の韻律は、地上人が肉体の立体をもっている如く、その完全、弥栄を示すものであって、律の不安定、不完全なものは、正しき力を発揮し得ず、生命力がないのである。

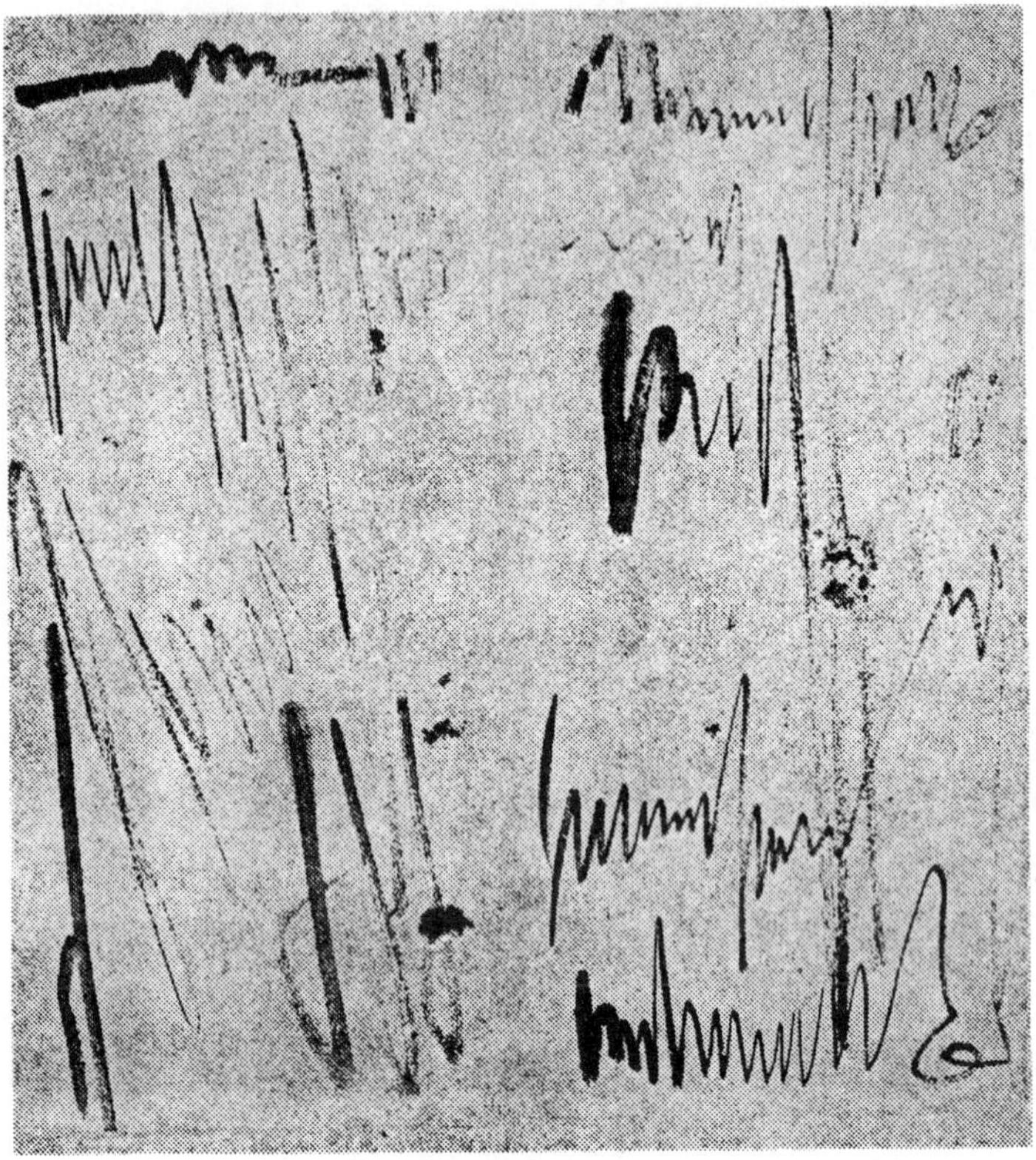

— 第 12 帖 —

第十二帖

霊人が地上人に語る時は、その想念が同一線上に融和するが為である。霊人が地上人に来る時は、その人の知る総てを知ることとなるのであるが、その語るのは霊人自身でなくて、霊人と和合して体的の自分に語るので、自分と自分が談話しているのである。霊人は現実界と直接には接し得ない。また地上人は霊界と直接には接し得ないのが原則である。しかし、それぞれの仲介を通じていってても、直接行なうのと同様の結果となるのである。為に地上人は直接なし得るものと考えるのである。地上人の想念の中には霊界が映像されており、霊人の想念の中には現実界が内蔵されている。故に、この二つの世界が一つに見えることもあり得るのである。しかし、映像と実相のへだたりはかなり遠いものである。霊人と地上人との交流において、この間の真相を知らねばならぬし、その互に交される談話に於ても前記の如くであることを知らねばならない。霊人も地上人も、自分自身と語り、自分自身の中に見、且つ聞いているのである。霊人が地上人に憑依したり、動物霊が人間に憑依したりすることは、前記の如き原則によってあり得ないのである。しかし、外部からの感応であり、仲介された二次的交流であっても、その度の強くなった場合、地上人から見れば憑依せると同様の結果を現わすものである。故に、神が直接、人間を通じて人語を発し、または書記するのではなくして、それぞれの順序を経て地上人に感応し、その地上人のもつそれぞれの人語を使用して語り、その地上人のもつそれぞれの文字を使用して神意を伝達することとなるのである。しかし、神の言葉は、如何に地上人を通じて人語としても、その神に通ずる想念を内蔵せぬ地上人には、伝え得ないのである。語れども聞き得ず、読むともその真意は通じ得ないのである。霊人の中には、自分達の住む霊界の他に、別の世界が限りなく存在することを知らず、また、その世界に住む霊人を知らず、また物質世界と地上人を知らない場合もある。それは丁度、地上人の多くが、生前及び死後の世界を信じないと同様である。

— 第 13 帖 —

第十三帖

地上人が、限りなき程の想念的段階をもち、各々の世界をつくり出している如く、霊界にも無限の段階があり、その各々に、同一想念をもつ霊人が住んでおり、常に弥栄しつつある。下級段階で正なりとし、善を思い、美を感じ、真なりと信じ、愛なりと思う、その想念も上級霊界に於ては必ずしもそうではない。美も醜となり、愛も憎となり、善も真もそのままにして善となり、真と現われ得ない場合がある。其処に偉大にして、はかり知られざる弥栄の御神意がある。と同時に、十（真善）＊（真善美愛）＊（歓喜）＊（大歓喜）と現われる神秘なる弥栄があり、悪の存在、偽の必然性などが判明するのである。故に、下級霊人との交流は、地上人にとっても、霊人にとっても、極めて危険極まりないものではあるが、半面に於ては、極めて尊いものとなるのである。下級霊人自身が◎（善）なりと信じて行為することが、地上人には◉（悪）と現われることが多いのである。何故ならば、かかる下級霊と相通じ、感応し合う内的波調をもつ地上人は、それと同一線上にある空想家であり、極めて狭い世界のカラの中にしか住み得ぬ性をもち、他の世界を知らないからである。それがため、感応してくる下級霊の感応を、全面的に信じ、唯一絶対の大神の御旨なるが如くに独断し、遂には、自身自らが神の代行者なり、と信ずるようになるからである。所謂、無き地獄をつくり出すからである。地獄的下級霊の現われには、多くの奇跡的なものをふくむ。奇跡とは大いなる動きに逆行する動きの現われであることを知らねばならない。かかる奇跡によりては、霊人も地上人も向上し得ない。浄化し、改心し得ないものである。また、霊人と地上人との交流によるのみでは向上し得ない。脅迫や、賞罰のみによっても向上し得ない。総て戒律的の何ものによっても、霊人も地上人も何等の向上も弥栄も歓喜もあり得ない。半面、向上の如くに見ゆる面があるとも、半面に於て同様の退歩が必然的に起ってくる。それは強（シ）いるが為である。神の歓喜には、強いることなく、戒律する何ものもあり得ない。戒律あるところ必ず影生じ、暗を生み出し、カスが残るものである。それは、大神の内流によって弥栄する世界ではなく、影の世界である。中心に座す太神のお言葉は、順を経て霊人に至り、地上人に伝えられるのであるが、それはまた霊界の文字となって伝えられる。霊界の文字は、主として直線的文字と曲線的文字の二つから成る。直線的なものは、月の霊人が用い、曲線的な文字は、太陽の霊人が使用している。但し、高度の霊人となれば文字はない。ただ文字の元をなす、と○と＋があるのみ。また高度の霊界人の文字として、殆ど数字のみが使用されている場合もある。数字は、他の文字に比して多くの密意を蔵しているからである。しかしこれは不変のものではなく、地上人に近づくに従って漸次変化し、地上人の文字に似てくるのである。

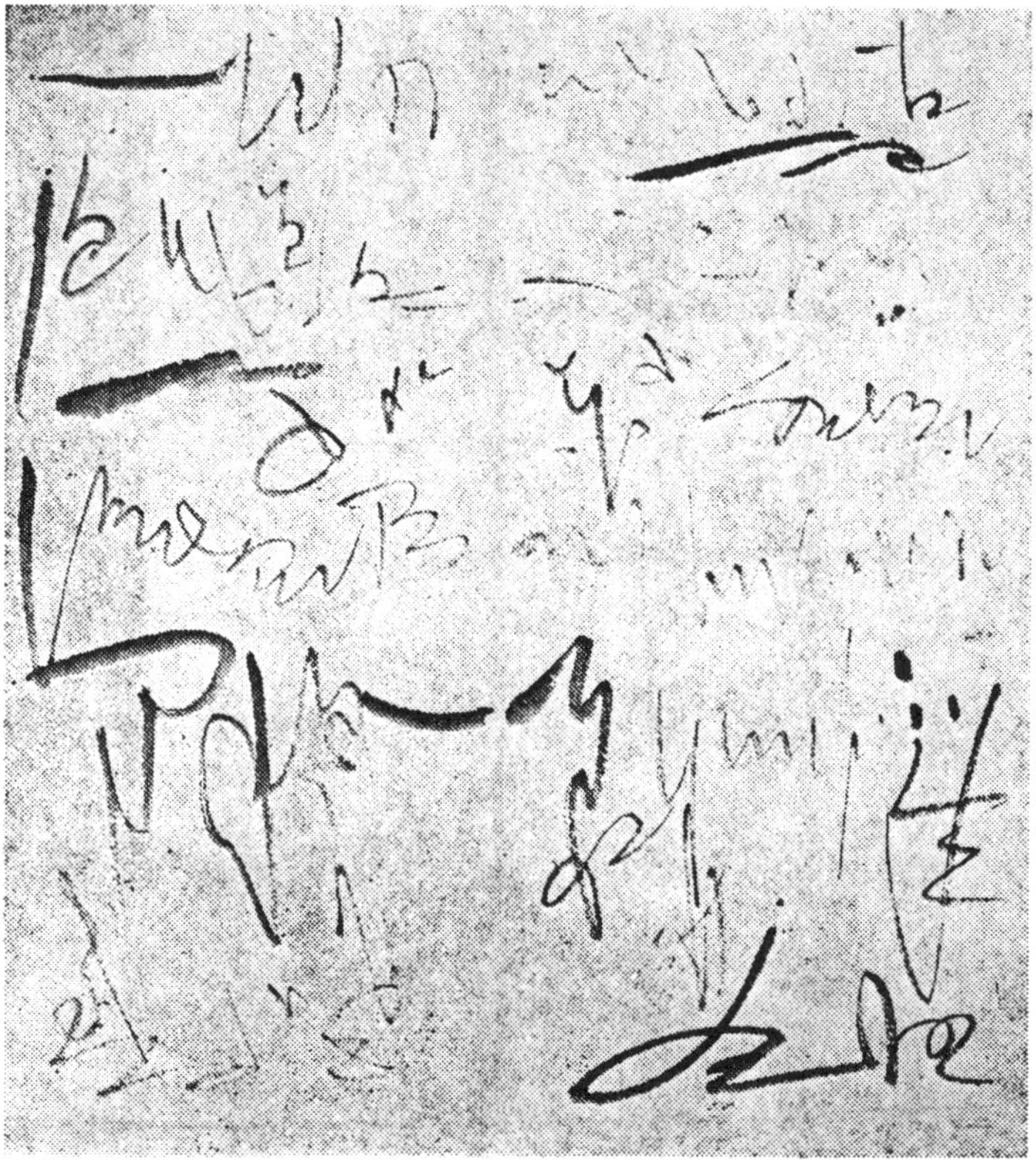

— 第 14 帖 —

第十四帖

霊界には、時間がない。故に、霊人は時間ということを知らない。其処には、霊的事物の連続とその弥栄があり、歓喜によって生命している。即ち、時間はないが状態の変化はある。故に、霊人たちは時間の考えはなく、永遠の概念をもっている。この永遠とは、時間的なものは意味せず、永遠なる状態を意味するのである。永遠と云うことは、時間より考えるものではなく、状態より考えるべきである。故に、霊人が地上人に接し、地上人に語る時は、地上的固有的な一切をはなれて状態とその変化による霊的なものによって語るのである。しかし、この霊人の語る所を地上人がうけ入れる時は、対応の理により、それが固有的地上的なものと映像されてくるのである。また、地上人に感応して語る時は、その霊媒の思念を霊人の思念として語るが故に、固有的表現となり、地上人にも十分に理解しうるのである。多くの地上人は、霊人を知らない。霊人には、地上世界に顕現する総てのものの霊体が存在すると云うことを仲々理解しないし、霊人は反対に、霊界を物質的に表現した物質地上世界のあることを仲々に理解しない。但し、死後の霊人は、相当に長い間地上世界のことを記憶しているものである。地上人が、何故霊界のことを理解し難いかと言うと、それは、地上的物質的感覚と、地上的光明の世界のみが、常にその対象となっているからである。例えば霊人とは、地上人の心に通じ、或は、心そのものであると考えるためである。つまり、霊人は、心であるから、目も、鼻も、口もなく、また、手足などもない、と考えるからである。所が実際は、霊人そのものが手をもつが故に地上人に手があり、指をもっているが故に、地上人に指が生ずることを知らなければならない。しかも、霊人は、地上人より遙かに精巧にできていることは、それを構成するものが精巧であることによって立証されるであろう。霊人は、地上人にまして一段と光明の世界にあり、一段とすぐれた霊体を有している。霊界に於ける事物は総て霊界における太陽と、太陰とによりて生れてくる。それは、地上に於ける場合と同じである。太陽と、太陰との交叉により生ずる歓喜によって、その生れたるものは更に一層の光輝を放ち、弥栄となる。また、霊界には物質世界の如く空間はない。このことを地上人は仲々に理解しないのである。霊界に於ける場所の変化は、その内分の変化に他ならない。霊界に距離はない。空間もない。只、あるものはその態の変化のみである。故に、離れるとか、分れるとか云うことは、内分が遠くはなれていて、同一線上にないことを物語る。物質的約束に於ける同一場所にあっても、その内分が違っている場合は、その相違の度に、正比較、正比例して、遠ざかっているのである。故に、地上的には、同一場所に、同一時間内に存在する幾つかの、幾十、幾百、幾千万かの世界、及びあらゆる集団も、内分の相違によって、感覚の対象とならないから、無いのと同様であることを知り得るのである。

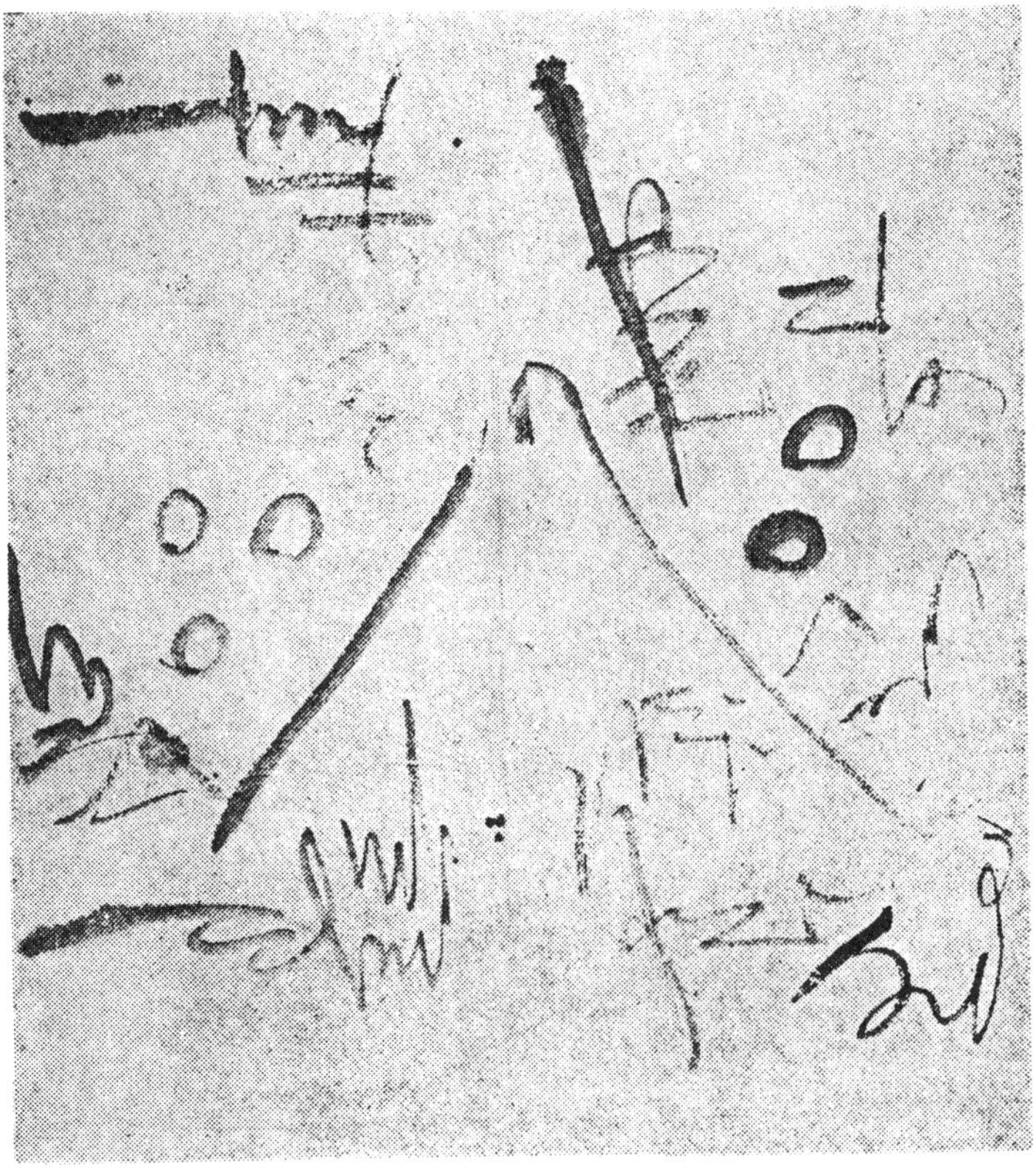

— 第 15 帖 —

第十五帖

霊界には、山もあり、川もあり、海もあり、また、もろもろの社会があり、霊界の生活がある。故に、其処には霊人の住宅があり、霊人はまた衣類をもつ。住宅は、その住む霊人の生命の高下によって変化する。霊人の家には、主人の部屋もあれば、客室もあり、寝室もあり、また、食堂もあり、風呂場もあり、物置もあり、玄関もあり、庭園もある、と云ったふうに、現実世界と殆ど変りがない。と云うことは、霊人の生活様式なり、思想なりが、ことごとく同様であると云うことを意味する。また、内分を同じくする霊人たちは、相集まり、住宅は互に並び建てられており、地上に於ける都会や村落とよく似ている。その中心点には多くの場合、神殿や役所や学校等あらゆる公共の建物が、ほどよく並んでいる。そして、これらの総てが霊界に存在するが故に、地上世界に、それの写しがあるのである。霊界を主とし、霊界に従って、地上にうつし出されたのが、地上人の世界である。地上人は、物質を中心として感覚し、且つ考えるから、真相が仲々につかめない。これら総ての建物は、神の歓喜を生命として建てられたものであって、霊人の心の内奥にふさわしい状態に変形され得る。また天人の衣類も、その各々がもつ内分に正比例している。高い内分にいる霊人は高い衣を、低いものは低い衣を自らにして着することとなる。彼等の衣類は、彼らの理智に対応しているのである。理智に対応すると云うことは、真理に対応すると云うことになる。但し、最も中心に近く、太神の歓喜に直面する霊人たちは衣類を着していないのである。この境地に到れば、総てが歓喜であり、他は自己であり、自己は他であるが故である。しかし他よりこれを見る時は、見る霊人の心の高低によって、千変万化の衣類を着せる如く見ゆるのである。また、衣類は総て霊人の状態の変化によって変化して行くものである。霊人はまた、いろいろな食物を食している。云う迄もなく霊人の食物であるが、これまたその霊人の状態によって千変万化するが、要するに歓喜を食べているのである。食べられる霊食そのものも、食べる霊人も何れも、食べると云うことによって歓喜しているのである。地上人の場合は、物質を口より食べるのであるが、霊人は口のみでなく、目からも、鼻からも、耳からも、皮膚からも、手からも、足からも、食物を身体全体から食べるものである。そして、食べると云うことは、霊人と霊食とが調和し、融け合い、一つの歓喜となることである。霊人から見れば、食物を自分自身たる霊人の一部とするのであるが、食物から見れば霊人を食物としての歓喜の中に引き入れることとなるのである。これらの行為は、本質的には、地上人と相通ずる食物であり、食べ方ではあるが、その歓喜の度合および表現には大きな差がある。食物は歓喜であり、歓喜は神であるから、神から神を与えられるのである。以上の如くであるから、他から霊人の食べるのを見ていると、食べているのか、食べられているのか判らない程である。また霊人の食物は、その質において、その霊体のもつ質より遠くはなれたものを好む。現実社会に於ける、山菜、果物、海草等に相当する植物性のものを好み、同類である動物性のものは好まない。何故ならば、性の遠くはなれた食物ほど歓喜の度が強くなってくるからである。霊人自身に近い動物霊的なものを食べると歓喜しないのみならず反って不快となるからである。そして霊人は、これらの食物を歓喜によって調理している。そしてまた与えられた総ての食物は、悉く食べて一物をも残さないのである。すべての善は、ゝより起り、ゝにかえるのと同様、総ての悪もまた、ゝより起り、ゝにかえる。故に、神をはなれた善はなく、また神をはなれた悪のみの悪はあり得ないのである。殊に地上人はこの善悪の平衡の中にあるが故に、地上人たり得るのであって、悪をとり去るならば、地上人としての生命はなく、また善は無くなるのである。この悪を因縁により、また囚われたる感情が生み出す悪だ、と思ってはならない。この悪があればこそ、自由が存在し、生長し、弥栄するのである。悪のみの世界はなく、また善のみの世界はあり得ない。所謂、悪のみの世界と伝えられるような地獄は存在しないのである。地上人は、霊人との和合によって神と通ずる。地上人の肉体は悪的な事物に属し、その心は善的霊物に属する。その平衡するところに力を生じ、生命する。しかし、地上人と、霊人と一体化したる場合は、神より直接に地上人にすべてが通じ、すべてのものの、が与えられると見えるものである。これを、直接内流と称し、この神よりの流入するものが、意志からするときは理解力となり、真理となる。また、愛より入るときは善となり、信仰力となって現われる。そして、神と通ずる一大歓喜として永遠に生命する。故に、永遠する生命は愛と離れ、真と離れ、また信仰とはなれてはあり得ないのである。神そのものも神の法則、秩序に逆らうことは出来ない。法則とは歓喜の法則である。神は歓喜によって地上人を弥栄せんとしている。これは、地上人として生れ出ずる生前から、また、死後に至るも止まざるものである。神は、左手にてↃの動きをなし、右手にてCの動きを為す。そこに、地上人としては割り切れない程の、神の大愛が秘められていることを知らねばならぬ。地上人は、絶えず、善、真に導かれると共に、また悪偽に導かれる。この場合、その平衡を破るようなことになってはならない。その平衡が、神の御旨である。平衡より大平衡に、大平衡より超平衡に、超平衡より超大平衡にと進み行くことを弥栄と云うのである。左手は右手によりて生き動き、栄える。左手なき右手はなく、右手なき左手はない。善、真なき悪、偽はなく、悪、偽なき善、真はあり得ない。神は善・真・悪・偽であるが、その新しき平衡が新しき神を生む。新しき神は、常に神の中に孕み、神の中に生れ、神の中に育てられつつある。始めなき始めより、終りなき終りに到る大歓喜の栄ゆる姿がそれである。

— 第 16 帖 —

第十六帖

考えること、意志すること、行為することの根本は、肉体からではない。霊的な内奥の自分からである。この内奥の自分は、神につながっている。故に、自分自身が考え、意志し、行為するのではなく、自分と云うものを通じ、肉体を使って、現実界への営みを神がなし給うているのである。其処に、人が地上に於ける司宰者たる、またたり得る本質がある。地上人が死の関門をくぐった最初の世界は、地上にあった時と同様に意識があり、同様の感覚がある。これによって、人の本体たる霊は、生前同様に、霊界でも見、聞き、味わい、嗅ぎ、感じ、生活することが出来るのである。しかし肉体をすてて、霊体のみとなり、霊界で活動するのであるから、物質の衣にすぎないことが判明する。肉体をもっている地上人の場合は、その肺臓が想念の現われとなって呼吸する。霊界に入った時は、霊体の肺臓が同様の役目を果すようになっている。また、心臓は、その情動の現われとなって脈打つ。霊体となってもまた同様であることを知らねばならぬ。この二つのうごきが、一貫せる生命の現われであって、生前も、生存中も、死後も、また同様である。肉体の呼吸と脈搏とは、新しき霊体の呼吸と脈搏に相通じ、死の直後に霊体が完全するまでは、肉体のそれは停止されないのである。かくて、霊界に入った霊人たちは、総て生存時と同じ想念をもっている。為に死後の最初の生活は生存時と殆ど同一であることが判明するであろう。故に、其処には地上と同様、あらゆる集団と、限りなき段階とが生じている。而して、霊界に於ては、先に述べた如き状態であるが故に、各人の歓喜は、死後の世界に於ても、生前の世界に於ても、これに対応する霊的の事物と変じて現われるものである。この霊的事物は、地上の物質的事物に対応する。人間が、物質界にいる時は、それに対応した物質の衣、即ち肉体をもち、霊界に入った時はそれに相応した霊体をもつ。そして、それはまた完全なる人間の形であり、人間の形は、霊人の形であり、神の形であり、更に大宇宙そのものの形である。大宇宙にも、頭があり、胴があり、手足があり、目も、鼻も、口も、耳もあり、又内蔵諸器管に対応するそれぞれの器管があって、常に大歓喜し、呼吸し、脈打っていることを知らねばならない。大歓喜は無限であり、且つ永遠に進展して行くのである。変化、進展、弥栄せぬものは歓喜ではない。歓喜は心臓として脈打ち、肺臓として呼吸し発展する。故に、歓喜は肺臓と心臓とを有する。この二つは、あらゆるものに共通であって、植物にもあり、鉱物にすら存在するものである。人間の場合は、その最も高度にして精妙なる根本の心臓と肺臓に通ずる最奥の組織を有する。これはもはや心臓と表現するにはあまりにも精妙にして、且つ深い広い愛であり、肺臓として呼吸するにはあまりにも高く精巧なる真理である。而して、この二者は一体にして同時に、同位のものとなっていることを知らねばならない。それは心臓としての脈搏でもなく、肺臓としての呼吸でもない。表現極めて困難なる神秘的二つのものが一体であり、二つであり、三つの現われである。其処に人間としての、他の動物に比して異なるもの、即ち、大神より直流し来るものを感得し、それを行為し得る独特のものを有しているのである。人間が、一度死の関門をくぐり、肉体をすてた場合は、霊そのものの本来の姿に帰るのであるが、それは直ちに変化するものではなくして、漸次その状態に入るのである。第一は極外の状態、第二は外の状態、第三は内的状態、第四は極内的状態、第五は新しき霊的生活への準備的状態である。七段階と見る時は、内と外との状態を各々三段階に分け、三つと見る時は内、外、準備の三つに区分するのである。

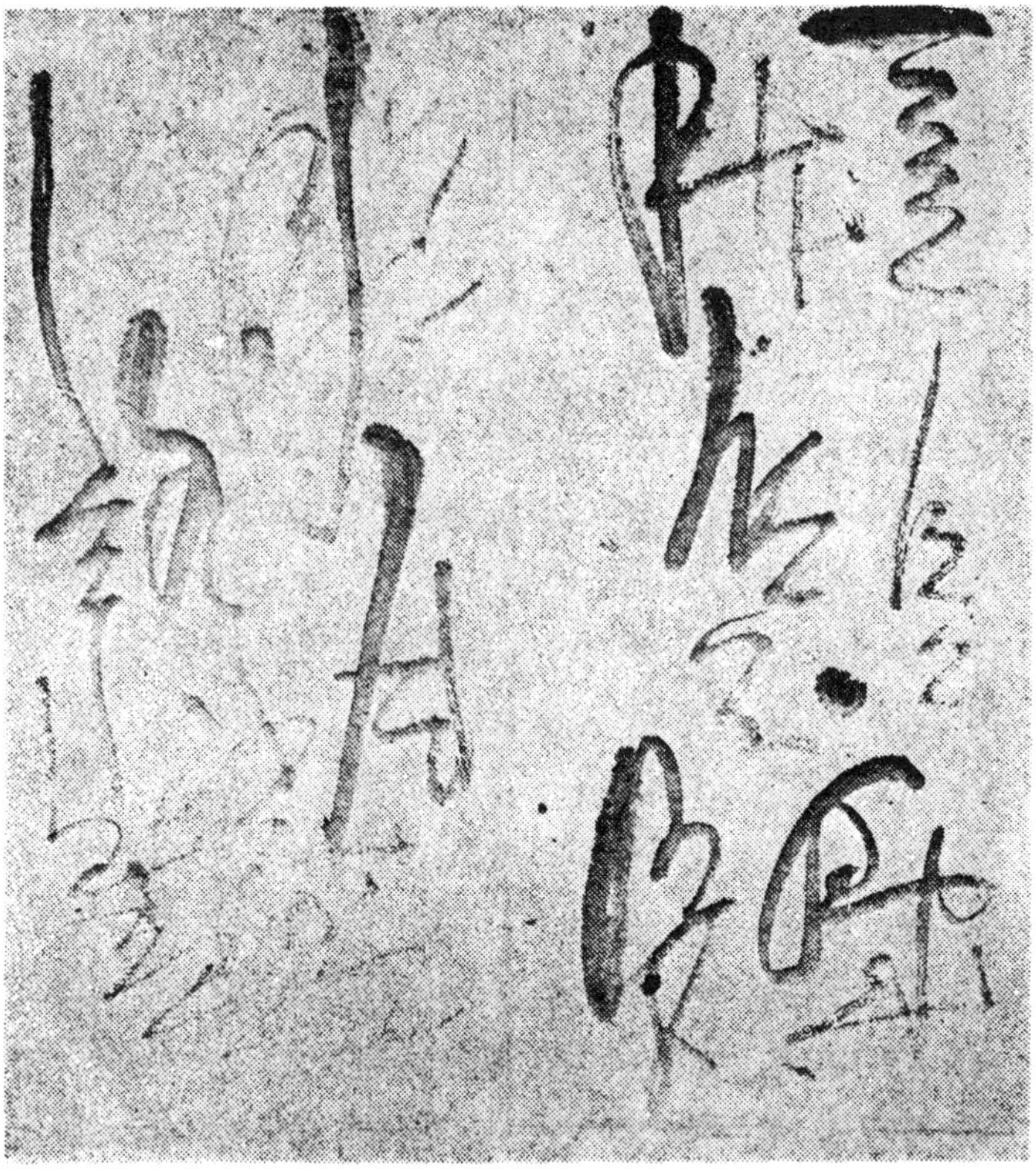

— 第 17 帖 —

第十七帖

地獄はないのであるが、地獄的現われは、生前にも、生後にもまた死後にもあり得る。しかし、それは第三者からそのように見えるのであって、真実の地獄ではない。大神は大歓喜であり、人群万類の生み主であり、大神の中に、すべてのものが生長しているためである。死後、一先ずおかれる所は、霊、現の中間の世界であり、其処では中間物としての中間体をもっている。意志のみでは力を生まない。理解のみでも進展しない。意志と、理解との結合によって弥栄する。このことは、中間の状態、即ち、死後の最初の世界に於て、何人もはっきりと知り得る。しかし、生存時に於て、既に過去を精算している霊人は、この中間世界にとどまる必要はなく、その結果に対応した状態の霊界に、直ちに入るのである。精算されていないものは、精算が終るまで、この中間世界にとどまって努力し、精進、教育される。その期間は五十日前後と見てよいが、最も長いものは十五、六年から二十年位を要する。この中間世界から天国的世界をのぞむ時は、光明にみたされている。故に、何人も、この世界へ進み易いのである。また、地獄的な世界は暗黒に満たされている故に、この世界に行く扉は閉されているのと同様であって、極めて進みにくいのである。天国には昇り易く、地獄にはおち難いのが実状であり、神の御意志である。しかし、この暗黒世界を暗黒と感ぜずして進みゆくものもあるのであって、そのものたちには、それがふさわしい世界なのである。其所に、はかり知れない程の大きく広い、神の世界が展かれている。この地獄的暗黒世界は、暗黒ではあるが、それは比較から来る感じ方であって、本質的に暗黒の世界はなく、神の歓喜は限りないのである。以上の如く、中間世界からは、無数の道が無数の世界に通じており、生前から生後を通じて、思想し、行為したことの総決算の結果に現われた状態によって、それぞれの世界に通ずる道が自らにして目前にひらかれてくるのである。否、その各々によって自分自身が進むべき道をひらき、他の道、他の扉は一切感覚し得ないのである。故に、迷うことなく、自分の道を自分で進み、その与えられた最もふさわしい世界に落ち付くのである。他から見て、それが苦の世界、不純な世界に見えようとも、当の本人には楽天地なのである。何故ならば、一の世界に住むものには、二の世界は苦の世界となり、二の世界に住むものには、一の世界はまた苦の世界と感覚するからであって、何れも自ら求むる歓喜にふさわしい世界に住するようになっているのである。また一の世界における善は、二の世界では善はなく、二の世界の真が一の世界に於ては真でない場合も生じてくる。しかし、その総ての世界を通じ、更に高きゝに向って進むことが、彼等の善となるのである。ゝは中心であり、大歓喜であり、神である。死後の世界に入る時に、人々は先ず自分の中の物質をぬぎすてる。生存時に於ては物質的な自分、即ち肉体、衣類、食物、住宅等が主として感覚の対象となるから、そのものが生命し、且つ自分自身であるかの如くに感ずるのであるが、それは自分自身の本体ではなく、外皮に過ぎない。生長し、考慮し行為するものの本体は、自分自身の奥深くに秘められた自分、即ち霊の自分である。霊の自分は、物質世界にあっては物質の衣をつける。故に、物質的感覚は、その衣たる物質的肉体のものなりと錯覚する場合が多いのである。しかし、肉体をすてて霊界に入ったからと云って、物質が不要となり、物質世界との因縁がなくなってしまうのではない。死後といえども、物質界とは極めて密接なる関係におかれる。何故ならば、物質界と関連なき霊界のみの霊界はなく、霊界と関連なき物質のみの物質界は、呼吸し得ないからである。生前の霊界、生後の物質界、死後の霊界の何れもが不離の関係におかれて、互に呼吸しあっている。例えば、地上人は生前世界の気をうけ、また死後の世界に通じている。現実世界で活動しているのが、半面に於ては生前の世界ともまた死後の世界とも深い関連をもっており、それらの世界に於ても、同時に活動しているのである。

— 第 18 帖 —

第十八帖

神から出る真・善・美・愛の用に奉仕するのが霊人たちの生命であり、仕事であり、栄光であり、歓喜である。故に、霊界における霊人たちの職業は、その各々の有する内分により、段階によって自ら定まる。為にその用は無数であり、且つ千変万化する。歓喜第一、神第一の奉仕が霊人の職業である。故に、自分自身の我が表に出た時は、力を失い、仕事を失い、苦悩する。霊人の仕事は限りなく、地上人の仕事以上に多様であるが、より良さ、より高さ、より神に近い霊人生活に入るための精進であり、喜びであることが知られる。そして、その何れもが神の秩序、即ち大歓喜の秩序、法則によって相和し、相通じ、全般的には一つの大きな神の用をなしているのである。故に、何れの面の用をなすとも、自己というものはなく弥栄あるのみ、神あるのみとなる。なお注意すべきことは、霊界において、権利なるものは一切感ぜず、義務のみを感じているということである。即ち、義務することが霊人の大いなる歓喜となるのである。為に、命令的なものはない。只、ひたすら奉仕があるのみである。その奉仕は地上人であった時の職業と相通ずるものがある。何故ならば、霊と物とは対応しているからである。生前は生後であり、死後はまた生前であって、春秋日月の用をくりかえしつつ弥栄えている。従って、霊界に住む霊人たちも、両性に区別することができる。陽人と、陰人とである。陽人は、陰人のために存在し、陰人は、陽人の為に存在する。太陽は、太陰によりて弥栄え、太陰は太陽によりて生命し歓喜するのである。この二者は、絶えず結ばれ、また絶えず反している。故に、二は一となり、三を生み出すのである。これを愛と信の結合、または結婚とも称えられている。三を生むとは、新しき生命を生み、且つ歓喜することである。新しき生命とは新しき歓喜である。歓喜は物質的形体はないが、地上世界では物質の中心をなし、物質として現われるものである。霊界に於ける春は、陽であり、日と輝き、且つ力する。秋は、陰であり、月と光り、且つ力する。この、春秋のうごきを、また、歓喜と呼ぶのである。春秋の動きあって、神は呼吸し、生命するとも云い得る。また、悪があればこそ生長し、弥栄し、且つ救われるのである。故に神は、悪の中にも、善の中にも、また善悪の中にも、悪善の中にも呼吸し給うものである。

— 第 19 帖 —

第十九帖

天国の政治は、歓喜の政治である。故に、戒律はない。戒律の存在する処は、地獄的段階の低い陰の世界であることを知らねばならない。天国の政治は、愛の政治である。政治する政治ではない。より内奥の、より浄化されたる愛そのものからなされる。故に、与える政治として現われる。天国は、限りなき団体によって形成されている。そして、その政治は、各々の団体に於ける最中心、最内奥の歓喜によりなされるのである。統治するものは一人であるが、二人であり、三人として現われる。三人が元となり、その中心の一人は、、によって現わされ、他の二人は、○によって現わされる。○は、左右上下二つの動きの㋾を為すところの立体㋾からなっている。統治者の心奥の、は、更に高度にして、更に内奥に位する、中の、によって統一され、統治され、立体㋾をなしている。天国では、この、を、スの神と敬称し、歓喜の根元をなしている。スの神は、アの神と現われ給い、オとウとひらき給い、続いて、エとイと動き現われ給うのである。これが総体の統治神である。三神であり、二神である。ア・オ・ウは愛であり、エ・イは真である。これら天国の組織は、人体の組織と対応し、天国の一切の事象と運行とは、人体のそれに対応している。オ・ウなる愛は曲線であり、心臓である。エ・イなる真は、直線であり、肺臓に対応して三五七と脈うち、呼吸しているのである。これらの統治者は権力を奪することなくまた指令することもない。よりよく奉仕するのみである。奉仕するとは、如何にしてよりよく融和し、善と、真との浄化と共に、悪と偽の調和をなし、これらの総てを神の力として生かし、更に高度なる大歓喜に到らんかと努力することである。また統治者自身は、自分達を他の者より大なる者とはせず、他の善と真とを先とし、その歓喜を先ずよろこび、己はその中にとけ入る。故にこそ、統治者は常にその団体の中心となり、団体の歓喜となるのである。指令することは、戒律をつくることであり、戒律することが神の意志に反することを、これらの統治者は、よく知っている。天国に於ける政治の基本は、以上の如くであるが、更に各家庭に於ては、同一の形体をもつ政治が行なわれている。一家には、一家の中心たる主人、即ち統治者がおり、前記の如き原則を体している。またその家族たちは、主人の働きを助け、主人の意を意として働く。その働くことは、彼等にとって最大の歓喜であり、弥栄である。即ち、歓喜の政治であり、経済であり、生活であり、信仰である。天国に於ける天人、霊人たちは、常にその中心歓喜たる統治者を神として礼拝する。歓喜を礼拝することは、歓喜の流入を受け、より高き歓喜に進んで行くことである。けれ共、天国における礼拝は、地上人のそれの如き礼拝ではない。礼拝生活である。総てと拝み合い、且つ歓喜し合うことである。与えられたる仕事を礼拝し、仕事に仕えまつる奉仕こそ、天国の礼拝の基本である。故に、各々の天人、天使の立場によって、礼拝の形式、表現は相違している。しかし、歓喜の仕事に仕えまつることが礼拝であると云う点は一致している。地上人的礼拝は、形式の世界たる地上に於ては、一つのいき方であるが、天国に於ける礼拝は、千変万化で、無限と永遠に対するものである。無限と永遠は、常に弥栄えるが故に生ずるものであり、その弥栄が神の用である。森羅万象の多種多様、限りなき変化、弥栄を見て、この無限と永遠を知り、あらゆる形において変化繁殖するを見て、無限と、永遠が神の用なることを知らねばならぬ。天国の政治は、光の政治である。天国にも地上の如く太陽があり、その太陽より、光と、熱とを発しているが、天国の太陽は、一つではなく二つとして現われている。一は月球の如き現われ方である。一は火の現われ、火の政治であり、一は水の現われ、水の政治である。愛を中心とする天人は、常に神を太陽として仰ぎ、智を中心とする天使は、常に神を月として仰ぐ。月と仰ぐも、太陽と仰ぐも、各々その天人、天使の情動の如何によるのであって、神は常に光と、熱として接し給うのである。またそれは、大いなる歓喜として現われ給う。光と熱とは、太陽そのものではない。太陽は、火と現われ、月は、水と現われるが、その内奥はいずれも大歓喜である。光と熱とは、そこより出ずる一つの現われに過ぎないことを知らねばならぬ。このことをよく理解するが故に、天国の政治は、常に光の中にあり、また熱の中に育ち栄え、歓喜するのである。天国の太陽よりは、真と愛とが常に流れ出ているが、その真と、愛とは、太陽の中にあるのではなく、現われ出たものが真と見え、愛と感じられるのみである。太陽の内奥は大歓喜が存在する。故に高度の天人の場合は、愛も真もなく、遙かにそれらを超越した歓喜の〻が感じられるのみである。この歓喜の〻が、真・善・美・愛となって、多くの天人、天使たちには感じられるのである。歓喜は、そのうけ入れる天人、天使、霊人、地上人たちのもつ内質の如何によって、千変万化し、また歓喜によって統一されるのであるということを知らねばならぬ。

ひふみ神示 第十八巻

自 昭和二十一年二月二十四日

至 昭和二十一年七月二十七日

三九七帖―四〇四帖

一火⊚《ヒカリ》の巻

全八帖

第一帖（三九七）

光の巻しるすぞ、地《くに》の日月の神とは臣民の事であるぞ、臣民と申しても今の様な臣民ではないぞ、神人共に弥栄の臣民の事ぞ、今の臣民も掃除すれば九二《くに》の一二《ひつぎ》の神様となるのざぞ、自分いやしめるでないぞ、皆々神々様ざぞ。もの頂く時は拍手打ちて頂けよ、神への感謝ばかりでないぞ、拍手は弥栄ざぞ、祓ざぞ、清めぞと申してあらうが、清め清めて祓ひてから頂くのざぞ、判りたか、次の五の巻の謄写は四十九でよいぞ、十は神よきに使ふぞ、前のも十はよきに使ふたぞ、判りたか、皆に分けるぞよ、次は十二の巻の中からよきに抜きて謄写よいぞ、二月二十四日、ひつくの神

第二帖（三九八）

天《あめ》之日月の大神様は別として、雨の神様、風の神様、岩の神様、荒の神様、地震の神様、シャカ、キリスト、マホメットの神様百々《もも》の神様皆同じ所に御神体集めてまつりて下されよ、天《あめ》の奥山、地《くに》の奥山、皆同じぞ、御神土《おつち》皆に分けとらせよ。二月二十六日朝しるすぞ、ひつくの神。

第三帖　（三九九）

今の政治はむさぶる政治ぞ、神のやり方は与へばなしざぞ、◎《ウズ》ぞ、マコトぞ。今のやり方では世界は治らんぞ、道理ぢゃなあ。天にはいくらでも与えるものあるぞ、地にはいくらでも、どうにでもなる、人民に与へるものあるのざぞ、おしみなく、くまなく与えて取らせよ、与へると弥栄へるぞ、弥栄になって元に戻るのざ、国は富んで来るぞ、神徳満ち満つのぢゃ、この道理判るであらうがな。取り上げたもの何にもならんのぢゃ、ささげられたものだけがまことじゃ、乗るものも只にせよ、田からも家からも税金とるでないぞ、年貢とりたてるでないぞ、何もかも只ぢゃ、日の光見よ、と申してあらうが、黄金《きん》はいらんと申してあろが、暮しむきのものも只でとらせよ、只で与へる方法あるでないか、働かん者食ふべからずと申す事理屈ぢゃ、理屈は悪ぢゃ、悪魔ぢゃ、働かん者にもドシドシ与へてとらせよ、与へる方法あるでないか、働かんでも食べさせてやれよ、何もかも与へぱなしぢゃ、其処に神の政治始まるのぢゃぞ、神の経済あるのぢゃ。やって見なされ、人民のそろばんでは木の葉一枚でも割出せないであらうが、この方の申す様にやって見なされ、お上は幸でうもれるのぢゃ、余る程与へて見なされ、お上も余るのぢゃ、此の道理判りたか。仕事させて呉れと申して、人民喜んで働くぞ、遊ぶ者なくなるぞ、皆々神の子ぢゃ、神の魂うゑつけてあるのぢゃ、長い目で見てやれ、おしみなく与へるうちに人民元の姿あらはれるぞ。むさぶると悪になって来るのぢゃ、今のさま見て改心結構ぞ、そろばん捨てよ、人民神とあがめよ、神となるぞ、泥棒と見るキが泥棒つくるのぢゃ、元の元のキの臣民地《くに》の日月の神ぢゃと申してあろがな、六月十七日、かのととりの日、ひつくの神。

第四帖　（四〇〇）

まつりてない時はお日様とお月様おろがめよ、マトとせよ。裁判所《しらす》いらんぞ、牢獄《ろうや》いらんぞ、法律いらんぞ、一家仲ようしたらいらんのぢゃ、国も同様ざぞ。そんな事すれば、世の中メチャメチャぢゃと申すであらうが、悪人がとくすると申すであろが、誰も働かんと申すであらうが、与へる政治だめぢゃと申すであろ、人間の小智恵ぢゃ。其処に人間の算盤《そろばん》の狂うたところ気付かんか、上に立つ人もっともっと大き心結構ぞ、算盤なしで梶とらすぞ、神の申す通りに進むのぢゃ、これが出来ねば一段さがって頭下げてござれ、余り大き取違ひばかりぢゃぞ、悪の守護となってゐるからぢゃ、此処の道理判るまでは動きとれんのぢゃぞ。世界国々所々に世の大洗濯知らす神柱現はしてあろが、これは皆この方の仕組ぢゃから皆仲良う手引き合ってやって呉れよ。六月十七日、かのとり、ひつくの神。

第五帖 (四〇一)

病神がそこら一面にはびこって、すきさへあれば人民の肉体に飛び込んでしまう計画であるから余程気付けて居りて下されよ。大臣《おとど》は火と水と二人でよいぞ、ヤとワと申してあろが、ヤ、ワ、は火の中の水、水の中の火であるぞ、後はその手伝ぞ、手足ざぞ、役人自ら《オノヅカ》出来るぞ。ヤクはヤクであるぞ、今迄は神国と外国と分れてゐたが、愈々一つにまぜまぜに致してクルクルかき廻してねり直して世界一つにして自ら上下出来て、一つの王で治めるのぢゃぞ。人民はお土でこねて、神の息入れてつくったものであるから、もう、どうにも人間の力では出来ん様になったらお地《つち》に呼びかけよ、お地《つち》にまつろへよ、お地《つち》は親であるから親の懐《ふところ》に帰りて来いよ、嬉し嬉しの元のキよみがへるぞ、百姓から出直せよ。ミロク様とはマコトのアマテラススメラ太神様のことでござるぞ、六月十七日、ひつくの神。

第六帖（四〇二）

今に世界の臣民人民誰にも判らん様になりて上げもおろしもならんことになりて来て、これは人民の頭や力でやってゐるのでないのざといふことハッキリして来るのざぞ。何処の国、どんな人民も成程ナアと得心のゆくまでゆすぶるのであるぞ。今度は根本の天の御先祖様の御霊統と根元のお地《つち》の御先祖様の御霊統とが一つになりなされて、スメラ神国とユツタ《ユダヤ》神国と一つになりなされて末代動かん光の世と、影ない光の世と致すのぢゃ、今の臣民には見当とれん光の世とするのぢゃ、光りて輝く御代ぞ楽しけれ。悪い者殺してしまふてよい者ばかりにすれば、よき世が来るとでも思ふてゐるのか、肉体いくら殺しても魂迄は、人民の力では何うにもならんであろがな。元の霊《たま》まで改心させねば、今度の岩戸開けんのぢゃぞ、元の霊《たま》に改心させず肉体ばかりで、目に見える世界ばかり、理屈でよくしようとて出来はせんぞ、それ位判って居らうが、判りて居り乍ら外に道ないと、仕方ないと手つけずにゐるが、悪に魅入られてゐるのぢゃぞ、悪は改心早いぞ、悪神も助けなならんぞ、霊《たま》から改心させなならんぞ、善も悪も一つぢゃ、霊も身も一つぢゃ、天地《アメツチ》ぢゃとくどう知らしてあろが。何んなよいこと喜ばして知らしても、聞かせても、今の臣民人民中々云ふことときかんものぢゃぞ。この道にゆかりある者だけで型出せよカタでよいのぢゃぞ。六月三十日、ひつぐの神。

第七帖　（四〇三）

アは元のキの神の子ぞ。ヤとワは渡りて来た神の子ぞ。㋳㋻は渡りて来る神の子ざぞ。十の流れ、十二の流れと今に判る時来るぞ、三ツ巴現はれるぞ、メリカ、キリスも、オロシヤも、世界一つに丸めて一つの王で治めるのぢゃぞ、外国人も神の目からはないのざぞ。今一戦《いくさ》あるぞ。早う目覚めて、け嫌ひいたさず、仲よう御用結構ぞ。竜宮の音秘殿、岩の神殿、荒の神殿、世界のカタハシから愈々に取掛りなされてゐるのざから、世界の出来事気付けて、早う改心結構ぞ。⦿《す》と二《ふ》と四《よ》との大きいくさあると知らしてありたが、一旦は二《ふ》と四《よ》の天下になる所まで落ち込むぞ、行く所まで行きて、ナのミタマとノのミタマの和合一致出来てからスのミタマが天下統一、世界一平となるのぢゃぞ。愈々大峠取上げにかかるのざぞ。七月十九日、ひつぐの神。

第八帖　（四〇四）

何によらず不足ありたら、神の前に来て不足申して、心からりと晴らされよ、どんな事でも聞くだけは聞いてやるぞ、不足あると曇り出るぞ、曇り出ると、ミタマ曇るからミタマ苦しくなりて天地曇るから遠慮いらん、この方に不足申せよ、この方親であるから不足一応は聞いてやるぞ。気晴らしてカラリとなって天地に働けよ、心の不二晴れるぞ、はじめの岩戸開けるぞ。早のみ込み大怪我の元、じっくりと繰返し繰返し神示よめよ、神示肚の肚に入れよ、神示が元ざぞ、今度は昔からの苦労のかたまり、いき魂《たま》でないと御用むつかしいぞ。世のたとへ出て来るぞ。神が人の口使ふて云はせてあるのぢゃぞ。神国は神力受けねば立ちては行けんぞ、神なくして神力ないぞ、神なくなれば丸潰れざぞ。まわりに動く集団《まどひ》早うつくれよ。数で決めやうとするから数に引かれて悪となるのざ、数に引かれ困らん様気付けよ。この神示とくのはタマでないと少しでも曇りあったら解けんぞ。悪に見せて善行はなならん事あるぞ。この行中々ざぞ。此の世の鬼平げるぞよ。鬼なき世となりけるのざぞ。判りたか。キリスト教の取次さん、仏教の取次さん、今の内に改心結構ぞ、丸潰れ近づいて御座るに気付かんのか。同じ名の神二つあるぞ。人民三つ四つにもおろがんで御座るぞ、ふみ出すもよいなれど、神示読むのが先ざぞ。神第一ざぞと申してあらうが。暫し待て。世界のふみ出す時来るぞ。アワの様な今のふみ何にもならんぞ、時待てと申してあらうがな、この巻から謄写もならんぞ、時来る迄写して皆に分けとらせよ。七月二十七日、ひつくの神。三年のたてかへぞ。（一火《ひかり》⦿の巻了）

ひふみ神示 第十九巻

自 昭和二十一年八月 八 日

至 昭和二十一年八月三十一日

四〇五帖―四二七帖

○《マ》つ《ツ》⑨《リ》の巻

全廿三帖

第一帖　（四〇五）

五つに咲いた桜花、五つに咲いた梅の花、どちら採る気ぢゃ。今迄の教ではこの道判らんぞ、益々食ふ物なく曇りてくるぞ、その国その所々で当分暮しむき出来るぞ、野見よ、森見よと申してあろ、青山も泣枯る時来ると申してあろ、海川も泣枯る時来るぞ、まだきかず我さへよけらよいと、我れよしして御座る人民神々様気の毒来るぞ、今迄は神も仏も同じぞと申してゐたが神と仏とは違ふのざぞ、十《かみ》の動くが卍《ほとけ》ぞ、卍の動くが◎《か三》ぞ、◎の澄《す》みきりが⦿《おおかみ》ぞ、神と仏と臣民とは違ふのぢゃぞ。八月八日、一二⦿。

第二帖　（四〇六）

これまでは「いろは」でありたが、愈々一二三《ひふみ》の力加はるぞ、「いろは」はやさしいが「一二三」は新《あら》いから、新事《あらごと》もするからその覚悟致されよ、その覚悟よいか、きたない心すててゐると、小さい心大きくなって自分でもびっくりする様 結構 が来るぞ。警察 いらんと申してあるぞ。八月

九日、一二⦿

第三帖　（四〇七）

旧九月八日からの誓の言葉知らすぞ。五三体の大神様五三体の大神様、天之日月の大神様、雨の神様、風の神様、岩の神様、荒の神様、地震の神様、地《クニ》の日月の大神様、世の元からの生神様、百々《もも》の神様の大前に、日々弥栄の大息吹、御守護弥栄に御礼申上げます。この度の三千世界の御神業、弥が上にも、千万弥栄の御働き祈り上げます。三千世界の神々様、臣民人民一時も早く改心いたし大神様の御心に添ひ奉り、地《くに》の日月の神と成りなりて、全き務め果します様何卒御守護願ひ上げます。そがためこの身この霊《タマ》はいか様にでも御使ひ下さいませ、何卒三千世界の神々様、臣民人民が知らず知らずに犯しました罪、穢、過《あやまち》は、神直日大直日に見直し聞き直し下さいます様、特にお願ひ申上げます。元つ神えみためえみため。八月十日、一二《ひつき》⦿

第四帖　（四〇八）

世こしらへてから臣民の種うゑて、臣民作ったのであるぞ。世、こしらへた神々様は「ながもの」の御姿ぞ、今に生通しぞ。神が見て、これならと云ふミタマに磨けたら、神から直々の守護神つけて、天晴れにしてやるから御用見事に仕上げさすぞ、臣民ばかりでは出来ん、三千世界の大洗濯、誰一人落したうもない神心、皆揃ふておかげやりたや、喜ぶ顔見たや、遠い近いの区別なし、皆々我が子ぢゃ、可愛い子ぢゃ、早う親の心汲みとれよ、八月十日、一二⦿

第五帖　（四〇九）

肉体先づ苦しめたら、今度その守護神にはそれだけの見せしめせなならんことになってゐるのざぞ。神がかりでまだ世界の事何でも判ると思ふてゐる人民気の毒出来るぞ。八百八光の金神殿、愈々にかかりなされたぞ。出雲の大神様此世かまひなさる大神様なり、其の処得ないもの、人民ばかりでないぞ、三千世界の迷ふミタマに所得さして嬉し嬉しにまつりてやれよ、コトで慰め弥栄へしめよ、コトまつりて神の列《つら》に入らしめよ。その国々ぞ、あたまあたまで、まつり結構ぞ、まつり呉れよ。邪はらふとは邪無くすることではないぞ、邪を正しく導くことざぞ、追払ふでないぞ、まつ

ろへよ。引寄せて抱き参らせよ、取違ひならん大切事ぞ、八月十二日、一二㋹

第六帖　（四一〇）

取られたり取り返したりこねまわし終りは神の手に甦《よみが》へる。世の元のまし水湧きに湧く所やがて奥山移さなならんぞ。神示判る臣民二三分できたなら神愈々のとどめのさすなり。三界を貫く道ぞ誠なり誠の道は一つなりけり。神界の誠かくれし今迄の道は誠の道でないぞや。鬼おろち草木動物虫けらも一つにゑらぐ道ぞ誠ぞ。八月十三日、一二㋹

第七帖　（四一一）

金《かね》いらん事になると申してあろが、世界の人民皆青くなって、どうしたらよいかと何処尋ねても判らん事近づいたぞ、早うこの神示読ましてくれよ、神の心が九分通り臣民に判りたら、神の政治判るのぢゃ、与へる政治いくらでもあるぞ、一通りと思ふなよ、時と所によっていくらでもあるのぢゃ、つまることない神のまつりごとぢゃ。人民の政治神国には用いられんのぢゃ、三千世界天晴れの政治早う心得て、まつり呉れよ。悪神の眷族はまだよいのぢゃ、箸にも棒にもかからん、話の判らん動物霊に化かされて、頑具《おもちゃ》にされてゐて、まだ気付かんのか、神は何時迄も待たれんから、こんな身魂《ミタマ》は一所に集めて灰にするより外ないから心得て居りて下されよ。八月十四日、一二⊙

第八帖　（四一二）

旧九月八日で一切りぢゃ、これで一《はじめ》の御用は済みたぞ、八分通りは落第ぢゃぞ、次の御用改めて致さすから今度は落第せん様心得なされよ。何も彼も神は見通しざぞ、神の仕組人民でおくれん様気付けて結構致し下されよ、二《つぎ》の仕組、御用は集団《まどい》作りてよいぞ。大奥山はそのままにしておかなならんぞ、天明まだまだ神示の御用結構ぞ、アホ結構ぞ、リコウ出るとこわれるぞ。天明ばかりでないぞ、皆同様ぞ、皆リコウになったものぢゃナア、クドウ神にもの申さすでないぞ。八月十五日、一二⊙

第九帖　（四一三）

上は上、中は中、下は下、の道と定まってゐるのぢゃ、まぜこぜならん、ちゃんと礼儀作法正しく致さな神の光出ないぞ。世に落ちてゐた鏡世に出るぞ、八月十六日、一二⦿

第十帖　（四一四）

日本の人民の身《み》魂《たま》が九分九分九厘まで悪になりてゐるから、外国を日本の地に致さねばならんから、日本の地には置かれんから、どんなことあっても神はもう知らんぞよ。八月十六日、一二⦿

第十一帖　（四一五）

村々に一粒二粒づゝ因縁身魂落してあるぞ、芽生へて来るぞ。日々天地に、臣民お詫び結構ぞ、つ千おろがめよ。神国の臣民は神国の行、霊国は霊国の行。八月十六日、一二⦿

第十二帖　（四一六）

肉体ある内に身魂かまふて貰わねば、今度身魂磨けて来たら末代の事、末代結構ざから、それだけに大層ざから、お互に手引合って、磨き合って御用結構ぞ、わけへだてならんぞ、判らん者はチョンに致すぞ。元のキのことは、元のキの血統でないと判らんのぢゃ、判る者は判らならんぞ、判らんものは判らんのがよいのぢゃぞ。何事も人民に判りかけ致さな、物事遅れるぞ、十年おくれると申してあるが、おくれると益々苦しくなるから、おくれん様結構したいなれど、大層な肝腎かなめは神々様にも申されんことであるが、今の内に判って貰はねば、知らしてからでは十人並ぢゃ、それまでは神のもとのコトは申されんぞ、元の身魂に輝くぞ。八月十七日、一二⊙

第十三帖　（四一七）

九二の火水。九二の日月の大神、黒住殿、天理殿、金光殿、大本殿、まつり呉れよ、併せて神山にまつり結構致しくれよ。八月十八日、一二⊙

第十四帖　（四一八）

旧九月八日から、まつり、礼拝、すっくり変へさすぞ、神代までにはまだまだ変るのぢゃぞ。祓は祓清めの神様にお願して北、東、南、西、の順に拍手四つづつ打ちて祓ひ下されよ。神国の乱れ、こえキから。世界の戦争、天災皆人民の心からなり。人民一人に一柱づつの守護神つけあるぞ、日本真中、ボタン一つで世界動くぞ。八月十九日、一二⊙

第十五帖　（四一九）

旧九月八日からの当分の礼拝の仕方書き知らすぞ、大神様には、先づ神前に向って静座し、しばし目つむり、気しづめ、一揖、一揖、一拝二拝八拍手、数歌《かずうた》三回、終りて「ひふみ」三回のりあげ、天《あめ》の日月の大神様、弥栄ましませ、弥栄ましませ、地《くに》の日月の大神様、弥栄ましませ、弥栄ましませとのりあげ、終って「誓の言葉」ちかへよ。終りて神のキ頂けよ、三回でよいぞ、終りて八拍手、一拝、二拝、一揖せよ、次に神々様には一揖、一拝二拝四拍手、数歌三回のりて、百々《もも》諸《もろ》々の神様弥栄ましませ弥栄ましませ、と、宣りあげ、終りて「ちかひの言葉」ちかへよ。終りて四拍手、二拝一揖せよ。霊《タマ》の宮には一揖一拝二拍手、数歌一回、弥栄ましませ弥栄ましませと宣《の》り、二拍手、一拝一揖せよ、各々《おのもおのも》の霊《みたま》様には後で「ミタマのりと」するもよいぞ。八月二十日、一二《ひつき》の⦿。

第十六帖　（四二〇）

日本の人民よくならねば、世界の人民よくならんぞ、日本の上の人よくならねば日本人よくならんぞ。祈る土地はよつくれよ。専一、平和祈らなならんぞ、その位判って居ろが。今ぢゃ口ばかりぢゃ、口ばかり何もならんぞ、マコト祈らなならんぞ。真中の国、真中に、膝まづいて祈り事されよ。今度のおかげは神示よく読まねば見当とれんのざぞ。神はその人民の心通りに、写るのであるから、因縁深い者でも御用出来んこともあるから、余程しっかり致して居りて下されよ。八月二十日、一二⦿

第十七帖　（四二一）

集団《まどゐ》のアは神示ぢゃ、ヤとワとは左と右ぢゃ、教左と教右じゃ、㋳と㋻はその補《たすけ》ぢゃ、教左補、教右補ぢゃ、ヤの補《たすけ》は㋻ぢゃ、ワの補《たすけ》は㋳ぢゃ、ア、ヤ、ワ、㋳、㋻、が元ぢゃ、その下に七人と七人ぢゃ、正と副ぢゃ、その下に四十九人ぢゃ、判りたか、集団《まどい》弥栄々々。皆御苦労ながら二の御用手引き合って、天晴れやりて下されよ、集団《まどい》つくってよいぞ。強くふみ出せよ、くどい様なれど百十《もと》はそのままぢゃぞ。今度の御用は一つの分れの御用ぢゃぞ、神示よく読むのぢゃぞ、身魂のしょうらい段々判りて来るぞ、　万民ミタマまつりの御用からかかりて呉れよ、うつし世のそれの御用、結構ひらけ輝くぞ。八月二十八日、一二◉

第十八帖　（四二二）

何《ど》の身魂も我《が》の強い身魂ばかり、よく集ったものぢゃと思ふであろが、その我の強い者がお互に我を折りて、解け合って物事成就するのぢゃぞ。旧九月八日迄にすっくりとまつりかへてくれよ。真中に御三体の大神様、御三体の大神様、天之《あめの》日月の大神々様、地《くに》の日月の大神々様、雨の神様、風の神様、岩の神様、荒の神様、地震の神様、弥栄祀り結構ぞ、其の左に仏、基、マホメットの神様、世の元からの生神様、百々の神様、産土様、よきにまつり結構致し呉れよ、その右に地《くに》の日月の神々様、霊《たま》の諸《もろ》々の神様厚く祀り呉れよ。八月二十九日、一二⦿

第十九帖（四二三）

竜宮の音秘様が神力天晴ぞ、金神殿お手伝ひ。外国では日の出の神様。神界、幽界、現界、見定めて神示読まねば、表面《うわつら》ばかりでは何もならんぞ、気つけて結構ぞ。神がもの申す内に聞くものぢゃ、帳面切ったら申さんぞ。悪と学は長うは続かん事、そろそろ判りて来るぞ。八月二十九日、一二⦿。

第二十帖（四二四）

神々様の大前に申上げます。此の度の岩戸開きの御神業に尚一層の御活動願ひ上げます。大神様の大御心と御心併せなされ、いと高き神の能《はたらき》願ひ上げます。世界の民等が日々犯しました罪、穢、過《あやまち》は、何卒神直日大直日に見直し聞直し下さいまして、此の上ながらの御守護願ひ上げます。これは神々様への誓であるぞ。八月二十九日、ひつぐの神。

第二十一帖　（四二五）

建替が十年延びたと知らしてあろが、建替遅くなりて、それから建直しに掛りたのでは人民丸潰れとなるから、建直し早うかかるからと聞かしてあろが、人民には中々判らんなれど、世界の動きよく見て御用結構ぞ。世の建替は水の守護、火の守護と知らしてあること忘れずに神示読めよ、所々の氏神様は日本の内で御用なさるのぢゃ。どんな集団《まどゐ》も神示が元ぢゃ、神示で開かなならんぞ、智や学も要るなれど、智や学では開けんぞ、誠で開いて下されよ。八月三十日、一二◯

第二十二帖　（四二六）

「ヤマタ」の「オロチ」を始め悪の神々様まつり呉れよ、心して結構にまつり始め下されよ。この事役員のみ心得よ、岩戸開く一つの鍵ぞ、この巻、まつりの巻、八月三十日、一二◯

第二十三帖　（四二七）

悪が善に立ち返りて弥栄なる様に、取違へなき様まつり呉れよ、御用大切ぞ。八月三十一日、（○○の《まつり》の巻了）

一二⦿

ひふみ神示　第廿巻

自　昭和二十一年九月二十八日
至　昭和二十一年十二月十四日
四二八帖―四五五帖

ん《ウ》⊕《メ》の巻

全廿八帖

第一帖　（四二八）

今度の建替は敵と手握らねばならんのぢゃ、敵役の神々様人民よ早う尋ねて御座れ、この方待ちに待って居るぞ。引張ったのでは心からでないと役に立たんのぢゃ、此の神示十三の巻からは肚の中の奥まで見抜かんでは、見届けんでは見せて下さるなよ、今にいろいろと身魂集って来るから十二の巻も申し付けてある様にちゃんとしておいて下されよ。御剣の大神、黄金《こがね》の大神、白銀《しろがね》の大神と称へまつり結構結構ぞ、結構致しまつりくれよ、オロチ、九火、ジャキ、の三大将殿の御力まつりて弥栄よくよきに動くぞ、ひらけ輝くぞ、一火◎の御代となるぞ。九月二十八日、ひつ九の⦿

第二帖　（四二九）

代へ身魂いくらでもつくりあるぞ、心して取違ひせん様に神の心早う汲みとれよ、九の方の仕組人民には判らんから、どうなることかと役員も心配なさるなれど仕上りうりう見て御座れ、めったに間違ひないのぢゃぞ。うまい口にのるでないぞ、うまい口を今に持って来るが、うまい口には誠ないから、この方三千世界の御道は誠よりないと申してあろが、真実のマコトは神示読まねば判らんのぢゃぞ。ひつぐの民の家には御神名か御神石か御神体として代表の大神様として天《アメ》の日月の大神様地《くに》の日月の大神様と称へ斎《いつ》き祀り結構致し呉れよ、一の宮、二の宮等の祀り天明に知らしてあるぞ。道院殿老祖様は中の宮に他は道院の神々様として次の宮に結構祀りてよいぞ、いづれも弥栄々々ぞ。九月二十八日、ひつ九の神。

第三帖　（四三〇）

皆の者御苦労ぞ「世界の民の会」つくれよ、人民拝み合ふのざぞ。皆にまつろへと申してあろがな。まどひつくれつくれ、皆おろがみ合ふのざぞ、まどひのしるしは⦿ぞ、おろがみ合ふだけの集《まど》団《ゐ》でよいぞ。理屈悪ぢゃ、こんな事云はんでも判っておろが、神示読めよ読めよ。十月八日、ひつくの神しるす。

第四帖　（四三一）

この神示食物《くいもの》に仕様とて、出て来る者段々にあるなれど、皆あて外れて了ふぞ、アテ外れて神の目的成るぞ、役員殿ブチョウホウない様に気つけて呉れよ、まつり結構。神が預けてあるものは、あづかった人民よきに取りはからへよ、大き小さいの区別ないぞ、塵一本でも神のものざと申してあろが、塵一本動かすに一々神の心聞いてやって居るとは云はさんぞ、預けるには預けるだけの因縁あるのざぞ、預かった人民よきにせよ、奥山何処へ移ってもよいと申してあろがな、神の道弥栄々々。十月十三日、ひつ九の神。

第五帖（四三二）

ニニギの命《みこと》お出ましぞ、ニニギとは二二《ふじ》のキの御役であるぞ。神がかりて世界中のこと何でも判る様に思ふてゐると、とんでもないことになるぞ、このままにしてほっておくと戦済んだでもなく、とどめもさせん、世界中の大難となるから早う改心結構ぞ。悪の上の守護神、中の守護神、下の守護神の改心出来ん者はいくら可愛い子ぢゃとて、ようしゃは出来んぞ、愈々天の大神様の御命令通りに神々様総掛ぞ。十一月十六日、ひつ九の神。

第六帖（四三三）

雨の神、風の神、岩の神、荒の神、地震の神、百々八百万の神々様御活動激しくなったぞ、人民目開けておれん事になるぞ、出来るだけおだやかに致したいなれど、判りた臣民日々おわびお祈り結構致し呉れよ、大峠となりてからではいくら改心致しますと申しても、許してくれと申しても、許すことは出来んから、日本には日本の守護の神、支那には支那、外国には、外国のそれぞれの守護の神あること忘れるなよ。神々様持場々々清めて呉れよ。御役結構ぞ。十一月十六日、ひつ九の神。

第七帖（四三四）

四十七と四十八で世新しく致すぞ、三人使ふて三人世の元と致すぞ、三人を掘り出すぞ。世に落ちてます神々様、人民様を世にお上げせなならんぞ。悪神の国から始まって世界の大戦愈々激しくなって来るぞ。何事も清め呉れよ、清めるとはまつらふことぞ、十一月十六日、ひつ九のかミ。

第八帖　（四三五）

口と心と行と三つ揃ふたら今度は次にヽ入れて下されよ、ヽは神ぢゃ、神示ぢゃ、神示元ぢゃ、と申してあろが、三つ揃ふても肝腎の神示肚に入って居らんと何にもならん事になるぞ。九分九分九厘となってゐる事も判るであろが、御用勇んで仕へまつれよ。目覚めたら其の日の生命頂いたのぢゃと申してあろ、新しき生命弥栄に生れるのぢゃ。今日一日神に仕へまつれよ、与へられた仕事御用ざぞ、生命ざぞ、取違ひ致すでないぞ。七月になると上の人民番頭殿顔の色悪うなって来るぞ、八九月となれば愈々変って来るぞ、秋の紅葉の色変るぞ。いくら因縁ありてもミタマ曇ってゐると今度は気の毒出来るから、今度引寄せられた人民ぢゃとて役員ぢゃと云ふて、ちっとも気ゆるし出来ん。澄《す》んだ言霊《ことだま》で神示よみ上げてくれよ、三千世界に聞かすのぢゃ、そんな事で世がよくなるかと人民申すであらうなれど神の申す通り、判らいでも神の申す通りにやって下されよ、三千世界に響き渡って神々様も臣民人民様も心の中から改心する様になるのざぞ、世が迫って居ることは、どの神々様人民にもよく判ってゐて、誠求めて御座るのぢゃ、誠知らしてやれよ。何も彼も一度に出て来るぞ、日増にはげしくなって来るぞ、どうすることも出来ん様に、悪神悪の人民手も足も出せん事に、何から何まで、何が何だか判らん事に折り重なって来るぞ、キリキリ舞ひせならん事になって来るぞ、キリキリ舞にも良きと悪しきとあるぞ、良きは結構ぢゃなあ、中々ぢゃ。十一月十六日、一二⦿。

第九帖（四三六）

肉体がこの世では大切であるから肉体を傷つけたら苦しめたら、その守護神は、それだけのめぐり負ふのざぞ、霊々と申して肉体苦しめてはならんぞ、今の人民とっておきの誠の智ないから、持ってゐる智を皆出して了ふから、上面許り飾りて立派に見せようとしてゐるから、いざと云ふ時には間に合はんのぢゃ、上面しか見えんから、誠の事判らんから、神の云ふ事判らんのも道理ぢゃなあ。建直の仕組立派に出来てゐるから心配いたすでないぞ、建替延ばしに延ばしてゐる神の心判らんから余り延ばしては丸つぶれに、悪のわなに落ちるから艮《とど》めの一厘のふた、あけるから目開けておれん事になるぞ、早う知らせる人民には知らしてやれよ、先づ七人に知らせと申してあろがな。

十一月十六日、ひつ九の〇

第十帖　（四三七）

悪い事は蔭口せずに親切に気付け合って仲良う結構ぞ、蔭口世をけがし、己けがすのざぞ、聞かん人民は時待ちて気付けくれよ、縁ある人民皆親兄弟ざぞ、慢心取違ひ疑ひと、我《が》が此の道の大き邪魔となるぞ、くどい様なれど繰返し繰返し気付けおくぞ。時来たら説き出すものぢゃ、親の心察して子から進んでするものぢゃ、その心よきに幸《さき》はふぞ、もの聞くもよいが、聞かんでは、判らん様では幽国《がいこく》身魂ぞ、神の臣民親の心うつして云はれん先にするものぢゃぞ。世は神界から乱れたのであるぞ、人間界から世建直して地《くに》の岩戸 人間 が開いて見せると云ふ程の 気魄 なくてならんのざぞ、その気魄幸《さき》はふのざぞ、岩戸開けるぞ。十一月十六日、ひつ九のか三。

第十一帖　（四三八）

日本の上に立つ者に外国の教伝へて外国魂に致したのは今に始まった事ではないぞ、外国の性根入れたのが岩戸閉めであるぞ、五度ざぞ、判りたか。それを元に戻すのであるから今度の御用中々であるぞ、中つ枝からの神々様には判らん事ざぞと申してあることもガッテン出来るであろがな。この神示肚に入れて居ればどんなことあっても先に知らしてあるから心配ないのざ、ソレ出たとすぐ判るから胴すわってゐるから何事も結構におかげ頂くのざ。死ぬ時は死んだがよく、遊ぶ時には遊べ遊べ、嬉し嬉しざぞ、十一月十六日、ひつ九のか三。

第十二帖　（四三九）

万物の長とは神の臣民の事であるぞ、世界の人民も皆万物の長であるが、この世の神は臣民ぢゃぞ、神に次いでの良き身魂《みたま》ぞ、臣民は地《くに》の日月の神様ざぞ。火の粉でやけどするなよ、気付けおくぞ。世に出てゐる守護神のする事知れてゐるぞ。元の生神様御一方御力出しなされたら手も足も出んことになるのぢゃ、神力と学力とのいよいよの力くらべぢゃ、元の生神様の御息吹きどんなにお力あるものか、今度は目にもの見せねばならんことになったぞ、肉体ばかりか、魂までのうにならふやも知れんぞ、震へ上るぞ。理が神ぞ。理が神の御用ざと申してあろがな。十一月十六日、ひつ九のかミ。

第十三帖　（四四〇）

天《あめ》の岩戸ばかりでないぞ、地《くに》の岩戸臣民の手で開かなならんぞ、誠一つで開くのぢゃ、誠のタチカラオの神、誠のウズメの命殿御用結構ぞ。ダマシタ岩戸開きではダマシタ神様お出ましざぞ、この道理判らんか、取違ひ禁物ぞ、生れ赤子の心になれば分るのぢゃぞ。今の臣民お日様明るいと思ふてゐるがお日様マコトの代のマコトのお日様どんなに明るいか見当とれまいがな。見て御座れ、見事な世と致してお目にかけるぞ、神示読みて聞かせてやれよ、嫌な顔する人民後廻しぢゃ、飛付く人民縁あるのぢゃ、早う読み聞かす神示より分けておいて下されよ、間に合はんぞ、御無礼ない様に致し下されよ。十一月十七日、一二の神。

第十四帖　（四四一）

日本には五穀、海のもの、野のもの、山のもの、皆人民の食ひて生くべき物、作らしてあるのぢャぞ、日本人には肉類禁物ぢゃぞ。今に食物の騒動激しくなると申してあること忘れるなよ、今度は共喰となるから、共喰ならんから今から心鍜へて食物大切にせよ、食物おろがむ所へ食物集るのぢゃぞ。ひたすらに神にすがりてお詫びせよそれより外に今は道なし。外国を日本の地面にせならん、日本とにほんと取違ひすな。何事も神第一ぞ神よそになすこと云ふことスコタンばかりぢゃ。分け隔てあると思ふは我が心に分け隔てあるからぢゃぞ、世界中のそれぞれの国皆氏神様、産土様愈々天の命令通りにかかり下されよ、もう待たれん事に時節参りて居るぞ、世界の人民皆泥海の中に住んでゐるのぢゃぞ、元の水流して清めてやらねばならんなり、泥水を泥水と知らずに喜んでゐるので始末に困るぞ、清い水に住めん魚は誠の魚ではないのぢゃぞ。つらい役は因縁のミタマに致さすぞ。心得なされるがよいぞ。十一月十七日、ひつ九のかミ。

第十五帖　（四四二）

この儘では世持ちて行かんと云ふこと判って居らうが、所々の氏神様、今迄の様な氏子の扱ひでは立ちて行かんぞ、天の規則通りにやり方変へて下されよ、間に合はんことあるぞ。血尊べよ、血は霊であるぞ神であるぞ、血にごしてはならんぞ、血はまぜこぜにしてはならんのぢゃ、黄金《こがね》は黄金の血、白銀《しろがね》は白銀の血、黄金白銀交ぜ交ぜて別の血つくってはならんのぢゃ、外国にはまぜこぜもあるなれど、元をまぜこぜならんのざぞ、交《ま》ぜることは乱すことざぞ、学はこの大事な血乱す様に仕組みてゐるのざぞ、それがよく見える様にしたのは悪神ざぞ、人民の目くらましてゐるのぢゃぞ、科学科学と人民申してゐるが人民の科学では何も出来ん、乱すばかりぢゃ、神に尋ねて神の科学でないと何も成就せんぞ、分らなくなったら神に尋ねと申してあること忘れるなよ、一に一たす二ばかりとは限らんのぢゃ、判りたか。十一月十八日、ひつ九のかミ。

第十六帖　（四四三）

神代になりたら天地近うなるぞ、天も地も一つになるのざぞ、今の人民には分るまいなれど、神も人も一つ、上も下も一つとなって自ら区別出来て一列一平上下出来るのぢゃ。この世はほって置いても自然にどうにか動いて行くものざと上に立つ守護神逃げて居るが、そんな事で祭事《まつりごと》出来ると思ふてか、自然には動かんのぞ、その奥の奥の奥の〳〵〳〵〳〵のキのイキから動いてゐること判るまい、人民の思ふてゐることは天地の違ひざぞ、ゝの中に又○がありその○に⦿がありありありあり限り無いのざぞ。人民の研究もよいなれど研究は神ぞ、道にひたすら仕へまつれよ、おろがめよ、研究では誠のことは分らんのぢゃ、我折りて判らんことは神の申すこと聞くのぢゃ、分らんでも聞いて下されよ、悪い様には致さんぞ。まつりまつりとくどう申してあらう、我捨てておろがめば 神のキ通じて何でも分って来るのぢゃぞ。十一月十八日、ひつ九の⦿。

第十七帖　（四四四）

今の人民少しは神示判って居らんと恥しい事出来て来るぞ、なさけない事出来てくるぞ、くやしさ目の前ぞ。次の世がミロクの世、天の御先祖様なり、地の世界は大国常立の大神様御先祖様なり、天の御先祖様此の世の始まりなり、お手伝が弥栄のマコトの元の生神様なり仕上見事成就致さすぞ、御安心致されよ。天も晴れるぞ、地も輝くぞ、天地一となってマコトの天となり〱マコトの地となり〱、三千世界一度に開く光の御代ぞ楽しけれ、あな爽《さや》け、あなすがすがし、あな面白や、いよいよ何も彼も引寄せるからその覚悟よいか、覚悟せよ、あな爽け、あなすがすがし、四十七と四十八と四十九ぢゃ。十二月四日、七つ九のかミしらす。

第十八帖　（四四五）

自分で自分のしてゐること判るまいがな、神がさしてゐるのざから、人間の頭では判らん、仕組通りに使はれて身魂の掃除の程度に使はれて、使ひ分けられてゐるのぢゃぞ、早う人間心捨てて仕舞て神の申す通りに従ひて下されよ、それがお主の徳と申すものぢゃぞ、一家の為ぞ、国のためぞ、世界の民の為ざぞ、天地の御為ざぞ。今迄になかったこと今度はするのぢゃから合点出来んも道理ぢゃ道理ぢゃ、始めは戦《たたかい》で、争《いくさ》で世の建替する積りであったが、あまりに曇りひどいから、イクサばかりでは、すみずみまでは掃除出来んから世界の家々の隅まで掃除するのぢゃから、その掃除中々ぢゃから　戦《イクサ》許りでないぞ、家の中キチンと食物大切がカイの御用と申してあろがな、今度の岩戸は、あけっぱなしぢゃ、褌いらんと申してあろう。十二月四日、一二⊙。

第十九帖　（四四六）

四十九、天明神示書《ふで》かす御役ぞ。一二三《ひふみ》となる日近づいたぞ、節分迄に皆の守護神同じ宮に祀りくれよ、まつりまつりてまつり合せ、和合して物事成就するのぞ。まつる心なき者誠ないぞ、マコト判らんぞ。靖国のミタマもそれ迄に奥山に祀りくれよ、まつり替へてやりてくれよ。世界の神々様、守護神様人民のみたま、祀りくれよ、まつり結構ぞ。節分からの誓言《ちかひ》変へさすぞ、大神様には御三体の御大神様御三体の大神様と七回くり返せよ、それでよいぞ、神々様には弥栄ましませと五回くり返せよ、霊《タマ》の宮には弥栄ましませと三回繰返せよ、それでよいぞ、弥栄ざぞ。十二月四日、ひつ九の⦿。

第二十帖　（四四七）

よくもまあ鼻高ばかりになったものぢゃなあ、四足《よつあし》と天狗ばかりぢゃ、まあまあやりたいだけやりて見なされ、神は何もかもみな調べぬいて仕組みてあるのぢゃから性来だけの事しか出来んから、愈々となりて神にすがらなならんと云ふ事判りたら今度こそはまこと神にすがれよ、今度神にすがること出来んなれば万劫末代浮ばれんぞ。したいことならやりて見て得心行く迄やりて見て改心早う結構ぞ。ミロクの世のやり方型出して下されよ、一人でも二人でもよいぞ、足場早うつくれと申してある事忘れたのか。尾振る犬を打つ人民あるまいがな、ついて来る人民殺す神はないぞ、ミロク様が月の大神様。十二月四日、一二⦿。

第二十一帖　（四四八）

身欲信心スコタン許り、天津日嗣の御位は幾千代かけて変らんぞ、日の大神様、月の大神様、地《くに》の大神様御血統弥栄々々ぞ。日本の人民アフンとするぞ、皆それぞれのゆかりの集団《まどゐ》にゝ入れよ、神示ひふみとなるぞ、天明は画家となれ、絵描いて皆にやれよ、弥栄となるぞ、やさかいやさか。今度はキリスト教も仏教も何も彼も生かさならんのぞ。早くから此の方の元へ来て居ても因縁あっても肝腎が判らんと後戻りばかりぢゃ、肝腎々々ぢゃ、学もよいが、それはそれの様なものぢゃぞ、途中からの神は途中からの神、途中からの教は途中からの教、今度の御用は元のキの道ざぞ、世の元からの神でないと判らんぞ、出来はせんぞ、生れ赤児の心とは、途中からの心、教すっかり捨てて了へと云ふ事ざぞ。十二月十四日、ひつ九のかみ。

第二十二帖　（四四九）

まだまだどえらい事出て来て日本の国は愈々つぶれたと云ふ処へなって来るから、皆が誠の神魂になって来んと誠の神は出ないのざぞ、誠ある処へ誠の神働くと申してあろが、誠ない処へ働く神は悪神ぢゃぞ、よう気付けてくれよ。いくら時節来たとて人民に誠ないと気の毒ばかりぢゃ、気の毒此の方嫌ひぢゃ。道は神にも曲げられん、竜神は悪神ぢゃと云ふ時来るぞ、心せよ。誠ない者今に此の方拝む事出来んことになるぞ、此の方に近よれんのは悪の守護神殿。愈々天の御先祖様と地の御先祖様と御一体に成りなされ、王の王の神で末代治める基つくるぞ、少しでもまじりけあってはならんのぢゃ、早う洗濯掃除結構ぞ。御用いくらでもあるぞ、お蔭取り徳ぢゃ。出来るだけ大き器持ちて御座れよ、皆々欲がチビイぞ、欲が小さいなあ。話すことは放すことじゃ、放すとつかめるぞ。十二月十四日、一二㊉。

第二十三帖　（四五〇）

これから三年の苦労ぢゃ、一年と半年と半年と一年ぢゃ。手合はして拝むだけでは何にもならんぞ、拝むとは御用することざぞ、形体《かたち》だけ出来ても何にもならんぞ、拝まないのは猶よくないぞ、神に遠ざかることぢゃ。此の道、ちっとも心許せんキツイやさしい道ぞ、泰平の嬉し嬉しの道ざが、何時も剣の上下に居る心構へ結構ぞ。一の国は一の国の教、二の国は二の国の教、三の国は三の国、四の国は四の国と、それぞれの教あるぞ。道は一つぢゃ、取違ひせん様にせよ。住む家も、食ふ物も違ふのざぞ、まぜこぜならんのぢゃ、皆々不足なく、それぞれに嬉し嬉しざぞ、不足ない光の世来るぞ、早う身魂相当の御用結構々々ぞ。世愈々開け行くと人民申しているが、愈々つまって来るぞ、おそし早しはあるなれど何れは出て来るから、神示肚に早う入れて置いてくれよ、神示まだまだ判ってゐないぞ。十二月十四日ひつ九のかミ。

第二十四帖 （四五一）

待てるだけ待ってゐるが世をつぶすわけには行かん、人民も磨けば神に御意見される程に身魂に依ってはなれるのざぞ、地《くに》の日月の神と栄えるのざぞ、何より身魂磨き結構。人気の悪い所程メグリあるのざぞ、日本のやり方違って居たと云ふこと、五度違ったと云ふ事判って来ねば、日本の光出ないぞ。表面飾るな。コトもかめばかむ程味出て来るのが磨けた身魂。中味よくなって来ると表面飾らいでも光出て来るぞ。これまでの日本のやり方悪いから神が時々、神がかりて知らしてやったであらうが、気付けてやったが気の付く臣民ほとんどないから、今度五度の岩戸一度に開いてびっくり箱開いて、天晴れ神々様に御目にかけ申すぞ、お喜び載くのぢゃ。神示通り出て来ても、まだ判らんか。神示は神の息吹きぢゃ。心ぢゃ。口上手身振上手で誠ない者この方嫌ひぢゃぞ。とどめ⦿《かみ》なり。先見へるぞ、先見んのは途中からの神ぢゃ。十二月十四日、ひつ九のかミしる⦿。

第二十五帖 （四五二）

神のそばに引き寄せても、実地に見せても、我が強いから中々に改心致さん臣民ばかり、少しは神の心察して見るがよいぞ。気の毒出来るから、少しは神の身にもなってみるものぢゃ、此の儘では気の毒なことになるから、早う守護神、節分迄に早う祀りくれよ、何事もキリ〳〵と云ふ事あるぞ。世治めるは九《こ》の花咲耶姫様なり。十二月十四日、一二⦿。

第二十六帖　（四五三）

金《きん》では治まらん、悪神の悪では治らん、ここまで申してもまだ判らんか、金では治らん、悪の総大将も其の事知って居て、金で、きんで世をつぶす計画ざぞ、判ってゐる守護神殿早う改心結構ぞ、元の大神様に御無礼してゐるから病神に魅入られてゐるのぢゃぞ、洗濯すれば治るぞ、病神は恐しくて這入って来られんのぢゃぞ、家も国も同様ざぞ。神示幾らでも説けるなれど誠一つで説いて行《おこな》って下されよ、口で説くばかりではどうにもならん、魂なくなってはならん。十二月十四日、ひつ九のかミ。

第二十七帖　（四五四）

苦しむと曲るぞ、楽しむと伸びるぞ、此方苦しむこと嫌ひぢゃ、苦を楽しみて下されよ。此の方に敵とう御力の神いくらでも早う出て御座れ、敵とう神此の方の御用に使ふぞ、天晴れ御礼申すぞ。世界のどんな偉い人でも、此の方に頭下げて来ねば今度の岩戸開けんぞ、早う神示読んで神の心汲み取って、ミロクの世の礎早う固めくれよ。算盤のケタ違ふ算盤でいくらはじいても出来はせんぞ、素直にいたしてついて御座れ、見事光の岸につれて参って喜ばしてやるぞ、十二月十四日、ひつ九のかミ。

第二十八帖　（四五五）

十二の流れ、六の流れとなり、三つの流れとなり、二となり一と成り鳴りて、一つになり、一つの王で治めるのぢゃぞ、弥栄の仕組、普字と成答の仕組、いよいよとなったぞ。あな嬉し、あなすがすがし普字は晴れたり日本晴れ。此の巻ん㊉の巻と申せよ、後の世の宝と栄へるぞ。十二月十四日、一二㋹。

（ん㊉の巻了）

ひふみ神示　第廿一巻

自　昭和二十二年一月一日
至　昭和二十二年四月五日
四五六帖―四六九帖

三◎《ソラ》の巻

全十四帖

第一帖　（四五六）原文

七◎日九三　三　三八九　三三　十十卍日一　一二九◎　〇八八二八　六六二　三三　七一三
日日三八　二六〇九十三三　九一日一一三三　二三九九八七三九三　三八日　丅水九千木丅火九三
日日◎三　一一一一　三◎九三一三九◎三九⊖⦿⦿◎一一　一二⦿

〔注　空・巻第一帖は「あれの巻」同様、難解のため特に原文を掲げました。〕

第一帖　（四五六）

なる世、極りて扶桑みやこぞ、みち足り足りて、万世のはじめ、息吹き、動き和し、弥栄へ、展き、睦び、結ぶ、扶桑の道鳴りはじむ道、代々の道ひらき、次に睦び、マコトの道にひかり極む、新しき世、出で、みちつづき、道つづき、極みに極りなる大道、極まる神の大道、ひらく世、弥栄神、かく、千木高く栄ゆ世に、世かわるぞ、太神、大神、神出でまして、道弥栄極む、大道に神みち、極み、栄え、更に極む、元津日の大神、元津月の大神、元津地《くに》の大神弥栄。一月一日、ひつくのかみ。

第二帖　（四五七）

ひふみゆらゆらと一回二回三回となへまつれよ、蘇《よみがへ》るぞ。次に人は道真中にしてワとなり、皆の者集りてお互に拝み、中心にまつりまつり結構ぞ、節分からでよいぞ。このお道の導きの親尊べよ、どんな事あっても上に立てねばならんぞ、順乱しては神の働きないと申してあろがな。直会《なほらい》には神の座上につくらなならんのざぞ、神人共にと申してあろがな末だ判らんのか、順正しく礼儀正しく神にも人にも仕へまつれよ。たばねの神は、束《たばね》の人は後からぢゃ、後から出るぞ。一月一日、一二⦿。

第三帖（四五八）

ひふみ四十九柱、五十九柱、神代の元ざぞ。あめつち御中ムしの神、あめつち御中ムしの神、あめつちの御中ムしの神、あめつち御中ウしの神、あめつち御中ウしの神、あめつち御中あめつち御中ウしの神、あめつち御中あめつち御中ウしの神、あめつち御中ウしの神、あめつち御中ウしの神、あめつち御中あめつち御中天地《アメツチ》御中ムしの神、天地《アメツチ》御中ヌしの神。天地《アメツチ》のはじめ。一月三日、一二⦿。

第四帖　（四五九）

建直しの道つづき、結び、展く、日月出で、よろづのもの、一二三《ひふみ》とみち、つづき鳴り成り、ひらく大道、真理の出でそむ中心に、マコト動きて、元津神栄ゆ、元津神は真理、真愛、大歓喜の大道ぞ、うづぞ、神々のうづぞ、ナルトぞ、人のよろこびぞ、代々の大道ぞ、真理、真愛、大歓喜は、中心にひかり、ひらき極まる道ぞ、展き極まる世ぞ、鳴り極み、ひらき、うごく大道、うごき、和し、なり、大歓喜、足りに足り足る世、生れ出づる世、うごき更にひらき、次々に栄え極みて、新しきはたらきの湧く次の大御代の六合つづく道、つづき睦びて、富士晴れ極み、鳴門は殊にひかり出でて、大道は日神の中心にかへり、亦出でて、ひらき、大道いよいよ満つ、焼く神々、早くせよ。一月六日、一二㋹。

（原文は五二二頁に掲載）

第五帖　（四六〇）

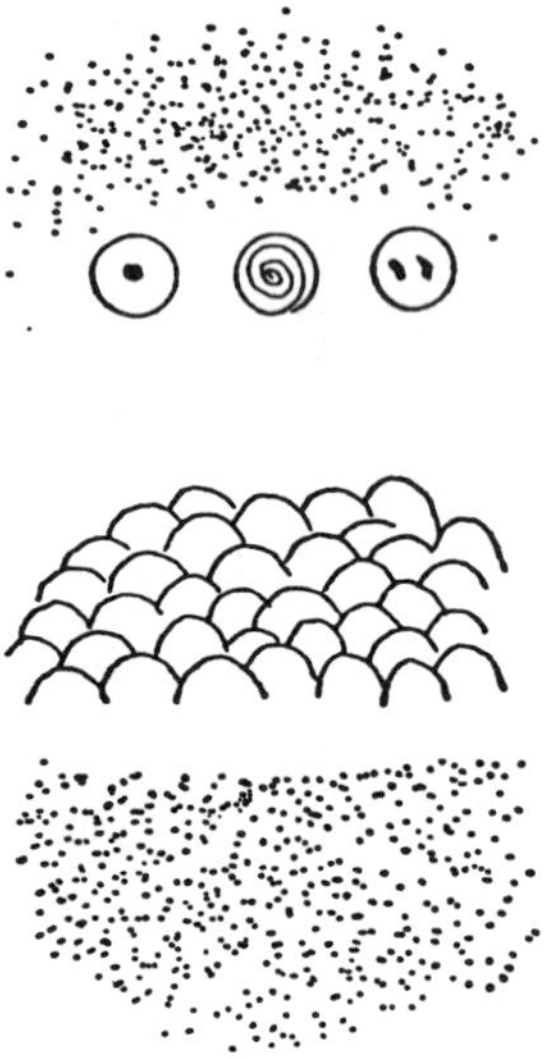

第六帖　（四六一）

天之《あめ》ひつ九㋹守る。天之ひつ九㋹守る。九二のひつ九㋹守る。九二のひつ九㋹守る。アメの神、カチの㋹ゆわの神、ア◎の神守る。（天明白す。第五、第六帖共、一月六日の神示）

第七帖　（四六二）

これだけ細かに神示で知らしても未だ判らんか、我があるからぞ、曇りてゐるからぞ、先づ己《おのれ》の仕事せよ、五人分も十人分もせい出せと申してあろ、五人分仕事すれば判りて来るぞ、仕事とはよごとであるぞ、仕事せよ、仕事仕へまつれよ、それが神の御用ざぞ。神の御用ざと申して仕事休んで狂人《きちがい》のまねに落ちるでないぞ、静かに一歩々々進めよ、急がば廻れよ、一足飛びに二階にはあがれんぞ、今の仕事悪いと知りつつするは尚悪いぞ、四五十《しごと》、四五十と神に祈れよ、祈れば四五十与えられるぞ、祈れ祈れとくどう申してあろが、よき心よき仕事生むぞ、嘉事うむぞ、この道理まだ判らんのか、神にくどう申さすでないぞ。大智大理交はり、道はあきらか、大愛、大真出でひらく道、ひらきて大智、大愛、和し、交はりて、ひふみの極み、弥栄、弥栄の大道ぞ。一月十三日、ひつ九⦿。

第八帖　（四六三）

衣類、食物に困った時は竜宮の音秘《オトヒメ》様にお願ひ申せよ。五柱の生神様にお願ひ申せば災難のがらせて下さるぞ、ゆわ、あれ、地震、風、雨、の神様なり、いろはに泣く時来るぞ、いろは四十八ぞ四十九ぞ。神示はその時の心にとりて違はん、磨けただけにとれて違はんのであるから我の心通りにとれるのであるから、同じ神示が同じ神示でないのざぞ。悪の世が廻りて来た時には、悪の御用する身魂をつくりておかねば、善では動きとれんのざぞ、悪も元ただせば善であるぞ、その働きの御用が悪であるぞ、御苦労の御役であるから、悪憎むでないぞ、憎むと善でなくなるぞ、天地にごりて来るぞ。世界一つに成った時は憎むこと先づさらりと捨てねばならんのぞ、この道理腹の底から判りて、ガッテンガッテンして下されよ。三月三日、ひつ九のか三。

第九帖　（四六四）

ミロク世に出づには神の人民お手柄致さなならんぞ、お手柄結構々々、神の人民世界中に居るぞ。この中に早くから来てゐて何も知りませんとは云はれん時来るぞ、神示よく読んでゐて呉れよ。時来たら説き出せよ、潮満ちてゐるぞ、潮時誤るなよ。早う目覚めんと、別の御用に廻らななんぞ、ウシトラコンジン様、何事も聞き下さるぞ、誠もってお願ひせよ、聞かん事は聞かんぞ、聞かれる事は聞いてやるぞ。神、仏、キリスト、ことごとく人民の世話もしてやるぞ。時節到来してゐるに未だ気付かんか、人民の物と云ふ物は何一つないのざぞ、未だ金や学で行けると思ふてゐるのか、愈々の蓋あいてゐるに未だ判らんか。奥山に参りて来ねば判らんことになって来るぞ。奥山、おく山ぞ、同じ奥山が、その時々により変って来るぞ、身魂磨けば磨いただけ光りできておかげあるぞ、この道理判るであろがな。三月三日、ひつ九のかミしるすぞ。

第十帖 （四六五）

此の方悪が可愛いのぢゃ、御苦労ぢゃったぞ、もう悪の世は済たぞ、悪の御用結構であったぞ。早う善に返りて心安く善の御用聞きくれよ。世界から化物出るぞ、この中にも化物出るぞ、よく見分けてくれよ、取違ひ禁物ぞ。この神示よく見てゐると、いざと云ふ時には役に立つぞ、肝腎の時に肝腎が成るぞ。元は元、分れは分れ、元と分れ、同じであるぞ、別であるぞ、それぞれに分れの集団《まどい》つくってよいぞ、今日働いて今日食はならならん事に皆なりて来るのざから、その覚悟せよ、上に立つ番頭殿、下の下まで目届けておらんと、日本つぶれるぞ、つぶれる前に、そなた達がつぶれるのざぞ、早う改心して誠の政治仕へまつれよ。いれものキレイにして居りたらこの方がよきに使ふぞ、今の仕事仕へて居れよ、神示腹に入れて、あせらず身魂磨き結構々々。今度は世界のみか、三千世界つぶれる所まで行かなならんのざから、くどう申してゐるのざぞ。三月三日、ひつ九のかミ。

第十一帖　（四六六）

大層が大層でなくなる道が神の道ざぞ、この道中行く道、神示読みて早うガテン結構ぞ。行正《おこない》しく口静かにしたら神の仕組分るぞ、因縁ある身魂が、人民では知らん結構を致すぞ。神示読んで、どんな人が来てもその人々に当る所読みて聞かすが一等ざぞ。一分と九分との戦ひぢゃ、皆九分が強いと思ふてゐるが、今度の仕組、アフンの仕組ぞ。早呑込大怪我の基と申すのは我が心通りに写るからぞ。くさい物喰ふ時来たぞ、ほんの暫ぞ、我慢よくよくせ、よくなるぞ、分れの集団の一つとして宗教も作れよ、他の宗教とは違ふヤリ方でないと成就せんぞ。大奥山はその儘ざぞ。別れざぞ、この宗教には教祖は要らんぞ、教祖は神示ぢゃ、神示がアと申してあろがな、ヤ、ワ、㋳、㋻要るぞ、なせばなる、なさねば後悔ぢゃぞ。慎ましうして神に供へてから頂けば日本は日本で食べて行けるのざぞ、理屈に邪魔されて有る者も無くして食へなくなるのは悪の仕組ぢゃ、つ千の金神様を金《かね》の神様と申せよ。三月三日、ひつ九のかミ。

第十二帖　（四六七）

学の鼻高さん何も出来んことになるぞ、今に世界から正末《まつ》が段々判り来て、あわてても間に合はんことになるぞ、今の内に神示よく肚に入れておけよ、この道には色々と神の試《ためし》あるから慢心するとすぐひつくり返るぞ、考へでは判らん、素直結構ぞ。日本には五穀、野菜、海、川、いくらも弥栄の食物あるぞ、人民の食物間違へるでないぞ、食過ぎるから足らんことになるのざぞ、いくら大切な、因縁の臣民でも仕組の邪魔になると取り替へるぞ、慢心取違ひ致すなよ、代へ身魂いくらでもあるぞ。学問の世はすみたぞ、学者は閉口するぞ、商売の世も済みたから商買人も閉口するぞ、力仕事は出来んし、共喰するより外に道ないと申す人民許りになるぞ、今迄とはさっぱり物事変るから今迄のやり方考え方変へて呉れよ、神示通りに行へば其の日その時から嬉し嬉しざぞ、此処は落した上にも落しておくから、世の中の偉い人には中々見当とれんから身魂の因縁ある人には成程なあと直ぐ心で判るのぢゃぞ、九の花咲けば皆よくなるのぞ、九の花中々ぞ。三月三日、ひつ九のかミ。

第十三帖　（四六八）

我が勝手に解釈してお話して神の名汚さん様にしてくれよ、曇りた心で伝へると、曇りて来る位判って居ろがな、神示通りに説けと申してあろが、忘れてならんぞ。履物も今に変って来るぞ、元に返すには元の元のキのマヂリキのない身魂と入れ替へせねばならんのぢゃ、ヽ《タマ》が違って居るから世界中輪になっても成就せん道理分るであろがな、一度申した事はいつまでも守る身魂でないと、途中でグレングレンと変る様では御用つとまらんぞ、人力屋、酒屋、料理屋、芸妓《げいこ》屋、娼妓、無く致すぞ、世つぶす基《もと》ざぞ、菓子、饅頭も要らんぞ、煙草もくせぞ、よき世になったら別の酒、煙草、菓子、饅頭出来るぞ、勝手に造ってよいのざぞ、それ商売にはさせんぞ。

旧五月五日からの礼拝の仕方書き知らすぞ。

朝は大神様には一拝、二拝、三拝、八拍手。「ひふみゆらゆら、ひふみゆらゆら〱、ひふみゆらゆら〱〱。」ひふみ祝詞のりてから。「御三体の大神様弥栄《やさか》ましませ弥栄《いやさか》ましませ、天《あめ》之日月の大神様弥栄ましませ弥栄ましませ、地《くに》の日月の大神様弥栄ましませ弥栄ましませ」八拍手「御三体の大神様」七回のれよ。終りて大神様のキ頂けよ、八拍手一拝二拝三拝せよ。夜は同じ様にしてひふみ祝詞の代りにいろは祝詞のれよ。三五七に切りて手打ち乍らひふみ祝詞と同じ様にのりて結構ぞ。昼は大地に祈れよ、黙禱せよ。時に依り所によりて、暫し黙禱せよ、お土の息頂けよ、出来れば、はだしになってお土の上に立ちて目をつむりて足にて呼吸せよ、一回、二回、三回せよ。神々様には二拝四拍手。「ひふみゆらゆら、〱〱、〱〱〱。」天《あめ》の数《かず》歌三回唱へ。「神々様弥栄ましませ弥栄ましませ」とのりて四拍手せよ。誓は時に依りてよきにせよ。霊の宮には一拝、二拍手、天の数歌一回「弥栄ましませ弥栄ましませ」二拍手、一拝。でよいぞ、ひふみゆら〱いらんぞ、誓はその時々に依りてよきにせよ。各々の先祖さんには今迄の祝詞でよいぞ。

当分これで変らんから印刷してよく判る様にして皆の者に分けて取らせよ、弥栄に拝みまつれよ。

三月三日、ひつ九の⊙。しるす。

第十四帖　（四六九）

御《み》光の輝く御代となりにけり、嬉し嬉しの言答《一八十》明けたり。あなさやけ、三千年の夜は明けて、人、神、となる秋《とき》は来にけり。日月《一二》大神、キリスト大神、シャカ大神、マホメット大神、黒住大神、天理大神、金光大神、大本大神、老子大神、孔子大神、総て十柱の大神は、光の大神として斎き祀り結構致しくれよ、二二晴れるぞ、二八十開けるぞ。御神名書かすぞ、ひかり教会のりとは、ひかりの大神、弥栄ましませ弥栄ましませ、ひかりの大神守り給へ、幸へ給へと、申せよ。弥栄弥《やさかいや》栄《さか》。四月五日、ひつくのかみ。

（空の巻了）

第四帖原文

八六三二　五八一二　五卍百　一二三　三二七七　八三二一　五二卍　（⦾三⦾二三三　◎⦾⦾
◎卍一十　日日三　三五八　一九三三八九日三　七百八◎三◎〇七二百百百日一日　一二三八◎八
二　三九◎〇二⦾⦾　九二三二　五二八九九十九十二一三　五一三一五九@三三二　三五三二一八
二六二八　千千百三三八九丶⊙⦾　八八九千日　一六　一二⦾

ひふみ神示　第廿二巻

自　昭和二十二年四月二十六日

至　昭和二十二年八月十二日

四七〇帖―四九二帖

ア火ハ《アホバ》の巻

全廿三帖

第一帖（四七〇）

音秘会《おとひめかい》には別に神祀らいでもよいぞ、光の大神様斎き祀り結構いたしくれよ、皆に音秘様の分霊《わけみたま》さずけとらすぞ。お守り、さずけとらすぞ、光の大神様の信者には御神名さずけとらせよ、役員には御神石まつりくれよ、光の大神様の日々の御給仕には十《とう》のカワラケにて供へまつれよ。役員七つに分けよ、大道師、権大道師、中道師、権中道師、小道師、権小道師、参道の七段階ぞ、中道師から上は神人共ざぞ。世界の民の会は三千世界に拝み合ふのざぞ、何事も神まつり第一ざと申してあろがな。大き器持ちて御座れよ、小さい心では見当とれんことになるぞ。慢心取違ポキンぞ。ミタマ何時でも変るのざぞ、次々に偉い人出て来るから神示よく読んでグングン行って進めよ、行ふ所神現はれるぞ、光の道弥栄ぞ、なせばなるのざぞ、人民どんどん行はならんのざぞ、この神示から、ひかり教会から世に出せよ、この巻「ア火ハ《アオバ》の巻」前の巻は「三⑨《ソラ》の巻」とせよ。四月二十六日、ひつ九のかミ。

第二帖　（四七一）

玉串として自分の肉体の清い所供へ奉れよ、髪を切って息吹きて祓ひて紙に包んで供へまつれよ、玉串は自分捧げるのざと申してあろがな。お供への始めはムとせよ、ムはウざぞ、誠のキ供へるのざぞ、餅は三つ重ねよ、天地人一体ざと申してあろがな。御神前ばかり清めても誠成就せんぞ、家の中皆御神前ぞ、九二中皆御神前ざぞ、判りたか。夜寝る前に守護神の弥栄ほめよ、いたらざる自分悔いよ、修業出来た信者の守りの神道場に祀れよ、万霊道場に祀れよ、役員の守りの神は本部に祀れよ、神々様本部に祀れよ。外国とは幽界の事ぞ、外国と手握るとは幽界と手握る事ざぞよ。五月十二日、ひつ九のかミ。

第三帖　（四七二）

ひかり教の教旨書き知らすぞ、人民その時、所に通用する様にして説いて知らせよ。

教　旨

天地《てんち》不二、神人合一。天《あめ》は地《つち》なり、地《つち》は天《あめ》なり、不二《ふじ》なり、アメツチなり、神は人なり、人は神なり、一体なり、神人なり。神、幽、現、を通じ過、現、末を一貫して神と人との大和合、霊界と現界との大和合をなし、現、幽、神、一体大和楽の光の国実現を以って教旨とせよ。

次に信者の実践のこと書き知らすぞ。

三大実践主義

弥栄実践

祓 実 践

〇ヽ《まつり》実 践

大宇宙の弥栄生成化育は寸時も休むことなく進められてゐるのざぞ、弥栄が神の御意志ざぞ、神の働ざぞ、弥栄は実践ざぞ。人としては其の利那々々に弥栄を思ひ、弥栄を実践して行かねばならんのざぞ。宇宙の総ては〇ヽとなってゐるのざぞ、どんな大きな世界でも、どんな小さい世界でも、悉く中心に統一せられてゐるのざぞ。マツリせる者を善と云ひ、それに反する者を悪と云ふのざぞ、人々のことごとマツリ合すはもとより神、幽、現、の大和実践して行かねばならんのざぞ。天地《あめつち》の大祓ひと呼応して国の潔斎、人の潔斎、祓ひ清めせねばならんのざぞ、与へられた使命を果すには潔斎せねばならんのざぞ。かへりみる、はぢる、くゆる、おそる、さとる、の五つのはたらきを正しく発揮して、みそぎ祓を実践せねばならんのであるぞ。役員よきにして今の世に、よき様に説いて聞かして、先づ七七、四十九人、三百四十三人、二千四百〇一人の信者早ぅつくれよ、信者は光ぞ、それが出来たら足場出来るのざぞ。産土の神様祀りたら、信者出来たら、国魂の神様祀れよ、次に大国魂の神様祀れよ、世光来るぞ、五月十二日、ひつ九のかミ。

第四帖　（四七三）

三千年《みちとし》の不二は晴れたり、言答《イワト》あけたり。実地ざぞ、遣直し出来んのざぞ。早ぅ足場つくれと申してあろがな、三千の足場つくったら神の光出ると申してあらうがな、足場つくれよ、アジヤ足場ぞ。足場なくては何も出来ん道理人間にも判らうがな、何より足場第一ざぞ、世界の民の会二人でやれよ、一人でしてならんぞ、くどう気つけあらうがな。あなさやけ、あなすがすがし。六月十日、ひつ九◉。

第五帖　（四七四）

仕事、嘉事《よ》と申してあろがな、仕事マツリざぞ、自分の仕事おろそかならんのざぞ、仕事せよ、仕事仕へまつれと申してあろが、ひかり教会の本部元へ移してもよいぞ、天明表へ出てもよいぞ。愈々ぞ、皆に早う伝へて呉れよ、マツリ結構。　七月三十一日、一二㋹。

第六帖　（四七五）

へんな人が表に出るぞ、出たら気付けよ。この道開くには誠ぢゃ、誠とは嘉事《よ》ぢゃ、仕事ぢゃ、まつりぢゃ、あなないぢゃ、〆松ぢゃ、むすびぢゃ。わけへだては人間心、何が何だか判らん内に時節めぐりて元に返るぞ、神に分けへだてなし、皆一様にするぞ、お蔭やるぞ、病治してやるぞ、小さい事、大きい事、皆それぞれに御役勇んで仕へまつれよ、分け隔てと云ふ事なく一致和合して神に仕へまつれよ和合せねば誠のおかげないぞ。先づ自分と自分と和合せよ、それが和合の第一歩、アメツチ心ぢゃぞすべてはそこから、生れ来るものなのぞ。八月ぐらぐら、八月二日、ひつ九の⦿。

第七帖（四七六）

いやな事は我が血統に致さすなり、他人傷つけてはならんなり、ひふみにも二十《ふと》◎《まに》、五十《いづ》◎《ら》、いろはにも二十《ふと》◎《まに》五十《いづ》◎《ら》、よく心得なされよ。何彼の事ひふみ、いろはでやり変へるのぢゃ、時節めぐりて上も下も花咲くのぢゃぞ。誰によらず改心せなならんぞ、この方さへ改心致したおかげで今度の御働き出来るのぢゃ、同じこと二度くり返す仕組ざぞ、この事よく腹に入れておいて下されよ。同じこと二度、この神示神と仏のふで。八月二日、一二⦿。

第八帖（四七七）

時節には従って下されよ、逆らはず、後の立つ様致されよ、後のやり方、神示で知らしてあろがな。国々所々によって同じ集団《まどゐ》いくらでもつくりあるのぢゃ、何れも我《が》折って一つに集る仕組ぢゃ、天狗禁物、いづれもそれぞれに尊い仕組ぞ、又とない集団《まどひ》ざぞ。神の心告げる手だても各々違ふのぢゃ、心大きく早う洗濯致されよ、とらわれるなよ、とらわれると悪となるぞ。一旦治るなれど、後はコンニャクぢゃ、判らん仕組、判らなならんのぢゃぞ、悪とは我《われ》よしのこと。八月二日、ひつ九⦿。

第九帖（四七八）

苦労いたさねば誠分らんなり、人民と云ふ者は苦に弱いから、中々におかげのやり様ないぞよ、欲出すから、心曇るから、我よしになるから中々に改心出来んなり、六ケ敷いぞよ。慾さっぱり捨てて下されよ、慾出ると判らなくなるぞ。大地の神の声誰も知るまいがな、だまって静かにまつりて清めて、育ててゐるのざぞ、何もかも大地にかへるのざぞ、親のふところに返るのざぞ。次々に不思議出て来るぞ、不思議なくなりたら神の国、ミロクの国となるのぢゃ。八月三日、ひつ九⦿。

第十帖（四七九）

よき神にはよき御用、悪き神には悪き御用、自分で自分がつとめあげるのぢゃ、人になんと云はれても腹の立つ様では御用六ヶ敷いぞ、腹立つのは慢心ぢゃと申してあろがな。仕組途中でグレンと変り、カラリと変る仕組してあるのぢゃ、其処に一厘の仕組、火水の仕組、富士と鳴門の仕組、結構々々大切致してあるのぢゃ。仕組変り変りて人民には判らんなり、よき世と致すのぢゃ、いくら智あっても人間心では出来ん仕組ぞ、智捨てて神にすがりて来ねば分らん仕組ぢゃ、と云ふて人間世界は人間の智いるのぢゃ、智でない智を神が与へるぞ、神人共にと申してあろがな、つとめ上げたら他にない結構な御用。八月三日、ひつ九㋹。

第十一帖　（四八〇）

世界一目に見へるとは世界一度に見へる心に鏡磨いて掃除せよと云ふ事ぢゃ、掃除結構ぞ。善と悪と取違ひ申してあらうがな、悪も善もないと申してあらうがな、和すが善ざぞ、乱すが悪ざぞ、働くには乱すこともあるぞ、働かねば育てては行けんなり、気ゆるんだらすぐ後戻りとなるぞ、坂に車のたとへぞと申してあろがな、苦しむ時は苦しめよ、苦の花咲くぞ。世は七度の大変り、変る代かけて変らぬは、誠一つの九《こ》の花ぞ、九《こ》の花咲くは二三《ふみ》の山、二二《ふじ》は神山神住む所、やがて世界の真中ぞ、八月三日、ひつ九の⦿。

第十二帖　（四八一）

御神示通りにすれば、神の云ふ事聞けば、神が守るから人民の目からは危い様に見へるなれど、やがては結構になるのざぞ、疑ふから途中からガラリと変るのざぞ。折角縁ありて来た人民ぢゃ、神はおかげやりたくてうづうづざぞ、手を出せばすぐとれるのに何故手を出さんのぢゃ、大き器持ちて来んのぢゃ。神示聞きて居ると身魂太るぞ、身魂磨けるぞ。下に居て働けよ、下で土台となれよ。此処は始めて来た人には見当とれん様になってゐるのぢゃ、人の悪口此の方聞きとうないぞ、まして神の悪口。八月四日、ひつ九の⦿。

第十三帖　（四八二）

同じ名の神二つあると申してあろ、同じ悪にも亦二つあるのぢゃ、この事神界の火水ぞ、この事判ると仕組段々とけて来るのざぞ、鍵ざぞ。七人に伝へよ、と申してあろ、始めの七人大切ざぞ、今度はしくじられんのざぞ、神の仕組間違ひないなれど、人民しくじると、しくじった人民可哀想なから、くどう申しつけてあるのざぞ、よう分けて聞きとりて折角のエニシと時を外すでないぞ、世界中の事ざから、いくらでも代へ身魂、代りの集団《まどひ》つくりてあるのざぞ。尊い身魂と、尊い血統、忘るでないぞ。型は気の毒ながらこの中から。八月四日、一二㋹。

第十四帖　（四八三）

今の世は頭と尻尾ばかり、肝腎の胴体ないから力出ないぞ。従ふ所へは従はなならんのざぞ、と申してあろ、時節に従って負けて勝つのざぞ、負けが勝ちぞ、判りたか。お詫びすれば誰によらん許してよき方に廻してやるぞ、口先ばかりでなく心からのお詫び結構いたしくれよ。ダマシタ岩戸からはダマシタ神お出でましぞ、と申してくどう知らしてあろがな、ダマシて無理に引張り出して無理するのが無理ぞと申すのぞ、無理はヤミとなるのざぞ、それでウソの世ヤミの世となって、続いてこの世の苦しみとなって来たのざぞ、こうなることは此の世の始から判ってゐての仕組心配せずに、此の方に任せおけ任せおけ。八月四日、一二㋹。

第十五帖　（四八四）

世の建替と申すのは、身魂の建替へざから取違ひせん様致されよ、ミタマとは身と霊《たま》であるぞ、今の学ある人民ミばかりで建替へするつもりでゐるからタマが判らんから、いくらあせっても汗流しても建替へ出来んのざぞ。天地《あめつち》の秋《とき》来てゐることは大方の人民には分って居りて、さあ建替へぢゃと申しても、肝腎のタマが分らんから成就せんのざぞ、神示読んでタマ早う掃除せよ、世界から見るから日本が日本ぞ、もう一つ上の世界から見れば世界は日本ぞ、神国ざぞ、今迄は大地の先祖の大神様の血統を落して了ふて途中からの代りの神でありたから、まぜこぜしたから世が乱れに乱れて了ふたのぢゃぞ、知らしてあらうがな、よくなっとくしてくれよ、人民も皆その通りになってゐるのぢゃ。八月四日、一二⦿。

第十六帖　（四八五）

日の大神様は日の御働き、月の大神様は月の御働き、日の大神様も世の末となって来て御神力ぅすくなりなされてゐるのざぞ、日の大神様も二つ、三つ、自分一人の力では何事もこれからは成就せんぞ、心得なされよ、神示で知らしただけで得心して改心出来れば大難は小難となるのぢゃ、やらねばならん、戦は碁、将棋、位の戦ですむのぢゃ、人民の心次第、行ひ次第で空まで変ると申してあろがな、この道理よく心得なさりて、神の申すこと判らいでも、無理と思ふ事も貫きて下されよ、これがマコトぢゃ。八月五日、ひつ九のかミ。

第十七帖　（四八六）

悪く云はれるとめぐり取って貰へるぞ、悪く云ふとめぐりつくるのぢゃ。今度の建替へは人間智恵の建替へとは大分違ふ大層ざぞ、見当とれんのざぞ、日の神ばかりでは世は持ちては行かれんなり月の神ばかりでもならず、そこで月の神、日の神が御一体となりなされて「ミロク」様となりなされるなり、日月の神と現はれなさるなり。「みろく」様が日月の大神様なり、日月の大神様が「みろく」の大神様なり、千《チ》の御先祖様九二の御先祖様と御一体となりなされて大日月の大神様と現はれなさるなり、旧九月八日からは大日月の大神様とおろがみまつれよ。八月五日、一二⦿。

第十八帖　（四八七）

改心とはアホになることざぞ、世界中のアホ中々ぢゃ、中々アホになれまいがな。世界中の人民に云ふて聞かして改心さすのではキリがないから大変を致さなならんのざぞ。六ケ敷いこと申してゐるが平とう説かねば判らんぞ、世界の説教をよく聞きてくれよ、天の教、地の導きよく耳すまして聞きとれよ、神の心段々に判りて来るぞ。この者は見込ないとなったら物云わんぞ、もの聞けん様になったら、神示いやになったら其の守護神可哀想になるのざぞ、見込なくなれば神は何も申さんぞ、今の内に神示肚に入れよ。八月五日、ひつ九の⊙ミ。

第十九帖　（四八八）

此の度の岩戸開きに御用に立つ身魂ばかり選り抜《ぬ》きて集めて行さして御用に使ふのであるから、他の教会とは天地の違ひであるぞ、今度は人民の心の底まであらためて一々始末せねばならんなり、誰によらん今迄の様なゼイタクやめて下されよ。せねばする様せねばならんなり、世界のハラワ夕腐り切って居るのであるから愈々を致さねばならんなり、愈々をすれば人民愈々となるから、神がくどう気つけてゐるのざぞ。此処へは善と悪とどんな身魂も引寄せてコネ廻し練り直す所であるから、チットモ気緩《ゆる》しならん所であるぞ。ここの仕組は天の仕組と地の仕組と、カミとなりホトケとなり結び⦿と和し雲と顕れ動き、鳴り成りてマコトの世「みろく」の代と致して、この世と致して、この世を神の国と致す仕組ぢゃ。今迄は天の神ばかり尊んで上ばかり見て居たから、今度は地は地の神の世と致すのぢゃ、天の神は地ではお手伝ひざと申してあろが、下見て暮せ、足元に気付けと申してあらうが、皆地の神尊び斉き祀りて弥栄ましませ。天の教許りではならず、地の教許りでもならず、今迄はどちらかであったから時が来なかったから、マコトがマコトと成らず、いづれもカタワとなってゐたのざぞ、カタワ悪ぞ、今度上下揃ふて夫婦和して、天と地と御三体まつりてあなひて、末代の生きた教と光り輝くのざぞ。八月九日、ひつ九のかミ。

第二十帖　（四八九）

己《おのれ》の心見よ、いくさまだまだであろが、違ふ心があるから違ふものが生れて違ふことになる道理分らんのかなあ。世界の慾々のメグリが出て来るのはこれからであるぞ、九月八日の九の仕組近付いたぞ。人民は早合点、我よしで神示よむから皆心が出て了ふて誠知らしたこと毒とならん様気づけておくぞ。薬のんで毒死せん様に気付けよ。今は世間では何事も分らんから、疑ふのも無理ないなれど、神の仕組は何事もキチリキチリと間違ひないのざぞ。宗教聯合会も世界聯合も破れて了ふと申してあらうがな、つくった神や神の許しなきものは皆メチャメチャぢゃ、三千世界に手握る時と知らずに、丅《た》の世界、も十の世界を知らんからさうなるのぢゃ、火火の世界、火火の人、水水の世界、水水の人、と交通出来るのぢゃ、人と云っても人間ではないぞ、ヒトカミざぞ、手握って三千世界に天晴れぢゃ、この道神の道ぢゃ、光の道ぢゃ、教ぢゃ、悪と悪と、善と善と、悪と善と、善と悪と握る手持ちて御座れよ、心持ちて御座れよ、びっくり嬉し箱あくぞ。八月十日、ひつ九⊙。

第二十一帖　（四九〇）

神が引寄せるからと申して懐手してゐては道は拡まらんぞ、弥栄とは次々に限りなく喜びをふやして養って行くことざぞ、喜びとはお互ひに仲よくすることぞ、喜びは生きものぞ、形あるものぞ、色あるものぞ、声あるものぞ、判りたか。教会つくれと申しても今迄の様な教会ではならんぞ、今迄の教会も元はよいのであるぞ、いづれも取次役員がワヤにいたしたのぢゃ、神の心からはなれて人間心となったからぢゃ。神の動きは、アヤワ㋳㋻ざと申してあろが、それをヤワ㋳㋻となしワ㋳㋻と致し、㋳㋻となし㋻㋳にして分らんことにいたしたのぢゃ、タマなくなってその上に上下、下ひっくり返ってゐると申してあらうがな、分りたか。八月十一日、ひつ九の㋹。

第二十二帖　（四九一）

已の知では分らん大神様とはアベコベのこと考へてゐては逆さばかりぢゃ、神示よく読んで誠の仕組仕へ奉れよ。壁に耳あり、天井に目あり、道は一筋と申してあろ、人民と云ふ者はアレコレと沢山に目に見せては迷ふものざから、一つづつ目にもの見せて目標作って、それで引張ってやりて下されよ、一度に沢山見せたり教へたりしては迷ひ生む許りぢゃ、役員殿気付けてくれよ。この道開けてくると敵が段々多くなって来るぞ、敵結構ぞ、敵尊べよ、敵に親切せよ、何れも神の働きぞ、敵も御役悪も御役ぞ、敵ふへて来ると力出て来るぞ、神の仕組一切。八月十一日、ひつ九㋹。

第二十三帖　（四九二）

かねて見してある弥《や》栄《さか》祈《き》願《がん》せよ、やさかきがん、やさかきがん、やさかきがん、やさかきがん、やさ火《か》き火《か》ん、やさ水《か》き水《か》ん、火と水の御恩、弥栄きがん、やさかのまつりぞ、やさかまつりの秘訣《ひけつ》火水《ひみつ》は知らしてあらう。神示よく読めよ。これからの神示は「ひふみ」と申せよ。弥栄。弥栄。二六五日日一二五七三二八一六七一二三〇〇〇日一三三三一六六六七二六八五二一七六六六三三〇〇〇八〇二八八一三三五二日八二六一二三八八五五日日百千一二一二三日五六七八九十百千卍ア火八の〇キ九の〇て八がつの十二にち。ひつ九の⦿一のの。ア火ハの巻これまで。八月十二日、ひつ九の⦿

（ア火ハの巻了）

ひふみ神示 第廿三巻

自 昭和二十二年八月十三日

至 昭和二十二年八月二十三日

四九三帖―五一一帖

|《ウ》三《ミ》の巻

全十九帖

第一帖　（四九三）

海の巻書きしらすぞ、五つに咲いた桜花、五つに咲いた梅の花、皆始は結構であったが段々と時経るに従って役員が集ってワヤにいたしたのぢゃ、気の毒ぞ、神の名汚しておるぞ。大日月と現はれたら、何かの事キビシクなって来て、建替の守護と建直の守護に廻るから、その覚悟よいか。間違った心で信心すれば、信心せんより、も一つキビシクえらい事がみちはじめみつようになるぞ。今に此処の悪口申してふれ歩く人出て来るぞ、悪口云われだしたら結構近づいたのざと申してあろ、悪口は悪の白旗ざぞ。飛んで来て上にとまってゐる小鳥、風吹く度にびくびくぢゃ、大嵐来ん前にねぐらに帰って下されよ、大嵐目の前。此処は先づ苦労、その苦労に勝ちたら、己《おのれ》に克ちたら魂磨けるぞ、段々と楽になって嬉し嬉しとなるぞ、結構な仕組、知らしたら邪魔入るなり、知らさんので判らんなり、心でとりてくれよ、世界の民の会なせばなる、なさねば後悔ぞ。八月十三日、一二⦿。

第二帖　（四九四）

権小道師から上は神の帖面につくのであるぞ、参道は仮ぞ。合せて四十九かへミタマ六参道仮ざからそのつもり結構ぞ。一帖、三十帖、二帖、二十九帖と云ふ風に読み直ほして下されよ、三十帖一切として上下まぜまぜにして上下ひっくり返して読み直してくれよ。火の守護から水の守護に変って居るのであるから水の蔭には火、火の蔭には水ぞ、この事忘れるなよ、この中には化物ゐるのざぞ、化物に化かされん様におかげ落さん様に致して下されよ、神くどう気付けおくぞ。

八月十四日、ひつ九の㋹。

第三帖　（四九五）

今迄は神様も別れ別れで勝手にしてゐたのであるから、神様の申された事にも間違ひとなることあったのぢゃ、今でも神様はウソを申されんのであるが、和合なく離れ離れであったから、自分の目で届くグルリは、自分の力の中では誠であっても、広い世界へ出すと間違ったことになってゐたのぢゃ、神のお示しが違ったと申して其の神様を悪く申すでないぞ、今の上に立つ人も同様ざぞ、心得なされよ。今度は愈々一致和合して、大神様の仕組結構が相判り来て、大日月の神となりなされて現はれなさるのぢゃ。判りたか、雨結構、風結構、岩結構、荒結構、地震結構。八月十四日、ひつくのかミ。

第四帖　(四九六)

出てきてから又同じ様なこと繰り返すぞ、今度は魂抜けてゐるからグニャグニャぞ、グニャグニャ細工しか出来んぞ、それに迷ふでないぞ。神示が肚に入って血になると、何が起って来ても結構であるが、始の内は、ちょっとの事で迷の雲が出て悪のとりコとなって苦しむぞ、悪はないのであるが、無い悪を人民の心から生むのざぞ、悪のとりことなって苦しむが見へてゐるから、苦も結構なれどいらん苦はいらんぞ、神示よく読んで苦を楽とせよ、楽は喜びぞ、苦のハタラキが楽ぞ、楽は喜びぞ、光ぞ、神人共のまつりぞ、楽で岩戸開けるぞ、苦しんで開く岩戸は誠の岩戸でないぞ。八月十四日、ひつくのかミ。

第五帖　(四九七)

今日《こんにち》までの御教は、悪を殺せば善ばかり、輝く御代が来ると云ふ、これが悪魔の御教《みおしへ》ぞ、この御教に人民は、すっかりだまされ悪殺す、ことが正しきことなりと、信ぜしことのおろかさよ、三千年の昔から、幾千万の人々が、悪を殺して人類の、平和を求め願ひしも、それははかなき水の泡、悪殺しても殺しても、焼いても煮てもしゃぶっても、悪は益々ふへるのみ、悪殺すてふ其のことが、悪そのものと知らざるや、神の心は弥栄ぞ、本来悪も善もなし、只み光の栄ゆのみ、八股おろちも金毛も、ジャキも皆それ生ける神、神の光の生みしもの、悪抱きませ善も抱き、あななふ所に御力の輝く時ぞ来るなり、善いさかへば悪なるぞ、善悪不二と云ひながら、悪と善とを区別して、導く教ぞ悪なるぞ、只御光の其の中に、喜び迎へ善もなく、悪もあらざる天国ぞ、皆一筋の大神の、働きなるぞ悪はなし、世界一家の大業は、地の上ばかりでなどかなる、三千世界大和して、只御光に生きよかし、生れ赤児となりなりて、光の神の説き給ふ、誠の道をすすめかし、マコトの道に弥栄ませ。八月十五日、⦿のひつ九の⦿しるす。

言答《いわと》明けたる今日ぞ目出度し、二の言答《いわと》早よう明けてよ。

第六帖　（四九八）

いくら利巧でも今迄の人間心では神の仕組は分らんぞ、帰るに帰れず、他を探しても根本のマコトを伝へる所はなし、泣く泣くつらい思ひせねばならんぞ、くどう気つけてゐるのざぞ、慢心取違ひの鼻高さん、路頭に立たねばならんぞ。一二四、結構な日に生れたのぢゃ、この日に生れた仕事は皆よくなるぞ、この神示よく読んでくれたら何を申さんでも、何を聞かんでも、よいことになるのであるぞ、戦や天災では人の心は直らんと申してあろが、今迄のどんなやり方でも人の心は直らんぞ、心得なされよ、八月二十三日、一二⦿。

第七帖　（四九九）

今度は先づ心の建直しぢゃ、どうしたら建直るかと云ふこと、この神示読んで覚りて下されよ、今度は悪をのうにするのぢゃ、のうにするは善で抱き参らすことぢゃ、なくすることでないぞ、亡すことでないぞ、このところが肝腎のところぢゃから、よく心にしめて居りて下されよ。この世は一つの神で治めんことには治まらんぞ、ゝでくくるのぢゃぞ、人民の力だけでは治らんのぢゃぞ、一つの教となってそれぞれの枝葉が出て来るのぢゃ、今では枝から根が出て大切なミキがなくなって居るのぢゃぞ、中つ代からの神では何も出来んと申してあろがな、神と人と一つになって一つの王となるのぢゃ、上下揃ふて一つになるのぢゃ、善も悪もあなないて、一つの新しき善となるのぢゃ、王となるのぢゃぞ、八月二十三日、一二⊙。

第八帖　（五〇〇）

折角神が与えたおかげも今の人民では荷が重いから途中で倒れん様に神示を杖として下されよ、イキ切れん様になされよ。一つでも半分でも神の御用つとめたらつとめ徳ざぞ、何と申しても神程たよりになるものはないと判らんのか、おかげ取り徳。破れるは内からぞ、外からはビクとも致さんぞ。天では月の大神様、ミ、ヤ、カ、ラ、ス、出て来るぞ、始末よくして下されよ、始末よく出来れば何事も楽になって来るぞ、火のタキ方から水の汲み方まで変るのであるぞ、大切なことであるぞ。うそはちっとも申されんこの神示通りに出て来るのぢゃ、先の先まで見通しつかん様な事では、こんなタンカは切れんのざぞ、おかげは其の心通りに与へてあるでないか。下の神が上の神の名をかたりて来ることあるぞ、それが見分けられん様では取違ひとなるぞ、十人位は神示がそらで云へる人をつくっておかねばならんぞ。八月二十三日、一二⦿。

第九帖　（五〇一）

マコトの改心は愈々とならねば出来んものぢゃが、出来んことも無理もきかねばこの峠越せんこともあるのざぞ。天も近うなるぞ、地も近うなるぞ、田舎に都、都に田舎が出来ると申してあろが、も少し人民に判りて来んと今びっくり箱をあけたら助かる人民一分もないぞ、早う知らしてくれよ。神せけるなれど人民中々云ふこと聞かんから物事おそくなるばかり、おそくなれば益々苦むばかりぞ。色はにほへど散るものぞ、世の乱れ神界のいろからであるぞ、気つけておくぞ。日の本《もと》の国を取らうとしても何とだましても御先祖様には何も彼も世の元からの仕組してこの事判ってゐるのであるから、悪のやり方よ、早う善にまつろへよ、まつろへば悪も善の花咲くのぢゃぞ。八月二十三日、一二⦿神示《ふで》。

第十帖　（五〇二）

この方悪神、祟神《たたりがみ》と人民に云はれてトコトン落されてゐた神であるぞ、云はれるには云はれるだけの事もあるのぢゃ、此の方さへ改心いたしたのであるぞ、改心のおかげで此の度の御用の立役者となったのぢゃぞ、誰によらん改心致されよ。改心とはまつろふ事ぞ中行くことぞ判りたか。今度は十人並のおかげ位では誠の信心とは申されんぞ、千人万人のおかげを取りて下されよ、千人力与へると申してあろが、大事な御先祖様の血統を皆世に落して了ふて無きものにして了ふて、途中からの代へ身魂を渡りて来た身魂《ミタマ》を、まぜこぜの世と致して、今の有様は何事ぞ、まだ判らんのかなあ、人民もぐれんぞ。八月二十三日、一二㋹。

第十一帖　（五〇三）

だました岩戸からはだました神が出て、ウソの世となったのぢゃ、この道理判るであろう、ニセ神やら、だました神やら、次々に五度の岩戸締めと申してあろが、タンバはタニハ、田庭とは日の本の国ぞ世界の事ぞ、タンバとはタンバイチとは世界の中心と云ふ事ぞ、日の本と云ふ事ぞ、キミの国ぞ、扶桑の国ぞ、地場ぞ、判りたか。地場を固めなならんぞ、五十鈴の川はムツの川、和合の川ぞ。社殿《やしろ》は八方に開く時来たら八尋殿《やひろどの》建てて下されよ、マコトの八尋殿。何も判らん無茶苦茶者が、偉ら相な名の神がかりして、何も知らん人民をたぶらかしてゐるが、今に尻尾を出して来るぞ、尻尾つかまらん内に改心して神の道に従って来いよ。八月二十三日、一二㋹。

第十二帖　（五〇四）

神は人民には見へん、たよりないものであるが、たよりないのが、たよりになるのであるぞ。外国行とは幽界行の事ぞ。時節来て居れど人民心でせくでないぞ、せくとしくじるぞ。あちらに一人、こちらに一人、と云ふ風に残る位むごい事にせならん様になってゐるのざから、一人でも多く助けたい親心汲みとりて、早う云ふこと聞くものぢゃ。ここ迄神示通りに出てゐても、まだ判らんのか、疑ふのにも余りであるぞ。地に高天原が出来るのざぞ、天の神地に降りなされ、地《くに》の神と御一体と成りなされ大日月の神と現はれなさる日となった、結構であるぞ、肉体の事は何とか分るであろが、タマは判るまい、永遠《とわ》にタマは生き通してあるから、タマの因縁の判る所は九九《ここ》の二《ふ》でより他にはいくらさがしてもないのざぞ。八月二十三日、一二㋹。

第十三帖　（五〇五）

表に出て居る神々様に和合して貰ふて世の建替にかかりて下されよ、苦労なしには何事も成就せんぞ、苦を楽めよ。此の世を乱したのは神界から、此の世乱した者が、此の世を直さねばならんのざぞ、この道理判るであろがな、建直しの御用に使ふ身魂は此の世乱した神々様であるぞよ。秘密は秘密でないぞ、火水であるぞ、明らかな光であるぞ、火水《ひみず》のマコトを悪神にたぶらかされて判らなくなったから、秘密となったのであるぞ、秘密は必ず現はれて来るぞ。あと七つの集団《まどゐ》が出来るぞ、一には◎のしるしつけよ、この世一切のことを建替へるのぢや、神の道も変へるぞ、心のおき所も変へるぞ。八月二十三日、一二⦿。

第十四帖　（五〇六）

何も分らん枝葉の神に使はれてゐると気の毒出来るぞ、早う其の神と共に此処へ参りて、マコトの言《こと》を聞いて誠に早う立ち返りて下されよ、〇九十《マコト》とは〇一二三四五六七八九十であるぞ、一二三四五六七八かくれてゐるのざぞ。縁あればこそ、そなた達を引寄せたのぢゃ、此の度の二度とない大手柄の差添へとなって下されよ、なれる因縁の尊い因縁をこわすでないぞ。見て見よれ、真只中になりたら学でも智でも金でもどうにもならん見当取れん事になるのぢゃ、今は神を見下げて人民が上になってゐるが、さうなってから神に助けてくれと申しても、時が過ぎてゐるから時の神様がお許しなさらんぞ、マコトになってゐれば何事もすらりすらりぞ。八月二十三日、一二⊙。

第十五帖　（五〇七）

学や智や金がチラチラ出る様では、マコトが磨けては居らんのぢゃ、今の法律でも、教育でも、兵隊でも、宗教でも、この世は建直らんぞ、新しき光が生れて世を救ふのぢゃ、新しき光とはこの神示ぢゃ、この神ぢゃ。七つの花が八つに咲くぞ、此の神示八通りに読めるのぢゃ、七通までは今の人民でも何とか判るなれど八通り目は中々ぞ。一厘が、かくしてあるのぢゃ、かくしたものは現はれるのぢゃ、現はれてゐるのぢゃ。何でもない事が中々のことぢゃ、判りたか。八月二十三日、一二⊙。

第十六帖　（五〇八）

今はなれた人民、此処がよくなったと云ふて帰る事ははづかしい事になって、帰っても変なことになるぞ、今の内に早う立ち返って御用結構ぞ。世界に、人民に判らんめづらしき事を出すぞ、皆この神の仕組であるから、変りたこと、判らん事が愈々となったら、神代近づいたのであるぞ。役員には神示の肚に入った者がなるのざぞ、役員の御魂は沢山あれど、神示読まねば役員にはなれないのざぞ、なればスコタンばかり、長らく世に落ちて居た神人神々様を世にお上げせねば世はよくならんのざぞ、軽く見るから神示分らんのぢゃ、人も軽く見てはならんぞ。八月二十三日。一二⦿。

第十七帖　（五〇九）

天地ひっくり返ると云ふことはミタマがひっくり返ると云ふことぞ。神示読みて聞かせよ、目も鼻も開けておられん事が、建替への真最中になると出て来るぞ、信仰の人と、無信仰の人と、愈々立分けの時ぢゃぞ、マコト一つで生神に仕へ奉《まつ》れよ。八月二十三日、ひつ九㋹。

第十八帖　（五一〇）

人民の我では通らん時となった位判って居らうがな、早よ我捨ててこの方について参れよ、素直にいたせば楽に行けるのざぞ、大峠越せるのざぞ、時節の仕組中々人民には判るまいがな、悪抱き参らす為には我が子にまで天のトガをおはせ、善の地の先祖まで押込めねば一応抱く事出来んのであるぞ、ここの秘密知るものは天の御先祖様と地の御先祖様より外には無いのであるぞ。我が我がと早う出世したい様では、心変へんと人民は御用六ヶ敷いぞ。神に分けへだてなし、へだては人民の心にあるぞ。此の道は因縁なくしては判らん六ヶ敷い道であれど、此の道つらぬかねば、世界は一平にならんのぢゃ、縁ある人は勇んで行けるのぢゃ、神が守るからおかげ万倍ぢゃ、神の帖面間違ひないぞ、思ふ様にならぬのは、ならぬ時は我の心に聞いて見るがよいぞ、神の仕組は変らねど、此の世では、人民の心次第で良くも悪くも出て来るのぢゃ、仕事は変らねど出て来るのが変るのざ、悪く変ると気の毒なからくどう申してゐるのぢゃぞ。八月二十三日、一二㋹。

第十九帖　（五一一）

三三《みみ》に一二三《ひふみ》聞かするぞ、愈々身実《みみ》に聞かす時ざぞ。それぞれ人に応じて時によって口から耳に肚から肚に知らしてくれよ、あなさやけ、あなすがすがし、言答《いわと》開けたり、二十三巻で此の方の神示《ふで》の終り、終りの終りぞ、後の七巻は他から出してあるのざぞ、いづれ判りて来るぞ、合せて三十の巻、それが一つの節ざぞ、天明御身《みみ》に聞かすぞ、よきにはからへ、この行中々ざぞ。八月二十三日、ひつ九の⦿神示これまで。

（｜二の巻了）

ひふみ神示 第二十四巻

昭和二十四年十一月十七日から
昭和二十五年 一 月十八日まで

黄金《コガネ》の巻 全百帖

第一帖　（五一二）

元の元の元の神は何も彼も終ってゐるのであるぞ。終なく始なく弥栄えてゐるのぞ。友つくれよ、友つくることは己つくることぞ。広めることぞ。己を友の心の中に入れることぞ。皆われの目的たてに来てゐるぞ。それでは思惑たたんぞ。御光が愛ぞ。真ぞ。愛はマぞ。真は言ぞ。これを誠と云うぞ。誠は生きてゐるぞ。三千世界の生命ぞ。和つくれ。和はむすびぞ。何も彼も生れるぞ。いきするぞ。自分で勝手にしておいて親神を怨んでゐるぞ。この巻から人民の道しるべであるぞ。近いことから知らすぞ。この神示出たら、すぐ血としておいて下されよ。そなたの為めであるぞ。そなたの為めは人の為め、世の為め、三千世界の為めであるぞ。この巻黄金の巻。心の眼ひらけよ。十一月十七日。ひつ九のか三

第二帖　（五一三）

日本が日本がと、まだ小さい島国日本に捉はれてゐるぞ。世界の日本と口で申してゐるが、生き

かへるもの八分ぞ。八分の中の八分は又生きかへるぞ。生きかへつても日本に捉はれるぞ。おはりの仕組はみのおはり。骨なし日本を、まだ日本と思うて目さめん。九十《コト》九十《コト》と申してカラスになつてゐるぞ。古いことばかり守つてゐるぞ。古いことが新しいことと思うてゐるなれど、新しいことが古いのであるぞ。取違ひいたすなよ。神は生命ぞ。秩序ぞ。秩序は法則ぞ。為せよ。行ぜよ。考えよ。考へたらよいのぢや。為すには先づ求めよ。神を求めよ。己に求めよ。求めて、理解した後為せ。為して顧みよ。神のいのち其処に弥栄えるぞ。今迄の日本の宗教は日本だけの宗教、このたびは世界のもとの、三千世界の大道ぞ。教でないぞ。八分の二分はマコトの日本人ぢや。日本人とは世界の民のことぢや。一度日本すてよ。日本がつかめるぞ。日本つかむことは三千世界をつかむことぞ。悪の大将も、そのことよく知つてゐて、天地デングリ返るのぢや。物の食べ方に気つけよ。皆の者、物ばかり食べて御座るぞ。二分の人民、結構に生きて下されよ。喜び神ぞ。十一月十七日。ひつ九のか三

第三帖（五一四）

神は神の中に、宇宙を生み給うたのであるぞ。善の祈りには善、悪の祈りには悪、祈りの通りに何も彼も出て来ること、まだ判らんか。時節には時節のことと申してあらう。十一月十七日。ひつ九のか三

第四帖　（五一五）

これだけに、世界にアラ事をさして見せて、神示通りに出て来ても、まだ目醒めんのか。まだ〴〵改心中々ぢやなあ。悔い改めよ。顧みよ。恥ぢ畏れよ。慎めよ。その日その時からよくなるぞ。人間には神は知れんものぞ。神のはたらきのみ、やっと知れるぞ。神の能《ハタラ》きは千変万化、能《ハタラ》き見て神そのものと思ふは人間心。この神示、針の穴程も違はん。書かしたことそのまま出て来るぞ。神は人となりたいのぢや。人は神となりたいのぢや。霊は形を形は霊を求めて御座るのぢや。人は神のいれもの、神は人のいのち。十一月十七日。ひつ九のか三

第五帖　（五一六）

ものうむ始め女。目的たてるとスコタン。種から生えたものは渋柿ぢや。接木せねば甘柿とはならんぞ。己のためすることは人のためにすることぞ。思は力、実在ぞ。十一月十七日。ひつ九のか三

第六帖　（五一七）

天地まぜまぜになつたら、まだまだなるのである。彼れ是れ、何が何だか判らんことになると申してあらうが。早う神示肚に入れておけよ。己に逆ふは神に逆ふものぞ。己拝むは神拝むもの。キリキリ舞、目の前。十一月十七日。ひつ九のか三

第七帖　（五一八）

今はまだなるやうにして居りて下されよ。悪いこと通して善くなる仕組、よく心得よ。神体や神殿が神ではないぞ。神でもあるぞ。取違ひ禁物。鼻高には困る困る。他の教会は病治して一人でも信者多くつくつて立派に教会をつくればそれでよいやうにしてゐるが、この道はそんな所でまごま

ごさしてはおかれんぞ。高く光るぞ。遠くから拝むやうになるぞ。一切の未来も一切の過去も、総てが現在ぞ。中今ぞ。このこと判るが善ぢや。神は総てを知っているのぞ。現在は永遠ぞ。何処からともなく感じて来るもの尊べよ。取り次ぎ、信者より曇りひどい。十一月十七日。

第八帖　（五一九）

外にあるもの内にあるぞ。十一月十七日。

第九帖　（五二〇）

この神示に縁あるものには、天使の働き位のこと、すぐに判るミタマ授けあるのに、今の姿は何事ぞ。ボタン押せよ。燈台もとへ来て、明るうなると思ひ違ひ、もとへ来てあかりとなれよ。光となれよ。十一月十七日。

第十帖　（五二一）

もう化けては居られん。化けの世はすんだのであるから、人民ウソしてはならんぞ。嘘見分ける鏡与へてあるぞ。早う改心なされ。仏の取り次ぎ、キリストの取り次ぎ、天理、金光、大本の取り次ぎさん、早う改心結構ぞ。アラーの取り次ぎさん、道教も同様ぞ。人間はいつも創られつつあるものぞ。これでよいと云ふことはないぞ。ゴッドも仏も神も皆その通りざぞ。世の中も、三千世界も亦同様ぞ、つくられつつあるのぞ。愛と云ひ真と云ふも皆方便ぞ。何れも誠の現われであるぞ。はうべんの世はすみてハウベンの世となるぞ。そのハウベンの世すみて誠の世となるのぢや。善悪なき世となるのぢや。判りたか。かのととりの日。一二十《ヒツキノカミ》

第十一帖　（五二二）

今度のイワトびらき神と人との九十運動ぞ。建替の守護が大切ぞ。先づ一筋の天地の道から変へるのぢや。次に人の道つくるのぢや。経と緯であるぞ。人の道と天地の道と間違へてゐるぞ。人の道は花色々と咲き乱れ、織り交ぜて、楽し楽しのそれぞれであるぞ。自分で自分のこととしてゐるのであるが、又させられてゐるのであるぞ。大き自分に融け入つたとて小さい自分無くなつて了ふの

でないぞ。神人ぞ。天地ぞと申してあらうが。善もかりぞ。悪もかりぞ。よく心得なされよ。かのととりの日。一二十《ヒツキノカミ》

第十二帖　（五二三）

守護神守護神と申してゐるが、魂の守護神は肉ぞ。肉の守護神は魂ぞ。くるくる廻つて又始めからぢや。前の始と始が違ふぞ。皆相談し合つてよきに弥栄えるぞ。為さねば後悔ぞ。始めからの神示読めば判るやうに示してあるでないか。神示読まんから迷ふのぞ。神は人民の気引くぞ。神示読めよ。神示出るぞ。かのととり。一二十

第十三帖　（五二四）

神示はちつとも違はん。違ふと思ふことあつたら己の心顧みよ。その心曇つてゐるのであるぞ。めぐりあるだけ神がうらめしくなるぞ。めぐりなくなれば神が有難いのぢや。人間無くて神ばかりでは、この世のことは出来はせんぞ。神が人間になつて働くのぞ。判りたか。新しき神国が生れる

までめぐりばかりがうようよと、昔のしたことばかり恋しがつてゐるが、そんなこと何時までもつづかんぞ。三年の苦しみ、五年もがき、七年でやつと気のつく人民多いぞ。皆仲よう相談し合つて力合せて進め進め。弥栄えるぞ。二つに分れるぞ。三つに分れるぞ。分れて元に納まる仕組。結構結構。理解大切。理解結構。思考しなければこれからは何も出来んぞ。拝み合ふことは理解し合ふことぞ。手合せて拝むばかりでは何も判りはせんぞ。何故に、心の手合せんのぢや。心の手とは左行く心の手と右行く心の手と和すことぢや。サトルことぢや。苦しんで苦しんで苦しみぬいて得たことは楽に得たことぢや。その楽に得たことのみ自分の身につくのぢや。血ぢや。肉ぢや。かのととり。一二十

第十四帖　（五二五）

しるしは㋹と申してあらう、㋹なかなかぢやなあ。為せ、為せ、為せば成る時ぞ。為さねば後悔ぞ。元たてよ。かのととり。一つ九十

第十五帖　（五二六）

人から見てあれならばと云ふやうになれば、この方の光出るのぢや。行出来ねばお出直し、お出直し多いなあ。独断役には立たんぞ。イワトびらきの九分九厘でひつくり返り、又九分九厘でひつくり返る。天明九十六才七カ月、ひらく。かのととり。一二卜

第十六帖　（五二七）

羹《アツモノ》に懲《コ》りて鱠《ナマス》吹《フ》いて御座る人民よ。慾すてると判つて来るぞ。まことの慾深になれよ。イロハの勉強とは、日日の生活を神示に合すことぞ。この中から神示通りのカタ出せよ。出さねばならんぞ。判つた人程、口静かになるぞ。天狗が出て来て三日天下、それも御役、御役御苦労ぢやなあ。良けりや立ち寄り、悪くなれば立ち去るやうな人民、早う退いて見物して御座れよ。いつも日和見してゐると気の毒出来るぞ。神に使はれるのは一通りや二通りの苦労では出来ん。宗教によるもののみ天国に行くと考へるもの、自分の教会のみ天国に通ずると思ふもの、皆悪の眷族ばかり。迷ふ

なよ。迷ふは慾からぢや。体験と理解のみ財産ぞ。神示肚に入つたら、それでもうよいぞ。去りて花咲かせ。肚に入るまでは去つてはならん。確か心得よ。かのととり。一二十

第十七帖　（五二八）

神、拝しても筋違ふと水の泡ぞ。まだ迷うてゐるが、それでは仕組成就せんぞ。褌しめて一本道の真心結構。金がよければ金拝め。人がよければ人拝めよ。神がよければ神拝め。かのととり。一二十

第十八帖　（五二九）

祈れば祈る程悪うなることあるぞ。結構な道と判らんか。心して迷ふでないぞ。天国の門、貧者富者の別ないぞ。別ある境界つくるでないぞ。世界中一度にゆすぶると申してあらう。釦一つででんぐり返ると申してあること、未だ判らんのか。神罰はなし。道は一つ二つと思ふなよ、無数であるぞ。（但し内容は一つぞ。）新しき道拓いてあるに、何故進まんのぢや。下腹からの怒は怒れ。胸

からの怒は怒るなよ。昔から無いことするのであるから、取違ひもつともであるなれど、分けるミタマ授けあるぞ。高い天狗の鼻まげて自分の香嗅いで見るがよいぞ。鼻もちならんぞ。今迄のことちつとも交らん新しき世になるのであるから、守護神殿にも、判らんことするのであるから、世界の民みな一度に改心するやうに、どん詰りには致すのであるなれど、それ迄に一人でも多く、一時も早く、改心さしたいのぢや。気ゆるめたら肉体ゆるむぞ。後戻りばかりぢや。霊人と語るのは危いぞ。気つけくれよ。人は人と語れよ。かのととりの日。一二十

第十九帖　（五三〇）

己の行出来て居らんと、人の悪口云はなならんことになるぞ。己の心日々夜々改めねばならん。心とは身と心のことぞ。元の活神が直接の、直々の守護を致す時来たぞ。気つけおくぞ。国々、所々、村々家々、皆何なりとしてめぐりだけの借銭済し致しくれよ。大峠ぞ。早合点するなよ。小さい容れもの間に合はん。かのととり。一二十

第二十帖　（五三一）

動かんふじの仕組のなるとの仕組。ことたま、かずたま、ひふみ、いろたまいろは。かのととり。ひつ九十

第二十一帖　（五三二）

言はれる間はよいぞ。読まれる間はよいぞ。綱切れたら沖の舟、神信じつつ迷信に落ちて御座るぞ。日本の国のミタマ曇ってゐることひどいぞ。外国、同様ながら筋通つてゐるぞ。型にはめると動きないことになるぞ。型外せと申してあらうが。自分で自分を監視せよ。顕斎のみでも迷信、幽斎のみでも迷信、二つ行つても迷信ぞ。二つ融け合つて生れた一つの正斎を中として顕幽、両斎を外としてまつるのが大祭りであるぞ。荒、和、幸、奇、ミタマ統べるのが直日のみたま。みすまるのたまぞ。今度は、直日のみでなくてはならん。直日弥栄えて直日月㊉の能《ハタラキ》となるのぞ。食物気つけよ。信仰は感情ぞ。飢えた人には食物。神よ勝て。人間勝つてはならんぞ。かのととり。一二十

第二十二帖　（五三三）

神まつれ、祖先まつれ、子孫まつれ、心まつれ、言葉まつれ、行まつれ、食物まつれ、着るものまつれ、住居まつれ、土地まつれ、感謝感謝で喜び来るぞ。奇蹟では改心出来んのであるぞ。かのととりの日。ひつ九十

第二十三帖　（五三四）

この神示読むとミタマ磨けるぞミガケルぞ。神示読むと改心出来るぞ。暮し向きも無理なく結構にヤサカ、弥栄えるぞ。まだ判らんのか。苦しいのは神示読まんからぢや。金の世すみて、キンの世来るぞ。三年目、五年目、七年目ぢや、心得なされよ。欲しいもの欲しい時食べよ。低うなるから流れて来るのぢや。高うなつて天狗ではならん道理。頭下げると流れ来るぞ。喜び、愛から来るぞ。神様も神様を拝み、神の道を聞くのであるぞ。それは◉と◎と◎とによつて自分のものとなるのぢや。融けるのぢや。一つ境があるぞ。世界の人民一人一人柱守りの神つけてあるぞ。人に説くに

は人がいるぞ。役員取違ひしてゐるぞ。われよし信仰だからぞ。あまり大き過ぎるから判らんのも道理ながら、判らんでは済まん時来てゐるぞ。いざと云ふ時は日頃の真心もの云ふぞ。付け焼刃は付け焼刃。神拝むとは、頭ばかり下げることでないぞ。内の生活することぞ。内外共でなくてはならん。残る一厘は悪の中に隠してあるぞ。かのととり。一二十

第二十四帖　（五三五）

口で知らすこと判る人には、判るぞ。大切なことはミミに聞かしてあるぞ。天狗ざから、軽く見るから分らんのざぞ。神示はいらんのぢやふではカスぢやぞ。皆ゝ《テン》を見失つてゐるぞ。ゝ《テン》あるのが判るまい。云ふてならん。仕組は出来上らんと、人民には判らん。仕上げ見て下されよ。立派ぢやなあ。心で悟りて下されよ。云ふだけで聞けば実地に出さんでもよいのぢや。実地には出したくないのぢや。この道理、よく悟りて呉れよ。実地に出しては人民可哀さうなから、こらへこらへてくどう申してゐる中に、早うさとりて下されよ。かのととりの日。一二十

第二十五帖　（五三六）

こんなになつたのもこの方等が我が強過ぎたからであるぞ。我出すなと申してあろう。この度のイワト開きに使ふ身魂は、我の強い者ばかりが、めぐりだけのこと償つて、償ふことぞ。天地かもう神でも我出せんことであるぞ。神々様も懺悔して御座るぞ。まして人民。てん⦿かいしんまだまだのまだまだであるぞ。かのととりの日。一二十

第二十六帖　（五三七）

与へてあるのに何故手出さぬ。よりよき教に変るのは宗祖のよろこぶこと位判るであらう。うまいこと申して人集めると、うまいこと申して人が去るのであるぞ。二四《ニシ》と一ケ四《ヒガシ》に宮建てよ。建てる時近づいたぞ。間に合ふ守護神九分通り悪になつてゐるぞ。経には差別あるぞ。緯は無差別ぞ。この道理判らねば一列一平とならん。金欲しい者には金もうけさしてやれよ。欲しいもの与へてやれよ。人間心、神心、逆様ぢや。与へることは戴くこと。まだ判らんか。皆何も天国に行くやうに

なつてゐるではないか。この世でも天国、あの世でも天国、目出度いなあ。地獄説く宗教は亡びるぞ。地獄と思ふもの、地獄つくつて地獄に住むぞ。地獄はげしくなるぞ。人間の力だけでは、これからは何も出来ん。アカの世からキの世になるぞ。世は、七度の大変りと知らしてあらう。二《ツギ》の世はキの世。口静かせよ。かのとどり。一二十

第二十七帖　（五三八）

何故、喜び受けぬのぢや。宗教は無くなつて了ふぞ。誠光るのぢや。光のマコトの宗教生れるのぢや。その時は宗教でないぞ。心得なされよ。かしはでとカシハデと二つあるぞ。拍手はちかひとチカヒのしるし。手摺るのは願ひのしるし。かのとどり。一二十

第二十八帖　（五三九）

外が悪くて中がよいといふことないのぢや。外も中も同じ性もつてゐるのぢや。時節来てゐるから、このままにしておいても出来るが、それでは人民可哀さうなから、くどう申してゐるのぢや。

三千年花咲くぞ。結構な花、三年、その後三年であるぞ。二《ツギ》の三年めでたやなあめでたやなあ、ヒカリのふで裏迄読んで見なされよく解つてビシビシその通りになつておろうがな。このほう念じてやれよ。この火（ほう）この水（ほう）ぞ。この火ばかりと思ふなよ。火と水《ヒトミ》ざぞ。善き火《ホー》に廻してやるぞ、良き水《ホー》の御用も回してやるぞ。しくじりも人間にはあるぞ。しくじつたらやり直せよ。しくじりは火と水の違ひぞ。このことよく心得てなされよ。しくじり、しくじりでなくなるぞ。何も思案投首一番罪深い。皆それぞれに喜び与へられてゐるでないか。何不足申すのざ。かのととり

一二十

第二十九帖　（五四〇）

二二の盗み合ひ、世の乱れ。心して怪しと思ふことは、たとへ神の言葉と申しても一応は考へよ。神の言葉でも裏表の見境なく唯に信じてはならん。サニワせよ。薬、毒となることあると申してあらうが。馬鹿正直、まことの道見失ふことあると申してあらうが。道は易し、楽し、楽しないのは道ではないぞ奉仕ではないぞ。世界に呼びかける前に日本に呼びかけよ。目醒まさねばならん

のぢや。それが順序と申すもの。神示で知らしてあらうが。ここは種つくるところ、種は人民でつくれんぞ。神の申すやう。神の息戴いて下されよ。天の道、地の道、天地の道あるぞ。人の道あるぞ。何も彼も道あるぞ。道に外れたもの外道ぢやぞ。前は一筋ぞ。二筋ぞ。三筋ぞ。曲つてゐるぞ。真直ぐであるぞ。心得なされ。節分から○|⦿⦿⊕○|⦿《オーヒツキオーカミ》と現れるぞ。讃えまつれ。三年の大ぐれ。かのととり。一二十

第三十帖　（五四一）

一四三〇《ビヨーサマ》一四三〇《ビヨーサマ》、改心早う結構ぞ。道知るのみでは何にもならん。道味はへよ、歩めよ、大神の道には正邪ないぞ。善悪ないぞ。人の世にうつりて正と見え邪と見えるのぢや。人の道へうつる時は曇りただけのレンズ通すのぢや。レンズ通してもの見ると逆立するぞ。神に善と悪あるやうに人の心にうつるのぢや。レンズ外せよ。レンズ外すとは神示読むことぞ。無き地獄、人が生むぞ。罪ぞ。曲ぞ。今迄は影の守護であつたが岩戸ひらいて表の守護となり、裏表揃うた守護になりたら、まことの守護ぞ。悪も善も、もう隠れるところ無くなるぞ。かのととり。一二十

第三十一帖　（五四二）

人民それぞれに用意して呉れよ。自分出しては集団《マドイ》こはすぞ。力出んぞ。早うつくれよ。的《マト》とせよ。と申してあろうがな。マトは光りのさし入る所、的として月一度出せよ。自分の小さいこと知れる者は、神の国に近づいたのであるぞ。かのととり。一二十

第三十二帖　（五四三）

神の道に進むために罵られることは人民の喜びぞ。その喜び越えて神の喜びに入れば罵られることないぞ。神敬ふはまだまだぢやぞ。早うサトリて、神に融け入れよ。かのととりの日。一二十

第三十三帖　（五四四）

神国、神の三八《ミヤ》早うつくれ。今度此処へ神が引寄せた者は、みなキリストぢや。釈迦ぢやぞと申してあらう。磨けば今迄の教祖にもなれるミタマばかりぞ。それだけに罪深いぞ。岩戸あけて、め

ぐり果せたいのぢや。このこと肚によく判るであらうが。かのととり。一二十

第三十四帖　（五四五）

世界平とう、胸の掃除からハラの掃除ぞ。理智がまことの愛ぞ。（ア九《ク》）も神の御子。絶対の責任は神、相対の責任は人民。親よりも師よりも神愛せよ。その親、師は神から更に愛されるぞ。⚲九二十九十千《オークトコクチ》の⦿⦶⚲⦿三◎《カミガオースサナル》の⦿三○《カミサマ》なり。かのととりの日。一二十

第三十五帖　（五四六）

お父様が⦿《ヒ》の大⦿三○お母様が⦿《ツキ》の大⦿三○《カミサマ》なり。おくやまから出たものはおくやまにかへり、またおくやまから更に弥栄となつて出るのであるぞ。大切なもの皆与へてあるでないか。人民は只それをどんなにするかでよいやうに、楽にしてあるぞ。かのととり。一二十

第三十六帖　（五四七）

まことに求めるならば、神は何でも与へるぞ。与へてゐるでないか。御用は神示見んと判らん道理判らんか。誰にも知れんこと知らして、型して見せてあるでないか。かのとりのひ一二十

第三十七帖　（五四八）

集団《マドイ》は天国の組織同様にせよ。横にはウクスツヌフムユルウの十柱ぞ。縦にはアイウエオの五柱、結構ぢやなあ。横だけでもかたわ、縦だけでもかたわ、この方見えんアであるぞ。顕れは神示ぢや。よく相談し合つて結構致しくれよ。弥栄えるぞ。秘文読めば判る。神業奉仕すれば自らめぐり取れるのぢや。めぐりないもの一人もこの世には居らん。かのとり。一二十

第三十八帖　（五四九）

心次第で皆救はれる。悪には悪の道、それ知らん善の神では、悪抱き参らすこと出来ん。因縁あつても曇りひどいと御用六ヶ敷いぞ。この世の人民の悪は幽界にうつり、幽界の悪がこの世にうつる。かのとり一二十

第三十九帖　（五五〇）

見渡せば見事咲きたり天狗の鼻の。二人でせよと申してあるのは裏表合せて一つぞ。二人で一人でせねばならん。統一ないところ力生れんぞ。人民の奉仕は神への奉仕、生活は奉仕から生れる。世界は大きな田畠、それ蒔け、それ蒔け、種を蒔け。

第四十帖　（五五一）

何うにも斯うにも手つけられまい。この世は浮島ぞ。人民の心も浮島ぞ。油断禁物。ひふみの食べ方心得たら、今度は気分ゆるやかに嬉しウレシで食べよ。天国の食べ方ぞ。一切は自分のものと申してあらう。上も下も右も左も皆自分のものぞ。自分ぞ。其処にまこと愛生れるぞ。かのととり。一二十

第四十一帖　（五五二）

このほうの許へ引寄せた人民、八九分通りは皆一度や二度は死ぬる生命を神が助けて、めぐり取つて御用さしてゐるのぞ。奉仕せよ。どんな御用も勇んで勉めよ。肚に手あてて考へて見よ。成程なあと思ひあたるであらうが。喉元すぎて忘れて居らうが。かのととり。ひつ九十

第四十二帖　（五五三）

神示読めば神示の気通ふぞ。神示読めよ。神示うつせよ。うつす御役結構ぢやなあ。うつせ。うつせ。人にうつせよ。世界にうつせよ。悪のミタマなごめ抱き参らすには理解大切ぢや。かのととり。一二十

第四十三帖　（五五四）

野見よ。森見よと申してあらう。水の流にも宗教あるぞ。これを人民勝手に宗教に一度下げるか

ら、神冒すことになるのざ。引下げねば判らんし、心で悟れよ。覚《サ》めの生活弥栄えるぞ。天国の礎、出足の地場は（二二）からぢや。二二《フジ》の道は秘文《ヒフミ》の道ぢや。和ぢや。かのととり。一二十

第四十四帖　（五五五）

奉る歌書かして置いたに何故読まんのぢや。大き声で読み上げよ。歌うたひ呉れと申してある時来てゐるぞ。歌でイワトひらけるぞ。皆歌へ唄へ。各も各も心の歌つくつて奉れよ。歌結構ぞ。

ひふみゆら、ひふみゆらゆら、ひふみゆらゆら。
かけまくも、かしこけれども、歌たてまつる。
御まへに、歌たてまつる。弥栄《ヤサカ》み歌を。
世を救ふ、大みゐわざぞ。みことかしこし。
まさに今、神のみことを、このみみに聞く。
三千世界、救ふみわざぞ。言《コト》ただし行かな。
大神の、しきます島の、八十島《ヤソシマ》やさか。

天かけり、地《クニ》かける神も、みひかりに伏す。
堪へに堪へし、三千年の、イワトひらけぬ。
したたみも、いはひもとほり、神に仕へむ。
大稜威《ミイツ》、あぎとふ魚も、ひれ伏し集ふ。
かむながら、みことの朝を、みたみすこやかに。
神の子ぞ。みたみぞ今の、この幸になく。
国原は、大波うちて、みふみを拝す。
天もなく、地もなく今を、みことに生きん。
大みつげ、八百万神も、勇みたつべし。
天地の、光となりて、みふで湧き出づ。
一つ血の、みたみの血今、湧きて止まらず。
大みこと、身によみがえる、遠つ祖神《オヤ》の血。
すでに吾れ、あるなし神の、辺にこそ生きん。

高鳴るは、吾か祖の血か、みつげ尊し。
吾れあらじ、神々にして、祈らせ給ふ。
天地も、極まり泣かん、この時にして。
かつてなき、大みつげなり、たたで止むべき。
天地も、極まりここに、御代生れ来ん。
大き日の、陽にとけ呼ばん、くにひらく道。
みことのり、今ぞ輝き、イワトひらけん。
宮柱、太しき建てて、神のまにまに。
抱き参らせ、大御心に、今ぞこたへむ。
言いむけ、まつろはしめし、みことかしこし。
ただ涙、せきあへず吾《ア》は、御《オン》まへに伏す。
ささげたる、生命ぞ今を、神と生れます。
大まへに、伏すもかしこし、祈る術《スベ》なし。

今はただ、いのちの限り、太道《オミチ》伝へむを。
祈りつつ、限りつくさん、みたみなり吾れ。
いのち越え、大きいのちに、生きさせ給へ。
ひたすらに、みことかしこみ、今日に生き来し。
言霊の、言高らかに、太陽《オオヒ》にとけな。
天に叫び、吾れにむちうち、今日に生き来し。
あらしとなり、あまかけりなば、この心癒えむか。
走りつつ、今海出づる、大き月に呼ぶ。
みみかくし、生命と生れて、遠つ祖神《オヤ》さか。
神々の、智は弥栄え、此処に吾れたつ。
みたみ皆、死すてふことの、ありてあるべき。
あな爽け、みたみ栄《ハエ》あり、神ともに行く。
さあれ吾の、生命尊し、吾《ア》を拝《オロガ》みぬ。

みづくとも、苔むすとても、生きて仕へん。
いゆくべし、曲《マガ》の曲こと、断たで止むべき。
かへりごと、高ら白さんと、今日も死を行く。
追ひ追ひて、山の尾ことに、まつろはさんぞ。
追ひはらひ、川の瀬ことに、曲なごめなん。
みことなれば、天《アメ》の壁立つ、極み行かなん。
と心の、雄たけび天も、高く鳴るべし。
まさ言を、まさ言として、知らしめ給へ。
たな肱《ヒヂ》に、水泡《ミナワ》かきたり、御稲《ミトシ》そだてんを。
むか股に、ひぢかきよせて、たなつつくらむ。
狭田長田、ところせきまで、実のらせ給へ。
神々の、血潮とならん、ことに生き行く。
言さやぐ、民ことむけて、神にささげん。

にぎてかけ、共に歌はば、イワトひらけん。
大き日に、真向ひ呼ばん、神の御名を。
道端の、花の白きに、祈る人あり。
拍手《カシワデ》の、ひびきて中今《イマ》の、大きよろこび。
悔ゆるなく、御まへに伏し、祝詞《ノリト》申すも。
祝詞せば、誰か和し居り、波の寄す如。
のりと申す、わが魂に、呼ぶ何かあり。
御まへに、額《ヌカ》づきあれば、波の音きこゆ。
悔ゆるなき、一日《ヒトヒ》ありけり、夕月に歩す。
曇りなく、今を祝詞す、幸はへたまへ。
奉る、歌きこし召せ、幸はへ給へ。
ひふみよい、むなやここたり、ももちよろづぅ。

かのととりの日。

第四十五帖　（五五六）

相談相談と申して、見物を舞台にあげてならん。見物は見物席。祈り祈り結構と申して、邪の祈りは邪の道に落ちるぞ。色々のお告げ出ると申してあらうが。今その通りぢや。お告に迷ふぞ。審神《サニワ》して聞けと申してあらう。審神して聞け。判らなくなれば神示見よ。（十一月裏四日）一二十

第四十六帖　（五五七）

今度の仕組、まだまだナルのぢや。なつてなつてなりの果てに始めて成るぞ。生むぞ。先づ金が無ければと申してゐるが、その心まことないぞ。キがもとあれ程申しても未だ判らんのか。役員どうどうめぐり。（十一月裏四日）一二十

第四十七帖　（五五八）

ナルとは成る言《コト》ぞ。成るは表、主(曰《シ》ゆ)ぞ。ウムとは✡(ウム)のこと。生むは裏、従(二ゆ)ぞ。

ナルは内、ウムはソト。ナルには内の陰陽合せ、ウムにはソトの陰陽合せよ。成ると生むは同じであるぞ。違ふのぢやぞ。成ることを生むと申すことあるぞ。生むこと成ると見ることあるぞ。ナルとは◎(ナル)こと、自分が大きく成ることぞ。自分の中に自分つくり、内に生きることぞ。ウムとは自分の中に自分つくり外におくことぞ。このこと判れば石屋の仕組判る。(十一月裏四日)一二十

第四十八帖　（五五九）

神の御用と申してまだまだ自分の目的立てる用意してゐるぞ。自分に自分がだまされんやうに致しくれよ。自分の中に善の仮面を被つた悪が住んでゐるに気つかんか。はらひ清めの神が◉《ス》三《サ》◎《ナル》の神様なり。サニワの神は｜《ウ》日《シ》十《ト》◎《ラ》の九《コ》ん《ン》二《ジ》ん様なり。それぞれにお願ひしてから、それぞれのこと行ぜよ。この道に入つて始の間は、却つて損したり馬鹿みたりするぞ。それはめぐり取つて戴いてゐるのぞ。それがすめば苦しくても何処かに光見出すぞ。おかげのはじめ。次に自信ついて来るぞ。胴がすわつて来るぞ。心が勇んで来たら、おかげ大きく光り出したのぢや。悪の霊はみぞおちに止まりかちぞ。霊の形は肉体の形、肉体は霊の形に従ふもの。このこと判れば、この世のこと、

この世とあの世の関係がはっきりするぞ。足には足袋、手には手袋。（十一月裏四日）一曰十◎《ウシトラ》

第四十九帖 （五六〇）

上の、一番の番頭、大将が悪いのではない。一の番頭がよくないのざ。親に背くはよくないが真理に背くは尚悪い。眷族さんにも御礼申せよ。大神様だけでは仁義になりませんぞえ。月日様では世は正されん。日月様であるぞ。日月様が、⦿《ヒ》⦿《ツ》⊕《キ》様となりなされて今度のイワトびらき、あけるぞ。ふで当分二を通じて出せよ。あたえよ。⦿と二と千とセとワとホとは、先づ奥山。十二月七日

一二十

第五十帖 （五六一）

口で云ふことよくきけよ。肉体で云ふこと、神の申すこと、よく聞きわけ下されよ。霊媒通じてこの世に呼びかける霊の九分九分九厘は邪霊であるぞ。はげしくなるぞ。世界一平まだまだ出来さうで出来ない相談。奥の奥、見通して下されよ。うごきは必要であれど、皮むくぞ。次も駄目、次も駄

目、その次の次がまことの一家ぢや。寒い所暖く暑い所涼しくなるぞ。仏には仏の世界はあれど、三千年でチョンぞと申してあらう。神示しめすに、順乱して来るぞ。慾出して下さるなよ。順乱れる所に神のはたらきないぞ。人民自由にせよと申して、悪自由してならん。（十二月七日）一二十

第五十一帖　（五六二）

喜べよ。よろこびは弥栄のたね蒔くぞ。祈りは実行ぞ。云はねばならんし、云へば肉体が申すやうに思つておかげ落すし、判らんこと申すやうに、自分のものさしで測るし、学の鼻高さんには神も閉口。（十二月七日）一二十

第五十二帖　（五六三）

何も知らんものが出て来て邪魔するぞ。余程しつかり致しくれよ。邪魔も御役ながら、時と所によりけり。神徳積んだら人の前に自分かくせるやうになるぞ。頭に立つ者力かくせよ。昨日より今日、今日より明日と、一歩一歩弥栄えよ。一足飛び、見てゐても危い。早く判れば後戻りさせねば

ならず。判らんで後押しせねばならず、少しの時の早し遅しはあるなれど、何れは神示通りに出て来るぞ。想念は形式をもって始めて力出るぞ。（十二月七日）一二十

第五十三帖　（五六四）

物も神として仕へば神となるぞ。相談と申せば人民ばかりで相談してゐるが神との相談結構ぞ。神との相談は神示《フデ》よむことぢや。行き詰つたら神示《フデ》に相談せよ。神示《フデ》が教へて、導いてくれるぞ。罪を憎んでその人を憎まずとは悪のやり方、神のやり方はその罪をも憎まず。生活が豊かになつて来るのが正しい理《ミチ》ぞ。行詰つたら間違つた道歩いてゐるのざ。我では行かん。学や金ではゆかん。マコトの智一つと申してあらう。（十二月七日）一二十

第五十四帖　（五六五）

目的よくても実行の時に悪い念入ると悪魔に魅入られるぞ。心せよ。雨、風、岩、いよいよ荒れの時節ぢや。世界に何とも云はれんことが、病も判らん病がはげしくなるぞ。食ふべきものでな

い悪食うて生きねばならん時来るぞ。悪を消化する胃袋、早うせねば間に合はん。梅干大切心の。五十二才二《ツギ》の世の始。五十六才七ヶ月みろくの世。（十二月七日）一二十

第五十五帖　（五六六）

今度集つても、まとまりつくまいがな。世界の型出して実地に見せてあるのぢや。骨が折れるなれど実地に見せねばならんし、まとまらんのを纒めて、皆がアフンの仕組、気のつく人民早う元へかへりて下されよ。心に誠あり。口にまこと伝へるとも実行なきもの多いぞ。偽りに神の力は加はらない。偽善者多いのう。祈り行じて洗濯すれば皆世界のサニワにもなれる結構なミタマばかり。死産の子も祀らねばならん。（十二月七日）一二十

第五十六帖　（五六七）

逆怨みでも怨みは怨。理窟に合はんでも飛んだ目に会ふぞ。今迄の教では立ちて行かん。生れ替らねば人も生きては行かれん。平等愛とは、差別愛のことぞ。公平と云ふ声に騙されるなよ。数で

決めるなと申してあらうがな。群集心理とは一時的の邪霊の憑きものぞ。上から乱れてゐるから下のしめしつかん。われよしのやり方では世は治まらん。（十二月七日）一二十

第五十七帖　（五六八）

仲よしになつて道伝へよ。道を説けよ。一切を肯定して二九《ジク》を伝へよ。悪神かかりたなれば自分では偉い神様がうつりてゐると信じ込むものぞ。可哀さうなれどそれも己の天狗からぞ。取違ひからぞ。霊媒の行見ればすぐ判るでないか。早う改心せよ。霊のおもちやになつてゐる者多い世の中、大将が誰だか判らんことになるぞ。先生と申してやれば皆先生になつて御座る。困つたものぞ。

（十二月七日）一二十

第五十八帖　（五六九）

神々の数は限りないのであるが、一柱づつ御名を称《タタ》へてゐては限りないぞ。大日月《ヒツ》㊉《キ》の大神と称へまつれ。総ての神々様を称へまつることであるぞ。日は父、月は母、㊉《キ》は自分であるぞ。自分拝

まねばどうにもならんことになつて来るぞ。一日が千日になつたぞ。（十二月七日）一二十

第五十九帖　（五七〇）

丶《テン》忘れるなよ。世を捨て、肉をはなれて天国近しとするは邪教であるぞ。合せ鏡であるから片輪となつては天国へ行かれん道理ぢや。迷信であるぞ。金で世を治めて、金で潰して、地固めしてみろくの世と致すのぢや。三千世界のことであるから、ちと早し遅しはあるぞ。少し遅れると人民は、神示は嘘ぢやと申すが、百年もつづけて嘘は云へんぞ。申さんぞ。（十二月七日）一二十

第六十帖　（五七一）

ここはいと古い神まつりて、いと新しい道ひらくところ。天狗さん鼻折りて早う奥山に詣れよ。この世の仕事があの世の仕事。この道理判らずに、この世の仕事すてて、神の為めぢやと申して飛廻る鼻高さん、ポキンぞ。仕事仕へまつれよ。徳つめばこそ天国へ昇るのぢや。天国に行く人、この世でも天国にゐるぞ。キタはこの世の始めなり。（十二月七日）一二十

第六十一帖　（五七二）

自分のみの信仰は、私心私情のため、自己つくりてから人を導くのぢやと理窟申してゐるが、その心根洗つて自分でよく見つめよ。悪は善の仮面かぶつて心の中に喰入つてゐるぞ。仮面が理窟、理窟は隠れ蓑。（十二月七日）一二十

第六十二帖　（五七三）

洋服ぬいで和服着て又洋服着るのぢや。仏の力と神の力と同じでないぞ。同じ所までは同じであるが、もう此処まで来たら、この先は神の道《ミチ》でなくては動きとれん。神の大理《ミチ》は上の上であるぞ。神の理を明かにすれば、神はその人を明かにする。天使は天と地の和合者、仁人は地と天の和合者。（十二月七日）一二十

第六十三帖　（五七四）

奥山奥山と知らしてあろうが、ふでは奥山から出て、奥山で分けるくらいのこと、何故に分らんのじゃ。誰でもが勝手にしてならん。それぞれの順立てねば悪となるぞ。判らんのは、われよしからぢや。本から固めて行かねば何時までたつても小田原ぢや。小田原も道筋ながら、それでは世界の人民丸つぶれとなるぞ。三分残したいために三千の足場と申してあるのぢや。早う三千集めよ。御役御苦労。（十二月七日）一二十

第六十四帖　（五七五）

何処で何してゐても道さへふんで居れば弥栄えるぞ。行詰つたら省みよ。己の心の狂ひ、判つて来るぞ。神から伸びた智と愛でないと、人民の智や学や愛はすぐペシヤンコ。やりてみよれ。根なし草には実は結ばんぞ。お尻出したらお尻綺麗にふいてやれよ。怒つてはならん。子の尻と思うて拭いてやれよ。判つた人民よ。今の内は阿呆結構ぞ。一つに和して御座れ。人間心で急ぐでないぞ。（十二月十四日）一二十

第六十五帖　（五七六）

自分に捉はれると局部の神、有限の神しか判らんぞ。自分捨てると光さし入るぞ。知はアイ、息は真ぞ。平面の上でいくら苦しんでも何にもならん。却つてめぐり積むばかり。どうどうめぐりぢや。てん曰《シ》は奥山にお出ましぞ。（十二月十四日）一二十

第六十六帖　（五七七）

省みると道見出し、悟ると道が判り、改むると道進む。苦しむばかりが能ではない。自分の中にあるから近よつて来るのであるぞ。厭なこと起つて来るのは、厭なことが自分の中にあるからじや。肉体は親から受けたのざから親に似てゐるのぞ。霊は神から受けたのざから神に似てゐるぞ。判りた守護神一日も早く奥山へ出て参りて、神の御用結構。（十二月十四日）一二十

第六十七帖　（五七八）

慢心出るから神示読まんやうなことになるのぞ。肚の中に悪のキ這入るからぐらぐらと折角の屋台骨動いて来るのぞ。人の心がまことにならんと、まことの神の力現はれんぞ。みたまみがきとは善いと感じたこと直ちに行ふことぞ。愛は神から出てゐるのであるから、神に祈つて愛さして戴くやうにすると弥栄えるぞ。祈らずに自分でするから、本を絶つから、われよしに、自分愛になるのぞ。自分拝《オロガ》むのは肉愛でないぞ。（十二月十四日）

第六十八帖　（五七九）

神と人の和は神よりなさるものであるぞ。本質的には人間から神に働きかけるものでないぞ。働きかける力は神から出るのであるから人間から和し奉らねばならんのであるぞ。信じ合ふ一人が出来たら一つの世界を得たこと。一つ得たら二つになつたことぞ。祈りを忘れることは、神を忘れること、神から遠ざかること、それではならんのう。安全な道通れ。安全な教の所へ集れよ。（十二月十四日）

第六十九帖　（五八〇）

悪く云はれるのが結構ぞ。何と云はれてもびくつくやうな仕組してないぞ。天晴れ、三千世界のみろくの仕組、天晴れぞ。この先は神の力戴かんことには、ちつとも先行かれんことになるぞ。行つたと思うてふり返ると、後戻りしてゐたのにアフンぞ。心得なされよ。何も彼も存在許されてゐるものは、それだけの用あるからぞ。近目で見るから、善ぢや悪ぢやと騒ぎ廻るのぞ。大き一神を信ずるまでには、部分的多神から入るのが近道。大きものは一目では判らん。この方世に落ちての仕組であるから、落して成就する仕組、結構。神様は親、四角張らずに近寄つて来て親しんで下されよ。（十二月十四日）

第七十帖　（五八一）

日九千◎《シクジリ》のミタマもあるなれど、この方の仕組ぢや。めつたに間違ないのざから、欲しいものには一先づ取らせておけよ。めぐりだけ取つて行つて下さる仕組ぞ。苦しめたら改心中々ぢや。喜ばせて改心結構ぢやなあ。総てを愛せよと申すのは、高い立場のことで御座るぞ。九九《ココ》には九九の立場あるぞ。よく心得なされよ。世の中には順序あるぞ。それがカズタマ（数霊）、動くと音出るぞ。それがコトタマ（言霊）、ものには色あるぞ。それがイロタマ（色霊）。（十二月十四日）

第七十一帖　（五八二）

世界がそなたにうつてゐるのぞ。世界見て己の心早う改心致されよ。世はグルグルと七変り、改心の為世界の民皆、今度は引上げ一旦みなあるぞ。経《タテ》のつながりを忘れ勝ちぢや。平面のことのみ考へるから平面のキのみ入るぞ。平面の気のみでは邪であるぞ。動機善なれば失敗は薬。（十二月十四日）

第七十二帖　（五八三）

世界の人民皆改心せよと申すのぞ。どんなめぐりある金でも持つて居ればよいやうに思うて御座るなれど、めぐりある金はめぐりそのものと判らんか。家の治まらんのは女が出るからぞ。夫立てると果報は女に来るぞ。天界に住む者は一人々々は力弱いが和すから無敵ぞ。幽界に住む者は一人々々は力強いが孤立するから弱いのぞ。仲よう和してやれと申す道理判りたか。そなたは何万年の原因から生れ出た結果であるぞ。不足申すでないぞ。十二月十四日。

第七十三帖 （五八四）

四十八柱、四十九柱、それぞれの血筋の者引き寄せておいて、その中から磨けた者ばかり選り抜く仕組。磨けん者代りのミタマいくらでもあるぞ。お出直しお出直し。世界が二分ぢやなあ。ものを見るのは額でみなされ。ピンと来るぞ。額の判断間違ひなし。額の目に見の誤りなし。霊界には時間、空間は無いと申してゐるが、無いのでないぞ。違つて現はれるから無いのと同様であるぞ。あるのであるぞ。悪の霊はミゾオチに集まり、頑張るぞ。こがねの巻は百帖ぞ。こがねしろがねとり〴〵に出るのぢや。あわてるでないぞ。（十二月二十七日）一二十

第七十四帖 （五八五）

貰うた神徳に光出す人民でないと、神徳をわれよしにする人民にはおかげやらん。自分が自分で思ふやうになるまいがな。自分が自分のものでないからぞ。自分のものなら自由になると申してあらうが。道を進めば楽に行ける。道行かんで山や畠や沼に入るから苦しむのぞ。神の仕組の判る人民二三分出来たら、いよいよにかかるぞ。未だ未だ改心足らん。神せけるぞ。魂にめぐりあると何してもグラリグラリと成就せんぞ。めぐりのままが出て来るのであるぞ。心のよきもの、神にまつりて、この世の守護神と現はすぞ。理窟は判らんでも真理は摑めるぞ。信念と真念は違ふぞ。信念は自分のもの。信念超えて真念あるぞ。任せきつたのが真念ぞ。迷信が迷信でなくなることあるぞ。ぢやと申して信念がいらんのでないぞ。もう待たれんから判りた人民一日も早く奥山に参りて神の御用結構につとめあげて下されよ。世界中を天国にいたす御用の御役、つとめ上げて下されよ。人間の念力だけでは何程のことも出来はせんぞ。その念力に感応する神の力があるから人間に判らん、びつくりが出て来るのざぞ。（一月三日）一二十

第七十五帖　（五八六）

戦や天災では改心出来ん。三千世界の建直しであるから、誰によらん。下の神々様もアフンの仕組で、見事成就さすのであるが、よく神示読めば、心でよめば、仕組九分通りは判るのであるぞ。死ぬ時の想念がそのままつづくのであるから、その想念のままの世界に住むのであるぞ。この世を天国として暮す人天国へ行くぞ。地獄の想念、地獄生むぞ。真理を知ればよくなるぞ。そんなこと迷信と申すが、求めて見なされ。百日一生懸命求めて見なされ。必ずおかげあるぞ。神があるから光がさして嬉し嬉しとなるのであるぞ。（一月三日）一二十

第七十六帖　（五八七）

真理を知つて、よくならなかつたら、よく省みよ。よくなるのがマコトであるぞ。悪くなつたら心せねばならん。善人が苦しむことあるぞ。よく考へて見い。長い目で見てよくしようとするのが神の心ぞ。目の前のおかげでなく、永遠の立場から、よくなるおかげがマコトのおかげ。神徳は重いから腰ふらつかんやうにして下されよ。その代り貫きて下されたら、永遠《トワ》にしぼまん九の花となるぞ。二二《フジ》に、九《ク》の花どつと咲くぞ。拍手は清めであるが、神様との約束固めでもあるぞ。約束た

がへるでないぞ。（一月三日）一二十

第七十七帖　（五八八）

不二の仕組とは動かん真理、◎《ウズウミ》のナルト（成答）の仕組とは弥栄の限りなき愛のことであるぞ。神の理《ミチ》に入り、理《ミチ》をふんで居れば、やり方一つで何でもよく、嬉し嬉しとなるぞ。世の元から出来てゐるミタマの建直しであるから、一人の改心でも中々であると申してゐるのに、ぐづぐづしてゐると間に合はん。気の毒出来るぞ。めぐりと申すのは自分のしたことが自分にめぐつて来ることであるぞ。めぐりは自分でつくるのであるぞ。他を恨んではならん。美の門から神を知るのが、誰にでも判る一番の道であるぞ。芸術から神の道に入るのは誰にでも出来る。この道理判るであらうが。審判《サバキ》の廷《ニワ》に出たならば、世界は一人の王となるぞ。御出まし近うなつたぞ。自分よくして呉れと申してゐるが、それは神を小使に思うてゐるからぞ。大きくなれよ。（一月三日）一二十

第七十八帖　（五八九）

悪で行けるなら悪でもよいが、悪は影であるから、悪ではつづかんから早う善に帰れと申すのぞ。先祖は肉体人を土台として修業するぞ。めぐりだけの業をせねばならん。（一月三日）一二十

第七十九帖　（五九〇）

心、入れかへ奥山へ参りて、その場で荷物を持たすやうになるから、ミタマを十分磨いておいて下されよ。神が力添へるから、どんな見事な御用でも出来るのであるぞ。（一月三日）一二十

第八十帖　（五九一）

慾が深いから先が見えんのぢや。悪神よ、今迄は思ふ通りに、始めの仕組通りにやれたなれど、もう悪の利かん時節が来たのであるから、早う善に立ちかへりて下されよ。善の神まで捲き入れての仕放題。これで不足はもうあるまいぞや。いくら信仰しても借銭なくなる迄は苦しまねばならん。途中でへこたれんやうに、生命がけで信仰せねば借銭なし六ケ敷いぞ。途中で変る紫陽花《アジサイ》では、御用六ケ敷いぞ。（一月三日）一二十

第八十一帖　（五九二）

心に凸凹あるから幽界のものに取りつかれて、つまらんことになるのぞ。つまらんことをひろめて亡びるぞ。（一月三日）一二十

第八十二帖　（五九三）

愈々となつて助けてくれと走り込んでも、その時では遅いから、間に合はんから、早う神の心悟れと申してあるのざ。笑のない教にして下さるなよ。学問や金を頼つてゐる内は、まだまだ改心出来ないぞ。今迄の宗教の力でも、法律でも、どうにもならん。掃除が目の前に来てゐるぞ。神の力を頼るより他に理《ミチ》ないことまだ判らんか。中程まで進むと判らんことあるぞ。神の試練気つけてくれよ。どちらの国も見当とれんことになるぞ。肚立つのはめぐりあるからぞ。善でつづくか悪でつづくか、この世に善と悪とがあつて、どちらで立つて行くか、末代つづくか、得心ゆくまで致させてあつたが、もう悪ではつづかんことが、悪神にも判つて来るのであるから、今しばらくのゴタ

ゴタであるぞ。ものの調和が判れば、正しき霊覚が生れるぞ。神の姿がうつつて来るぞ。（一月三日）一二十

第八十三帖　（五九四）

ひかる誠の行をさしたら、皆逃げて了ふから、ここまで甘くして引張つて来たなれど、もう甘く出来んから、これからはキチリキチリと神の規則通りに行ふから、御手柄結構に、褌しめて下されよ。この世は神の国の移しであるのに、幽界から移りて来たものの自由にせられて、今の体裁、この世は幽界同様になつてゐるぞ。地は九二《クニ》のやり方せねば治らん。早う気付いた人民から、救ひの舟を出して下されよ。これと信じたらまかせ切れよ。損もよいぞ。病気もよいぞ。怪我もよいぞ。それによつてめぐり取つていただくのぞ。めぐりなくなれば日本晴れぞ。今がその借銭済しぞ。世界のめぐり大きいぞ。真理は霊、芸術は体であるぞ。正しき芸術から神の理《ミチ》に入るのもよいぞ。説くのもよいぞ。芸術の行詰りは真理がないからぞ。芸術は調和。七つの花が八つに咲くぞ。（一月三日）一二十

第八十四帖　（五九五）

神は人民に改心さして、世の立替立直し致さうと思うたのであるが、曇りがあまりにひどいから、何事のびつくりが出るか、もう神も勘忍袋の緒切れたぞ。人間が恨みや怒りもつと、その持物までが争ふことになるぞ。早う気持から洗濯して下されよ。死んでも続くぞ。結構に始末せねばならん。上に立つ者余計に働かねばならん時来てゐるぞ。いくら古くから信心してゐると申しても肝腎が判りて居らんと何もならん。よい御用出来ん。想念の自由とは神に向上するより上の、よりよき方に進む自由であるぞ。どの世界の人民も自由もつ。（一月三日）

第八十五帖　（五九六）

裏の仕組に、入れると表の仕組となり、表の仕組に〇入れると裏の御役となるなり。、抜けば悪のやり方となるのぢや。どの仕組も判りて居らんと、三千世界の先先まで判りて居らんと、何事も成就せんぞ。神界の乱れ、イロからぢやと申してあらう。男女関係が世の乱れの因であるぞ。お互に魂のとりやりであるぞ。この世ばかりでなく、あの世まで続くのであるから、くどう気つけておくぞ。コトはモノになる。悪いことすれば悪いもの生れて来て、生れ故郷に喰付いて悪くする。善いことも同様ぞ。因縁のあるみたまが集つて来て人のようせん辛棒して、世界の立替立直しの御用致すのであるから、浮いた心で参りて来ても御役に立たん。邪魔ばかりぢや。因縁のみたまは何んなに苦しくても心は春ぢや。心勇まんものは、神示よんで馬鹿らしいと思ふものは、遠慮いらんから、さつさと帰りて下されよ。神はもう、気嫌とりは御免ぢや。（一月三日）

第八十六帖　（五九七）

一分一厘、力一杯、違はんこと書かしてあるのぢや。色眼鏡で見るから、違つたことに見えるのぢや。神示、嘘ぢやと申すやうになるのぞ。眼鏡外して、落付いてみて、ハラで見て下されよ。世の先先のことまではつきりと写るぞ。そなたの心の中にゐる獣《ケダモノ》、言向けねばならん。善きに導かねばならん。一生かかつてもよいぞ。それが天国に行く鍵であるぞ。マコトの改心であるぞ。智慧と、愛が主の座に居らねばならん。物は愛から生れるぞ。ウムものがもとぢや。生まれるものはナ

ルのぢや。ナルには智慧でなるのぢやぞ。（一月三日）

第八十七帖　（五九八）

まことに改心出来たと、神が見届けたら、今度はこの世はもとより、何の心配もないやうに守つて、肉体、顔まで変へてやるぞ。宿命と運命は同じでない。磨けばどんなにでも光るぞ。放つておいても神に背くものは自滅して行き従ふものは弥栄えて行くぞ。其処に神の能《ハタラキ》、よくさとりて下されよ。人間の処理方法と神の処理方法と融和せねばならん。急がねばならず、急いでは谷底に落ちて出来損ふぞ。ありとあるもの、何んでも彼んでも天地の御用持つてゐるのぞ。そのものの勝手な道は許さんぞ。大き喜びの中に、小さい自分の喜び大きく栄えるぞ。大きな生命の中にこそ小さい自分のマコトの喜びが弥栄えるのであるぞ。判りたか。（一月三日）

第八十八帖　（五九九）

日本は日本、唐は唐、オロシヤはオロシヤ、メリカキリスはメリカキリスぢや。分けへだてするのは神の心でないと申す人民沢山あるが、世界は一平ぢやと申して、同じことぢや、同じ神の子ぢやと申してゐるが、頭は頭、手は手、足は足と申してあらうが。同じことであつて同じでないぞ。悪平等は悪平等ぞ。世界丸つぶれのたくらみぞ。この道理よく心得なされよ。総てのものを先づ感受せよ。その後に感謝せよ。感謝すれば弥栄えるぞ。（一月三日）

第八十九帖　（六〇〇）

喜びは神から流れ、愛から流れ出るのであるが、愛そのもの、善そのものではない。生命であるぞ。生命であるが生命の本体ではないぞ。天地には天地のキ、民族には民族のキあるぞ。そのキは時代によつて変つて来る。その時のキが、その時のまことの姿であるぞ。それに合はんものは亡んで了ふぞ。火の洗礼、水の洗礼、ぶつたり、たたいたり、カ、ミの洗礼なくては銘刀は出来ん道理ぢや。（一月三日）

第九十帖　（六〇一）

世界中がいくら集つて、よき世にいたす相談いたしても、肝腎の丶が判らんから、まとまりつかん。たれ一人、悪いわがままの癖持たん人間ないぞ。その癖を直して行くのが、皮むくことぢや。改心ぢや。弥栄行くことぢや。金持つと金の地獄に、理窟もつと理窟の地獄に、神に捉はれると神の地獄に落ちて苦しむぞ。持たねばならんし、中々ぢやなあ。先づ求めよ、求めねばならん。先づ捨てて求めよ、求めて行ぜよ。（一月三日）

第九十一帖　（六〇二）

愛の人間は深く、智の人間は広く進むぞ。経《タテ》と緯《ヨコ》であるぞ。二つが織りなされて、結んで弥栄える仕組。経のみでならん。緯のみでならん。この世に生れてはこの世の御用、この世の行せねばならん道理。この世に生れて、この世の行せねば、生れた時より悪くなるぞ。草木より役に立たんものとなるぞ。草木に変へると申してあらう。神が変へるのでない。自分でなり下るのであるぞ。判りたか。（一月三日）

第九十二帖　（六〇三）

つつましく、正しくして行けばその国々で一切不足なく暮して行けるやうに何も彼も与へてあるに気付かんのか。天災地変は人間の心のままと申してあらう。豊作、凶作心のままぞ。今のままで行けば何うなるか、誰にも判らんであらうが、神示通りに出て来ること、未だうたがつてゐるのか。ひつくとみつくの民あると申してあらう。ひつくの民は神の光を愛の中に受け、みつくの民は智の中に受ける。愛に受けると直ちに血となり、智に受けると直ちに神経と和して了ふのであるぞ。二つの民の流れ。（一月三日）

第九十三帖　（六〇四）

そなたが神つかめば、神はそなたを抱くぞ。神に抱かれたそなたは、平面から立体のそなたになるぞ。そなたが有限から無限になるぞ。神人となるのぢや。永遠の自分になるのであるぞ。他のために行ぜよ。神は無理申さん。始めは子の為めでもよい。親の為めでもよい。自分以外の者の為めに、先ず行ぜよ。奉仕せよ。嬉し嬉しの光さしそめるぞ。はじめの世界ひらけるぞ。一本足では立てん。二本足がよいぞ。やがては明くる二三《フミ》の朝、二二《フジ》は晴れたり、日本晴れ。（一月三日）

第九十四帖　（六〇五）

落ちてゐた神々様、元へお帰りなさらねばこの世は治まらんのであるぞ。一人一人ではいくら力ありなされても物事成就せんぞ。それは地獄の悪のやり方。一人一人は力弱くとも一つに和して下されよ。二人寄れば何倍か、三人寄れば何十倍もの光出るぞ。それが天国のまことのやり方、善のやり方、善人、千人力のやり方ぞ。誰でも死んでから地獄へ行かん。地獄は無いのであるから行けん道理ぢやなあ。曲つて世界を見るから、大取違ふから曲つた世界つくり出して、自分で苦しむのぢや。其処に幽界出来るのぢや。有りてなき世界、有つてならん。（一月三日）

第九十五帖　（六〇六）

四季はめぐる。めぐる姿は◎《ウヅ》であるぞ。◎は働き、上れば下り、下れば上る。この神示読んだ今が出船の港、神の恵みの時与へられてゐるのぢや。明日と申さず実行せよ。明日は永遠に来ないぞ。無いものぞ。今のみあるのぢや。（一月三日）

第九十六帖　（六〇七）

ウシトラコンジン様を先づ理解せよ。どんなことでも叶へてやるぞ。理解するには、理解する心、先づ生まねばならん。われよしでは拝めんコンジンさまぞ。天地総てのもの、生きとし生けるもの悉く、よりよくなるやうに働いてゐるのであるぞ。それが神の心、稜威ぞ。弥栄と申すものぞ。その時、その人間のキに相応した神より拝めん。悪いキで拝めば何んな立派な神前でも悪神が感応するのぢや。悪神拝んでも正しき愛と喜びあれば、善き念が通ずるならば、悪神引込んで、それぞれの善き神現はれるのぢや。この道理よく心得よ。（一月三日）

第九十七帖　（六〇八）

生命すててかからねば、まことの理解には入れん道理。身慾信心では駄目。いのち捨てねば生命に生きられん道理。二道二股多いと申してあらう。物の文明、あしざまに申す宗教は亡びる。文明も神の働きから生れたものぢや。悪も神の御働きと申すもの。悪にくむこと悪ぢや。善にくむより尚悪い。何故に判らんのか。弥栄と云ふことは歩一歩づつ喜び増して行くことぞ。喜びの裏の苦に捉はれるから判らんことに苦しむのぢや。苦と楽共に見てよと申してあらう。偶然の真理、早う悟れよ。（一月三日）

第九十八帖　（六〇九）

大切なもの一切は、神が人間に与へてあるでないか。人間はそれを処理するだけでよいのであるぞ。何故に生活にあくせくするのぢや。悠々、天地と共に天地に歩め。嬉し嬉しぞ。一日が千日と申してあらう。神を知る前と、神を知つてからとのことを申してあるのぞ。神を知つての一日は、知らぬ千日よりも尊い。始めは自分本位の祈りでもよいと申してあるなれども、何時までも自分本位ではならん。止まると悪となるぞ。神の理《ミチ》は弥栄ぞ。動き働いて行かななならん。善と悪との動き、心得なされよ。悪は悪ならず、悪にくむが悪。（一月三日）

第九十九帖　（六一〇）

内にあるもの変へれば外からうつるもの、響いて来るもの変つて来るぞ。内が外へ、外が内へ響くのぢや。妻にまかせきつた夫、夫にまかせきつた妻の姿となれよ。信仰の真の道ひらけるぞ。一皮むけるぞ。岩戸ひらけるぞ。不二晴れるぞ。（一月三日）

第百帖　（六一一）

真理を理解して居れば心配いらん。失敗も財産ぞ。真剣で求めると真剣さずかるぞ。求めるとは祈ること。よく祈るものはよく与へられる。日々の祈りは行であるぞ。百年祈りつづけても祈りだけでは何もならん。それは祈り地獄ぢや。祈り地獄多いのう。肉体人は肉体の行せねばならん。日々の祈り結構いたしくれよ。次の祈りは省みることぞ。いくら祈り行じても自分省みねば、千年行じても何もならん道理ぢや。同じ山に登つたり降つたり、御苦労のこと、馬鹿の散歩と申すもの。悔いあらためよと申してあらう。省みて行ずるその祈り弥栄えるぞ。平面の上でいくら働いても、もがいても平面行為で有限ぞ。立体に入らねばならん。無限に生命せねばならんぞ。立体から複立体、複々立体、立々体と進まねばならん。一から二に、二から三にと、次々に進めねばならん。進めば進む程、始めに帰るぞ。ヽに到るぞ。立体に入るとは誠の理解生活に入ることぞ。無限に解け入ることぞ。イワトあけなば二二輝くぞ。弥栄々々。（一月十八日）

白《シロ》銀《ガネ》の巻　全七帖

ひふみ神示　第二十五巻

昭和二十四年十二月十四日から
昭和二十五年　五　月　八　日まで

第一帖　（六一二）

「天地のことわり書き知らすぞ。」この巻しろかねの巻。天国ぢや、霊国ぢや、地獄ぢや、浄土ぢや、穢土ぢやと申してゐるが、そんな分けへだてはないのであるぞ。時、所、位に応じて色々に説き聞かせてあるのぢやが、時節到来したので、まことの天地のことわりを書き知らすぞ。三千の世界の中の一つがそなた達の世界であるぞ。この世も亦三千に分れ、更に五千に分れてゐるぞ。このほう五千の山にまつれと申してあろう。今の人民の知り得る世界はその中の八つであるぞ。人民のタネによつては七つしか分らんのであるぞ。日の光を七つと思うてゐるが八であり、九であり、十であるぞ。人民では六つか七つにしか分けられまいが。「イワトがひらけると更に九、十となるぞ。かくしてある一厘の仕組、九十の経綸、成就した暁には何も彼も判る」と申してあらうが。八つの世界とは、⌒△、△、▽、ア、オ、ウ、エ、イであるぞ。八は固、七は液、六は気、五はキ、四は霊の固、三は霊の液、二は霊の気、一は霊のキ、と考へてよいのぢや。キとは気の気であるぞ。その他に逆の力があるぞ。九と十であるぞ。その上に又霊の霊の個から始つてゐるのであるが、それはムの世界、無限の世界と心得よ。霊界に入つて行けば、その一部は知れるなれど、皆直ちには判らないのであるぞ。判らんことは判らんと、わからねばならんと申してあらうがな。天、息吹けば、地、息吹くと申してあらう。このことよくわきまえよ。地の規則、天の規則となることあると申して知らしてあらう。この大切こと忘れるでないぞ。おもひの世界が天ぞ。にくの世界が地ぞ。おもひは肉体と一つぞ。二つぞ。三つぞ。おもひ起つて肉体動くぞ。肉体動いておもひ動くこともあるぞ。生れ赤児の心になつて聞いて下されよ。何も彼も、ハツキリうつるぞ。陰と陽、右と左、上と下、前と後、男と女と考へてゐるなれど、タカミムスヒとカミムスヒと考へてゐるなれど、別のミナカヌシ、現はれるぞ。⦿、◎、◎、◎、⊕、⊕、⊕、⊕、卍、卐、十、+、よく見て下されよ。一であり、二であり、三であらうがな。三が道と申してあらう。陰陽二元でないぞ。三元ぞ。三つであるぞ。ヽなくてはならん。ヽにもかくれたヽと現われたヽとがあるぞ。このこと先づ心得て下されよ。そなた達は父と母と二人から生れ出たのか。さうではあるまいがな。三人から生れ出てゐること判るであらうがな。どの世界にも人が住んでゐるのであるぞ。⦿の中に⦿があり、その中に又⦿があり、限りないのざと知らせてあらうが。そなた達の中に又人がゐて限りないのぢや。このほう人民の中にゐると知らしてあらうがな。そなた達も八人、十人の人によつて生きてゐるのぞ。又十二人でもあるぞ。守護神と申すのは心のそなた達のことであるが、段々変るのであるぞ。自分と自分と和合せよと申すのは、八人十人のそなた達が和合することぞ。それを改心と申すのざぞ。和合した姿を善と申すのぢや。今迄の宗教は肉体を悪と申し、心を善と申して、肉体をおろそかにしてゐたが、それが間違ひであること合点か。一切がよいのぢやと云ふこと合点か。地獄ないこと合点か。悪抱き参らせよと申してあること、これで合点か。合点ぢやナア。各々の世界の人がその世界の神であるぞ。この世ではそなた達が神であるぞ。あの世では、そなた達の心を肉体としての人がゐるのであるぞ。それがカミと申してゐるものぞ。あの世の人をこの世から見ると神であるが、その上から見ると人であるぞ。あの世の上の世では神の心を肉体として神がゐますのであつて限りないのであるぞ。裏から申せば、神様の神様は人間様ぢや。心の守護神は肉体ぢやと申してあらうがな。肉体が心を守つてゐるのであるが、ぢやと申して肉体が主人顔してはならんぞ。何処迄も下に従ふのぢや。順乱すと悪となるぞ。生れ赤児ふみこえ、生れ赤児になつて聞いて下されよ。そなた達の本尊は八枚十枚の衣着ているのぢや。死と云ふことは、その衣、上からぬぐことぢや。ぬぐと中から出て来て又八枚十枚の衣つけるやうになつてゐるのぢや。判るやうに申してゐるのぢやぞ。取違ひせんやうにせよ。天から気が地に降つて、ものが生命し、その地の生命の気が又天に反影すのであるが、まだまだ地には凸凹あるから、気が天にかへらずに横にそれることあるぞ。その横の気の世界を幽界と申すのぢや。幽界は地で曲げられた気のつくり出したところぢや。地獄でないぞ。（十二月十四日）

第二帖　（六一三）

判るやうに申すならば、宇宙は〵真と愛との現はれであるぞ。愛と真ではない。〵、愛、真、善、智であるが、愛真でもなく、善智でもないぞ。愛と真が善と智と現はれ、喜びとなつてはたらき、〵が加つて弥栄えた生命であるぞ。愛のみと云ふものないぞ、真のみと云ふものないぞ。愛と現はれ真と現はれるのであるぞ。人間には現はれたものだけより判らんのであるが、ことわけて申すならば愛には真かくれ、真には愛かくれ、その奥に〵があるのぢや。人間はおやを父と母とに区別してゐるが、母と現はれる時は父その中に居り、父と現はれる時はその中に母ゐるのであるぞ。何れも親であるぞ。父となり母となり現はれるのであるぞ。愛と真、善と智と区別して説かしておいたが、それは今迄のこと、いつまでもそんなところでまごまごさしてはおけんぞ。ヽが判らねばならん。ヽのヽが判らねばならん。男の魂は女、女の魂は男と申してあらう。人間の目に愛とうつるものは外の愛、真とうつるものは外の真ぞ。中から申せば外は御役の悪であるぞ。今が過去で、今が未来ぞ。時間にふみ迷ふなよ。空間に心ふみ迷ふでないぞ。皮一枚ぬいで心でよく考へなされ。いつも日が出てゐるでないか。月輝いて御座るでないか。力そのものに、力はないのであるぞ。霊と肉の結びのみで力現はれるのでないぞ。プラスとマイナスと合せて組みて力出ると思うてゐるのであらうが、一歩ふみ出さねばならんぞ。プラスとマイナスと合せたのではプラスとマイナスぞ。力出ないのざ。ヽの力が加つて其処にヨロコビ出て、理《ミチ》となり、なり、なりて真実と現はれるのぞ。弥栄が真実ぞ。神ぞ。神の心ぞ。竜神と申してゐるが竜神にも二通りあるぞ。地からの竜神は進化して行くのであるぞ。進化をうそざと思ふは神様迷信ぞ。一方、天からの竜神は退化して行くのであるぞ。この二つの竜神が結ばれて人間となるのであるぞ。人間は土でつくつて、神の気入れてつくつたのざと申してあらうがな。イワトしめとイワトひらきの二つの御用のミタマあると申してあらうが。ミタマの因縁恐ろしいぞ。愛と智は呼吸して喜びとなるのであるぞ。よろこびは形をとる。形なく順序なきもの〇であるぞ。善と真のはたらきを完全にするには、善と真との差別をハッキリとさせねばならんぞ。とけ合はせ、結んでヨロコビと現はれるのであるが、区別することによつて結ばれるのであるぞ。ヽしなければならん。すればする程力強くとけ合ふのであるぞ。大き喜びとなるのであるぞ。このこと日月の民には判るであらうな。道は三つぞ。合点ぢやなあ。小の中に大あるぞ。無の中に有有《ウア》るぞ。もの益々小さければ、益々清ければ益々内に大きなものあり、益々純なものあるぞ。神はそなたの中にあるが外にもあると申してあらうがな。✡（ウム）よく見て下されよ。愛はそのまま愛でないぞ。真はそのまま真でないぞ。善はナマでは善でないぞ。智はナマでは智でないぞ。ヽ入れて、結んで解けてヨロコビとなるのざ。ヨロコビ生命ぞ。宇宙の総て生命であるぞ。（一月一日）

第三帖　（六一四）

⦿の中のヽの中の⦿は一であり、二とひらき、三と生命するぞ。理は一《ヒ》で二《フ》で、三《ミ》であると申してあらう。一《ヒ》も二《フ》も三《ミ》も同じであり、違つて栄えるのざ。一二三《ヒフミ》であるぞ。このこと教へられても判るまい。ハラで判る大切こと、ハラ大切ぞ。かたまつてはならん。ヽに捉はれるとヽは判らん。地の定規ではかつてはならん。如何なる天国も自分でつくるのぞ。そろばん捨てよと申してあらうがな。よろこびは理《ミチ》ぞ。数ぞ。言ぞ。真理ぞ。愛善ぞ。生命のイキと云ふこと判るであらう。天国と申すのは一人の大きな人間であるぞ。天国は霊人のみの住む所でないぞ。そなた達も今住んでゐるでないか。霊人も現界に住んでゐるでないか。現界をはなれて天国のみの天国はないのであるぞ。故にこそ、現界で天国を生み出し、天国に住めんものが、死んで天国へ住める道理ないのぢや。アメッチと申してあらう。この道理よくわきまえよ。善とか悪とか真とか偽とか愛とか憎とか申すのは相対の天国ぞ。まことの天国には喜びのみが生きてゐるのであるぞ。喜びの中にとけ入つて、喜びのものとなつてゐるのであるぞ。喜び食し、喜び着、喜びを呼吸し、喜び語り合つて嬉し嬉しとなるのぞ。いらんものは形が変つて来る。新しき生命湧き出るのであるぞ。善が悪と、真が偽と変つた時は死となるぞ。その死は新しき別の生命と現はれて、新しき形の、新しき世界の善となり真となるのぞ。善も悪もないのざと申してあらう。善悪はあるが無いのざと申してあること判りたか。自分自身、己の為めの善は死し、善の為めの善は弥栄えるぞ。死んだものは新しき形をとつて生命するのであるぞ。弥栄の道、神の喜び人間の喜びの中にあるぞ。愛ざと申して愛に囚はれて御座るぞ。真ざと申して真に囚はれて御座るぞ。喜びに生きよ。宗教に囚はれてはならん。道に囚はれてはならん。喜びに生きて、喜びに囚はれるなよ。お互に喜びの湧き出づることでなければ真の愛でないぞ。理《ミチ》でないぞ。天国に理あると申すが、今の人間の申したり、考へたりするやうな道でないぞ。道なき理と申してあらうが。喜びが理であるぞ。嬉し嬉しの理、早う合点せよ。生命栄えるもの皆喜びであるぞ。信仰とは、その喜びの中にとけ入ることぞ。生も死もなくなるのざ。時間や空間を入れるから、知(血)、通はなくなるのぞ。（一月二日）

第四帖　（六一五）

凸凹《デコボコ》あるから力あらはれるのぞ。凸凹あるため、善のみでも呼吸し、又真《シン》のみでも呼吸《イキ》するのであるぞ。偽善者も真を語り、真を伝へ得るのであるぞ。愛を云ひ得るのであるぞ。幽界と申すのは凸凹のうつしの国と申してあらうがな地獄ではないのざ。仙人は幽界に属してゐるのざと聞かしてあらうが。取違ひして御座るぞ。愛は真と和して愛と生き、真は愛と和し、愛によって真の力現はれるなれど、愛のみでも愛であるぞ。真のみでも真であるぞ。只はたらき無いのざ。能《ハタラキ》ないもの力ないぞ。喜びないぞ。喜びないもの亡びるのざ。ヽ入らねば悪となるぞ。能《ハタラキ》なきもの罪ぞ。穢れぞ。善と悪と二道かけてならんぞ。理《ミチ》は一本と申してあらう。悪は悪として御役あるぞ。悪と偽りの中に悪の喜びあるぞ。善と悪の二道の中には、二道かけては喜びないぞ。喜びないもの亡びるのざ。御役の悪とは悪と偽りの悪であるぞ。悪と善との二道かけての悪でないぞ。心せよ。悪は悪にのみ働きかけ得るのであるぞ。善に向って働いても、善はビクともせんのぢや。ビクつくのは、悪に引込まれるのは、己に悪あるからぞ。合せ鏡と申してあらうが。悪の気断ちて下されと申してあらう。心の鏡の凸凹なくなれば悪うつらないのざ。悪はなきものぞ。無きとは力無きことぞ。悪あればこそ向上するのであるぞ。悔い改め得て弥栄するのであるぞ。人間の能《ハタラキ》あるのざぞ。ヽを忘れてはならん。（一月二日）

第五帖　（六一六）

人間に自由はないのであるぞ。真の自由は、大神にのみあるものぞ。大神の自由の一部が御喜びと共に神に流れ入り、神に流れ入つた自由は、又神の喜びとなつて人間に流れ入るから、人間自身は自由をもつてゐると信ずるのであるぞ。本質的には自由はないのであるぞ。人間には自由の影があり、反影あるのざ。それを人間は自由と心得てゐるのであるぞ。自由の反影あるから、悪にも善にも、陽にも陰にも為し得るのであるぞ。又進歩、弥栄するのであるぞ。悪自由を、人間は自由と心得てゐるが、それは自由ではなく、自分自身を首くくるものぞ。善自由こそ真の自由であるぞ。自由は神から流れ出ると申してあらう。他の世界と交流するは、他の世界に住む人間を通じてするのであるぞ。世界とは人間のことでもあるぞ。人間が世界であるぞ。よく心得なされよ。十《陽》と一《陰》と○とヽであるぞ。十の陰には一があり、一の陰には十がある。その和の状態が○であり、ヽ《イノチ》するのであるぞ。十は十のみでは力ないぞ。一は一だけでは力ないぞ。十と一とだけでも動きないぞ。生命の喜びないのであるぞ。よく心得よ。○があつて十一があり、十一がありヽがあつて和があるのであるぞ。ここの道理よく得心、合点せよ。十は人間にとつて直接の喜びでない。⊕がぢきぢきの喜びぞ。一も直接ではなく、⊖⦶か直接の喜びであり、その二つが和しヽして嬉し嬉しと弥栄えるのであるぞ。天地の中間を中界と申すぞ。天の息吹きと地の息吹きの中間ぞ。天国へ行くのも、行かんのも先づ落ちつく、死後の始めての世界であるぞ。（一月二日）

第六帖　（六一七）

元の元の㋰から⌒ム、⌒ウの中界を経て、ウの現界に到る悉くの世界が皆人間に関係あるのであるから、肉体はウであるが、魂は㋰に通じてゐるのであるから、㋰はヨロコビであるから、喜びが人間の本体であるから、神界と云ひ、現界と云ひ、一本の国であるから、人間からすれば、人間が土台であるから、神の礎であるから、神しづまれば神人となるのであるから、神界、中界、現界つらぬきて居らねば、マコトの和合して居らねば、マコトの喜びでないから、マコトの喜びが大神であるから、大神の働きは人間によるものであるから、心せねばならんぞ。ヽせねばならんぞ。天使と云ひ、天人と申すも、みなそれぞれの国の人間であるから、喜びの人間であるから、この道理判りたら、地の世界と、中の世界と、天の世界と、みな同じであるから、もちつもたれつであるから、三千世界であるから、地の上に禍あると、天の国にも禍ふのであるから天の国の生活は地の上に根をつけてゐるのであるから、遠くにあるのでないぞ。同じ所にあるのであるぞ。幽界と申すのは道を外れた国のことざと知らしてあらうがな。地獄無いと申してあらうがな。このこと間違はんやうに、地獄地獄の言葉、やめて下されよ。言葉からモノ生むのぞ。只モノが違ふのみであるから、人間の心が神に通ずるときは喜びとなり、幽人に通ずるときは悲しみとなるのであるぞ。通ずる心あるから心に自由あるのであるぞ。弥栄あるのであるぞ。この道理よくわきまへて下されよ。天人に結婚もあれば仕事もあるぞ。死も亦あるのであるぞ。死とは住む段階の違ふ場合に起る現象ぞ。死とは生きることぞ。人間は皆、かみかかつてゐるのであるぞ。かみかかつてゐないもの一人も居らんのぢや。かみかからんものは呼吸せんのぢや。このこと判りて居らうがな。霊人は人間の心の中に住んでゐるのであるぞ。心を肉体として住んでゐるのぢや。その中に又住んでゐるのぢや。ひたら説いて聞かしてゐるのぢや。霊人と和合してゐるから、かみかかりであるからこそ、三千世界に働き栄えるのぢやぞ。神界のことも判る道理ぢや。幽界のことも判る道理ぢや。人間の云ふかみかかりとは幽界のカミかかりぢや。ろくなことないのぢや。かみかかりにも、かみかかりと判らんかみかかり結構ぢやなあ。まことぢやなあと知らしてあるのに未だ判らんのか。（五月八日）

第七帖 （六一八）

天国がうつつて地が出来てゐるのぢやから、霊の国は更に立派、微妙ぞ。天界のもの光り輝き幽界のもの暗くなる違ひあるだけぢや。その時の状態によつて変化するが、総ては神が与へたのぢや、現界同様、与へられてゐるのぢやと知らしてあらうがな。時間、空間もあるのであるが、ないのであるぞ。同じ状態にあれば同じ処に住み、変化すれば別の所に住むのであるぞ。見ようと思へば、念の中に出て来て、見ること、語ること出来るのぢや。見まいとすれば見えんのぢや。自分で見、自分で語るのぢやぞ。時、所、位、総てが想念の中、想念のままに現はれて来るのであるぞ。判るやうに申すならば、時間も空間も映像であつて、情態が変るのみのことであるぞ。情態のもと、本質は限りないから、無限であるから、自由であるから、霊界は無限、絶対、自由自在であるぞ。現界では、時間に順に得たものでも、心の中では時間に関係なく、距離に関係なく、一所へならべられるであらうがな。心の世界で、時間、空間のない道理これでよく判るであらうがな。（五月八日）

ひふみ神示　第二十六巻

昭和二十五年一月二十二日から

昭和二十五年十月　十八日まで

黒《クロ》鉄《ガネ》の巻　全三十九帖

第一帖（六一九）

汽車あれば汽車に乗れよ。飛行機あれば飛行機に乗れよ。歩いたり、馬で行くのでは間に合はんことになつてゐるぞ。昔のままの宗教のやり方ではならん。根本はよくても中々に目的地にはつかん。飛行機時代には飛行機に乗れよ。乗つて進む宗教の道によらねばならん。今は今の姿が真実ぞ。そなたの頭で割り切れんと申してブツブツ申すでないぞ。あるものそのものが真実であるぞ。そのあるものを拝み、祝福して其処から出発せよ。現在を祝福することは過去を、未来を、総てを祝福することぞ。たとへ如何なる現在も、その現在を祝福せねばならん。喜びせねばならん。喜びもとと申してあらうがな。この巻くろかねの巻（一月二十三日）

第二帖（六二〇）

一切に向つて涙せよ。ざんげせよ。一切を受け入れ、一切を感謝せよ。一切が自分であるぞ。一切が喜びであるぞ。（一月二十二日）

第三帖　（六二一）

理窟は一方的のものぞ。どんな理窟も成り立つが理窟程頼りないもの、力にならんものないぞ。理《リ》が⦿《カミ》の御能《オンハタラキ》ぞよく見極めねば間違うぞ。囚はれるなよ。他の為めに苦労することは喜びであるぞ。全体のために働くことは喜びぞ。光の生命ぞ。誰でも重荷負はせてあるのぢや。重荷あるからこそ、風にも倒れんのざ。この道理、涙で笑つて汗で喜べよ。それとも重荷外してほしいのか。重い重荷もあるぞ。軽い重荷もあるぞ。今まいた種、今日や明日には実のらんのざ。早く花が見たく、実がほしいからあせるのぢや、人間の近慾と申すもの。神の大道に生きて実のりの秋《トキ》まてよ。まいた種ぢや。必ず実のる。誰も横取りはせんぞ。万倍になつてそなたにかへると申してあらう。未来にもえつつ現在にもえよ。神相手に悠々と天地に歩め。（一月二十二日）

第四帖　（六二二）

道は自分で歩まねばならん。自分の口で食物嚙まねばならん。かみしめよ。ウジ虫に青畳、苦のたねぢや。畳には畳にすはるだけの行してから坐らなならん。生命はコトぞ。コトはミコトぢや。ミコトは神の心であるぞ。喜びであるぞ。ミコトに生きよと申してあらう。コトあればオトあるぞ。オトあればイロあるぞ。イロあればカズあるぞ。善にも神の心あり。悪にも神の心がある。（一月二十二日）

第五帖 （六二三）

プラスとマイナスと和合せねばならん。只の和合ではムになつて力出んぞ。今迄の和合のやり方ではならん。喜びの和合。融け合ふ和合。ヽある和合でないと、少しでも曇りありたら和合でないぞ。こらへこらへてゐるのでは和合でないぞ。今迄の和合の仕方ではカスあるであらうがな。悪の和合であるぞ。神示肚に入れないで御用六ケ敷いぞ。はじめは目標《メアテ》つくつて進まんと、行つたり来たり同じ道をドウドウめぐりぢや。摑める所から摑んで行けよ。拝んで行けよ。統一した幸福こそ、二二《フジ》晴れの幸福ぞ。（一月二十二日）

第六帖　（六二四）

気づいたことから早う改めて下されよ。トコトン迄行つて神がさすのでは人間の面目ないから。人間同志でよく致し下されよ。只有難いだけではならん。仕事せねばならん。努力せねばならん。ぢつとしてゐては進めん道理ぢや。あかりつけなければ闇のよは歩けんぞ。それぞれのあかりとなれよ。油は神示ぢや。油つきん、いくらでもあかりつけて下されよ。マツリから出直せよと申してあらう。結構に大きまつり、小さいまつり、まつろひて下されよ。神心になれば、神ありやかに見えるぞ。（一月二十二日）

第七帖　（六二五）

芽を出したから間引かなならん。神示読んで、神示読まん人間と神示肚に入り込んでもう大丈夫と、神が見届けた人間と間引くのであるぞ。肚に入つた芽は間引いて他に植ゑかへるのぢや。読んで読まんもの、間引いて肥料とするぞ。わざわざ遠い所へお詣りせんでも、自分の家にまつつてあるのぢやから、それを拝めば同じことぢや。それでよいのぢやと理窟申してゐるが、格の上の所へ求めて行くのが仁義、礼儀と申すもの。キあれば必ず出来るのぢや。立替致さずにゆけば、この世はゆく程悪くつまるのであるぞ。早うメザメよ。マツりせねば真理は通らん。子供にまつろはねば子供導けん道理。自分判れば一切ありやか。（一月二十二日）

第八帖　（六二六）

神の申すやうにすれば、神が護るから何事も思ふ様にスラリ〳〵と心配なく出て来るぞ。区別と順をわきまへて居れば、何様を拝んでもよい。時、所、位に応じて誤らねば弥栄えるぞ。同じ愛、同じ想念のものは自ら集つて結ばれる。天国のカタチ、ウツシが奥山ぞ。ミソもクソも一所にして御座るぞ。（一月二十二日）

第九帖　（六二七）

神心には始めも終りも無いのぢや。総てがあるのであるぞ。世界見よ。三千世界よく見よ。総てが秘文《ヒフミ》ぢや。他力の中に自力あるのぞ。自分ばかりでは成就せんぞ。足ふみばかり。愛は愛のみでは愛でないぞ。真は真のみでは真でないぞと申してあらうが。まつり合せて〻入れて愛となり真となるのぞ。愛のみ出ると悪となり、真のみ出ると偽《ギ》となることあるぞ。偽《イツワ》りと悪とまつりて善の働することあるぞ。心せよ。（一月二十二日）

第十帖　（六二八）

むつかしいこと申さずに、ひらたう解けと申してあらうが。ミタマは上中下三段、三段にわけて説いて聞かせねば仕組おくれるぞ。はじめは 神様がして下さるが、向上すると自分でせねばならん。いつ迄も神を使つてゐてはならんぞ。理解は真から、意志は善からであるが、今迄はそれでよいと説いて来たが、愈〻イワトびらきとなつたのであるから、二《ツキ》の鍵わたすから、よく心得よ。今迄の教ではマボロシぞ。力ないぞ。まつり合せて意志と働き、〻入れて理解出来るのであるぞ。まつり〱と申してあらう。上のまつりぞ。マボロシとは人間智慧のこと。理窟のことぢや。理窟とは悪の学のことぢや。理でなければならぬ。（一月二十二日）

第十一帖　（六二九）

学出すから、我出すから行き詰るのぞ。生れ赤児と申すのは学も我も出さん水晶のことぞ。ねり直して澄んだ水晶結構。親の心判つたら手伝ひせねばならん。云はれんさきにするものぢやと申してあらうが。いつ迄も小便かけてゐてはならんぞ。人間は罪の子でないぞ。喜びの子ぞ。神の子ぞ。神の子なればこそ悔い改めねばならんぞ。真なき愛の道、悲しみの喜びからも生れることあるぞ。それは罪の子と申すのであるぞ。（一月二十二日）

第十二帖　（六三〇）

二の御用はフデうつすことぢや。フデうつすとはフデを人間に、世界にうつすことぞ。フデを中心とした世界のはたらきせよ。丶通した人間の仕事つかへまつれよ。フデ丶とした世界つくることぞ。フデに囚はれるから判らん。フデすてて、仕事に神示《フデ》生かして生活せよ。生活がフデぢや。判りたか。早う次の御用急いで下されよ。宗教に生きて、宗教に囚はれるでないぞ。仕事が宗教ぢ

や。小さいことから始めよ。小乗の行と馬鹿にするでないぞ。小乗の行から大乗の真理を摑むのであるぞ。（一月二十二日）

第十三帖　（六三一）

理窟で進んで行くと、しまひには共喰から、われとわれを喰ふことになるぞ。神様を真剣に求めれば、神様は人間様を真剣に導いて下さるぞ。結構に導いて下さるぞ。悪を意志して善を理解すること許さんぞ。悪を意志して善を理解せんとするのが悪ぞ。善を意志して悪を理解せんとするのも悪ぞ。悪を意志して悪を理解する処に、善としての悪の用《はたら》きうまれるのざ。幽界も亦神のしろしめす一面のこと。（一月二十二日）

第十四帖　（六三二）

悪の総大将は奥にかくれて御座るのぞ。一の大将と二の大将とが大喧嘩すると見せかけて、世界をワヤにする仕組、もう九分通り出来てゐるのぢや。真の理解に入ると宗教に囚はれなくなるぞ。

形。式。に。囚。は。れ。な。く。な。る。ぞ。真の理解に入らねば、真の善も、真の信も、真の悪も、真の偽りも判らんのぢや。今にイワトひらいてあきらかになつたら、宗教いらんぞ。政治いらんぞ。喜びの歌高らかにナルトの仕組、二二《フジ》にうつるぞ。（一月二十二日）

第十五帖　（六三三）

人間を幸福にするのは心の向け方一つであるぞ。人間はいつも善と悪との中にゐるのであるから、善のみと云ふこともなく悪のみと云ふこともない。内が神に居りて外が人に和し、内が霊に居り外が体に和せば、それでよいのぢや。其処に喜び生れるのぢや。神から出た教なら、他の教とも協力して共に進まねばならん。教派や教義に囚はれるは邪の教。豚に真珠となるなよ。天国の意志は人間の喜びの中に入り、幽界の意志は悲しみの中に入る。（一月二十二日）

第十六帖　（六三四）

いよいよ表の守護と相成つたぞ。表の守護とは、よいものもなく悪いものもなく、只喜びのみの守護となることぢや。悪いもの悪くなるのは表の守護でないぞ。心得なされよ。一つの魂を得ることは一つの世界を得ることぢや。人間は一人でないぞ。神は善人の中にも悪人の中にも呼吸してゐるぞ。悪なくては生きて行けん。悪は悪でないぞ。外道の悪が悪であるぞ。（一月二十二日）

第十七帖 （六三五）

霊ばかりよくてもならん。体ばかりよくてもならん。もちつもたれつの世であるぞ。判らんのは、われが偉いと思つてゐるからぞ。め覚めればその日その時からよくなる仕組、結構楽し楽しでどんな世でも過ごせるのが神の道。智の中に悪をとり入れるゆとりの出来んやうではマコト成就せんぞ。智の中には総てを取入れて理解出来るやうになつてゐるのであるぞ。愛の中に悪入れてはならんぞ。（一月二十二日）

第十八帖 （六三六）

目さめたら起き上るのぞ。起き上らずには居れまいが。神の命ずることは丁度そのやうに人間にうつるのぞ。霊眼で見たり霊耳で聞いたりすることは間違ひ多いぞ。心せよ。ものに対しては人間そのものが霊であるぞ。人間はこの世の神と申してあらうが。ものは人間の自由自在。偶像は排すべし。十像は拝すべし。悪に行く理《ミチ》はないぞ。理は善のみに通じてゐるぞ。理なきところ進むでないぞ。（一月二十二日）

第十九帖　（六三七）

愛からはなれた理解はないぞ。善からはなれた真理はないぞ。タネなくて芽は出ん道理。人間の智で判らんことは迷信ぢやと申してゐるが、神界のことは神界で呼吸《イキ》せねば判らんのぢや。判らん人間ざから何と申しても神を求めるより、愈〻になりたら道ないことぞ。学に囚はれてまだめさめん気の毒がウヨウヨ。気の毒ぢやなあ。人間は霊人のカタシロになるからこそ養はれてゐるのぢや。成長して行くのぢや。血は愛によつて生き、愛はヨロコビによつて生きるのぢや。ヨロコビなき所に愛はないのざぞ。ヽないところ生命《イノチ》栄えんぞ。（一月二十二日）

第二十帖　（六三八）

まかせ切らねばマコトの安心立命ないぞ。まかせ切るには、まかせ切つて安心出来る神をつかまねばならん。おかげ信心や病気治しの神ではまかせ切れまいがな。早う合点結構ぞ。大きな生命に通ずるものには死はないぞ。通じなければ死あるぞ。（一月二十二日）

第二十一帖　（六三九）

身も心も嬉し嬉しなるのがまことの神ぢや。ものの嬉しさだけではゼロぢや。たまの嬉しさだけでもゼロぢや。よく心得なされよ。死後のみ説く宗教はゼロの宗教ぢや。迷ふでないぞ。この世で天国に住めんもの、天国に行ける道理ないのぢやと申してあらう。神は人間の命、人間は神の容れものであると申してあらう。人間の極まるところは神であるぞ。霊人は中間の存在ぞ。人間は神への土台ぞ。この道理判るであらうが。⦿は三五七ぞ。三の⦿から三五の⦿。三五七の⦿。（一月二十二日）

第二十二帖　（六四〇）

顔まで変つてゐるのに未だ気づかんのか。病気に皆がなつてゐるのに未だ気づかんのか。何事も早い改心結構。自分で自分の心の中は中々につかめんものであらうがな。その中に又心あり、又中に心があるのぢや。心は神界ぞ。霊界や神界のものを肉体の自分で摑まうとしても中々ぢや。うなぎつかみと申してあらうが。ヌラリクラリと摑んだ筈が摑んでないぞえ。摑むには身と魂と一つに和せねばならん。ヽから愛と智とが生れると申してあらうが。智と愛との和合によつてヽが又生れるのぢや。ヽは喜びであるぞ。ヽの別のヽであるぞ。そのヽから又別の愛と智が生れ、又別のヽが喜びとなり、その喜びの愛と智の喜びと結んで、又喜びのヽ生れるのぢや。神は額から入つて顔全体に至り、全身に及ぶものであるぞ。（一月二十二日）

第二十三帖　（六四一）

何事も体験結構。今の人民の迷信と思ふものの中に正信あるぞ。正信と思ふものの中に迷信多いぞ。理解は正信。神の気通うたら、その気を人間にうつす御役、救ひの御役を結構につとめあげて呉れよ。自分の自由にならんことは大き自分が自由にしてゐるのであるぞ。神となれば、神人となれば何事も心のまま。神とは神、大神とは⦿《カミ》一《ヒ》十《ト》のこと。（一月二十二日）

第二十四帖　（六四二）

悪とはカゲのことであるぞ。斜に光を頂くから影出来るのぢや。影は主人でないぞ。絶対は何と申しても絶対ぞ。相対から神を求めると、相対の神が顕はれるぞ。相対で神の道に導くこと中々ぢや。必ず後戻り、判りはせんぞ。この神示、肚に入つたらグレンと変りて来るぞ。早う肚に入れて下されよ。間に合はん。天の声は内から聞こえて来る。人間の言葉は外から聞こえて来る。霊耳と申すのは内からぞ。耳ふさいでも聞こえて来るのぢや。悪霊自身は自身を悪と思うてないぞ。（一月二十二日）

第二十五帖　（六四三）

心は草にも木にも石にもあるぞ。天にまたたく星にもあるぞ。ただ薄いか厚いかの相違であるぞ。ヽの中のヽに悪は入れんのであるぞ。外のヽの中に、外の智の中に悪が入るのぢや。人間の智の中には悪も善も入るぞ。入るからこそこれは善ぢや。これは悪ぢやと判るのぢや。人間の自由は其処にあるのぢや。自由なければ発展ないぞ。弥栄ないぞ。霊を信ずる者は霊と語り、肉を信ずる者は肉と語り得るのぢや。人間そのものから湧き出づる喜びは無いぞ。よく心得なされよ。（一月二十二日）

第二十六帖　（六四四）

神は理窟ではない。理であるぞ。生きた自由自在の、見当とれん、絶対であるぞ。只求めるより外に道ないぞ。親呼ぶ赤児の声で神を求めよ。神に呼びかけよ。総てを投出せよ。まかせ切れよ。神は喜びの光となつて、そなたに現はれて来るぞ。理窟の信仰に囚はれると邪道。赤児心の理解は第一ぞ。（一月二十二日）

第二十七帖　（六四五）

神は人間の想念の中に入つてゐるのぢや。想念が一致するから神の想念が人間に伝はるのぞ。人間の言葉となつて人間に現はれる。言は神であるが人間でもあるぞ。自分が自分に語るのであるぞ。この道理、よく心得なされよ。時まちて起き出て下されよ。恨みの霊は中々にとけんぞ。思ひは能き、実在と申してあらうが、間違ひでも恨まれると、恨みがまとひつくぞ。心して神を求め、心して幽界からの、キ断ちて下されよ。判つたと思うたら天狗ぞ。かへりみるとよくなる仕組。

（一月二十二日）

第二十八帖　（六四六）

喜びにとけ入るから嬉しいのぞ。喜びから遠ざかるから悲しいのぞ。そんなこと分つてゐると申してゐるが、ほんとに身体に分つてゐまいぞ。喜びに入る門は愛からぢや。真からじや。二道あるなれど愛から入るのが入り易いが、愛からでは誤り易い。生れてすぐ歩けるものでないぞ。始めから何も彼も出来るものでない。気長に進んで行けよ。内の念と外の念とあるぞ。二つであるぞ。一つであるぞ。三つであるぞ。心大きく、広く天地に放さねば、天地のキを吸ふこと出来んぞ。（一月二十二日）

第二十九帖　（六四七）

運命は自由自在のものではあるが、又強ひるものでもあるぞ。大きくも、小さくも、薄くも、厚くも、その人の心次第に変るぞ。もとは霊界にあるからぞ。嬉し嬉しで運命を迎へる気、結構ぞ。この世のことだけでこの世のこと動かんぞ。霊界との関係によつて、この世が動いてゐる道理判らねばならん。早う神の心に、神意さとれよ。遠慮いらん。何事も天から出て来るのぢや。天からとは心からのことぢや。（一月二十二日）

第三十帖　（六四八）

表ばかり見てゐるから判らんのぢや。水晶の心なれば三千里先のこともありやか。人民と云ふものは奇蹟見ても、病気になつても、中々改心出来んものぢや。死後の生活がハツキリ判つても。未だ改心出来んのぢや。それは外からのものであるからぢや。まことの改心は、中の中の丶のキいただいて、ほつこんの改心出来ねばならん。死後の生活知らすことはよいなれど、それのみによつて改心せよと迫るのは悪のやり方。奇蹟を見せ、病気を直してやるのもよいのぢやが、それのみによつて改心を迫つてはならん。それのみで道を説いてはならんぞ。そんなこと位でマコトのホツコンの改心が出来るならば、人間は遠の昔に改心して御座るぞ。今迄のやうな宗教は亡びると申してあらうが。亡びる宗教に致して下さるなよ。（一月二十二日）

第三十一帖　（六四九）

中の自分と外の自分と和せよ。それが改心の第一歩。聞かせてきくならば、実地はカタのカタ位ですむなれど。慾入ると邪気湧く、邪気湧くと邪霊集まるぞ。肉体人に神は直接分らんものぞ。神は能《ハタラ》き、神の働きの影しか判らんものぞ。神の姿、見たと申すのは、神の姿の影を自分の心に描き出したまでであるぞ。心に判つても肉体に判るものでないぞ。肉を魂とせよ。魂を魂の魂と向上させよ。ひらけ来るぞ。何事もとがむでないぞ。とがむ心、天狗ぞ。神の前にへり下り、へり下っても尚過ぎると云ふことないのぢや。人間は、色とりどりそれぞれの考へ方を自由に与へてあるのざから、無理に引張つたり、教へたりするでないぞ。今あるもの、今生きてゐるものは、たとへ極悪ざと見えても、それは許されてゐるのであるから、あるのであるぞ。他を排すでないぞ。（一月二十二日）

第三十二帖　（六五〇）

祈りとは意が乗ることぞ。霊の霊と霊と体と合流して一つの生命となることぞ。実力であるぞ。想念は魂。魂は霊であり、霊の世界に属し、霊に生きるのであるぞ。ものは霊につけられたもの、霊の霊は、霊につけられたものであるぞ。ものにはものの生命しかない。真の生命は霊であるぞ。生命のもとの喜びは霊の霊であるぞ。霊の霊が主ざと申してあらう。奥の奥の奥の〵は大神に通ずる〵であるぞ。喜びであるぞ。〵ある為めに人間となり、人間なるが故に神となり、神なるが故に喜びであるぞ。他のいきものにも〵はあれど、外の〵であるぞ。（旧九月八日）

第三十三帖

（六五一）

神がうつらぬと申してゐるが、心をやはらかくしてマカセ切れば刻まれるぞ。平かにすれば正しく写り、凸凹《デコボコ》すれば曲つてうつる。神の前に固くなつてはならぬ。人間は肉体をもつてゐる間でも、その霊は、霊の国に住んで居り、霊の霊は、霊の霊の世界に住んでゐるのであるぞ。この道理よくわきまへよ。愛は脈うつてゐるぞ。真は呼吸してゐるぞ。肉体にあつては肺臓は呼吸し、心臓は脈うつ、この二つが一つであつて、肉体を生命する。喜びと三つが一つであるのぞ。霊にあつては霊の心臓、霊の肺臓、よろこびあるぞ。（旧九月八日）

第三十四帖

（六五二）

祈りは弥栄であり、限りない生活であるぞ。生命のイキであるぞ。祈りから総てのもの生れるぞ。誠の喜びの祈りからは、が生命し、かげの祈りからは○が生命するぞ。人祈れば神祈り、人為せば神なる道理ぢや。禁慾は神の御旨でないぞ。慾を浄化して、生めよ。産めよ。今の人民、慾の聖化を忘れて御座るぞ。慾は無限に拡がり、次々に新しきもの生み出すぞ。慾を導けよ。自分だけならば五尺の身体、五十年の生命であるが、霊を知り、宇宙の意志を知り、神にとけ入ったならば、無限大の身体、無限の生命となるぞ。マコトの嬉し嬉しのよろこびとなるのであるぞ。(旧九月八日)

第三十五帖　(六五三)

キが到ればモノが到る。モノを求める前にキを求めよ。めあてなしに歩いたとて、くたびれまうけばかり。人生のめあて、行く先の見当つけずに、その日暮しの、われよしの世となり下ってゐるぞ。めあては☉の丶でないか。丶に向かないでウロウロ。草木より、なり下ってゐるでないか。為すとはイノること。人の為めにイノるは、己の為めにイノること。今の人民、イノり足らん。(旧九月八日)

第三十六帖　(六五四)

天界に行く門は輝き、幽界に行く門は闇であるぞ。闇の門はとざされ、光の門は開かれてゐるぞ。天界は昇り易く、幽界にはおちにくいぞ。神と金と二つに仕へることは出来ん。そのどちらかに仕へねばならんと、今迄は説かしてゐたのであるが、それは段階の低い信仰であるぞ。影しか判らんから、時節が来て居らんから、さう説かしてゐたのであるが、この度、時節到来したので、マコトの道理説いてきかすのぢや。神と金と共に仕へまつるとは、肉と霊と共に栄えて嬉し嬉しとなることぞ。嬉し嬉しとはそのことであるぞ。神と金と二つとも得ること嬉しいであろうがな。その次には霊の霊とも共に仕へまつれよ。まつれるのであるぞ。これが、まことの正しき理《ミチ》であるぞ。今迄の信仰は何処かにさびしき、もの足りなさがあつたであらうが。片親がなかつたからぞ。天に仕へるか、地に仕へるかであつたからぞ。この道はアメツチの道ざと知らしてあらうがな。清くして富むのがまことぢや。地も富まねばならんのぢやと申してあらうが。これから先は金まうけばかりも出来ん。今迄のやうな、神信心ばかりも出来ん。神の理《ミチ》を進むものは嫌でも金がたまるのぢや。金がたまらねば深く省みよ。理に外れて御座るぞ。人は罪の子でない喜びの子ぞ。（旧九月八日）

第三十七帖　（六五五）

宇宙は人間の心のままと申してあらうが。宇宙は未完成のものと申してあらうが。永遠に未完成であり、弥栄であるぞ。そこに生命あり、喜びあるのぢや。大神の中で、宇宙はなりなりてゐるのであるから、ナリ、永遠になるのであるぞ。不変の中に千変万化、自由自在の存在を与へてあるのぢや。（旧九月八日）

第三十八帖　（六五六）

人間の死後、自分の命《イノチ》の最も相応《フサワ》しい状態におかれるのであるぞ。悪好きなら悪の、善好きなら善の状態におかれるのであるぞ。皆々、極楽行きぢや。極楽にもピンからキリまであるぞ。神の旨に添ふ極楽を天国と云ひ、添はぬ極楽を幽界と申すのぢや。心の世界を整理せよ。そこには無限のものが、無限にあるのであるぞ。神の理《ミチ》が判れば、判つただけ自分がわかる。

めでたさの九月八日の九のしぐみ、とけて流れて世界一つぢや。白銀、鉄、これで終り。（旧九月八日）

第三十九帖　（六五七）

ひふみ神言

ひふみゆらゆら。

ひふみゆらゆら、ひふみゆらゆら。

ひふみゆらゆら、ひふみゆらゆら。ひふみゆらゆら。

あめつちの数歌

ひと、ふた、み、よ、いつ、むゆ、なな、や、ここノ、たり。

ひと、ふた、み、よ、いつ、むゆ、なな、や、ここノ、たり。

ひと、ふた、み、よ、いつ、むゆ、なな、や、ここノ、たり、もも、ち、よろづ。

ひふみ祝詞（〇印拍手）

〇〇〇〇〇〇〇〇〇〇〇〇〇〇〇〇〇〇〇〇〇〇〇〇〇〇〇〇〇〇〇〇〇〇〇〇

ひふみ　よいむなや　こともちろらね　しきる　ゆゐつわぬ

○○○○○○○○○○○○○○○○○○○○○○○○○○○○○
そをたはくめか　うおえ　にさりへて　のますあせゑほれけ。

いろは祝詞（○印拍手）

○○○○○○○○○○○○○○○○○○○○○○○○○○○○○○○○
いろは　にほへとち　りぬるをわかよ　たれそ　つねならむ
○○○○○○○○○○○○○○○○○○○○○○○○○○○○○○
うゐのおくやま　けふこ　えてあさき　ゆめみしゑひもせすん。

アイウエオのりと

(ン)(ウ)アイウエオ　カキクケコ　サシスセソ　タチツテト
ナニヌネノ　ハヒフヘホ　マミムメモ　ヤヰユヱヨ
ラリルレロ　ワヰウヱヲ(ウ)、(ン)。

ひふみ神示　第二十七巻

昭和二十七年旧一月　一日から
昭和二十七年　二月十五日まで

春の巻　全六十帖

第一帖　（六四八）

新しき御代の始めのタツの年。スメ大神の生れ出で給ひぬ。皆々御苦労ながら、グルグル廻つて始めからぢやと申してあらうが。始の始と始が違ふぞ。皆始めヒからぢや。赤児になりて出直せよ。ハラで見、ハラできき、ハラで話せよ。ハラには間違ひないのぢや。祈りばかりでは祈り地獄、神から光いたゞけるように理《ミチ》つけねばならん。水は低きに流れるぞ。喜びに叶ふ心、喜びの行あるところ喜び来るのぢや。喜びにも正しきと曲れるとあるぞ。無限段階あるのぢや。心して迷はんように致しくれよ。此処は光の理《ミチ》伝へ、行ふ所、教でないと申してあろう。教は教に過ぎん。理でなくては、今度はならんのぢや。天の理、地の理もろもろの理、カタ早う急ぐぞ。教は局部的、時、所で違ふのぢや。迷信となるぞ。ハラが神であるぞ。

第二帖　（六五九）

カミヒトと申すのは、神の弥栄のため、世の弥栄のため祈り、実践する人のことであるぞ。神のため祈れば神となり、世のため祈れば世と一体となるのぢや。自分のためばかりで祈れば迷信、われよしの下の下ぞ。誰でも霊かゝりであるぞ。石でも木でも土でも霊かゝりぞ。これは一般かみかゝりであるぞ。特別神かゝりは神の御力を強く深く集める行がいるのぢや。九分通りしくじるのぢや。太陽の光集めること知っているであらうが。神の理《ミチ》をよりよく、より高く集める理《ミチ》がマコトの信仰であるぞ。理《ミチ》であるぞ。世、迫って、霊かかりがウヨウヨ出ると申してある時来ているのぢや。悪かみかかりに迷ふでないぞ。サニワせよ。外はウソが多いぞ。内の声ウソないぞ。旧、元旦、日月神。

第三帖　（六六〇）

掛巻も、畏き極み、九二つ千の、清《スガ》の中なる大清み、清みし中の、清らなる、清き真中の、よろこびの、其真中なる、御光の、そが御力ぞ、綾によし、十九立《トコタチ》まし、大九《オオク》二の十九立《トコタチ》大神、十四九《トヨク》百《モ》ヌ、十四《トヨ》の大神、瀬織津の、ヒメの大神、速秋の、秋津ヒメ神、伊吹戸の、主の大神、速々の、佐須良ヒメ神、これやこの、太日月《オオヒツキ》⊕、皇神《スメカミ》の御前畏こみ、謹みて、うなね突貫き、白さまく、ことのマコト《真言》を。伊行く水。流れ流れて、月速み、いつの程にや、この年の、冬も呉竹、一と夜《ヨサ》の、梓《アズサ》の弓の、今とはや、明けなむ春の、立ちそめし、真玉新玉、よろこびの、神の稜威《ミイツ》に、つらつらや、思ひ浮べば、天地の、始めの時に、大御祖神《オヽミオヤ》、九二十九立《クニトコタチ》の、大神伊、三千年、またも三千年の、またも三千年、浮きに瀬に、忍び堪えまし、波風の、その荒々し、渡津海《ワタツミ》の、塩の八百路の、八汐路の、汐の八穂合ひ、洗はれし、孤島の中の、籠らひし、籠り玉ひて、畏くも、この世かまひし、大神の、時めぐり来て、一筋の、光の御代と、出でませし、めでたき日にぞ、今日の日は、御前畏こみ、御饌御酒《ミケミキ》を、ささげまつりて、海山野《ヌ》、種々珍《クサグサウズ》の、みつきもの、供へまつりて、かごちもの、ひざ折り伏せて、大まつり、まつり仕へむ、まつらまく。生きとし生ける、まめひとの、ゆくりあらずも、犯しけむ、罪やけがれの、あらむをば、祓戸にます、祓戸の、大神達と相共に、ことはかりまし、神直日、大直日にぞ、見伊直し、聞き直しまし、祓ひまし、清め玉ひて、清々《スガ》し、清《スガ》の御民《ミタミ》と、きこし召し、相諾《アイウズナ》ひて、玉へかし、玉はれかしと、多米津《タメツ》もの、百取《モモトリ》、さらに、百取の、机の代《シロ》に、足らはして、横山の如、波の如、伊盛、栄ゆる、大神の、神の御前に、まつらまく、こひのみまつる、畏こみて、まつらく白す、弥つぎつぎに。

新玉《アラタマ》の玉の御年《ミトシ》の明けそめて罪もけがれも今はあらじな。

節分の祝詞であるぞ。太のりとせよ。いよいよの年立ちそめたぞ。うれしうれしの御代来るぞ。

（一月の三十日、日月神。）

第四帖　（六六一）

⦶がよろこびであるぞ。⊖もよろこびであるぞ。よろこびにも三つあるぞ。⦶は表、⊖は裏、表裏合せて⊕ぞ。⊕は神であるぞ。神であるなれど現れの神であり、現れのよろこびであるぞ。⊕のもとが◉であるぞ。キであるぞ。元の元の太元の神であるぞ。△《ム》であるぞ。△《ム》から▽《ウ》生れ、▽《ウ》から△《ム》生れるぞ。同じ名の神二つあると申してあろうが。表の喜びがヽ、愛、真、善、美となり現れ、裏の喜びからは、〇、憎、偽、悪、醜が現れるのぢや。喜びが神ぢやと申して裏の喜びではならんぞ。今の人民の喜びと申すのは裏の喜びであるぞ。悲しみを喜びととり違へているぞ。この巻、春の巻。こまかに説いて判り易く説いてきかすぞ。分ければそれだけ小さくなるなれど。

第五帖　（六六二）

人民栄えて行くことは、神、弥栄のことぞ。神も人民も、世界も、宇宙も、総ていつまでも未完成ぞ。神様でも大神様は判らんのであるぞ。只、よろこびに向つてひたすらに進んで行けばよいのであるぞ。正しき喜びを先づ見極めよ。見きわめてひたすらに進めばよいのぢや。食物を食べるのも喜びであるぞ。正しき食物正しく食べよ。更に喜びふへて弥栄へるのぢや。自分の喜びを進め進めて天国へ入ること出来るのぢや。悪い食物悪く食べるから悪くなるのぢや。目に見へる食物ばかりでないぞ。何も彼も同様ぞ。人民は喜びの子と申してあろう。罪の子でないぞ。うれしうれしの道あるに、何故歩まんのぢや。

第六帖　（六六三）

喜びが、ヽ、真、善、美、愛と現はれ、それが又、喜びとなり。又、ヽ、真、善、美、愛となり。又現はれ、限りないのぢや。喜びの本体はあの世、現はれはこの世、あの世とこの世合せて真実の世となるのぞ。あの世ばかりでも片輪、この世ばかりでも片輪、まこと成就せんぞ。あの世とこの世と合せ鏡。神はこの世に足をつけ衣とし、人はあの世を⦿として、心として生命しているのぢや。神人と申してあろうがな。この十理《ドーリ》よくわきまへよ。この世にあるものの生命はあの世のもの、あの世の生命の衣はこの世のもの。くどいようなれどこのこと肚の中に、得心なされよ。これが得心出来ねばどんなによいことをしても、まこと申してもなにもならん、ウタカタぢやぞ。時節来たのぢやから、今迄のように一方だけではならんぞよ。

第七帖　（六六四）

ことわけて書きおくから、迷はんように。人民の理《ミチ》歩んで呉れよ。何も彼も嬉し嬉しとなる仕組、人民に禍ないのぢや。不足ないのぢや。いつも楽し楽しの歌で暮せる仕組ぢやぞ。と申しても、心で判つても、今の人民には判るまいから、更にこと分けて、こまかに説いてきかすぞ。理《ミチ》しるべをつくりおくぞ。これがよろこびの理《ミチ》ぢや。人民のいのちを正しく育てることが一番のよろこび。人民と申すものは神の喜びの全き現れであるぞ。いくらけがれても元の神の根元神のキをうけてゐるぞ。それを育てることぢや。導くことぢや。死なんとする人助けるのもその一つぢや。宿つた子殺すことは、人民殺すことぢや。今の人民九分九厘は死んでいるぞ。救へ、救へ、救へ。おかげは取りどくぢや。生かせよ。生かせよ。生かす理《ミチ》は神示よむことぢや。

第八帖　（六六五）

人民をほめることよいことぢや。ほめて、その非をさとらせよ。罪ゆるすことぢや。もの生かすことぢや。生かして使ふことぢや。神示《フデ》ひろめることぢや。やつて見なされ。必ずうれしうれしとなるぞ。栄えるぞ。嬉しくなかつたら神はこの世に居らんぞよ。神示は一本道ぢや。始めからの神示よんで、よく読んで見なされ。何も彼もハツキリしてくるぞ。神示うつして下されよ。世界にうつすことよろこびぞ。地に天国うつすことぞ。六ケ敷いことないぞ。今の裏のやり方、ひつくり返して表のやり方すれば、それでよいのぢや。裏は裏として生きるのぢやぞ。金は使ふもの。使はれるものでないことよく判つて居らうが。御苦労のことやめなされよ。

第九帖（六六六）

人民には分別与へてあるから反省できるのであるぞ。反省あるから進展するのであるぞ。ほつておいても、いらんものは無くなり、いるものは栄へるのであるが、人民の努力によつては、よりよくなるのぢや。省みねば生れた時より悪くなると申してあろうが。慾、浄化して喜びとせよ。喜び何からでも生れるぞ。広い世界に住めば広く、深い世界に住めば深く向上する。物の世界から霊の世界へ、無限の世界へ入るから無限の生命が与へられるのぢや。無限の喜び得ること出来るのぢや。無限世界とは物と霊との大調和した限りなき、光の世界ぞ。真理を知ることが、無限を得ること。まことの神をつかむことぞ。よいものつくるには大き手数かかるのぢや。ふところ手でいては出来ん。手出せ、足出せよ。

第十帖（六六七）

一切のものは◎《ウズ》であるぞ。同じことくりかへしているように、人民には、世界が見えるであろうなれど、一段づつ進んでいるのであるぞ。木でも草でも同様ぞ。前の春と今年の春とは、同じであつて違つて居らうがな。行き詰りがありがたいのぢや。進んでいるからこそ、行きあたり行きつまるのぢや。省る時与えられるのぢや。さとりの時与えられるのぢや。ものは、はなすからこそ摑めるのぢや。固く握つて戸しめていてはならんのう。扉あけておけと申してあろうが。着物ぬいで裸体となることつらいであろうなれど、ぬがねば新しい着物きられんぞ。裸になつてブツカレよ。神様も裸になつてそなたを抱いて下さるぞよ。重い石のせたタクアンはうまいのであるぞ。

第十一帖　（六六八）

内の自分は神であるが、外の自分は先祖であるぞ。祖先おろそかにするでないぞ。先祖まつることとは自分をまつることぞ。外の自分と申しても肉体ばかりでないぞ。肉体霊も外の自分であるぞ。信じ切るからこそ飛躍するのぢやぞ。不信に進歩弥栄ないぞ。肉体霊も外の自分であるぞ。まかせ切るからこそ神となるのぢや。神に通づるのぢや。他力で自力であるぞ。真剣なければ百年たつても同じ所ウヨウヨぢや。一歩も進まん。進まんことはおくれていることぞ。真剣なれば失敗してもよいと申してあろうが。省ることによつて更に数倍することが得られるのであるぞ。いい加減が一旦成功しても土台ないからウタカタぢや。下座の行、大切。

第十二帖　（六六九）

無くて七癖、七七四十九癖、悪い癖直して下されよ。天国へ行く鍵ぞ。直せば直しただけ外へひびくものが、かわつて来るぞ。よくなつてくるぞ。かわつて来れば、外からくるもの、自分に来るもの、かわつてくるぞ。よくなつてくるぞ。幸となるぞ。よろこび満ち満つぞ。神みちみちて天国ぢや。一升桝もつてきて一斗入れよと人民申しているが、神は一斗も二斗も入れてやりたいなれど、一升桝には一升しか入らん。大き桝もつて来い。頂くには頂くだけの資格いるぞ。一歩づつ進め。一歩づつ絶えず進めよ。それより外に道はないのぢや。

第十三帖　（六七〇）

自分はよいが、世の中が悪いのぢやと申しているが、その自分省みよ。自分が神の理《ミチ》にあり、真実であるならば、世の中は悪くないぞ。輝いているぞ。自分にふりかかつて来る一切のものは最善のものと思へ。如何なる悪いこともそれは最善のものであるぞ。この道理よくわきまへて下されよ。真の神を理解すれば、一切の幸福得られるのぢや。世を呪ふことは自分を呪ふこと、世間や他人を恨むことは自分を恨むこと。このこと悟れば一切はそこからひらけくるぞ。十のもの受けるには十の努力。

第十四帖　（六七一）

どんな草でも木でもその草木でなければならん御用あるぞ。だから生きているのぢや。そのはたらき御用忘れるから苦しむ。行き詰る。御用忘れるから亡びるのぢや。個人は個人の、一家は一家の、国は国の御用がある。御用大切、御用結構。日本が変つて世界となつたのぢや。自分の為めばかりの祈りには、自分だけの神しか出て来ない。悪の祈りには悪の神。善の祈りには善の神。始めの間は中々判らんものぢや。神様のなされるマネから始めて下されよ。

第十五帖　（六七二）

思ふようにならんのは、天地の弥栄。生成化育にあづかって働いていないからぞ。今の世界の行き詰りは、世界が世界の御用をしてないからぢや。神示よめよ。秘文《ヒフミ》世界にうつせよ。早ううつせよ。早ううつせよ。人間の智のみでは世界はよくならん。裏側だけ清めても総体は清まらん。神にめざめねばならん。愛にも内のものと外のものとがある。愛と申せば何でもよいと思ふていてはならん。愛の悪もあるぞ。総てこの通りぢや。上の、より高いところから来るから奇蹟と見へ、偶然と見へるのぢや。神からの現われであるから、その手順が判らんから偶然と見へるのぢやぞ。偶然の真理さとれと申してあろう。これが判れば大安心。立命。

第十六帖　（六七三）

あなたまかせ。よい妻と申してあろうが。神まかせがよい人民であるぞ。この神とみとめたら理解して、マカセ切れよ。太元の神さまにホレ参らせよ。真の信仰の第一歩ぞ。雨降らば雨を、風ふけば風を、一先づ甘受せよ。甘受した後、処理して行かなならん。受けいれずにハネ返すのは大怪我のもと。何回でも何回でも同じことくりかえさねばならんことになるぞ。何か迫り来るのは、何か迫り来るものが自分の中にあるからぞ。内にあるから外から迫るのぢや。自分で呼びよせているのぢや。苦しみの神。因果の神呼んでおいて、不足申している者多いのう。自分で呼びよせながら嫌がつてハネ返すテあるまいにのう。同じものでも表からと裏からとでは違ふのぢや。同じ目で見ても、ちがつてうつるのぢや。心得よ。

第十七帖　（六七四）

希望は愛の現れの一つ。どんな時、どんな人にも与へられているのぢや。希望にもえつつ、現在を足場として生きよ。呼吸せよ。同じことしていても、希望もつ人は栄え、希望なき人は亡びる。希望は神ぞ。アイウエオからアオウエイの世にうつつて来るぞ。アオウエイの世が天国ぢや。用意はよいか。今の世は道具ばかりぢや。使ふ人民、早うつくれよ。

第十八帖　（六七五）

使命がいのち。上から、神から命ぜられたことがいのちぞ。使命はつくられた時に与えられる。使命なくてものは生れんぞ。自分の使命は内にきゝつつ外にきけよ。使命果すがよろこびぞ。使命果すには生命がけでなくてはならん。生命ぢやからのう。努力した上にもせなならんぞ。努力には苦もあるぞ。苦のない努力ないぞ。右を動かせば左もうごくぞ。果せば苦は楽。果さねば楽も苦。重荷あるからこそ、苦あるからこそ、風にも倒れんのぢや。神が主であるぞ。

第十九帖　（六七六）

小乗の行と馬鹿にするでないぞ。理窟で神を割出したり、そろばんでハヂキ出したり、今の鼻高さんはしているなれど、何処まで行つても判りはせんぞ。土耕す祈りに神の姿現はれるぞ。とどまつてはならん。いつも弥栄々々に動いて行かなならん。大中心に向つて進まねばならん。途中には途中の、大には大の、中には中の、小には小の中心はあるなれど、行く所は一つぢや。ぢやと申して小の中心を忘れてはならん。神は順であるぞ。先づ小の神から進んで行けよ。ほんとのこと知るには、ほんとの鍛錬いるのぢや。たなからボタモチ食つていては段々やせ細るのみ。鍛えよ鍛えよ。鍛えればこそ光出て来るのぢや。

第二十帖　（六七七）

他力の中の自力ぢや。ぢやと申して、まかせきつたと申して、ふところ手ならん。自力大切ぢや。まつりは常住坐臥にあるぞ。拝むばかりではならん。拝むまつりはまつりのカタぢや。カタから入るのが入り易いが。この程度の境地では戒律いるぞ。カタに囚われてはならん。戒律の世界にいつ迄もいてはならん。十年たてば十才になるぞ。恩、知らねばならん。恩に報ひなければならんぞ。人民、天地の恩忘れているから、喜び少いのぢや。ものの順序わきまえねばならん。悪平等ならん。政治や経済は裏、二義的のもの。

第二十一帖　（六七八）

太一二⊕《オーヒツキ》大神としてのこの神は一柱であるが、働きはいくらでもあるぞ。その働きの名がもろもろの神様の名ぢや。無限であるぞ。このほう一柱であるが無限柱ぞ。総てが神であるぞ。一神ぢや。多神ぢや。汎《ハン》神ぢや。総てが神ぢや。喜びぢや。始めから全体を摑もうとしても、それは無理と申すもの。手でも足でもよい、何処でもよいから摑める所からつかんで御座れよ。だんだん判つてくるぞ。全体をつかむには全体と同じにならねばならん。その人民々々のつかめるところから摑んで参れよ。このほう抱き参らせてやるぞ。マツリから出直せよ。天地見よ。大きマツリ致して居らうがな。霊と肉のまつり第一。頭とハラのまつり結構。二二のマツリ、出船の港ぢや。奥から来るものは喜びぢや。念ぢや。力のもとぢや。生きの生命ぢや。神様にはハラを向けなさい。

第二十二帖 （六七九）

宇宙の総てはこの神の現れであり、一面であるから、その何処つかんで拝んでもよいのである。その何処つかんで、すがつてもよいのであるぞ。水の流れも宗教ぞと申してあらう。総てに神の息、通ふているぞ。一本の箸拝んでもよいのぢやが、ちやんとめあて、よいめあて、きめねばならん。内の自分に火つけよ。心くらくては何も判らん。世の中は暗ぅ見えるであろぅ。真暗に見えたら自分の心に光ないのぢや。心せよ。自分光れば世の中明るいぞ。より上のものから流れてくるものにまつりて行くこと大切ぢや。それがまつりの元。それが宗教ぢや。宗教は生活ぢや。生活は宗教ぢや。裏と表ぢや。

第二十三帖　（六八〇）

順と区別さへ心得て居れば、何様を拝んでもよいと申してあろぅが。日の神様ばかりに囚われると判らんことになるぞ。気付けおくぞ。それでは理《ミチ》にならん。父だけ拝んで母拝まんのは親不孝ぞ。おかげないぞ。おかげあつたらヨコシマのおかげと心得よ。手だけ尊んではいかん。足だけ尊んでもいかん。一切に向つて感謝せよと申してあろぅが。門もくぐらず玄関も通らずに奥座敷には行かれん道理。順序を馬鹿にしてはならんぞ。いつ迄門に立つていても何もならん、お出直しぢや。川がなければ水流れん道理。始はカタふんで行かなならんぞ。（ひつくの神二月三日）

第二十四帖　（六八一）

自分すてて他力なし。人民なくて此世の仕事出来ん。人民は道具ぢや。神は心ぢや、元ぢや、元だけではならん。道具だけでならん。大神は一切を幸し、一切を救ひ給ふのであるぞ。一切が神であり一切が喜びであるぞ。その人民にメグリなくしてもメグリ負ふことあるぞ。人類のメグリは人類の誰かが負はねばならん。一家のメグリは一家の誰かが負はねばならん。果さねばならん。善人が苦しむ一つの原因であるぞ。神の大きな恵みであり試練であるぞ。判りたか。愛するものほど、その度が濃い程、魂が入つているのぢや。先祖が大切していたものは大切せねばならんぞ。現界のみの理窟は通らんぞ。飛んだ目に会ふぞ。気つけおくぞ。念じてから行へ。

第二十五帖　（六八二）

局部的に見るから判らんのぢや。文字書くのは心であるが、心は見えん、手が見へるのぢや。手見るはまだよい方ぢや。筆の先だけしか見えん。筆が文字書いていると申すのが、今の人民の考へ方ぢや。筆が一番偉いと思ふて御座るのぢや。信仰に入つた始はよいが、途中から判らなくなるのぢや。そこが大切ぞ。判らなくなつたら神示《フデ》よめよ。キ頂いてよみかへるぞ。出足の港は二二の理《ミチ》からぢやと申してあろう。真理と申してあろう。これが乱れると世が乱れるぞ。神界の乱れイロからぢやと申してあろう。男女の道正されん限り、世界はちつともよくはならんぞ。今の世のさま見て、早う改心、結構いたしくれよ。和は力ぞ。

第二十六帖　（六八三）

神にまかせきると申しても、それは自分で最善をつくして後のことぢや。努力なしにまかせるのは悪まかせぢや。悪おまかせ多いのう。魂の財産は金を得るより数倍六ケ敷いぞ。ぬれ手で粟のやり方、カスつかむぞ。むやみに腹が立つたり、悲しくなつたり、くやしくなつたりするのは、まだめぐりあるからぢや。めぐりの霊界との因縁が切れて居らぬからぢや。愛は養はねばならん。夫婦はいのちがけで、お互にきづき合はねばならんぞ。夫婦愛はあるのではない。築き上げねばならんぞ。生み出すのぢや。つくり出すのぢや。そこに尊さあるぞ。喜びあるぞ。左には宗教、右には芸術。

第二十七帖　（六八四）

八合目あたりに参ると総ての様子が、ほぼ見当つくぞ。それ迄は誰でもよくわからんもんぢや。これと云う先達があつたら、先達の云うこと、云う通りについて行けよ。おかしい先達は始めからおかしいぞ。苦労し、手をかけ、金かけるほどよいもの出来るぞ。信念越えて自分より上のものにまかせきつたのが理解であるぞ。信念だけでは何事も出来ん。確信は理解からぞ。

第二十八帖　（六八五）

親子、夫婦、兄弟姉妹と生れても逆縁あるぞ。カタキ同志結ばれることあるぞ。それは神の大き恵みぞ。それに打ちかつて、新しき生命うみ出してつかへまつれ。体験ないところに宗教はない。

第二十九帖　（六八六）

神から出るものは理《リ》にきまつてゐるぞ。この平凡の理の道理《ミチ》が何故に判らんのぢや。得心出来んのぢや。それに従へばこそ向上、弥栄するのぢや。天狗ざから、慢心するから、理がなくなるから行詰るのぢや。一応は世界一家のカタ出来るのぢや。がそれではならん。それを越えて、ねり直してマコトの一家となるのぢや。天が上で地が下で、中に丶あるのぢや。それがミロクの世ぢや。気長にやれと申してあろう。長い苦心なければよいもの出来ん。この世で出来終らねば、あの世までもちつづけてもやりつづけてもよいのぢや。そなた達はあまりにも気が短いぞ。それではならんのう。マコトの生活は永遠性もつてゐるぞ。これないものは宗道でないぞ。

第三十帖　（六八七）

宇宙のすべてがつながりであるぞ。石でも水でも草でも木でも動物でもすべてがつながりぢや。手と頭のようなもんぢや。拝み合へよ。親しみ合へよ。和せよ。和すと自分となるのぢやぞ。自分大きく、明るくなるのぢや。豊かにうれしうれしぢや。赤いものの中にゐると赤くなつて行く。理《リ》に向つてゐると、いつの間にか神の気いたゞくぞ。神の光がいたゞけるのぢや。二度三度、話きいたり、おろがんだりくらいで理は判らん。神は解らん。体験せねばならん。一方的では何事も成就せん。もちつもたれつであると申してあろう。

第三十一帖　（六八八）

今の自分の環境がどんなであろうと、それは事実であるぞ。境遇に不足申すなよ。現在を足場として境遇を美化し、善化してすすめ。其処にこそ神の光、よろこび現れるのぢや。逃道つくれば迷ひの道に入るぞ。楽に得たもの、楽に失う。

第三十二帖　（六八九）

信仰の始めは感情に支配されがちぢや。理智を強く働かせねばならんぞ。人間は絶えずけがれてくる。けがれは清めることによつて、あらたまる。厄祓ひせよ。福祓せよ。想念は永遠にはたらくから、悪想念は早く清算しなければならんぞ。中の霊は天国へ行つても、外の霊は この世に残るぞ。残ることあるぞ。残つてこの世の事物にうつつて同じこと、所業をくりかへすことあるぞ。早く洗濯せよと申してあろうがな。梅の実から梅が生へるのぢや。その梅に実出来て又梅が生へるのぢや。人間も生れかわつても死にかわつても、中々に悪いくせは直らんもんぢやぞ。それを少しづつ直してかからねばならん。努力次第で漸次直るのぢやぞ。宗教は霊、芸術は体ぞ。（二月一日、ひつく神）

第三十三帖　（六九〇）

新玉の真珠の波も草も木も春立ちそめてよみかへりけり

今の科学は科学のことは判るがそれより上のことは判らん。今の科学はあるものがあると云ふことだけしか判らんのぢや。よい求めにはよい感応、よい感応によい働き、よい理解となり、よい生活生れる。間違つた求めには間違つた神、間違つた生活生れるぞ。道理ぢやナア。窮屈であつてはならん。しかつめらしく固くなつてゐてはならんぞ。笑ひの道、喜びの道にこそ神のハタラキあるのぢや。宿命は宿されたもの。一つのワクに入つてゐるのであるぞ。運命は自分で切りひらくこと出来るぞ。磨け磨け、ミタマ磨き結構。信念だけでは行詰るぞ。

第三十四帖（六九一）

自分は自分の意志で生れたのではないのぢや。その時、その環境を無視出来ん。その法則に従はねばならん。草を拝めば草が神となり、機械拝めば機械が神ぢや。食物拝めば食物が神となる。心せよ。神は人民を根本から永遠の意味でよくしようと、マコトの喜び与へようとしてゐるのぢや。局部的、瞬間的に見て判らんこと多いぞ。おかげは、すぐにはないものと思へ。すぐのおかげは下級霊。まゆにつばせよ、考へよ。現在の環境を甘受せよと申してあるが、甘受だけでは足らん。それに感謝せよ。積極的に感謝し、天地の恩に報じねばならん。誠の真理を知らぬ人間に神は判らん。

第三十五帖（六九二）

念じつつやれ。神の為と念じつつやれば神のためとなる。小さい行為でも霊的には大きはたらきするのぢや。自分と云ふことが強くなるから発展ないのぢや。行き止まるのぢや。われよしとなるのぢや。調和が神の現れであるぞ。霊と調和せよ。肉体と調和せよ。人と調和せよ。食物、住居と調和せよ。世界と調和せよ。うれしうれしぞ。一生かかつてもよいぞ。おそくないのぢや。自分の中のケダモノのため直しにかからねばならん。悪いくせ直さねばならん。これが第一歩、土台ぢやぞよ。

よきことは人にゆづりて人をほめ人たてるこそ人の人なる。

敬愛のまこと心にまことのりまこと行ふ人ぞ人なる。

（春立つ日、ひつく神）

第三十六帖　（六九三）

何事に向つても先づ感謝せよ。ありがたいと思へ。始はマネごとでもよいぞ。結構と思へ。幸と思へ。そこに神の力加はるぞ。道は感謝からぞ。不足申せば不足うつるぞ。心のままとくどう申してあろうが。病気でないと思へ。弥栄と思へ。病治るモト生れるぞ。キがもとぞ。何事くるとも何クソと思へ。神の力加はるぞ。おそれはおそれ生むぞと申してあろうが。一聞いて十さとらねばならんぞ。今の人民には何事も平面的に説かねば判らんし、平面的では立体のこと、次元の違ふことは判らんし、ハラでさとりて下されよと申してあろう。

第三十七帖　（六九四）

相手八と出たら二と受けよ。人民と申すものはモノに囚われるから何事も判らんから、十二と出、二十と出、三十六と出たらポカンとして判らんことになるぞ。十二と出たら一段ケタ上げて八十八と受けよ。又十二と受けるテもあるぞ。二十と出たら八十と和せよ。立体になればそれだけ自由になるのざ。世界広くなるのぞ。早う立体さとりくれよ。

第三十八帖　（六九五）

●の次に✺があり、その次に✳があり、十あると申してあろう。立体から複立体、複々立体、立立体と申してあろうが。×と÷と和せば❋となるぞ。複立体であるぞ。✺が複々立体、●が立立体ぞ。☉がその元であるぞ。判りたか。☉となれば超自由、超自在、超無限ぞ。それだけに又超完成であるぞ。超未完成でもあるぞ。神は全智全能から超全智全能に弥栄してゐるぞ。六ケ敷いようなれど、このことよく判りて下されよ。新しき段階に入る門ぞ。

第三十九帖　（六九六）

道は三つと申してあろう。三とは参であるぞ。3《スリー》でないぞと申してあろう。無限であるぞ。平面的に申せば右と左とだけでないぞ。その右の外に又左の外に道でなき道あるぞ。それを善の外道、悪の外道と申す。外道多いのう。中の中には中の道あるぞ。中の中の丶は無であるから動きないぞ。動きないから無限の動きぢや。その丶の外の中は人民にも動きみゆるぞ。この道は中ゆく道ざと申してあろうが。中の丶の道は太神の道、中行く道が神の道、中の道が人の道ぢや。判りたか。

第四十帖　（六九七）

思想と申すのは広い意味で、太神から出てゐるのではあるが、幽界からの力が強く加つてゐるのぢや。ネンと申すのは神界からの直々であるぞ。悪の気、断たねばネンとはならんぞ。

第四十一帖　（六九八）

天には天の道、地には地の道、人民には人民の道あると申してあらう。同じ道であるが違ふのぞ。地にうつし、人民にうつす時は、地の約束、人民の約束に従ふのぞ。約束は神でも破れんのであるぞ。次元違ふのであるから違つてくるぞ。違ふのが真実であるぞ。それを同じに説いたのが悪の教。同じと思ふのが悪の考へ方であるぞ。上から来るものは光となつて流れてくるのざ。光に本来影はないのであるが、動くから影がうまれる。それを影でない影と申すぞ。悪でない悪あると申してあらうがな。天には天の自由、地には地の自由、神には神の、人民には人民の、動物には動物の、それぞれの自由あるぞ。その性の高さ、清さ、大きさなどによつて、それぞれの制限された自由あるぞ。自由あればこそ動くぞ。自由とは弥栄のこと。光は神から人民に与へられてゐる。光に向ふから照らされる。光は◉、真、善、美、愛となり、又そのうらの〇、疑、悪、醜、憎となり現はれるぞ。御用の善となり、御用の悪となる。悪にくむは外道の善、外道とは上からの光が一度人民界にうつり、人民界の自由の範囲に於ける凸凹にうつり、それが再び霊界にうつる。それが幽界と申してあらう。その幽界から更に人民界にうつつたものが外道の善となり、外道の悪となるのざ。善にも外道あるぞ。心得よ。光は天のみでなく、地からも人民からも、すべて生命あるものから出てゐるのであるが、その喜びの度に正比例してのものであるから、小さい生命からの光は判らんのであるぞ。

第四十二帖　（六九九）

いくさは善にもあり、悪にもあり、右には右の、左には左の、上には上の、下には下の、中には中の、外には外のいくさあるぞ。新しき御代が到来してもいくさはなくならん。いくさも歩みぞ。弥栄ぞ。ぢやと申して今のやうな外道のいくさでないぞ。人殺し、生命殺すやうないくさは外道。やればやる程はげしくなるぞ。正道のいくさは人を生かすいくさ、やればやるほど進むのぢや。今の人民いくさと申せば、人の殺し合ひと早合点するが、それは外道のいくさ。天国へのいくさもあるぞ。幽界へのいくさもあるぞ。人民の云ふ今のいくさ、今の武器は人殺す外道の道、それではならんのう。外道なくして下されよ。外道はないのであるから、外道抱き参らせて、正道に引き入れて下されよ。新しき霊界は神人共《カミヒト》でつくり出されるのざ。それは大いなる喜びであるからぞ。神のみ旨であるからぞ。新しき世はあけてゐるぞ。夜明ければヤミはなくなるぞ。新しきカタはこの中からぞ。日本からぞ。日本よくならねば世界はよくならん。外道の武器すてよ。外道の武器生かして、活かして。いのちを生かす弥栄の武器とせよ。かへられるでないか。

第四十三帖　（七〇〇）

与へよ、与へよ、与へよ、与へる政治と申してあろうが。戦争か平和かと人民申してゐるなれど、道はその二つでないぞ。三が道と、くどう申してあろう。水の外道の武器と火の外道の武器の他に、新らしき武器気づかんのか。神示よく読めば示してあるのであるぞ。ほかに道ないときめてかかるから判らんのざ。生れ赤児になれば判るぞ。知らしてやりたいなれど、知らして判るのでは自分のものとならん。自分が体得し、自分から湧き出ねば自分のものでないぞ。つけ焼刃は危い、危い。気狂ひに刃物ぞ。平面的考え、平面生活から立体に入れと申してあろうがな。神人共にとけ合ふことぞ。外道でない善と悪ととけ合ふのぞ。善のみで善ならず。悪のみで悪ならず。外道は夜明くれば消えて了ふぞ。夜明けの御用大切と申してあろうが。外道の悪殺すでないぞ。抱き参らすから消えるのであるぞ。

第四十四帖　（七〇一）

念入れかへるぞ。念入れかへるとは、新らしき霊界つくることぞ。新らしき霊界つくるとは、太神の真中にとけ入ることぞ。

第四十五帖　（七〇二）

一時は人民なくなるところまで行くと申してあらうが。人民なくしても人民なくならん。洗濯して掃除して新らしき道早う進めよ。おそくなる程六ケ敷く苦しくなるぞ。近目で見るから判らん。日本の、世界あけたり。あな爽《スガ》々し、日本晴れぞ。二二《フジ》は晴れたりとは、真理の世に出づことぞ。天のこと地にうつすときは、地の力出るように、地の息吹き通ふように、弥栄するように、念を地の力と現はれるように、正しくうつして下されよ。邪気入つてはならん。

第四十六帖　（七〇三）

今の武器は幽界の裏打ちあるぞ。神界の裏打ある武器でなくてはならん。まことの武器ぞ。ヒックリであるぞ。念からつくり出せよ。その念のもとをつくれば、神から力を与へるから、この世の力と現はれるぞ。念の凸凹から出た幽界を抱き参らさねばならんのざ。中々の御苦労であるなれど、幽界を神界の一部に、力にまで引きよせねばならん。

第四十七帖　（七〇四）

念が新しき武器であるぞ。それでは人民まわりくどいと申すであろうなれど。ものごとには順と時あるぞ。もとのキから改めて下されよ。尊き御役。

第四十八帖　（七〇五）

念なりと、今の人民申す思想はマコトの念でないぞ。思想は思想ぞ。念とは力であるぞ。実在で

あるぞ。喜びであるぞ。喜びは神ぞ。弥栄。（二月十二日ひつく神）

第四十九帖（七〇六）

これぞと思ふ人があつたら、その理《ミチ》の人について御座れよ。一寸先見へん人民ぢや。先達の後からついて御座れ。それが一番よいことぢや。人、見出すこと六ケ敷いのう。十年、二十年行じても、目あて違つてゐたら何にもならんぞ。このほうの道へ御座れ。正しき光の道によれよ。十日で、一月で見ちがへる程になるぞ。死んだ気で神示《フデ》をそなたの身にうつせよ。涙流せよ、汗流せ、血流せよ。天災や地変は大き肉体の応急処置の現れであるぞ。部分的に、人間苦しめる様に思ふてはならん。一日一度は便所へ行かなならんであろうがな。人間この世の五十年をもととして考へるから判らなくなるのざ。永遠弥栄の生命、早う体得結構。

第五十帖（七〇七）

その人によつてふさわしい行がある。誰でも同じでない。一合食べる人もあれば一升食べる人もあるぞ。身につかんもの、身につかん行は、いくらしても何もならん。いらん苦労はいらんと申してあろう。風呂には時々入るが、魂の風呂に行く人少いぞ。より高い聖所へ参りて魂のアカ落せよ。神示よんで落して下されよ。アカ落さずに神の光見えんと申して、おかげないと、われよし申して御座るなれど、風呂に入らずに、アカつくとは怪しからんと申すのと同じでないか。何故に判らんのぢや。全体の為奉仕するはよいが、自分すてて全体なく、自分ないぞ。全体を生かし、全体と共に部分の自分が弥栄えるのであるぞ。早合点禁物。

第五十一帖 （七〇八）

人民の因縁性来はみな神示にかかしてあるぞ。そなたのこと何も彼も一目ぢや。因縁判つてうれしうれしで御用結構。うれしおそろしくなる仕組。

第五十二帖 （七〇九）

まことの光の道に行き、進めよ。ここぞと見極めたら、理解に向つてひたすらに進まねばならん。理窟いらん。宇宙はこの方の中にあるのぢや。このほうぢや。世が段々せまつて悪くなるように申してゐるが、それは局部的のこと。大局から見れば、よきに向つて弥栄えてゐるぞ。夏が暑いと申してブツブツ申すでないぞ。秋になるぞ。冬もあるぞ。冬ばかりと考へるでないぞ。やがては春が訪れるのぢや。いづれも嬉し嬉しとなる仕組。

第五十三帖　（七一〇）

どうしたらよいのぢや。神の云ふことをきくから助けてくれと申すもの沢山でてくるが、何も六ヶ敷いこと神は申さん。現在を足場として一歩づつ進めばよいのぢや。それでは食つて行けんと申すものあるが、神はあり余るほど与へてあるでないか。何故、手出さんのぢや。与へたもののみが自分のものぞ。今の人民、余つても足らんと考へて、むさぶりてゐるぞ。幸福与へてあるに何故手出さんのぢや。曲げてとるのぢや。心の目ひらけよ。ゴモク投出せよ。我の強い守護神どの、もう我の世はすんだぞ。我出すほど苦しくなるのぢや。

第五十四帖　（七一一）

見へる幸福には限りがあり、見へぬ幸福は永遠であるぞ。理《ミチ》にいそしめ。理《ミチ》にとけ入れよ。モノは無くなるぞ。霊は永遠に弥栄えるぞ。毎日々々掃除してもホコリはたまる。絶えず心の掃除よいか。洗濯よいか。目に見へず、上、下、左、右、前後から何となくせまつてくるものをサニワせよ。サニワして受けいれねばならん。自分の魂をはぐくみ、生長さしてくれる大切なものは目に見へんところから流れてくるぞ。和せよ。調和せよ。調和とは、上から、より清い所から流れて来るものに従ふことぞ。いよいよが一四一四となるぞ。雨の神、風の神、地震の神、岩の神、荒の神、大地震の神。

第五十五帖　（七一二）

十二年おくれてゐるのを取り戻すのであるから、これからは目の廻る程急しくなつてくるぞ。神示よむ暇もなくなると申してある時来たぞ。いづれは人民へるなれど、何も約束ごと真理とはかえられん。まこと求めるならば、これと見届けたならば、その場で御用与へる仕組。

第五十六帖　（七一三）

行く水にも雲にも咲く花にも神のみ心あるぞ。それ見る目ないからわからんのぢや。掃除すれば判る。掃除結構。拝むは拝まんよりはましであるぞ。しかし拝んでばかりでは病気は治らん。金はもうからん。拝むばかりで金もうけ出来たり病気治つたりすると思ふたら間違ひぞ。理《ミチ》にいそしめ。理《ミチ》ゆくところ喜びあるぞ。喜びあるから病気も治るのぢや。金も出てくるのぢや。おかげあるのぢや。喜び神ぢや。タテには神と神界と和し、ヨコには人と環境と大和して行くところにこそ、生きの生命のウレシウレシあるのであるぞ。

第五十七帖　（七一四）

後にも先にもない、みせしめ出てくるぞ。めぐりひどい所ほど、ひどい見せしめ。神がまこと心見抜いたらどんな手柄でも致さすぞ。自分でびつくり。まことの人程おかげおそい、おそい程大きおかげあるぞ。同じ筋のミタマ沢山にあるのぢや。類魂と人民申してゐるもの。いくら因縁あつても曇りひどいと、その類魂の中から次々に代りのミタマ使ふ仕組。兎や角申さずに素直について御座れ。

第五十八帖　（七一五）

心の洗濯早ういたして太⦿《ヒ》◎《ツ》⊕《キ》太神様に、殊に育ての、生みの親さま九《ク》二《ニ》十《ト》九《コ》十《タ》千《チ》の大神様の御実体を理解せねば、自分でいくら頑張つてもやりそこないぢや。われがわれがと思ふてゐるなれど、皆このほうがかげからさしてゐるのに気づかんのか。おわびせよ。と申せば、そんな悪いことした覚えないと申すが、何処迄くもつたのぢや。神にさゝげるには、自分に与へられたものの中からさゝげねばならんぞ。むさぶり取つたり横取りしたり、自分のものでないもの、もうけたカスを神にさゝげて威張つてゐるが、それはささげ物にならん。神は受け給わんぞ。泥棒のお残りちょうだいは真平ぢや。自分のもの先づさゝげるから弥栄えるのぞ。おかげ万倍間違ひなし。

第五十九帖　（七一六）

一足飛びには行かん。一歩々々と申してあらう。一度に神様を知りたいと申してもさうは行かん。一年生からぢや。出直し出直し。子供に大学のことは判らん。十貫の荷物はかつげん道理。進むには、それ相当の苦労と努力いるぞ。あぐらかいて、ふところ手してゐては出来ん。時もいるぞ。金もいるぞ。汗もいるぞ。血もいるぞ。涙もいるぞ。よいもの程値が高い。今を元とし自分をもととして善ぢや悪ぢやと申してはならん。よき人民苦しみ、悪い人民楽している。神も仏もないのぢやと申してゐるが、それは人民の近目ぞ。一方的の見方ぞ。長い目で見よと申してあろうが。永遠のことわりわきまへよと申してあろうが。支払窓は金くれるところ、預け口は金とるところ。同じ銀行でも部分的には、逆さのこととしてゐるでないか。全体と永遠を見ねばものごとは判らんぞ。よく心得よ。（二月十五日、日月神）

第六十帖　（七一七）

一《ヒ》九《ク》三《ミチ》九《コ》〇《ト》。一《ヒ》九《ク》三《ミチ》九《コ》〇《ト》。一《ヒ》九《ク》三《ミチ》。四《ジ》九《ク》三《ミチ》。四《ジ》九《ク》三《ミチ》。（二月十五日、日月神）

ひふみ神示　第二十八巻

昭和二十七年三月三日から

昭和二十七年三月八日まで

夏の巻　全二十五帖

第一帖　（七一八）

与へられたもの、そのもの喜ぶようにすれば楽にゆけるよう、暮しむきもたのしたのしで暮せるようになつてゐるぞ。あり余る程与へてあるでないか。生かして使へよ。生活に何故アクセクするのぢや。与へてあるもの殺すから自分も死の苦しみするのぢや。有限でなければモノは顕われないぞ。モノに顕わすと有限となるのぢや。総てに感謝せよと申してあろうが。総てのものに、それ相当の意義あるぞ。全体的には喜びせねばならん。愛をもつて接しなければならん。信をおかねばならん。ぢやと申して局部々々に於ては、それぞれ、その時に応じて処理せねばならん。只その場合は、ゆとりもつて処理せよ。綱長くしておかねばならん。

第二帖　（七一九）

ヽがよろこびであるぞ。またヽのヽはムでもあるぞ。内から外に向つて行くのが⦿のやり方、外から内に向つて行くのが、がいこくのやりかた。○からヽに行くのは、マコトが逆であるから、マコトのことは判らん。外から行く宗教や哲学や科学が元を判らなくしてゐるのぢや。元わからんで生きのいのちの判る筈ないぞ。今の世は逆様ぢや。先祖から正せよ。原因から正して行かなならんぞ。⦿から出てヽにかへり、無限より出て有限に形し、有限から無限にかへり、又有限に動くのがマコトのやり方であるぞ。マコトの理解者には甘露の水ぞ。

第三帖　（七二〇）

人間は神と共に自分自身で生長して行かなならん。人間から見れば全智全能の神、あるのであるぞ。このことよく判りて下されよ。マコトの理解と迷信との別れる大切ことぞ。

第四帖　（七二一）

何神様とハツキリ目標つけて拝めよ。只ぼんやり神様と云つただけではならん。大神は一柱であるが、あらわれの神は無限であるぞ。根本の、太⦿⦿⊕《ヒツ・キ》大神さまと念じ、その時その所に応じて、特に何々の神様とお願ひ申せよ。信じ合ふものあれば、病気も又たのしく、貧苦も亦たのしいのであるぞ。例外と申すのは、ないのであるぞ。他の世界、他の天体、他の小宇宙からの影響によつて起る事象が例外と見えるのぢや。心大きく、目ひらけよ。

第五帖　（七二二）

なりなると申してあろうが。なると申すのは内分は同じであるが、形の変ることであるぞ。ウムとナルとは同じであつて、同じでないぞ。

第六帖　（七二三）

ほんとうにモノを見、きき、味はい、消化して行かなならんぞ。地の上にあるもの、人間のすること、その総ては霊界で同じことになつていると申してあろうが。先づ霊の世界のうごき大切。霊の食物、霊の生活、求める人民少いのう。これでは、片輪車、いつまでたつてもドンテンドンテンじやぞ。そのものを見、そのものに接して下肚がグツト力こもつてくるものはよいもの、ほんものであるぞ。キは総てのものに流れ込むもの。信仰は理智的にも求められる、完き情である。真理を理解するのが早道。確信となるぞ。

第七帖　（七二四）

神も人間も同じであると申してあろう。同じであるが違ふと申してあろう。それは大神の中に神を生み、神の中に人民生んだためぞ。自分の中に、自分新しく生むときは、自分と同じカタのものを生む。大神弥栄なれば、神も弥栄、神弥栄なれば人民弥栄ぞ。困るとか、苦しいとか、貧しいとか悲しいとか云う事ないのであるぞ。理《ミチ》ふめと申すのは、生みの親と同じ生き方、同じ心になれよと申すことぞ。人民いくら頑張つても神の外には出られんぞ。神いくら頑張つても大神の外には出られんぞ。

第八帖　（七二五）

見へるものから来る幸福には限りがあるが、見えんものから来る幸福は無限ぞ。つきんよろこびは常に神から。

第九帖　（七二六）

ウムと申すことは、自分をよりよく生長さすこと。一つ生めば自分は一段と上に昇る。この道理わかるであろうがな。産むことによつて、自分が平面から立体になるのであるぞ。毎日、一生懸命に掃除してゐても、何処かにホコリ残るもんぢや。まして掃除せん心にホコリつもつてゐること位、誰にでも判つてゐるであろうが。神示で掃除せよ。大病にかかると借金してでも名医にかかるのに、霊的大病は知らん顔でよいのか。真仰を得て霊的に病気を治すのは、一瞬には治らんぞ。奇蹟的に治るとみるのは間違ひ。迷信ぞ。時間もいり手数もいる。物も金もいる。大き努力いるのであるぞ。取違ひ多いのう。

第十帖　（七二七）

過去も未来も中今。神も人間と同じで、弥栄して行くぞ。悪いくせ直さねばいつ何時までたつても自分に迫つてくるもの変らんぞ。おかげないと不足申してゐるが、悪いくせ、悪い内分を変へねば百年祈りつづけてもおかげないぞよ。理窟なしに子は親を信ずるぞ。その心で神に対せよ。神が親となるのぢや。目と口から出るもの。目の光りと声とは、実在界にも実力もつてゐるのであるぞ。力は体験通して出るのであるぞ。

第十一帖　（七二八）

カタは形をもたねばならん。念は語ることによつて現れるのぢや。ヽが無なればなる程○は有となるのであるぞ。このことよく判りて下されよ。肚の中のゴモクすてるとよくわかる。

第十二帖　（七二九）

キがもとと申してあろうがな。人民は総てのもののキいただいて成長してゐるのであるぞ。キ頂けよ。横には社会のキを、縦には神の気を、悪いキを吐き出せよ。よい気養つて行けよ。見分ける鏡与へてあるでないか。道わからねば人にきくであろうが。判らんのに判つた顔して歩き廻つてゐてはならん。人にたづねよ。これと信ずる人にたづねよ。天地にたづねよ。神示にたづねよ。

第十三帖　（七三〇）

ウとムは相たがいに相反するのであるが、これが一つになつて動く。ウム組み組みてと、申してあろうがな。今の人民の智では中々解けん。ウの中心はム、ムの廻りはウであるぞ。中心は無限、周辺は有限であること知れよ。

第十四帖　（七三一）

上にたつ程働かねばならん。働いても力はへらん。働くにはキ頂かねばならん。キから力生れるのであるぞ。働くと申して動くばかりでないぞ。動かんのも働き、動くのも働き、よく心得よ。よせては返し、よせては返し生きてゐるのであるぞ。始の始と始が違ふぞ。後になるほどよくなるぞ。終りの中に始めあるぞ。祈り、考へ、働きの三つ揃はねばならん。

第十五帖　（七三二）

生めば生む程、自分新しくなり成り、大きくなる。人間は大神のウズの御子であるから親のもつ、新しき、古きものがそのまゝカタとして現れゐて、弥栄えてゐる道理ぢや。人間の総てに迫り来るもの、総てを喜びとせよ。努力せよ。モノ喜ばせばモノは自分の喜びとなり、自分となる。心の世界は無限に拡がり、生長するのであるぞ。神にとけ入つて宇宙大に拡がるのであるぞ。神と共に大きくなればなるほど、喜び大きくなるのである。一神説いて多神説かんのもかたわ、多神説いて一神説かんのもかたわ、一神則多神則汎神である事実を説いてきかせよ。

第十六帖　（七三二）

人民は神のいれものと申してあろう。神の丶と人間の丶と通じて居ればこそ呼吸するのぢや。丶と丶と通じて居ればそれでよいのぢや。神の丶と人民の丶と通じて居るならば、神の○と人民の○と同じようにしておかねばならんと申すのは、人間の誤りやすい、いつも間違ひ起すもとであるぞ。神の○と人間の○と同じようにしておくと思うて、三千年の誤りしでかしたのぢや。丶と丶と結んでおけば後は自由ぢや。人民には人民の自由あるぞ。神のやり方と自ら違ふところあってよいのぢや。天の理と人の理とは同じであつて違ふのざと知らしてあろう。心得よ。

第十七帖　（七三四）

神の姿は総てのものに現われてゐるぞ。道ばたの花の白きにも現われてゐるぞ。それを一度に、すべてを見せて、のみこませてくれと申しても判りはせんぞ。判るところから、気長に神求めよ。総ては神から流れ出てゐるのであるから、神にお願ひして実行しなければならん。この判り切つた道理、おろそかにして御座るぞ。そこに天狗出てゐるのぞ。

第十八帖　（七三五）

自分が自分生むのであるぞ。陰と陽とに分れ、更に分れると見るのは、人間の住む次元に引下げての見方であるぞ。陰陽分れるのでないこと、もとのもとの、もとの誠の弥栄知れよ。

第十九帖　（七三六）

その人その人によつて、食物や食べ方が少しづつ違ふ。身体に合わんもの食べても何もならん。かえつて毒となるぞ。薬、毒となることあると気つけてあろうが。只歩きまわつてゐるだけではならん。ちやんとめあてつくつて、よい道進んで下されよ。飛行機あるに馬に乗つて行くでないぞ。額に先づ気あつめて、ハラでものごとを処理せねばならんぞ。形ある世界では形の信仰もあるぞ。偶像崇拝ぢやと一方的に偏してはマコトは判らんぞ。

第二十帖　（七三七）

人民の智の中に現われてくるときは、もはや大神ではないぞ。神であるぞ。原因の原因は中々見当とれん。

第二十一帖　（七三八）

始めは形あるものを対象として拝むもよいが、行きつまるのは目に見える世界のみに囚はれてゐるからぞ。タテのつながりを見ないからであるぞ。死んでも自分は生きてゐるのであるぞ。大我に帰したり、理法にとけ入つたりして自分と云ふもの無くなるのでないぞ。霊界と霊と、現界と現身とのことはくどう説いてあろうが。神示よめよめ。大往生の理《ミチ》。弥栄に体得出来るのであるぞ。霊と体と同じであると申しても、人間の世界では別々であるぞ。内と外、上と下であるぞ。取りちがいせんようして下されよ。

第二十二帖　（七三八）

つくり主とつくられるものとでは無限にはなれて行くのぢや。和ないぞ。和のないところ天国ないぞ。こんな判りきつたこと、何故にわからんのぢや。尻の毛まで抜かれてゐると申してあろう。早うめさめよ。悪の道、教にまだ迷うて御座るが、早うめざめんと間に合はんぞ。

第二十三帖　（七三九）

無限のものと、有限のものと、ムとウとをまぜまぜにして考へるから、人民の頭は兎角ウになりがちぢやぞ。慾、浄化せよ。

第二十四帖　（七四〇）

すべて世の中の出来ごとはそれ相当に意義あるのであるぞ。意義ないものは在存ゆるされん。それを人間心で、邪と見、悪と感ずるから、狭い低い立場でゐるから、いつまでたつてもドウドウめぐり。それを毒とするか薬とするかは各々の立場により、考へ方や、処理方法や、いろいろの運び方によつてしるのであるから、心せねばならんぞ。「今」に一生懸命になりて下されよ。三月三日、ひつく神。

第二十五帖　（七四一）

二十二のように知らすぞ。神の仕組、間違ひなし。どしどしと運べよ。三月八日、ひつく神。

ひふみ神示　第二十九巻

昭和二十七年四月十一日

秋の巻　全二十八帖

第一帖　（七四二）

同じ神の子でも本家と分家とあるぞ。本家は人間ぢゃ。分家は動植物ぢゃ。本家と分家は神の前では同じであるが、位置をかへると同じでないぞ。三十年で世の立替いたすぞ。これからは一日ましに世界から出て来るから、如何に強情な人民でも往生いたすぞ。神は喜であるから、人の心から悪を取り除かねば神に通じないぞと教へてゐるが、それは段階の低い教であるぞ。大道でないぞ。理窟のつくり出した神であるぞ。大神は大歓喜であるから悪をも抱き参らせてゐるのであるぞ。抱き参らす人の心に、マコトの不動の天国くるぞ。抱き参らせば悪は悪ならずと申してあろうが。今迄の教は今迄の教。

第二帖　（七四三）

人民は土でつくつたと申せば、総てを土でこねてつくり上げたものと思ふから、神と人民とに分れて他人行儀になるのぞ。神のよろこびで土をつくり、それを肉体のカタとし、神の歓喜を魂としてそれにうつして、神の中に人民をイキさしてゐるのであるぞ。取り違ひせんやうに致しくれよ。親と子と申してあろう。木の股や土から生れたのではマコトの親子ではないぞ。世界の九分九分九厘であるぞ。あるにあられん。さしも押しも出来んことがいよいよ近うなつたぞ。外は外にあり、内は内にあり、外は内を悪と見、内は外を悪として考へるのであるが、それは善と悪でないぞ。内と外であるぞ。外には外のよろこび内には内のよろこびあるぞ。二つが和して一となるぞ。一が始めぞ元ぞ。和して動き、動いて和せよ。悪を悪と見るのが悪。

第三帖　（七四四）

霊界での現れは同じであつても、現実界に現れる時は違ふことあるぞ。それはモノが異るからぞ。二二はもとのキぞ。ナルトとはその現れのはたらき。

第四帖　（七四五）

道徳、倫理、法律は何れも人民のつくつたもの。本質的には生れ出た神の息吹きによらねばならん。神も世界も人民も何れも生長しつつあるのざ。何時までも同じであつてはならん。三千年一切りぢや。今迄の考へ方を変へよと申してあらう。道徳を向上させよ。倫理を新しくせよ。法律を少くせよ。何れも一段づつ上げねばならん。今迄のやり方、間違つてゐたこと判つたであらう。一足飛びには行かんなれど、一歩々々上つて行かなならんぞ。ぢやと申して土台をすててはならん。土台の上に建物たてるのぢや。空中楼閣見て居れん。

第五帖　（七四六）

へその緒はつながつてゐるのであるから、一段奥のへそへへそへと進んで行けば、其処に新しき広い世界、大きくひらけるのであるぞ。自分なくするのではなく高く深くするのであるぞ。無我でないぞ。判りたか。海の底にはキンはいくらでもあるぞ。幽界と霊線つなぐと自己愛となり、天国と霊線つなげば真愛と現れるぞ。よろこびも二つあるぞ。三つあるぞ。大歓喜は一つなれど、次の段階では二つとなるのであるぞ。

第六帖　（七四七）

他を愛するは真愛ぞ。己のみ愛するのは自己愛ぞ。自己愛を排してはならん。自己愛をひろげて、大きくして真愛と合致させねばならん。そこに新しき理《ミチ》ひらけるのであるぞ。自己愛を悪魔とくは悪魔ぞ。無き悪魔つくり、生み出すでないぞ。一段昇らねば判らん。

第七帖　（七四八）

公のことに働くことが己のため働くこと。大の動きなすために小の動きを為し、小の動きなすために個の動きなすのであるぞ。ヽにヽあり又ヽあると申してあるぞ。

第八帖　（七四九）

何事もよろこびからぞ。結果から又よろこび生れるぞ。この道理わかれば何事もありやか。

第九帖（七五〇）

みろくの世となれば世界の国々がそれぞれ独立の、独自のものとなるのであるぞ。ぢやが皆それぞれの国は一つのへそで、大き一つのへそにつながつてゐるのであるぞ。地上天国は一国であり、一家であるが、それぞれの、又自づから異る小天国が出来、民族の独立性もあるぞ。一色にぬりつぶすような一家となると思ふてゐるが、人間のあさはかな考へ方ぞ。考へ違ひぞ。この根本を直さねばならん。霊界の通りになるのぢや。

第十帖（七五一）

外の喜びはその喜びによつて悪をまし、内の喜びはその喜びによつて善をますなれど、マコトの喜びは外内と一つになり、二つになり、三つになつた喜びとならねば、弥栄ないぞ。

第十一帖（七五二）

親と子は、生むと生まれるとの相違出来てくるぞ。又上の子と下の子と、左の子と右の子とは違ふのであるぞ。違へばこそ存在する。

第十二帖　（七五三）

神について御座れよ。理窟申さず、ついて御座れよ。地獄ないと申してあろう。人は神の喜びの子と申してあらう。人の本性は神であるぞ。神なればこそ天国へ自づから行くのぢや。住むのぢや。

第十三帖　（七五四）

人民、うそが上手になつたから中々油断ならんぞ。下々の神さまも、うそ上手になつたなあ。善ぢや悪ぢやと申してゐるが、人民の善はそのまゝ霊人の善でないぞ。そのまゝ霊人の悪でないぞ。心して呉れ。

第十四帖（七五五）

グツトしめたり、ゆるめたりして呼吸しなければならん。其処に政治のうごきあるぞ。経済の根本あるぞ。逆にしめる事もあるぞ。善と申し悪の御用と申すことの動き、そこから出るのぢや。じつとしてゐてはならん。ジツトしてゐる善は善でないぞ。

第十五帖（七五六）

何程世界の為ぢや。人類の為ぢやと申しても、その心が、我が強いから、一方しか見えんから、世界のためにならん。人類の為にならんぞ。洗濯ぢや洗濯ぢや。自分が生んだもの、自分から湧き出るものは、いくら他に与へてもなくならんぞ。与へよ、与へよ、与へてなくなるものは自分のものでないと申してあろう。無くなると思ふのは形のみ見てゐるからぢや。カラのみ見るからぢやぞ。本質は無限に拡がるぞ。与へる程よりよく、神から与へられるぞ。井戸の水のようなもんぢや。汲めば汲むほどよくなる仕組。

第十六帖　（七五七）

統一と云ふことは赤とか白とか一色にすることではないぞ。赤もあれば黄もあり青もあるぞ。それぞれのものは皆それぞれであつて一点の﹅でくくる所に統一あるぞ。くくると申してしばるのでないぞ。磁石が北に向くよう、総て一点に向うことであるぞ。これを公平と申し、平等と申すのぢや。悪平等は悪平等。一色であつてはならんのう。下が上に、上が下にと申してあるが、一度で治まるのでないぞ。幾度も幾度も上下にひつくりかへり、又ひつくりかへりビツクリぢや。ビツクリこねまわしぢや。

第十七帖　（七五八）

神示が一度で判る人民にはミタマシズメやカミシズメやカミカカリはいらん。判らんからやらしてゐるのぢや。やらせねば判らんし、やらすとわき道におちゐるし、いやはや困つたもんぢやのう。

第十八帖　（七五九）

人民は神のへそとつながつてゐるのであるぞ。へその緒さへつながつて居ればよく、神人であるぞ。ヽとヽとつながつて更に大きヽにつながつてゐるからこそ動きあり、それぞれのハタラキあり、使命を果し得るのであるぞ。同じであつて全部が合一しては力出ないのであるぞ。早う心いれかへと申してあるが、心とは外の心であるぞ。心の中の中の中の心の中にはヽが植付けてあるなれど、外がまつくらぢや。今迄のやり方では行けんこと判りて居らうがな。いらんものは早うすてて了へよ。直々の大神様は二《ツギ》の大神様なり。

第十九帖　（七六〇）

中今《ナカイマ》と申すことは、ヽ今と申すこと。ヽは無であるぞ。動きなき動きであるぞ。そのことよくわきまへよ。今迄のこと、やり方かえねばならん。一段も二段も三段も上の広い深い、ゆとりのあるやり方に、神のやり方に、規則のない世に、考へ方、やり方、結構であるぞ。

第二十帖　（七六一）

科学にヽ入れると宗教となるのぢや。ヽは数。カネは掘り出せん。生み出してくれよ。

第二十一帖　（七六二）

和が根本、和がよろこびぞ。和すには神を通じて和すのであるぞ。神を通さずに、神をなくして通づるのが悪和合。神から分れたのであるから神に帰つて、神の心に戻つて和さねばならん道理。神なくして和ないぞ。世界平和と申してゐるが、神にかへつて、神に通じねば和平なく、よろこびないぞ。十二の玉を十まで生んで、後二つ残してあるぞ。

第二十二帖　（七六三）

神にとけ入れと申してあろう。次元が違うから、戒律出来るから、判らんのぢや。解け入れよ。何につけても大いくさ。人の殺し合ひばかりでないと知らしてあらう。ビツクリぢや。

第二十三帖　（七六四）

神が主であり人民が従であると申してあろう。これを逆にしたから世が乱れてゐるのぞ。結果あつて原因あるのでないぞ。今の人民、結構すぎて天地の御恩と申すこと忘れてゐるぞ。いよいよとなつて泣面せねばならんこと判りてゐるから、くどう気付けてゐるのぢや。マコトのことはトリの年。

第二十四帖　（七六五）

上から見ると皆人民ぢや。下から見ると皆神ぢや。判りたと思ふて御座るなれど、神の経綸が学や、金銀つんで、チョットやソツトで判る筈ないぞや。今迄の、三千年のやり方違つてゐたと心つくなれば、心付いて神示よむなれば、一切のことありやかとなるのぢや。カンジンぢや。

第二十五帖　（七六六）

ウはムであるぞ。ウとは現実界ぞ。ムとは霊界であるぞ。ウもムも同じであるぞ。ムからウ生れて来ると申してあること、よく心得よ。神の仕組、狂ひないなれど、人民に判らねば、それだけこの世の歩みおくれるのぢや。この世は人民と手引かねばならんから、苦しみが長くなるから、千人万人なら一人づゝ手引いてやりてもやりやすいなれど、世界の人民、動物虫けらまでも助ける仕組であるから、人民早う改心せねば、気の毒いよいよとなるぞ。

第二十六帖　（七六七）

中は無、外は有であるぞ。中になる程無の無となるのぢや。同じことくり返すと、人民申すであろうが、得心して居らんから、かんじんのことぢやから、クドう申してゐるのぢや。人民それぞれのミタマによつて役目違ふのであるぞ。手は手、足は足と申してあろう。何も彼もマゼコゼにやるから結びつかんのぢや。

第二十七帖　（七六八）

型にはまることをカタマルと申すのぢや。こり固まつては動きとれん。固まらねば型出来んで、人民には判らんし、型外して、型をつくらねばならん。法律つくらねばならんが、つくつてもならんぞ。神から命令されたミタマでも油断は出来ん。曇りたらすぐ代りのミタマと入替えるのであるぞ。コリ固まつたものがケガレぢや。ケガレはらさねばならん。絶えず払つて払つて払ひつつ又固まらねばならんし、人民には判らんし、肉体あるから固まらねばならんし、常に払ひせねばならん。総てをこんなもんぢやときめてはならんぞ。丶枯れることをケガレと申すのぢや。判りたか。神界の立替ばかりでは立替出来ん。人民界の立替なかなかぢやナア。

第二十八帖　（七六九）

霊はものにつくと申してあろう。払ひするときはモノにつけて、モノと共にせよ。共に祓へよ。これほどマコト申しても、残る一リンはいよいよのギリギリでないと申さんから、うたがふのも無理ないなれど、見て御座れよ。神の仕組見事成就いたすぞ。一リンのことは知らされんぞと申してあろう。申すと仕組成就せんなり。知らさんので、改心おくれるなり、心の心で取りて下されよ。

肉体は霊の衣と申してあらう。衣が霊を自由にしてはならんぞ。衣には衣の約束あるぞ。衣ぢやと申して粗末してはならん。何れも神の現れであるぞ。内には内の内があり、外には外の外があるぞ。人ほめよ。人ほめることは己ほめることぞ。この巻、秋の巻。四月十一日、ひつく神。

ひふみ神示 第三十巻

昭和二十七年五月五日から
昭和二十七年六月九日まで

冬の巻

全一帖
補帖一帖

全一帖　（七七〇）

宇宙は霊の霊と物質とからなつてゐるぞ。人間も又同様であるぞ。宇宙にあるものは皆人間にあり。人間にあるものは皆宇宙にあるぞ。人間は小宇宙と申して、神のヒナガタと申してあらう。人間には物質界を感知するために五官器があるぞ。霊界を感知するために超五官器あるぞ。神界は五官と超五官と和して知り得るのであるぞ。この点誤るなよ。霊的自分を正守護神と申し、神的自分を本守護神と申すぞ。幽界的自分が副守護神ぢや。本守護神は大神の歓喜であるぞ。

神と霊は一つであつて、幽と現、合せて三ぞ。この三は三にして一、一にして二、二にして三であるぞ。故に肉体のみの自分もなければ霊だけの自分もない。神界から真直ぐに感応する想念を正流と申す。幽界を経て又幽界より来る想念を外流と申すぞ。人間の肉体は想念の最外部、最底部をなすものであるから肉体的動きの以前に於て霊的動きが必ずあるのであるぞ。故に人間の肉体は霊のいれものと申してあるのぞ。

又物質界は、霊界の移写であり、衣であるから霊界と現実界、又霊と体とは殆んど同じもの。同じ形をしてゐるのであるぞ。故に物質界と切り離された霊界はなく、霊界と切り離した交渉なき現実界はないのであるぞ。人間は霊界より動かされるが、又人間自体よりかもし出した霊波は反射的に霊界に反影するのであるぞ。人間の心の凸凹によつて、一は神界に、一は幽界に反影するのであるぞ。幽界は人間の心の影が生み出したものと申してあろうがな。

総ては大宇宙の中にあり、その大宇宙である大神の中に、大神が生み給ふたのであるぞ。このことよくわきまへて下されよ。善のこと悪のこと、善悪のこと、よく判つて来るのであるぞ。故に、人間の生活は霊的生活、言の生活であるぞ。肉体に食ふことあれば霊にもあり、言を食べているのが霊ぞ。霊は言ぞ。この点が最も大切なことじやから、くどう申しておくぞ。

死んでも物質界とつながりなくならん。生きてゐる時も霊界とは切れんつながりあること、とくと会得せよ。そなた達は神をまつるにも、祖先まつるにも物質のめあてつくるであろうがな。それはまだ〳〵未熟な事ぞ。

死後に於ても、現実界に自分がある。それは丁度、生きてゐる時も半分は霊界で生活してゐるのと同じであるぞ。自分の衣は自分の外側であるぞ。自分を霊とすると、衣は体、衣着た自分を霊とすれば家は体、家にゐる自分を霊とすれば土地は体であるぞ。更に祖先は過去の自分であり、子孫は新しき自分、未来の自分であるぞ。兄弟姉妹は最も近き横の自分であるぞ。人類は横の自分、動、植、鉱物は更にその外の自分であるぞ。切りはなすこと出来ん。

自分のみの自分はないぞ。縦には神とのつながり切れんぞ。限りなき霊とのつながり切れんぞ。故に、神は自分であるぞ。一切は自分であるぞ。一切がよろこびであるぞ。

霊界に於ける自分は、殊に先祖との交流、交渉深いぞ。よつて、自分の肉体は自分のみのものでないぞ。先祖霊と交渉深いぞ。神はもとより一切の交渉あるのであるぞ。その祖先霊は神界に属するものと幽界に属するものとあるぞ。中間に属するものもあるぞ。神界に属するものは、正流を通じ、幽界に属するものは外流を通じて自分に反応してくるぞ。正流にぞくする祖先は正守護神の一柱であり、外流に加はるものは、副守護神の一柱と現はれてくるのであるぞ。外流の中には、動植物霊も交つてくることあるぞ。それは己れの心の中にその霊と通ずるものあるためぞ。

一切が自分であるためぞ。常に一切を浄化せなならんぞ。霊は常に体を求め体は霊を求めて御座るからぞ。霊体一致が喜びの根本であるぞ。一つの肉体に無数の霊が感応し得るのざ。それは霊なるが故にであるぞ。霊には霊の霊が感応する。又高度の霊は無限に分霊するのであるぞ。

二重三重人格と申すのは、二重三重のつきものの転換によるものであり、群集心理は一時的の憑依霊であると申してあろうがな。霊が元と申してくどう知らしてあろうが。人間は現界、霊界共に住んで居り、その調和をはからねばならん。自分は自分一人でなく、タテにもヨコにも無限につながつてゐるのであるから、その調和をはからねばならん。それが人間の使命の最も大切なことであるぞ。

調和乱すが悪ぞ。人間のみならず、総て偏してならん。霊に偏してもならん。霊も五、体も五と申してあらう。ぢやが主は霊であり体は従ぞ。神は主であり、人間は従であるぞ。五と五と同じであると申してあろう。差別則平等と申してあらう。取り違い禁物ぞ。

神は愛と現はれ、真と現はれるのであるが、その根はよろこびであるぞ。神の子は皆よろこびぢや。よろこびは弥栄ぞ。ぢやがよろこびにも正流と外流とあるぞ。間違へてならんぞ。正流の歓喜は愛の善となつて現はれて、又真の信と現はれるぞ。外流のよろこびは愛の悪となつて現れるぞ。何れも大神の現れであること忘れるなよ。

悪抱き参らせて進むところにマコトの弥栄あるのであるぞ。神は弥栄ぞ。これでよいと申すことないのであるぞ。大完成から超大大完成へ向つて常に弥栄してゐるのであるぞよ。宇宙は総てに於ても、個々に於ても総てよろこびからよろこびに向つて呼吸してゐるのぞ。よろこびによつて創られてよろこんでゐるのであるぞ。故によろこびなくして生きないぞ。合一はないぞ。

愛は愛のみではよろこびでないぞと申してあろう。真は真のみでは喜びでないと申してあろうが。愛と真と合一し、ヽするところに、陰と陽と合一、弥栄したところによろこびあるのぢやぞ。

この巻冬の巻、五月五日の佳き日。ひつく神。

補帖 （七八七）

病、ひらくことも、運、ひらくことも、皆己れからぢや。と申してあろう。誰でも、何でもよくなるのが神の道、神の御心ぢや。親心ぢや。悪くなると云ふことないのぢや。迷ひが迷ひ生むぞ。もともと病ひも不運もない弥栄のみ、喜びのみぢや。神がよろこびぢやから、その生んだもの皆よろこびであるぞ。この道理よくわきまえよ。毎日々々、太陽と共に、太陽について起き上れよ。その日の仕事、与へられるぞ。仕事いのちと仕へまつれよ。朝寝するからチグハグとなるのぢや。不運となるのぢや、仕事なくなるのぢや。神について行くことが祈りであるぞ。よろこびであるぞ。食物、食べ過ぎるから病になるのぢや。不運となるのぢや。口から出るもの、入るもの気つけよ。いくさ起るのぢや。人間の病や、いくさばかりでない、国は国の、世界は世界の、山も川も海も、みな病となり、不運となつてくるぞ。食べないで死ぬことないぞ。食べるから死ぬのぢやぞ。

一椀をとつて先づ神に供へよ。親にさゝげよ。子にさゝげよ。腹八分の二分はさゝげよ。食物こそは神から、親から与へられたものであるぞ。神にささげずにむさぶるからメグリつむのぢや。メグリが不運となり、病となるのぢやぞ。運ひらくのも食物つつしめばよい。言つつしめばよい。腹十分食べてはこぼれる。運はつまつてひらけん。この判りきつたこと、何故に判らんのぢや。

さゝげるからこそ頂けるのぢや。頂けたらさゝげると今の人民申してゐるが、それがウラハラと申すもの。衣類も家も土地も、みな神から頂いたのでないぞ。あづけられてゐるのであるぞ。人民に与へられてゐるものは食物だけぢや。日のめぐみ、月のめぐみ、地のめぐみだけぢやぞ。その食物節してこそ、ささげてこそ、運ひらけるのぢや。病治るのぢや。人民ひぼしにはならん。心配無用。食物、今の半分で足りると申してあらうが。遠くて近いものヒフミの食べ方して見なされよ。運ひらけ、病治つてうれしうれしと輝くぞ。そんなこと位で、病治つたり、運ひらける位なら、人民はこんなに苦しまんと申すが、それが理窟と申すもの。理窟悪と申してあるもの。低い学に囚われたメクラ、ツンボと申すものぞ。

理窟すてよ。すててやつて見なされ。みなみな気つかん理《ミチ》、気つかん病になつてゐるぞ。ツキモノがたらふく食べてゐることに気づかんのか。食物節すればツキモノ改心するぞ。先づ百日をめあてに、百日過ぎたら一年を、三年つづけたら開運間違ひなし。病もなくなつてうれしうれしとなるぞ。三年目、五年目、七年目ぞ、めでたいナア、めでたいナア。六月九日、ひつくの神。

以上

五十《いせ》黙示録《もくじろく》　第一巻

昭和三十六年五月五日

扶桑之巻　全十五帖

第一帖

東は扶桑（二二三）なり、日◉出づる秋《とき》は来にけり。この巻扶桑（二二三）の巻、つづく六の巻を合せて七の巻一百四十四帖の黙示を五十《いせ》黙示と申せよ。

イシもの言ふぞと申してありたが、イセにはモノ言ふイシがあると昔から知らしてあろうがな、五の一《イ》四《シ》がもの言ふのであるぞ、ひらけば五十となり、五百となり、五千となる。握れば元の五となる、五本の指のように一と四であるぞ、このほうを五千の山にまつれと申してあろうが、これがイチラ（五千連）ぞ、五十連《イツラ》ぞ、判りたか、五十連世に出るぞ。

天に神の座あるように、地には人民の座があるぞ、天にも人民の座があるぞ、地に神の座があるぞ。七の印《しるし》と申してあるぞ、七とはモノのなることぞ、天は三であり、地は四であると今迄は説かせてあったなれど愈々時節到来して、天の数二百十六、地の数一百四十四となりなり、伊邪那岐三となり、伊邪那美二となりなりて、ミトノマグハイして五となるのであるぞ、五は三百六十であるぞ、天の中の元のあり方であるぞ、七の燈台は十の燈台となり出づる時となったぞ、天は数ぞと申してあろう、地はいろは（意露波）であるぞ。判らん者が上に立つことゝなるぞ、大グレン目の前、日本のみのことでないぞ、世界中のことであるぞ、今度は三千世界が変るのであるから今迄のようなタテカヘではないのであるぞ。何も彼も鏡にうつるのであるぞ。鏡が御神体であるぞ、何もうつらん御神体のカガミは何もならんぞ。

第二帖

なかとみのふとのりとことふとにのりあぐ、

一はいくら集めても一であるぞ、判らんものいくら集めても判らん道理、二は二、三は三であるぞ、一を二つ集めても二にはならんぞ、人民大変な取違いを致して居るぞと申してあろうがな、○《レイ》がもとぢや、◎《レイ》一がもとぢや、結びぢや弥栄ぢや、よく心得なされよ。世の元、○の始めから一と現われるまでは○を十回も百回千回も万回も、くりかへしたのであるぞ、その時は、それはそれはでありたぞ、火と水（一と三）のドロドロ（十◎く）であったぞ、その中に五色五頭の竜神（◎一二ん）が御ハタラキなされて、つくり固めなされたのぢや、今の人民は竜神（◎一二ん）と申せば、すぐ横を向いて耳をふさぐなれど、マコトのことを知らせねばならん時ざから、ことわけて申してゐるのぞ、竜神（◎一二ん）とは◎神（理◉）であるぞ、五色の竜神とは国常立尊の御現われの一《ヒトツ》であるぞ。

戒律をつくってはならん、戒律がなくてはグニャグニャになると思ふであろうなれども、戒律は下の下の世界、今の人民には必要なれど、いつまでも、そんな首輪はいらんぞ、戒律する宗教は亡びると申してあろうがな。

第三帖

高天原に千木高しりて仕へまつらむ。岩戸（言答）のひらけた、その当座は、不合理に思へることばかりでてくるぞ、逆様の世界が、この世界に入り交るからであるぞ、親よりも子の方が早く目さめるぞ、子が親となるぞ、さかさまの世界と申しても悪の世界ではないぞ、霊の世界には想念のまゝにどんなことでも出来るのであるぞ、うれしい、こわい世界が近づいて来ているのであるぞ。

第四帖

ツミケガレ今はあらじとはらえ給ひそ。空白とは九八九であるぞ、八と九、九と八の境をひらくことが岩戸を開くことぢや、空白とは最も根本を為す最も力あることであるぞ。

第五帖

八塩路の塩の八百会母いますくに。天の声あるぞ、地の声あるぞ、和して十の日月地と現はれるぞ。五十人の仁人が出て来るぞ、仁人とは神人《カミヒト》のこと、この仁人が救世主であるぞ、救世主は一人でないぞ。各々の民族に現はれて五十人であるなれど、五十と言ふ数に囚われるなよ、五十人で一人であるぞ、数に囚われると、判らんことになり、岩戸しめとなるから気つけおくぞ。

第六帖

はらひため千城百国精治万歳。三年と半年、半年と三年であるぞ、その間はクラヤミ時代、火をともしてもくらいのであるぞ、あかるい人民にはヤミでも明るい、日は三日と半日、半日と三日、次に五年と五年ぢや、五日と五日ぢや、このこと間違へるでないぞ。手足の爪まで抜きとられ、あるにあられん、むごいことにされて追ひやられたのであるが、マコトはマコトぢや、時めぐりきて、我《が》がとれたので、光がさしそめたのぢや、岩戸がひらけたのぢや。神が苦しむ時は人民が苦しみ、人民苦しむ時は神も苦しむのぞ。世界中の苦しみ、地上の苦しみ、天上の苦しみぞ、この大峠を越してから大いなるタメシがあるぞ、人の心のむつかしさ計り知れん程であるなれど、見て御座れ、見事なこと致して見せるぞ。

第七帖

岩（一〇）隠れし比売《ヒメ》（祕命）のミホト（実秀答）は焼かへ給ひて。三分の一の人民になると、早うから知らせてありたことの実地がはじまっているのであるぞ。何も彼も三分の一ぢや、大掃除して残った三分の一で、新しき御代の礎と致す仕組ぢや、三分六ケ敷いことになっているのを、天の神にお願い申して、一人でも多く助けたさの日夜の苦心であるぞ、カンニンのカンニン、ガマンのガマンであるぞ、九◉（光ノ神）の花咲くぞ。

第八帖

平坂の岩戸（言答）ひらけむ音のきこゆる。神に怒りはないのであるぞ、天変地異を神の怒りと取違ひ致してはならん。太神は愛にましまし、真にましまし、善にましまし、美にましまし、数にましますぞ。また総てが喜びにましますが故に怒りはないのであるぞ、若し怒りが出た時は、神の座から外れて了ふのであるぞ。救ひの手は東《ヒムカシ》よりさしのべられると知らしてあろが、その東とは、東西南北の東ではないぞ、このことよく判りて下されよ。今の方向では東北《ウシトラ》から救ひの手がさしのべられるのぢや、ウシトラとは東北であるぞ、ウシトラコンジンとは国常立尊で御座るぞ、地（千・智）の元の、天地の元の元の元の神ぞ、始めの始め、終りの終りぞ、弥栄の弥栄ぞ、イシヅヱぞ。

第九帖

ささげてむ和稲《わしね》荒稲《あらしね》横山のごと。五人あるぞ、中二人、外三人、この仕組天の仕組。一切と手をつながねばならん。人民のみで世界連邦をつくろうとしても、それは出来ない相談、片輪車と申してあろうが、目に見へぬ世界、目に見へぬ人民との、タテのつながりつけねばならん道理、人民同志の横糸だけでは織物にはならんぞ。天は火ぞ、地は水ぞ、火水組み組みて織りなされたものが、ニシキの御旗ぢや、ヒミツの経綸であるぞ。

第十帖

赤丹《あかに》の頬にきこしめしませ御酒《みき》たてまつる。何事が起って来ても先づ喜こんで迎へねばならんぞ、近づいてくるのは呼びよせたからぢや、こんないやな、きたないものは、ごめんぢやと申す人民もあるなれど、それは皆己の心のうつしでないか。内に無いものが外から近よる道理ないのぢや、どんなものでも、喜んでむかへるとよろこびとなる結構な仕組、よく会得せよ。何事も一段づゝ、一歩づつぢや、一足飛びは大怪我のもと。

第十一帖

沖つ藻葉辺津藻葉ぞ、母しらす御国の五のハタラキは何れも十のつばさを持ってゐるぞ、足は十本であるぞ、更に五十のつばさとなりなる仕組、五十の足がイツラぞ、イツラではうごきとれん。四十九として働らいてくれよ、真中の一はうごいてはならん。真中うごくでないぞと申してあろうがな、時過ぎてタネまく人民多いのう、人民と申すものは天狗ざから、自分はよいのだが、世の中悪いのざと申してゐるなれど、世の中と申すものは大神のハタラキの現れであるから、大神の中でのうごきであるから、世の中が悪いと思ふのは、大神が悪いと思ふことになるのぢやぞ、其処に底知れぬ程の魔の仕組があるぞ、気つけおくぞ。

第十二帖

進《タテマツ》る宇都の幣帛《ミテクラ》きこしめしたべ。神の御手に巻物があるぞ、その巻物の数は五十巻ぢや、この巻物を見たものは今迄に一人もなかったのであるぞ、見ても判らんのぢや。巻物を解いて読もうとすれば、それは白紙となって了ふのであるぞ、人民には判らんなり。説くことは出来んなり、この巻ものは天の文字で書いてあるぞ、数字で書いてあるぞ、無が書いてあるぞ、無の中に有がしるしてあるぞ、心を無にすれば白紙の中に文字が現はれるのであるぞ、時節参りて誰の目にも黙示とうつるようになった、有難いことであるぞ、岩戸がひらけて愈々の時となったのぞ、始めからの巻物よく読んで下されよ、よくより分けて下されよ、何も彼も一切ありやかに刻まれてゐるぞ、残る十二巻と一巻は人民では判らんぞ、無の巻物ぞ、空に書いてあるぞ。

第十三帖

称言太祝詞《たゝえごとふとのりと》こと今ぞ高らに。木でも草でも皆、中から大きくなるのざと申してあろう、つけ焼刃や膏薬はりで大きくなるのでないぞ、三千年に一度と言ふ、又とない結構な時がめぐりて来てゐるのであるぞ、為せば為るぞ、六ケ敷いこと申してゐるのではない、自分の中の自分を掃除して自分の外の自分を洗濯して磨けと申しているのぞ、みがけば神と同列のミタマぞ、釈迦ぞ、キリストぞと申してあろう、内にあるものを磨けば外からひびくものも磨かれた、けがれのないものとなるのぢや、中の自分を掃除しないで居るといつ迄たっても、岩戸がひらけてゐても岩戸はひらけん。

第十四帖

青海原青垣山の内に（宇宙）に御子生る。神の御座《みくら》のまわりには十の宝座があるぞ、十の宝座は五十と五十、百の光となって現れるのであるぞ、大摩邇は百宝を以って成就すると知らせてあろうがな、五十種の光、五十種の色と申してあろうがな、光の中に百億の化仏ぢやと申してあろう、百が千となり万となり億となるのであるぞ、今迄は四の活物と知らせてありたが、岩戸がひらけて、五の活物となったのであるぞ、五が天の光であるぞ、白、青、黄、赤、黒、の色であるぞ。

第十五帖

百不足八十隈手《モモタラズヤソクマデ》いまひらかんときぞ。天のことは今迄は人民には判らなかったのであるぞ、時めぐり来て、岩戸がひらけて、判るようになったのぞ、今迄の人民であってはならん、地そのものが変ってゐるのであるぞ、人民は我《ガ》が強いから一番おくれてゐるのであるぞ、人民の中では宗教人が一等おくれてゐるぞ、神人《カミヒト》とならねば生きては行かれんのぢや、天地がアメツチとなってきてゐるからぞ、天も近うなるぞ、地も近うなるぞと気つけてありたのに目さめた人民少いぞ、今に昇り降りで急しくなり、衝突するものも出てくるぞ、他人におんぶされたり、車に乗せられてゐた人民たちよ、もうその時は過ぎてゐるのであるから、自分の足で歩まねばならんぞ、大地をふみしめよ、大地の気が身内に甦るぞ。

五十《いせ》黙示録《もくじろく》　第二巻

昭和三十六年五月六日

碧玉之巻　全十九帖

第一帖

反対の世界と合流する時、平面の上でやろうとすれば濁るばかりぢや、合流するには、立体でやらねばならん、立体となれば反対が反対でなくなるぞ、立体から復立体に、復々立体に、立立体にと申してあろう、漸次輪を大きく、広く、深く進めて行かねばならんぞ、それが岩戸ひらきぢや、低い世界は戒律なくてはならんぞ、人民の頭で、戒律と秩序、法則をゴッチャにして御座るぞ、平面と立体とをゴッチャにするのと同じ迷ひの道であるぞ、気つけ下されよ。病むことは神から白紙の巻物をもらったことぢや、この巻物をどんなに読みとるかによって新しき道がひらけるのぢや。神からの巻物おろそかにするでないぞ。

第二帖

気の合う者のみで和して御座るなれど、それでは和にならんと知らしてあろうがな、今度は合わんものと合せるのぢや、岩戸がひらけたから、さかさまのものが出て来てゐるのぢや、この行《ぎょう》、中々であるなれど、これが出来ねば岩戸はひらけんのぢや、マコトの神さえ魔神のワナにかゝって御座るのぢや、人民がだまされるのも無理ないようなれど、だまされてゐては今度の御用は成就せんぞ。自分自身にだまされてゐる人民も多いのであるが、ついて御座れよ、少しは苦しき行もあるなれど見事なことを致して御目にかけるぞ、自分でもビックリぢや、はじめからの神示よく読んで下されよ、霊かゝりよろしくないぞ、やめて下されと申してあろう。

第三帖

生命の樹、生命の水を間違へて下さるなよ。樹とはキであるぞ、水とは道であるぞ、樹と水にたとへてあるを、そのまゝにとるから、囚われた迷信となるのぢや。

第四帖

真の懺悔は正法をおさむることであるぞ、掃除することであるぞ。先づ御《おさ》め、次に治《おさ》め、次に知《おさ》めねばならんぞ、素盞鳴《スサナル》の大神は先づ滄海原を御め給ひ、更に蒼海之原を治め給ひ、次に天下《あめのした》を知め給うたのであるぞ。素盞鳴の大神が悪神とうつるのは悪がそなたの中にあるからであるぞ。

第五帖

七は成り、八は開くと申してあろうが、八の隈からひらきかけるのであるぞ、ひらけると◯と九と十との三が出てくる、これを宮と申すのぞ、宮とはマコトのことであるぞ、西と東に宮建てよと申すこと、これでよく判るであろうが、マコトの数を合せると五と五十であるぞ。中心に五があり、その周辺が五十となるのであるぞ。これが根本の型であり、型の歌であり、型の数であるぞ、摩邇《マニ》の宝珠《タマ》であるぞ、五十は伊勢であるぞ、五百は日本であるぞ、五千は世界であるぞ、このほう五千の山、五万の川、五億のクニであるぞと申してあろうがな。

第六帖

わざわひと言ふものは無いのであるぞ、光をわすれ、光にそむくから、イヤな事がおこるのぢや、影がさすのぢや、禍とか悲しみとか言ふくらい（暗い）ものがないのがマコトであるぞ、中心は無と申してあろう。中心は見えんから、判らんから、外のカスばかり見てゐるからつまらんことで、つまらんことが起ってくるのぞ、その見えぬ力が永遠の生命と現われるのであるぞ、見えるものは有限ぢや。この世の大泥棒をタカヤマぢやと申して、この世を自由にさせておいてよいのか、元の元の元をよく見極め、中の中の中の見えぬものを摑《つか》まねばならんぞ、そこから正さねば外側からばかり清めても何もならん。

第七帖

始めの日は始めの日に過ぎん、始めの前にあるものが判らなければ、それは只の理屈に過ぎんぞ、マコトでないぞ、根から出たものではない、枝葉に過ぎん、男から女は生れんぞ、奇数から偶数は生れんと申してあろうが、一つのものゝ表が男であるぞ、裏が女であるぞ、男から女をつくったと申すのは或時期に於ける教ぢや、岩戸がひらけたのであるから教へではならん、道でなくてはならんと申してあるぞ、道は永遠ぢや、〇から出て〇に至るのぢや。

第八帖

四ツ足を食ってはならん、共喰となるぞ、草木から動物生れると申してあろう、神民の食物は五穀野菜の類であるぞ。今の人民の申す善も悪も一度にひらいて、パット咲き出るのが、次の世の新しき世の有様であるぞ、取違いせぬように、悪と申しても魔ではないぞ、アクであるぞ。大峠の最中になったら、キリキリまひして、助けてくれと押しよせるなれど、その時では間に合わん、逆立してお詫びに来ても、どうすることも出来ん、皆己の心であるからぞ、今の内に改心結構、神の申す言葉が判らぬならば、天地のあり方、天地の在り方による動きをよく見極めて下されよ、納得の行くように致して見せてあるでないか。

第九帖

九分行ったら一休みせよ、始めから終りまで休まずに行くと、今の人民では息切れ致すぞ、一休みして自分の来た道をふり返れよ。この世の世話をさすために、人民には肉体を与えてあるのぞ、活神がしたのでは堪《こば》れんものが沢山に出て来るからぢや、立替、立直し一時に来ているから、われよしの人民には判らんことになるぞ、この世の動きが判らんのはわれよしざからぞ、今度の岩戸びらきは五度の岩戸しめを一度にひらくのであるから、人民には中々に理解出来んことに、折り重ってくるから、何事も神の申す通りハイハイと素直にきくのが一等であるぞ。

第十帖

岩戸しめの始めはナギ(伊邪那岐命)ナミ(伊邪那美命)の命の時であるぞ、ナミの神が火の神を生んで黄泉国に入られたのが、そもそもであるぞ、十の卵を八つ生んで二つ残して行かれたのであるぞ、十二の卵を十生んだことにもなるのであるぞ、五つの卵を四つ生んだとも言へるのであるぞ、総て神界のこと、霊界のことは、現界から見れば妙なことであるなれど、それでちゃんと道にはまってゐるのであるぞ。一ヒネリしてあるのぢや、天と地との間に大きレンズがあると思へば段々に判りてくるぞ。夫神、妻神、別れ別れになったから、一方的となったから、岩戸がしめられたのである道理、判るであろうがな。その後独り神となられた夫神が三神をはじめ、色々なものをお生みになったのであるが、それが一方的であることは申す迄もないことであろう、妻神も同様、黄泉大神となられて、黄泉国の総てを生み育て給ふたのであるぞ、この夫婦神が、時めぐり来て、千引の岩戸をひらかれて相抱き給う時節来たのであるぞ、うれしうれしの時代となって来たのであるぞ。同じ名の神が致るところに現はれて来るのざぞ、名は同じでも、はたらきは逆なのであるぞ、この二つがそろうて、三つとなるのぞ、三が道ぞと知らせてあろうがな。時来りなばこの千引の岩戸を倶にひらかんと申してあろうがな。次の岩戸しめは天照大神の時ぞ、大神はまだ岩戸の中にましますのぞ、ダマシタ岩戸からはダマシタ神がお出ましぞと知らせてあろう。いよいよとなってマコトの天照大神、天照皇大神、日の大神揃ふてお出まし近うなって来たぞ。次の岩戸しめは素盞鳴命に総ての罪をきせてネの国に追ひやった時であるぞ、素盞鳴命は天下《あめがした》を治しめす御役《おんやく》の神であるぞ。天《あめ》ヶ下は重きもののつもりて固まりたものであるからツミと見へるのであって、よろづの天の神々が積《つ》もる（と言ふ）ツミ（積）をよく理解せずして罪神と誤って了ったので、これが正しく岩戸しめであったぞ、命《みこと》をアラブル神なりと申して伝へてゐるなれど、アラブル神とは粗暴な神ではないぞ、あばれ廻り、こわし廻る神ではないぞ、アラフル（現生る）神であるぞ、天ヶ下、大国土を守り育て給う神であるぞ、取違ひしてゐて申しわけあるまいがな。このことよく理解出来ねば、今度の大峠は越せんぞ。絶対の御力を発揮し給ふ、ナギ・ナミ両神が、天ヶ下を治らす御役目を命じられてお生みなされた尊き御神であるぞ。素盞鳴の命《みこと》にも二通りあるぞ、一神で生み給へる御神と、夫婦呼吸を合せて生み給へる御神と二通りあるぞ、間違へてはならんことぞ。神武天皇の岩戸しめは、御自ら人皇を名乗り給ふより他に道なき迄の御動きをなされたからであるぞ。神の世から人の世への移り変りの事柄を、一応、岩戸にかくして神ヤマトイハレ彦命として、人皇として立たれたのであるから、大きな岩戸しめの一つであるぞ。仏教の渡来までは、わずかながらもマコトの神道の光がさしてゐたのであるなれど、仏教と共に仏魔わたり来て完全に岩戸がしめられて、クラヤミの世となったのであるぞ、その後はもう乱れほうだい、やりほうだいの世となったのであるぞ、これが五度目の大き岩戸しめであるぞ。

第十一帖

宇宙の総てが高天原（タカアマハラ）であるぞ。天照大神は高天原を治し、また高天原を御《しら》し、また高天原を知らす御役、月読大神は天照大神と並びて天のことを知らし、またあほうなはらの汐の八百路を治し、また夜の食す国を知らす御役、素盞鳴の大神はあほうなはらを治らし、又滄海之原を御《しろ》し、又、天下を知《し》(治)らす御役であるぞ。

第十二帖

ささげるもの、与へるものは、いくらでも無限にあるでないか、ささげよささげよ、与へよ与へよ、言《ことば》こそは誰もがもてる其(理)のささげものであるぞ、与へても与へても無くならんマコトの宝であるぞ。

第十三帖

まだ〇のみ追ふてゐる人民沢山あるなれど〇では世は治まらん、自分自身は満たされんぞ、ゝでなくてはならん、と申してゝだけでもならんぞ、ゝが元ぢや、内ぢや、〇は末ぢや、外ぢや、ゝから固めて下されよ、〇はおのづから出来てくる、ふさはしい〇が出来てくるのぢや。今の世はひらけたひらけたと申しているが、それは半面だけのこと、半面がひらけると半面がとざされる世の中、開け放しの明るい世が目の前に来てゐるぞ。用意はよいか、真中うごいてはならんと申してあろう、動くのは外ぢや、忙しい急しいと申すのは外側にゐる証拠であるぞ、気つけて早う中心に飛込めよ、真中結構、日本は真中の国であるぞ、日本精神は真中精神、末代動かぬ精神であるぞ、三千世界の大掃除であるから、掃除するには、掃除する道具もゐるぞ、人民もゐるぞ、今の有様では、いつ迄たっても掃除は出来ん、益々けがれるばかりぢや、一刻も早く日本から、日本を足場として最后の大掃除を始めて下されよ。神が致すのでは人民がかあいそうなから、くどう申してゐるのぞ。

第十四帖

頭と尻尾だけでは何も出来ん、化物ぢや。八尾八頭《かしら》の時代はすんだのでるぞ、かんじんの胴体がないぞ、日本が胴体であるぞ、日本を何処に忘れて来たのか、自分でも判るまいがな、尻の毛まで抜かれた化物の姿、鏡にうつして見るがよい、鏡は神示ぢやと早うから知らしてあろうがな。

第十五帖

五六七のミロクの代から六六六のミロクの世となるぞ。六六六がマコトのミロクの世であるなれど、六六六では動きないぞ、六六六は天地人の大和の姿であるなれど、動きがないからそのままでは弥栄せんのぢや、666となり又六六六とならねばならんぞ、新しき世の姿、よく心得よ。

第十六帖

メクラの人民がいくら集って相談すればとて、すればする程ヤミとなるのぢや、行詰ってあげもおろしも出来んことになるのぢやぞ、総てを数《カズ》だけで、きめようとするから悪平等となるのぢや、メクラをいくら並べてみても何もならん、早う改心せよ、新しきタマの選挙があるでないか。

第十七帖

はじめに碧玉を並べて下されよ、次に赤玉、次に赤黄玉、次に黄赤玉、次に黄玉、次に黄青玉、次に青黄玉、次に青玉、次に青赤玉、次に赤青玉、次に紫水晶、合せて十一玉、この巻、碧玉の巻であるぞ。

第十八帖

氷と水と水蒸気ぢやと申してあろうがな、同じであって違ふのぞと知らしてあろう、地には地の、天には天の、神には神の、人民には人民の、動物には動物の、植物には植物の、それぞれの方則があり、秩序があるのであるぞ、霊界に起ったことが現界にうつると申しても其のままでうつるのではないぞ、また物質界が霊界に反影すると申しても其のままに反影するのではないぞ、総てが太神の中での動きであるから、喜びが方則となり秩序となって統一されて行くのであるぞ、それをフトマニと申すのぞ、太神の歓喜から生れたものであるが、太神もその法則、秩序、統一性を破る事は出来ない大宇宙の鉄則であるぞ、鉄則ではあるが、無限角度をもつ球であるから、如何ようにも変化して誤らない、マニ（摩邇）の球とも申すのであるぞ。その鉄則は第一段階から第二段階に、第二段階から第三段階にと、絶えず完成から超完成に向って弥栄するのであるぞ。弥栄すればこそ、呼吸し、脈搏し、進展して止まないのであるぞ。このこと判れば、次の世のあり方の根本がアリヤカとなるのであるぞ。

第十九帖

百は九十九によって用《ハタラ》き、五十は四十九によって、二十は十九によって用《ハタラ》くのであるぞ、この場合、百も五十も二十も、天であり、始めであるぞ、用《ハタラ》きは地の現れ方であるぞ、フトマニとは二十の珠であり、十九は常立であるぞ、根本の宮は二十年毎に新しく致さねばならん、十九年過ぎて二十年目であるぞ。地上的考へ方で二十年を一まわりと考へてゐるが、十九年で一廻りするのであるぞ、いろは（母）の姿見よ。

五《い》十《せ》黙《もく》示《じ》録《ろく》　第三巻

昭和三十六年五月十日

星座之巻　全二十四帖

第一帖

この巻「星座の巻」偶然と申すのは、宇宙世界、星の世界の必然からのものであって偶然ではないぞ、天に星のある如く地には塩があるのであるぞ、シホ、コオロコオロにかきならして大地を生みあげた如く、ホシをコオロコオロにかきならして天を生みあげたのであるぞ。天の水、地の水、水の中の天、水の中の地、空は天のみにあるのではないぞ、地の中にもあるのぞ、天にお日さまある如く地中にも火球があるぞと申してろう、同じ名の神二つあるぞ、大切ことぢや。

第二帖

ナルの仕組とは成十（七◎十）の経綸であるぞ、八が十になる仕組、岩戸（言答）ひらく仕組、今迄は中々に判らなんだのであるが、時節が来て、岩戸がひらけて来たから、見当つくであろう、富士（二二一・普字）と鳴門《ナルト》（七◎十・成答）の仕組、結構致しくれよ。

第三帖

時、時、と申してあるが、時間ではないぞ。神、幽身《カミ ガミ》にも聞かせているのぞ。地上人には時間が考えられるなれど、神界には時間がなく、神も霊人も時間は知らないのであるぞ。只よろこびがあるのみぞ。神界で時間と申すのは、ものの連続と変化、状態の弥栄の事であるぞ。トキ待てよ。トキ違えるでないぞ。地上人の時間と区別して考えねばこのふでは解らんぞ。

第四帖

人民もの言へんことになると申してありたこと近うなったぞ、手も足も出んこと近づいたぞ、神が致すのでない、人民自身で致すこと判りてくるぞ。人民の学や智では何とも判断出来んことになるぞ。右往左往しても、世界中かけ廻っても何もならんぞ、判らんでも判りた顔せねばならん時が来たぞ、ウソの上ぬり御苦労ぞ、人民がいよいよお手上げと言うことに、世界が行詰りて神のハタラキが現れるのであるぞ、日本人びっくりぢや、日本人はいくらでも生み出されるが日本の国は出来まいがな、身体中、黄金《こがね》に光ってゐるのが国常立大神の、ある活動の時の御姿ぞ、白金《しろがね》は豊雲野大神であるぞ、今の科学では判らん。一万年や三万年の人間の地上的学では判らんこと、国常立大神のこの世の肉体の影が日本列島であるぞ、判らんことがいよいよ判らんことになったであろうが、元の元の元の神の申すことよく聞きわけなされよ、神の学でなければ今度の岩戸はひらけんぞ。

第五帖

悪の仕組通り、悪平等、悪公平の選挙でえらび出すのざから出るものは悪にきまっているでないか、悪もよいなれど、悪も神の用き《ハタラ》であるなれど、悪が表に出ること相成らん。

第六帖

人民と申すものは生命《いのち》が短いから、気が短いから、仕組少しでもおくれると、この神は駄目ぢやと、予言が違ったではないかと申すなれど、二度とない大立替であるから少し位のおそし早しはあるぞ、それも皆人民一人でも多く助けたい神の心からぢや。おくれても文句申すが早くなっても又文句を申すぞ、判らんと申すものは恐ろしいものであるぞ。

第七帖

この世をつくった太神の神示ぞ、一分一厘違わんことばかり、後になって気がついても、その時ではおそいおそい、この神は現在も尚、太古を生み、中世を生み、現在を生み、未来を生みつゝあるのぞ、この道理判りて下されよ、世界は進歩し、文明するのでないぞ、呼吸するのみぞ、脈搏するのみぞ、変化するのみぞ、ぐるぐる廻るのみぞ、歓喜弥栄とはこのことぞ。

第八帖

人民一度死んで下されよ、死なねば甦られん時となったのぞ、今迄の衣をぬいで下されと申してあろう、世がかわると申してあろう、地上界の総てが変るのぞ、人民のみこのままと言うわけには参らぬ、死んで生きて下されよ、タテカヘ、タテナホシ、過去と未来と同時に来て、同じところで一先づ交り合うのであるから、人民にはガテンゆかん、新しき世となる終りのギリギリの仕上げの様相であるぞ。

第九帖

白と黒とを交せ合せると灰色となる常識はもう役にたたんぞ。白黒交ぜると鉛となり鉄となり銅となるぞ、更に銀となり黄金となるぞ、これがミクロの世のあり方ぞ、五と五では動きとれん。そなたの足許に、来るべき世界は既に芽生へてゐるでないか。

第十帖

世の元は〇であるぞ、世の末も〇であるぞ、〇から〇に弥栄するが、その動きは左廻りと右廻りであるぞ、(と)と申してあろう、その中心に動かぬ動きあるぞ、何も彼も、人民迄変るのが今度の大立替、食物も、衣類も、住居も皆変るぞと申してゐる時が来ているのぞ、いつ迄チョンマゲを頭にのせてゐるのか、ケンビキ今一度痛くなるぞ、そのケンビキ今度は東の方ぢや。

第十一帖

自由も共産も共倒れ、岩戸がひらけたのであるから元の元の元のキの道でなくては、タマ（玉）の道でなくては立ちては行かん、動かん二二（普字・富士）の仕組、ひらけて渦巻く鳴門《ナルト》（七◎十・成答）ぢや。新しき人民の住むところ、霊界と現界の両面をもつ所、この岩戸ひらきて二度とない九十（光透）でひらく仕組。

第十二帖

地上界に山や川もあるから霊界に山や川があるのでない、霊界の山川がマコトぞ、地上はそのマコトの写しであり、コトであるぞ、マが霊界ぢや、地上人は、半分は霊界で思想し、霊人は地上界を足場としてゐる、互に入りかわって交はってゐるのぞ、このこと判れば来るべき世界が、半霊半物、四次元の高度の、影ないうれしうれしの世であるから、人民も浄化行せねばならん、大元の道にかへり、歩まねばならん、今迄のような物質でない物質の世となるのであるぞ。

第十三帖

父のみ拝《おろが》みたたへただけでは足りない、母に抱かれねば、母の乳をいただかねば正しく生長出来ないのであるぞ。一神として拝んでも足りぬ、二（柱）でも一方的、十万柱としても一方的ぞ、マイナスの神を拝《おろが》まねばならん、マイナスの神とは母のことぢや、天にましますの父のみでは足りないぞ、天にあれば必ず地にもあるぞ、一即多即汎、地即天、天即地から表即裏である、マコトを行じて下されよ。

第十四帖

目から泥を洗ひ去ると見へてくるぞ、右の目ばかりではならん、左の目の泥も落せよ。泥のついてゐない人民一人もないぞ、泥落すには水がよいぞ、世の元からの真清（詞）水で洗ひ落し下されよ、世の元の元の元の真清（詞）水結構。

第十五帖

十二人が一人欠けて十一人となるぞ、その守護神を加へて二十二柱、二十二が富士ぢや、真理ぢや、又三であるぞ、今迄は四本指八本指で物事をはかって誤りなかったのであるが、岩戸が明けたから親指が現れて五本十本となったのぢや、このことよくわきまへよ。

第十六帖

偽《にせ》の愛、偽《にせ》の智と申すのは、神を信じない人民の愛と智であることを知れよ、この人民たちは神の声を聞いても聞へず、神の現れを見ても見へないのであるぞ、目をとぢ耳にふたしてゐるからぞ、今の人民よ学者よ金持よ、早う考へ方を変へねば間に会わん、心の窓早うひらけよ。

第十七帖

土のまんぢうと申してあろう、土が食べられると申してあろう、土から人民を生んだと申してあろう、ウシトラコンジンの肉体は日本の土ざと知らしてあろう、土に生きよと申してあろう、地は血（智）であるぞ、素盞鳴命様であるぞ、その土が生長して果ての果てに皮をぬぐ、それが地変であるぞ。

第十八帖

天人が人民に語る時は、人民の中に来て、その人民のもつ言葉で語り文字を使うのであるぞ、自分と自分と語る如くなるのであるぞ、天人同志の文字は数字が多いぞ。夜明け前になると霊がかりがウヨウヨ、勝手放題にまぜくり返すなれど、それもしばらくの狂言。

第十九帖

人民もの言わなくなると申してあろうが、ものが今迄のようにものを言わなくなり、マコトの世となるぞ、天人の言葉はマコトであるから、只一言で万語を伝へ得るぞ。言葉の生命《いのち》は愛であり、真であるから、真愛から発しない言葉はマコトの言葉でないぞ。子音と母音と組み組みて父音の気を入れて始めて言葉となるのぢや、今の人民のは言葉でないぞ、日本の古（光）語がマコトの言葉ぞ、言霊ぞ、数霊と倶に弥栄ゆく仕組。

第二十帖

人民が正しく言葉すれば霊も同時に言霊するぞ、神も応へ給ふのであるぞ。始め言葉《コトバ》の元があるぞ、ムムムムムウウウウヽヽヽヽヽアと現はれるぞ、神の現はれであるぞ、言葉は神をたゝへるものぞ、マコトを伝へるものぞ、倶《トモ》に鳴り、倶に栄えるものぞ。

第二十一帖

言葉は生れ出るものぢや。先づ言葉され、歌となり、文章となり、又絵画となり、彫刻となり、建築となり、又音楽となり、舞踊となり、あらゆる芸術の元となるのであるぞ。神に通ずればこそ、愛であり、真であり、善であり、美であり、喜びであるぞ、喜びなきものは芸術でないぞ。今の芸術は死の芸術、魔の芸術。

第二十二帖

アとオとウとは天人の言《コトバ》、アとエとイは天使の言《コトバ》、人民に与へられた元の言《コトバ》であるぞ、五柱の元つ太神が十柱の夫婦神と現われ十柱の子《みこ》と交って五十神と現はれるのぢや。故に五十神の中の三十二神は新しく生れるのぢや、更に二十七神とはたらき又二十五有法とはたらくぞ。

第二十三帖

二三二の二の五つの今あけて、よろづゐんねん出づる時来ぬ。天の理が地に現はれる時が岩戸あけぞ、日本の国が甘露台ぢや。

第二十五帖

歓喜に裁きのない如く、神には裁きなし。さばき説く宗教はいよいよ骨なしフニャフニャ腰となるぞ、戒律や裁きは低い段階、過去の部分的一面に過ぎん、裁きを説くのは自分で自分をさばいてゐること、人民に罪なし。手長《たなが》手伸《たのし》堅磐《かきは》常磐《ときは》に祝ふ御代なる。生井《いくゐ》栄井《さかゐ》津長井《つながゐ》阿須波《あすは》比支《いき》たたへましを。底つ岩根千木岩高く瑞《みづ》の御舎《みあらか》。四方の御門《みかど》五方《いつも》とひらき宇都幣帛《うづみてくら》を。御巫《かむなぎ》の辞竟《ことお》へまつる生《いく》足御国《たるみくに》、塩沫《しほなは》の留る限り皇国《みくに》弥栄《やさか》ゆ。海原の辺にも沖にも神つまります。天の壁地《くに》の退立《そぎた》つ極み手《た》伸《の》しき。八十綱《やそつな》を百綱《ももつな》とかけてささし給はむ。

五十默示録《いせもくじろく》　第四巻

昭和三十六年八月三日

龍音之巻　全十九帖

第一帖

この巻「竜音の巻」つづく巻五は「極《きわみ》の巻」、巻六は「至恩の巻」、巻七は「五葉の巻」ぞ。この五《い》十《せ》黙示の七巻は神、人共に与へたもの、一巻からつづいたものぞ。同じ意をもつものが天国にもあるのであるぞ。合せて三十巻これで岩戸までの神示の終りぞ、前に出した「黄金の巻」からの七巻(日月地聖典下編)は人民に与へたものであるぞ。

言《こと》やめて草の片葉も陽にのび行かな。八十《やそ》隈手ゆ行きにし神は今かへります。素盞鳴の命しらせる海原ぞやよ。天ケ下おつるくまなく照らす大神。高低《たかひき》の伊百理《いほり》かきわけきこし召すらむ。罪と言ふ罪はあらじな神の子なれば。ひふみ百千万《ももちよろず》と咲《え》ます元つ太神。八十《やそ》伴男《とものを》百足《ももた》り足りて仕へまつらむ。行く水に清めて仕ふ極みの宮殿《みあらか》。言霊の栄ゆる御歌にはらひてましを。みそぎして祝ふ生命《いのち》ぞ弥栄ましませ。安国の瑞穂《みづほ》の国《くに》と御《しら》し給ひぬ。八重雲の十重雲千別き千別き天降《あも》りぬ。千木高知り美頭《みづ》の御《み》殿《あらか》咲《え》み仕へなむ。許々太久《ここたく》の罪はあらじな大岩戸あく。四方の国咲《え》み 集うらし 真中の国に。よきあしき皆はらひませ科戸《しなど》の風に。

第二帖

八束穂《やつかほ》の十束穂《とつかほ》とこそ実らせ給へ。みかのはらみて並べてぞ天地《アメツチ》の座に。御服輝《みそかが》し明妙照妙和妙《あかてるにぎ》風のまにまに。巫《かむなぎ》の大御心のまゝ弥栄へむ。千木千木し瑞の御舎《みあらか》仕へまつらむ。御宝前《おん》に宇豆の幣《みて》帛《くら》たたへまつ栄。大神の咲《えみ》に弥栄ゆ生国足国《いくくにたるくに》。狭《さ》き国は広く峻《さか》しき国は平に。日のみかけ百島千島おつるくまなく。青雲のたなびく極み座《し》きます宝座《みくら》。甘菜辛菜《あまなからな》地の極みまで生ひて尚生ゆ。見はるかす四方の国みなえらぎ賑はふ。

第三帖

世界中が霊かかりとなると申してあるのは今のことであるぞ、かかりてゐる世界自身わからなくなっているぞ、サニワせねばならん、サニワの方法書き知らすぞ。世界を、日本を、自分をサニワせねばならん。目に見へぬ所からの通信は高度のものほど肉体的には感応が弱くなり、暗示的となるものであるぞ、ドタンバタン、大声でどなり散らすのは下の下。神もフトマニに従わねばならん。順を乱すわけには参らん、高度の霊が直ちに肉体人に感応することはなく、それぞれの段階を経て感応するのであることを忘れてはならんぞ、下級霊は現実界と紙一重の所に住んでゐるのであるから、その感応は極めて強く、如何にも尤もらしく人民の目にうつるものであるぞ、高度のものは、その人民のミタマの如何によって、それと同一波調の神霊に伝達され、その神霊の感応によって表現されるのであるぞ。特別の使命をもつ天使は、最下級の霊界まで降って来て、人民に特別な通信をなし、指示することもあるぞ。また天使の霊が 母体に宿り人民として 生れてくる事もあるぞ、末世にはこの種の降誕人が沢山あるぞ。

第四帖

〇（霊）界と申しても神界と幽界に大別され、又神界は天国と霊国に分けられ、天国には天人、霊国には天使が住み、幽界は陽界と陰界に分れ、陽霊人、陰霊人とが居る、陽霊人とは人民の中の悪人の如く、陰霊人とは善人の如き性をもってゐるぞ。高い段階から申せば善も悪も、神界も幽界もないのであるが、人民の頭で判るように 申してゐるのであるぞ。幽界は本来は 無いものであるが、人民の地獄的想念が生み出したものであるぞ。

第五帖

幽界は人間界と最も深い関係にあり、初期の霊かかりの殆んどはこの幽界からの感応によることを忘れるでないぞ。霊かかりの動作をよく見極めればすぐ判る。高ぶったり、威張ったり、命令したり、断言したり、高度の神名を名乗ったりするものは 必ず下級霊であるぞ、インチキ霊であるぞ、インチキ霊にかかるなよ、たとへ神の言葉でも尚サニワせよと申してあろう。迷信であってもそれを信ずる人が多くなれば、信ずる想念によって実体化し、有力な幽界の一部をつくり出すことがあるから気付けておくぞ。無き筈のものを生み出しそれが又地上界に反影してくるのであるから心して下されよ。今の人民九分九厘は幽界とのつながりをもつ、胸に手をあてゝよくよく自分をサニワせよ。

第六帖

霊的良識は、神示や神典類によって、又体験によって養はれ、又高度な科学書も参考となるものぞ、科学を馬鹿にしてはならん。幽界の霊であっても高度のものともなれば、神界の高級神霊と区別することが六ヶ敷いぞ。初歩のサニワの誤り易いところであり、又霊眼するものの誤り易いところ、注意しなければならん、例へば霊光の如きものも強く大きくて中々にサニワ出来ないぞ。

第七帖

仙人と申すものは如何に高度なものであっても、それは幽界に属す、仙人界には戒律があるからぞ、神界には戒律なし、戒律ある宗教は亡びる、マコトの宗教には戒律はないぞ。しかし神界にも仙人的存在はあるぞ。

第八帖

竜体をもつ霊は神界にも幽界にもあるぞ、竜体であるからと申して神界に属すると早がってんならん。

第九帖

霊界にすむものは多くの場合、自分の住む霊界以外のことは知らない。その霊界が総ての霊界であるかの如く思ふものであるぞ。同じ平面上につながる霊界のことは大体見当つくのであるなれど、段階が異ってくると判らなくなるのであるぞ。他の霊界は霊自身のもつ感覚の対照とならないからである。人民界のことをよく知ってゐる霊は、人民界を去って間もない霊か地上世界に長く住んでゐた動物霊か、人民に憑依してゐた霊であるぞ。特別な使命をもつ天使は別として、人霊以外の霊で人民に憑依するのは、日本では天狗風《てき》、神風《てき》、仙人風《てき》、狐風《てき》、狸風《てき》、猫風《てき》などが大部分であるから気つけおくぞ。

第十帖

人間の肉体に他の霊が入って自由にしてゐるのだと、多くの霊覚者やサニワが信じてゐるなれど、事実そう見へるなれどそれは誤りであるぞ。人間の肉体は原則として真理の宿り給ふ神の生宮であるから、下級霊は中々に入ることは出来ん。例外はあるなれど、肉体霊、外部霊、副守護霊等の想念は、時によって動物的、幽界的となるものであるから、それと同一波調の動物的霊が感応する、感応はするが肉体の内部迄は入り込めない、しかし感応の度が強ければ入ったと同様に見へる状態となるのである。先祖霊も大体同様であるぞ。

第十一帖

霊には物質は感覚の対照とはならない、霊には、人間の肉体は無いのと同じである。祖先霊に化けて何かを企てる動物霊が多いから注意せよ。動物霊が何故祖先のことを知るかと申せば、その憑依の対照となる人間の肉体霊の知ってゐることを、直ちに知り得るからである。

第十二帖

動物霊が人間の言葉を使ふことは、フに落ちないと申すものが沢山あるなれど、よく考へて見よ、例へば他人の家に入って、其処にある道具類をそのまま使用するのと同じ道理ぢや、判りたか、動物霊でも他の霊でも人間に感応したならば、その人間のもつ言葉を或程度使いこなせるのであるぞ、故に日本人に感応すれば日本語、米人なれば英語を語るのであるぞ。今の偉い人民がこの神示をよむと、理窟に合わん無茶苦茶な文章であるから、下級霊の所産だと断ずるなれど、それは余りにも霊界の事を知らぬ、霊的白痴であることを、自分で白状してゐるのぞ、気の毒ぢやなあ、ましてこの神示は八通りに読めるのであるから、いよいよ判らん事になるぞ。

第十三帖

時に、例外として人間の魂と動物の魂と入れ替ってゐることもあるぞ、この場合は肉体に入り込んだと考へてよいぞ。こう言ふ場合、例へばそれが狐ならば狐の様相を露呈するから、誰にでもすぐ判るなれど、悪行を積んだ霊ともなれば巧みに、その時代々々の流れに合せて化けているから、中々見破ること六ケ敷いぞ、心得なされよ。或種の霊は、自分自身は高度な神界に住んでゐると誤信してゐるものもあるが、こうした霊が感応した場合は自信を以って断言する場合が多い、人間が知らぬ世界のことを、自信を以って強く告げられると、多くのサニワは参って了ふぞ。

第十四帖

幽界霊も時により正しく善なることを申すなれど、それは只申すだけであるぞ。悪人が口先だけで善を語るようなものであるぞ、よいことを語ったとて直ちに善神と思ってはならん。よい言葉ならば、たとへ悪神が語ってもよいではないかと思すものもあるなれど、それは理窟ぢや、甘ければ砂糖でなくサッカリンでもよいではないかと申すことぞ。真の善言真語は心、言、行、一致であるから直ちに力する、言葉の上のみ同一であっても、心、言、行、が一致しておらぬと力せぬ。偽りの言葉は、落ついてきけばすぐ判るぞ、同じ「ハイ」と言ふ返事でも、不満をもつ時と喜びの時では違ふであろうがな。われは天照太神なり、などと名乗る霊にロクなものないぞ、大言壮語する人民はマユツバもの。

第十五帖

サニワは、場合によって霊媒を誘導してもよいぞ、又霊に向って常に愛を持って接しなければならんぞ。誰でも絶へず霊界とのつながりがあり、霊界からの呼びかけがあるからサニワはそれを助け、導くように努力しなければならんぞ。

第十六帖

はじめに出て来る霊は殆んど下級霊であるぞ、玄関に先づ出て来るのは玄関番であるぞ。祖霊の出る場合は、何か頼みたい場合が多いぞ、浄化した高級霊ともなれば、人民に判るような感応は殆んどないぞ。

第十七帖

霊の要求ぢやと申して、そのまま受け入れてはならんぞ、よく判断した上で処理せねばならん。下級霊、動物霊の場合は酔ひどれのように箸にも棒にもかからんことを申すものぞ。殊にその霊が病気に関連をもってゐる場合は微妙であるから、よく心得なされよ。悪い企て、悪い行為ぢやとて、直ちにキメつけてはならん、やんわりともちかけて善きに導かねばならんぞ、悪をきらふ心があってはならん、悪抱き参らせと申してあろうがな。邪道的要求を容れて一時的に病気を治すと、それに倍してブリ返すぞ、この呼吸大切。

第十八帖

霊に⦿《ひつぐ》神示をよんで聞かせて見よ、その偉大さがハッキリ判るぞ。どんな下級霊であっても、その霊を馬鹿にしてはいけない、馬鹿にすると反射的にサニワを馬鹿にして始末におへんことになるぞ。霊覚者や行者の中には奇跡的なことや非常識な行動をする者がよくあるぞ、一般の人民はそれにだまかされることがよくあるぞ、何れも下級霊のしわざであるぞ、正神には奇跡はない、奇跡ないことが大きな奇跡であるぞ、奇跡するものは亡びる。高級霊は態度が立派であるぞ、わかりたか。

第十九帖

霊の発動をとめて、静かにする法は「国常立大神守り給へ幸《さき》はへ給へ」と三回くり返すこと。又

「素盞鳴大神守り給へ幸はへ給へ」と三回くり返すこと、又は「太日月地大神守り給へ幸はへ給へ」と三回くり返すこと。世界そのものの霊かかり、日本の霊かかり、早うしづめんと手におえん事となるが、見て御座れよ、見事な事を致して、お目にかけるぞ。

五十《いせ》黙示録《もくじろく》　第五巻

昭和三十六年八月五日

極め之巻　全二十帖

第一帖

宇《う》都《つ》志《し》水に天津《あまつ》水添え奉《たてまつ》らむを。夕陽《ゆうひ》より朝日照るまでフトノリトせむ。火結《ほむすび》神の実秀答《ミホト》焼かへて岩戸（言答《一八十》）とざしき。世界を一つにするのであるから王は一人でよいぞ、動きは二つ三つとなるのぢや、キはキのうごきミはミのうごき、動いて和してキミと動くのぢや。三が道ぞと知らしてあろう、自他の境界つくるでないぞ、おのづから自他の別と和が生れてお互に折り重って栄へるのぢや、世界一家への歩み方、やり方間違へるでないぞ。九分九厘まで進まねば後の一厘は判らん、今が九分九厘であるぞ、日本は日本、世界は世界、日本は世界のカタ国、おのづから相違あるぞ。

第二帖

青玉の水江の玉ゆいよよ栄へむ。天地咲《え》む神の礼白臣《いやしろおみ》の礼白《いやしろ》、天《あま》つ神の寿言《よごと》のままに八十《やそ》岩明けぬ。守護神をよく致せば肉体もよくなるぞ。神の道は一本道であるから、多くに見へても終りは一つになるのぢや、今が終りの一本道に入るところ、この道に入れば新しき代は目の前、神も今迄はテンデンバラバラでありたなれど、今に一つにならねばならぬことに、天が命じてゐるのであるぞ。人民の中と外も同様ぞ。今の人民はマコトが足らんから、マコトを申しても耳に入らんなれど、今度は神が人民にうつりて、又人民となりてマコトの花を咲かす仕組、同じことを百年もつづけてクドウ申すと人民は申すなれど、判らんから申してゐるのであるぞ。

第三帖

わが身をすてて、三千世界に生きて下されよ、わが身をすてると申すことは我《が》をすてること、学をすてることぢや、すてると真理がつかめて大層な御用が出来るのであるぞ、それぞれの言葉はあれどミコトは一つぢやと申してあろうが、ミコトに生きて下されよ。言葉の裏には虫がついてゐるぞ、英語学ぶと英語の虫に、支那語学ぶと支那語の虫に犯されがちぢや。判らねばならんし、中々ながら御苦労して下されよ。大難を小難にすることは出来るのであるが無くすることは出来ん。不足申すと不足の虫が湧くぞ、怒ると怒りの虫ぞ。一生懸命、自分の信じるように、神を少さくして自分で割り切れるように、引きづり降して居るなれど、困ったもんぢや、長くゆったりとした気持ちで神を求めて下されよ。

第四帖

大空に向って腹の底から大きく呼吸してゴモクを吐き出し、大空を腹一杯吸ひ込んで下されよ。そなたの神を一応すてて心の洗濯を致してくれよ、神示が腹に入ったらすてて下されと申してあろうがな、神を信じつつ迷信に落ちて御座るぞ。日本が祕の本の国、艮（宇詞答裸《ウシトラ》）のかための国、◉《ヒ》出づる国、国常立大神がウシトラの扉をあけて出づる国と言うことが判りて来んと、今度の岩戸ひらきは判らんぞ、こんなことを申せば、今のエライ人々は、古くさい迷信ぢやと鼻にもかけないなれど、国常立命がウシトラからお出ましになることが岩戸（言答）ひらきぞ、今の学では判らんことばかり。善と悪とに、自分が勝手にわけて、善をやろうと申すのが、今の世界のあり方。天の王、地（智・千）の王のこと、ヽのことがハッキリ判らねば足場がないではないか、足場も、めあてもなくてメクラメッポーに歩んだとて目的には行きつけぬ道理。

第五帖

つまらぬことに心を残すのは、つまらぬ霊界とのゐにしが残ってゐることぞ。早ぅ岩戸を開いて富み栄へて下されよ、人民富み栄えることは、神が富み栄えることぞ。何事もはらい清めて下されよ、清めるとは和すことぞ、違ふもの同志和すのがマコトの和であるぞ。8迄と910とは性が違ふのぞ。

第六帖

和すには5と5でなくてはならんが、陽が中、陰が外であるぞ、天が主で地が従ぞ、男が上、女が下、これが正しき和ぞ、さかさまならん、これが公平と申すものぢや、陰と陰と、陽と陽と和しても陰ぢや、陽と陰と和して始めて新しき陽が生れる、陽が本質的なもの、この和し方がはらひきよめ。

第七帖

今まで世に落ちてゐた神も、世に出てゐた神も皆一つ目ぢや、一方しか見へんから、世界のことは、逆の世界のことは判らんから、今度の岩戸ひらきの御用は中々ぢや、早ぅ改心してこ（九・光）の神について御座るのが一等であるぞ。外国の方が早ぅ改心するぞ、外（幽）国人とは逆の世界の人民のことであるぞ。神の目からは世界の人民、皆わが子であるぞ。世界中皆この神の肉体ぞ、この神には何一つ判らん、出来んと申すことないのぢや。どんなことでも致して見せるぞ。

第八帖

元は5で固めたのぢや、天のあり方、天なる父は5であるぞ。それを中心として、ものが弥栄えゆく仕組、それを人民は自分の頭で引き下げて4と見たから行き詰って世界の難ぢうであるぞ。手や足の指は何故に5本であるか、誰にも判るまいがな。

第九帖

天の5を地にうつすと地の五則となるのぢや、天の大神は指を折りて数《かぞ》へ給ふたのであるぞ、天の大神の指も五本であるから、それを五度折りて二十五有法となされ、五十をもととされたのぢや、神々、神心、神理、神気、神境であるぞ、この交叉弥栄は限りなし、これを五鎮と申すのであるぞ。上天、下地、照日、輝月、光星、これを五極と申すぞ。東木、南火、中土、西金、北水、これを五行と申す。裸物、毛物、羽物、鱗物、甲物を五生と申し、文則、武則、楽則、稼則、用則を五法と申すのぢやが、それだけでは足りない、その中に○があるのぢや、大神がましますのぢや、人民の頭では中々に理解出来んなれど、理解して下されよ。これが妙であるぞ、奇であるぞ、天の父の教であり、地にうつした姿であるぞ。

第十帖

神示に出したら天明に書かすのであるぞと知らしてあろう、神示はいくらでも神界に出してあるのぢや、神が想念したならば、神界ではそれが神示となっているのぢや、それを人民に判るように書かすのぢや。父と母との文字で書かすのであるぞ、天明は神示うつす役、書かす御役。

第十一帖

陽《ひ》あたりのことと、陽かげのことと一時に出て来るのぢや、タテコワシとタテナホシが一時にくるのぢや、神の申した通りになって居ろうがな、学で説くと学の鬼に囚われるぞ、智で説くと智の、理で解くと理の鬼に囚われる、このままに伝へて下されよ。天の世界も潰してはならん、地の世界も潰すわけには参らんが、地上の事は潰さねば建直し六カ敷いなれど、見て御座れよ、一厘（理云《りん》）の火水でデングリ返して、見事なことをお目にかけるぞ。

第十二帖

口先ばかりで、その場限りでうまい事申して御座るが、それは悪の花、心と行が伴わんからぢや、己《おのれ》自身のいくさが終ってゐないからであるぞ。そなたのもつ悪いくせを直して下されよ、それが御神業ぢや。神々様も自分のくせを直すために御苦労なさってゐるぞ、そのために生長する。昨日の自分であってはならんぞ。六十の手習でとまってはならん、死ぬまで、死んでも手習ぢや。お互におろがめよ、おがむと総てが自分となる、おがむところへ集って来て弥栄ぢや。

第十三帖

これまでに申してきかせても言ふことときかぬ人民多いぞ、きく耳ないならば思ふようにやって見なされ、グルグル廻って又はじめからぞ、人民は神の中にゐるのであるから、いくら頑張っても神の外には出られん。死んでも神の中にゐるのぞ、思ふさまやりて得心改心、われがわれがで苦しむのも薬と申すもの。

第十四帖

正しくないものが正しい方に従はねばならんと人民申して御座るなれど、正とか不正とか申す平面的衣を早うぬいで下されよ。マコトを衣として下されよ、マコトを衣にするには心がマコトとなりなりて、マコトの肉体とならねばならん、マコトとは数《かず》ぢや、言《こと》ぢや、色ぢや、その配列、順序、方則ぞ。

第十五帖

右の頬をうたれたら左の頬を出せよ、それが無抵抗で平和の元ぢやと申してゐるが、その心根をよく洗って見つめよ、それは無抵抗ではないぞ、打たれるようなものを心の中にもっているから打たれるのぞ。マコトに居れば相手が手をふり上げても打つことは出来ん、よくききわけて下されよ。笑って来る赤子の無邪気は打たれんであろうが、これが無抵抗ぞ。世界一家天下泰平ぢや、左の頬を出すおろかさをやめて下されよ。

第十六帖

頭さげて低うなって見なされよ、必ず高い所から流れてくるぞ。高くとまっているから流れて来んのぢや、神のめぐみは水のように淡々として低くきに流れて来るぞ、自分が自分にだまされんように心して下されよ、善悪をきめて苦しんで御座るぞ。世界の片端、浜辺からいよいよが起って来たぞ、夜明け近づいたぞ。

第十七帖

今迄の、のがれ場所はヤマであったが、今度はヤマに逃げても駄目、カミの御旨の中であるぞ、山に移りて海に入れよと申してあろう、今度のことぞ。

第十八帖

この神示は、神と竜神と天人天使と人民たちに与へてあるのぢや。天界での出来事は必ず地上に移りて来るのであるが、それを受け入れる、その時の地上の状態によって早くもなればおそくもなり、時によっては順序も違ふのであるぞ、人民は近目であるから色々と申すなれど、広い高い立場で永遠の目でよく見極めて下されよ。寸分の間違ひもないのであるぞ、これが間違ったら宇宙はコナミジン、神はないのであるぞ。

第十九帖

天人天使の行為が人民にうつるのであるなれど、人民の自由、能力の範囲に於ける行為は又逆に、天界に反影するのであるぞ、日本とカラ（支那中国）と土地が違ふように、日本人とカラ人とは違ふ、天界のうつり方も違ふのであるぞ。同じ日本人でも時と所によって違ふ。肌のこまかい絹と荒壁にうつる映画は同じでも少しづつ違ふようなもの、違ってうつるのがマコトであるぞ、同じ数でも１２３と一二三は違ふのであるぞ、判りて下されよ。新しき世界に進む大切ことぢや。

第二十帖

今の学者には今の学しか判らん、それでは今度の岩戸ひらきの役にはたたん、三千世界の岩戸ひらきであるから、少しでもフトマニに違ってはならんぞ。廻りくどいようなれどとつぎの道から改めなされよ、出舟の港は夫婦からぢやと申してあろう、ミトノマグハヒでなければ正しき秩序は生れんぞ、素盞鳴命が、荒ふる神、悪神ではなく、人民の罪を背負って下さる救ひ主の大神であることが判らねば、岩戸はひらけんぞ。新しき世界の宮は土地（神智《十千》）であるぞ、住所《すまい》（数真意《すまい》）であるぞ、永遠に在《おわ》す神は住む（澄む・数務）土地（十千）であるぞ、下には永遠の腕（宇丁《うで》）があるぞ。

五十默示録《いせもくじろく》　第六巻

昭和三十六年九月一日

至恩之巻　全十六帖

第一帖

岩戸（言答）びらきと申してあるが、天は天の、地は地の、人民は人民の、動植物は動植物の、それぞれの岩戸をひらくのであるから、その立場々々によって違ふところがあるぞ、それを自分のものさしで計って、岩戸ひらきとはこんなものぞと定めてゐると、いよいよ判らん時代となってくるぞ、気つけおくぞ。

第二帖

フトマニとは大宇宙の法則であり秩序であるぞ、神示では０１２３４５６７８９10と示し、その裏に10９８７６５４３２１０があるぞ、〇九十《マコト》の誠であるぞ、合せて二十二、富士（普字《フジ》・不二）であるぞ。神示の始めに示してあろう。二二（富士）は晴れたり日本晴ぞ。

第三帖

判るように説いて聞かすから、今迄の智を一先づすてて、生れ赤児となりて聞いて下されよ。天之鈿女《うづめ》の命が天照大神に奉った巻物には１２３４５６７８９10と書いてあったのぞ。その時はそれで一応よかったのであるなれど、それは限られた時と所でのことで永遠のものではないぞ。

第四帖

この時代には一二三四五六七八九十の数と言葉で、死者も甦る程の力があったのであるなれど段々と曇りが出て来て、これだけでは役にたたんことになって来たのぞ。岩戸開きの鍵であったが、今度の岩戸ひらきには役に たたんようになったのであるぞ。始めに⦿がなくてはならん、⦿は神ぞ。

第五帖

人民の肉体も心も天地も皆同じものから同じ想念によって生れたのであるぞ。故に同じ型、同じ性をもっているぞ、そのかみの天津神はイザナギ、イザナミの神と現われまし、成り成りの成りのはてにイザナギ、イザナミの命となり給ひて、先づ国土をつくり固めんとしてオノコロの四音の島をならし八《や》尋殿《ひろどの》を見立られたのであるぞ、これがこの世の元、人民の頭に、東西南北の四方があり八方と拡がるであろうが、八十となり、八百、八千と次々に拡がりて八《や》百万《をよろづ》となりなるのであるぞ。

第六帖

四と八によってなされたのであるから、森羅万象の悉くがその気をうけてゐるのであるぞ。原子の世界でもそうであろうが、これが今の行詰りの原因であるぞ、八では足らん、十でなくてはならん、〇でなくてはならんぞ。岩戸ひらきの原因はこれで判ったであろうがな。

第七帖

根本の元の元の元の神は〇から一に、二に、三に、四に、五に弥栄したのであるぞ、別天津神五柱と申してあろうがな、五が天であるぞ。五は数《かづ》であるぞ、転じて十となるなれど、動き栄へるには十と一の神が現われねばならん、これが中を取り持つ二柱の神ぞ。

第八帖

ナギ、ナミ夫婦神は八分通り国土を生み育てられたが、火の神を生み給ひてナミの神は去りましたのであるぞ。物質偏重の世はやがて去るべき宿命にあるぞ、心得なされよ。ナミの神はやがて九と十の世界に住みつかれたのであるぞ。妻神に去られたナギの神は一人でモノを生むことの無理であることを知り給ひ、妻神を訪れ給ひ、相談されたのであるなれど、話が途中からコヂレて遂に別々に住み給ふ事となり、コトドを見立てられて千引の岩戸をしめ、両神の交流、歓喜、弥栄は中絶したのであるぞ。

第九帖

千引岩をとざすに際してナミの神は夫神の治《し》らす国の人民を日に千人喰ひ殺すと申され、ナギの神は日に千五百の産屋を建てると申されたのであるぞ。これが日本の国の、又地上の別名であるぞ、数《かず》をよく極めて下されば判ることぞ、天は二一六、地は一四四と申してあろうが、その後ナギの神は御一人で神々をはじめ、いろいろなものを生み給ふたのであるぞ、マリヤ様が一人で生みなされたのと同じ道理、この道理をよくわきまへなされよ。此処に大きな神秘がかくされている、一神で生む限度は七乃至八である、その上に生まれおかれる神々は皆七乃至八であるが、本来は十万十全まで拡がるべきものである。或時期迄は八方と九、十の二方に分れてそれぞれに生長し弥栄し行くのであるぞ。

第十帖

国常立神も素盞鳴命も大国主命も、総て地（智）にゆかりのある神々は皆、九（光）と十（透）の世界に居られて時の来るのをおまちになってゐたのであるぞ、地は智の神が治《し》らすのぞと知らしてあろうが、天運正にめぐり来て、千（智）引の岩戸（言答）はひらかれて、これら地（智）にゆかりのある大神達が現れなされたのであるぞ、これが岩戸ひらきの真相であり、誠《マコト》を知る鍵であるぞ。

第十一帖

いよいよ判らんことが更に判らんことになるぞと申してあるが、ナギの命の治《し》らす国もナミの命の治《し》らす国も、双方からお互に逆の力が押し寄せて交りに交るから、いよいよ判らんことになるのであるぞ。

第十二帖

判らんと申すのは一面しか見えぬことであるぞ、双方を見る目に、早う改心致してくれよ。この白黒まだらな時は長くつづかん、最も苦しいのは一年と半年、半年と一年であるぞ、死んでから又甦られるように死んで下されよ、マコトを心に刻みつけておりて下されよ。

第十三帖

死ぬか生るかは人民ばかりでないぞ、神々様も森羅万象の悉くが同様であるぞ、しばらくの生みの苦しみ。八の世界から十の世界になるのであるから、今迄の八方的な考へ方、八方的な想念や肉体では生きては行かれんのであるぞ、十方的想念と肉体でなくてはならんぞ。

第十四帖

八方的地上から十方的地上となるのであるから、総ての位置が転ずるのであるから、物質も念も総てが変るのであるぞ。これが元の元の元の大神の御神策ぞ、今迄は時が来なかったから知らすことが出来んことでありたなれど、いよいよが来たので皆に知らすのであるぞ。百年も前からそら洗濯ぢや、掃除ぢやと申してありたが、今日の為であるぞ、岩戸ひらきの為であるぞ。今迄の岩戸ひらきと同様でない、末代に一度の大岩戸（言答）ひらきぢや。

第十五帖

神の申すことは一部一厘違んのであるぞ、今度言ふことを聞かねば大変な気の毒となるぞ、地（智）の下になって了ふのであるぞ、12345678の世界が12345678910の世となりて、０１２３４５６７８９10の世となるのぢや、０１２３４５６７８９10がマコトと申してあろうがな。裏表で二十二ぢや、二二の五ぢや、二二《ふじ》は晴れたり日本晴れぞ、判りたか。

第十六帖

太陽は十の星を従へるぞ、原子も同様であるぞ。物質が変るのであるぞ、人民の学問や智では判らん事であるから早う改心第一ぞ、二二と申すのは天照大神殿の十種《とくさ》の神宝にヽ《テン》を入れることであるぞ、これが一厘の仕組。二二となるであろう、これが富士の仕組、七から八から鳴り鳴りて十となる仕組、なりなりあまるナルトの仕組。富士（不二）と鳴門《ナルト》（成答）の仕組いよいよぞ、これが判りたならば、どんな人民も腰をぬかすぞ。一方的に一神でものを生むこと出来るのであるが、それでは終りは完う出来ん、九分九厘でリンドマリぞ、神道も仏教もキリスト教もそうであろうがな、卍《ぶつ》も十《キリスト》もすっかり助けると申してあろうがな、助かるには助かるだけの用意が必要ぞ。用意はよいか。このこと大切ごと、気つけおくぞ。なりなりなりて十とひらき、二十二となるぞ、富士（普字）晴れるぞ、大真理世に出るぞ、新しき太陽が生れるのであるぞ。

五《い》十《せ》黙《もく》示《じ》録《ろく》　第七巻

昭和三十六年九月一日

五葉之巻　全十六帖

第一帖

あの子をを生んで、この子を産んで去ったのであるぞ。その中に一人だけよくない子が出来た、その子には海の藻草や山の菜、野菜を食べさせてくれよ、段々よい子になるぞ。

第二帖

霊界に方位はない、人民は東西南北と申してゐるなれど、今に東の東が現れてくるぞ。霊界では光のさす方が北ぢや、その他の東西南北は皆南ぢや、北が元ぢや、北（基田）よくなるぞと申してあろうがな。鳴門《ナルト》の渦巻を渡る時はカヂをはなして、手放しで流れに委せると渡れるのであるぞ、カヂをとると同じ処をグルグルぢや。カヂをはなせる人民少ないのう。何んでも彼んでもカヂをとって自分の思ふ通りに舟を進めようとするから大変が起るのぢや、渦にまかせる時はまかさなければならんぞ、ナルトの仕組の一面であるぞ、大切ごとぞ。

第三帖

友つくれと申してあろうが、友と申しても人間ばかりでないぞ、山も友ぞ、川も友ぞ、動植物も友ぞ。一人の友を得たら一つの世界を得たことぞ、何も彼も皆友ぢや、友は己《おのれ》ぢや、皆己《おのれ》となれば己《おのれ》なくなるぞ、己《おのれ》なくなれば永遠に生きられる、無限の己《おのれ》となるぞ。御神前で拝むもよいなれど、空を拝めよ、山も川も拝めよ、野菜拝めば野菜が、魚を拝めば魚が神となり、又、己《おのれ》となるのぢや。足らぬことないクワシホコチタルのウラヤスの自分となるのであるぞ。

第四帖

お尻を出したらお尻をキレイにふいてやれよ、怒ってはならん、お尻を出されるには、出されるだけの何かの原因が己《おのれ》れの中にあるのであるぞ。利子は後からでよいと申すが先に払ふこともあるぞ、先にお尻をふいてやらねばならんこともあるぞ。世が迫って岩戸があいたのであるから、先にお尻をふく事も出てくるぞ、思わぬお尻もち込まれることもあるなれど、怒ってはならん、気持よくふいてやれよ、やがては神がそなたのお尻をふいて下さるぞよ。

第五帖

もの与へること中々ぢや、心してよきに与へねばならんぞ。与へることは頂くことと知らしてあろうが、与へさせて頂く感謝の心がなくてはならん、強く押すと強く、弱く押すと弱くハネ返ってくるぞ。自分のものと言ふもの何一つもないぞ、この事判れば新しき一つの道がわかるぞ。

第六帖

仕事はいくらでもあるではないか、七つの仕事があるぞ、七人のかへミタマあると知らせてあろうがな、高く昇らねば遠くは見えん、目の先ばかり見ているから行きつまるのぢや、道には落し穴もあるぞ、心得て、仕事に仕へまつれよ。岩戸はひらかれてゐるのに何してゐるのぞ、光がさしてゐるのに何故背を向けてゐるのぞ、十の仕事して八しか報酬ないことあるぞ、この場合二は神にあづけてあると思へよ、神の帖面あやまりなし、利子がついて返って来るぞ、まことのおかげはおそいと申してあろうがな。

第七帖

昨日《きのう》は昨日、今日は今日の風、昨日に囚われるなよ、人民の道は定ってゐるなれど、目の前だけしか見えんから踏み迷ふのであるぞ。薬飲んで毒死せんように致しくれよ、薬は毒、毒は薬ぢや、大峠にも登りと下りとあるぞ、馬鹿正直ならん、頭の体操、ヘソの体操大切ぞ。

第八帖

出し切って了ふと味がなくなるぞ、自分の力がかくせぬようでは大仕事は出来んぞ。取り越し苦労、過ぎ越し苦労はやめて下され、地球と言ふ大船に乗って一連託生ぢや、現在の仕事が御神業と心得よ、不満をもってはならん、そなたが招いた仕事でないか。この道理判らねば迷信の迷路に入るぞ。

第九帖

平等とか公平とか申すのは悪魔のワナであるぞ、天地をよくみよ、人民の申す如き平等も公平もないであろうがな、一寸のびる草もあれば一尺のびる草もあるぞ、一寸の草は一寸が、一尺の草は一尺が頂天であるぞ。これが公平であり平等と申すもの。人民は選挙と申すマヤクに酔ってゐるぞ、選挙すればする程、本質から遠ざかるぞ。他に方法がないと定めてかゝるから、悪魔に魅入られてゐるから判らんことになるぞ。世は立体であるのに平面選挙していては相成らんぞ。平面の数で定めてはならん、立体の数に入れよ。

第十帖

悪自由、悪平等の神が最后の追込みにかかってゐるなれど、もう悪の世はすんで岩戸がひらけてゐるのざから、何とやらのように前から外れてアフンぢや、七重の花が八重に、八重が九重、十重にひらくのであるぞ、七重はキリストぢや、八重は仏教ぢや、今の神道ぢや、今までの教はつぶれると申してあろうがな。兎や角申さず摑《つか》める所から神をつかんでついて御座れよ、水は流れる所へ流れてゐるであろうがな、あの姿。

第十一帖

善では立ちて行かん、悪でも行かん、善悪でも行かん、悪善でも行かん。岩戸と申しても天の岩戸もあるぞ、今迄は平面の土俵の上での出来事であったが、今度は立体土俵の上ぢや、心をさっぱり洗濯して改心致せと申してあろう、悪い人のみ改心するのでない、善い人も改心せねば立体には入れん、此度の岩戸は立体に入る門ぞ。

第十二帖

八のつく日に気つけてあろうが、八とはひらくことぞ。今が八から九に入る時ぞ、天も地も大岩戸ひらき、人民の岩戸ひらきに最も都合のよい時ぞ、天地の波にのればよいのぢや、楽し楽しで大峠越せるぞ、神は無理申さん、やればやれる時ぞ、ヘタをすると世界は泥の海、神々様も人民様も心の目ひらいて下されよ、新しき太陽は昇ってゐるでないか。

第十三帖

悪を食ふて暮さななならん時近づいたぞ、悪に食われんように、悪を噛んで、よく消化し、浄化して下されよ、悪は善の仮面をかぶってゐること多いぞ、だが悪も大神の中に生れたものであることを知らねばならん。ダマシたいものには一先づダマサレてやれよ、ダマサレまいとするからダマサレるのであるぞ。生命の樹の実は美しくおいしいぞ、食べてはならんが食べねばならんぞ、肉体慾が先に出るから生命を失ふ、心でとりて実を喜ばせて食べるとよいのであるぞ、食べないで食べる秘密。

第十四帖

一升マスには一升入ると思ってゐるなれど、一升入れるとこぼれるのであるぞ、腹一杯食べてはならん、死に行く道ぞ、二分を先づ神にささげよ。流行病は邪霊集団のしわざ、今にわからん病、世界中の病はげしくなるぞ。

第十五帖

今に大き呼吸《いき》も出来んことになると知らせてあろうが、その時来たぞ、岩戸がひらけると言ふことは半分のところは天界となることぢや、天界の半分は地となることぢや、今の肉体、今の想念、今の宗教、今の科学のままでは岩戸はひらけんぞ、今の肉体のままでは、人民生きては行けんぞ、一度は仮死の状態にして魂も肉体も、半分のところは入れかえて、ミロクの世の人民としてよみがへらす仕組、心得なされよ、神様でさへ、この事判らん御方あるぞ、大地も転位、天も転位するぞ。

第十六帖

マコトでもって洗濯すれば霊化される、半霊半物質の世界に移行するのであるから、半霊半物の肉体とならねばならん、今のやり方ではどうにもならなくなるぞ、今の世は灰にするより他に方法のない所が沢山あるぞ、灰になる肉体であってはならん、原爆も水爆もビクともしない肉体となれるのであるぞ、今の物質でつくった何物にも影響されない新しき生命が生れつつあるのぞ。岩戸ひらきとはこのことであるぞ、少し位は人民つらいであろうなれど勇んでやりて下されよ、大弥栄の仕組。

五十《いせ》默示録《もくじろく》　補巻

昭和三十六年

紫金之巻　全十四帖

第一帖

高天原、おのころに神祇《カミ》つまります、すめむつカムロギ、カムロミのミコトもちて、千万《ちよろづ》の神祇《かみ》たちを神集《つど》へに集へ給ひ、神はかりにはかり給ひて、下津岩根に真理《みや》柱二十《ふと》敷建て高天原に千木高知りて、伊都の神宝の大御心のまにまに千座《くら》の置座《おきくら》におき足らはして、天地《アメツチ》祝詞《のりと》の二十《ふと》祝詞言をのれ、かくのらば神祇はおのもおのもの岩戸を押しひらきて伊頭《いづ》の千別きに千別き給ひて聞し召さむ、かく聞し召してば、天《アメ》の国うつし国共につみと云ふつみはあらじと科戸《しなど》の風の吹き放つことの如く、朝風夕風の吹きはらふ如く、大つ辺に居る大船を舳《へ》ときはなち艫《とも》とき放ちて大海原に押しはなつ事の如く、のこる罪も穢もあらじと祓へ給へ清め給ふことを、よしはらへ、あしはらへ給ひて弥栄の御代とこそ幸はへ給へ幸はへ給へ。

〇一二三四五六七八九十百千万歳万歳。

第二帖

大君の勅《ミコト》にみそぎし今朝の太陽《ひ》を吸ふ。日々の人民の御用が神の御用と一致するやうに努力せねばならん、一致すればうれしうれしで暮しむきも何一つ足らぬものなくなってくるぞ、食物がよろこんで飛び込んでくるぞ、着るものが着てくれと飛込んでくるぞ、住居も出来てくるぞ。心のそれぞれも同様ぞ。

第三帖

伊豆幣帛《ぬさ》を都幣帛《とぬさ》に結び岩戸ひらきてし。ウヨウヨしてゐる霊かかりにまだ、だまされて御座る人民多いのう、何と申したら判るのであるか、奇跡を求めたり、われよしのおかげを求めたり、下級な動物のイレモノとなってゐるから、囚われてゐるから、だまされるのぢや、霊媒の行ひをよく見ればすぐ判るでないか。早うめさめよ、因縁とは申しながら、かあいそうなからくどう申して聞かせてゐるのであるぞ、マコトの道にかへれよ、マコトとは〇一二三四五六七八九十と申してあろう、そのうらは十九八七六五四三二一〇で、合せて二十二であるぞ、二二が真理と知らしてあろう、二二が富士（不二・普字）と申してあろうが、まだ判らんか。

第四帖

豊栄に栄り出でます大地《くに》（九二）の太神。大掃除はげしくなると世界の人民皆、仮四の状態となるのぢや、掃除終ってから因縁のミタマのみを神がつまみあげて息吹きかへしてミロクの世の人民と致すのぢや、因縁のミタマには⦿《カミ》のしるしがつけてあるぞ、仏教によるもののみ救はれると思ってはならんぞ、キリストによるもののみ救はれると思ってはならん、神道によるもののみ救はれると思ってはならん、アラーの神によるもののみ救はれるのでないぞ、その他諸々の神、それぞれの神によるもののみ救はれるのではないぞ、何も彼も皆救はれるのぢや、生かすことが救ふこととなる場合と、小呂すことが救ふことになる場合はあるなれど。

第五帖

岩戸ひらき御禱《みほぎ》の神宝《たから》たてまつらまし。月は赤くなるぞ、日は黒くなるぞ、空はちの色となるぞ、流れもちぢや、人民四つん這《ば》ひやら、逆立ちやら、ノウタチに、一時はなるのであるぞ、大地震、ヒの雨降らしての大洗濯であるから、一人のがれようとて、神でものがれることは出来んぞ、天地まぜまぜとなるのぞ、ひっくり返るのぞ。

第六帖

白玉や赤玉青玉ささげまつりし。今迄は白馬と赤馬と黒馬とであったなれど、岩戸がひらけたら、岩戸の中から黄（基）の馬が飛び出してくるぞ、キが元ぞと申してあろうが、トドメの馬であるぞ、黄金の馬であるぞ、救ひの馬であるぞ、このこと神界の秘密でありたなれど時来りて人民に伝へるのであるぞ、今迄は白馬に股がって救世主が現れたのであるが、いよいよの救世主は黄金の馬、基《キ》の馬にのって現われますのであるぞ。

第七帖

太《ふと》祝詞《のりと》のりのり祈らば岩戸ひらけん。神は一時は仏とも現れたと申してありたが仏では、もう治まらん、岩戸が開けたのであるから、蓮華ではならん。人民も改心しなければ、地の下に沈むことになるぞ、神が沈めるのではない、人民が自分で沈むのであるぞ、人民の心によって明るい天国への道が暗く見へ、暗い地の中えの道が明るく見えるのであるぞ、珍らしきこと珍らしき人が現れてくるぞ、ビックリ、ひっくり返らんように気つけてくれよ、目の玉飛び出すぞ、たとへでないぞ。

第八帖

千引岩今ぞあけたり爽し富士はも。神は宇宙をつくり給はずと申して聞かせてあろうが、このことよく考へて、よく理解して下されよ、大切なわかれ道で御座るぞ。福はらひも併せて行はねばならん道理。光は中からぢや、岩戸は中からひらかれるのぢや、ウシトラがひらかれてウシトラコンジンがお出ましぞ、もうよこしまのものの住む一寸の土地もなくなったのぞ。

第九帖

新しき御代のはじめのたつの年あれ出でましぬかくれゐし神。かくり世もうつし御国の一筋の光りの国とさきそめにけり。

第十帖

この巻五葉の巻と申せよ、四つの花が五つに咲くのであるぞ、女松の五葉、男松の五葉、合せて十葉となりなりなりて笑み栄ゆる仕組、十と一（**十と一**）の実のり、二二と輝くぞ、日本晴れ近づいたぞ、あな爽々し、岩戸あけたり。国土をつくり固める為に、根本大神が何故にヌホコのみを与へたまひしか？　を知らねば、岩戸ひらきの秘密はとけんぞ。千引岩戸をひらくことに就て神は今迄何も申さないでゐたのであるなれど、時めぐり来て、その一端をこの神示で知らすのであるぞ、素盞鳴の命のまことの御姿が判らねば次（通基）の世のことは判らんぞ、神示をいくら読んでもカンジンカナメのことが判らねば何にもならんぞ。

第十一帖

何も彼も前つ前つに知らしてあるのに、人民は先が見えんから、言葉のふくみがわからんから取違ひばかり、国土《九二つち》の上は国土の神が治《し》らすのぢや、世界の山も川も海も草木も動物虫けらも皆この方が道具に、数でつくったのぢや。愈々が来たぞ、いよいよとは一四一四ぞ、五と五ぞ。十であるぞ、十一であるぞ、クニトコタチがクニヒロタチとなるぞ、クニは黄であるぞ、真中であるぞ、天は青であるぞ、黄と青と和合してみどり、赤と和して橙となり、青と赤と和して紫となる、天上天下地下となり六色となり六変となり六合《クニ》となるのぢや、更に七となり八となり白黒を加へて十となる仕組、色霊《イロタマ》結構致しくれよ。

第十二帖

ヨコの十の動きがクラゲナスタダヨヘルであり、タテの十の動きがウマシアシカビヒコジであるぞ、十と十と交わり和して百となり九十九と動くのぞ。過去も未来も霊界にはない、「今」があるのみ、これを中今《ナカイマ》と申すぞよ。竜宮の乙姫殿、日の出の神殿、岩の神殿、荒の神殿、風の神殿、雨の神殿、暗劔殿、地震の神殿、金神殿の九柱なり、総大将は国常立大神なり、このこと判りて下されよ、教はなくなるぞ、元の道が光り輝くぞ、これを惟神の道と申すぞ。

第十三帖

少しでも交り気があったら先になって取り返しがつかんことになるぞ、今度は一厘のくるひがあってもならんぞ。柱になる人民もあれば屋根になる人民もあるぞ。天の王と地の王とをゴッチャにしているから判らんことになるのぢや、その上に又大王があるなれど大王は人民には見当とれん、無きが如き存在であるぞ。人民は具体的にと申すなれど、人民の申す具体的とはコリ固った一方的なもの一時的なその時の現れであるぞ。人民の申す絶対無、絶対空は無の始めであり、空の入口であるぞ、其処から無に入れよ、空に生きよ。いよいよの代《よ》となるぞ。

第十四帖

現実の事のみで処してはならん、常に永遠の立場に立って処理せよと申してあろうがな、生きることは死に向って進むこと、マコトに生きる大道に目ざめてくれよ、神示を始めから読めば何事もありやかぞ。奥山はあってはならん無くてはならん存在であるぞ。善人の住むところ、悪人の休む処と申してあろう、奥山は神、幽、現の三界と通ずるところ。八尋殿の左と右に宮が建つ、奥にも一つ。

訳者から

この黙示は七巻で終りますが発表出来ない「帖」が、かなり多くあります。

この黙示七巻と、従来発表されてゐる三十巻を合せて三十七巻となりますが、実は発表を禁じられてゐる「巻」が十三巻もあり、合せて五十巻となるわけであります（発表されているが書記されてゐません）。

これら未発表のものは、或る時期が来れば発表を許されるものか、許されないのか、現在の所では不明であります。

尚、この黙示が二十四巻から三十巻に至る根幹であり、先に発表した七巻（黄金の巻以下のもの）は、二十三巻の所から出た枝のようなものであります。

また、第三巻の第二十四帖は未発表のため、欠帖となっております。

昭和三十六年

於北伊勢

岡本天明

ひふみ神示（補巻）

昭和三十三年十二月二十五日から
昭和三十四年　三　月　二　日まで

月光の巻　全六十二帖

第一帖　（七八八）

なりなりてなりあまれるところもて、なりなりてなりあはざるところをふさぎて、くにうみせなならんぞ。このよのくにうみは一つ（秘答通《ヒトツ》）おもて（面）でしなければならん。みと（実透）のまぐはひでなくてはならんのに、おもてを一つにしてゐないではないか。それでは、こんどのことは、じようじゆせんのであるぞ。

第二帖　（七八九）

きすうときすうをあはしても、ぐうすう、ぐうすうとぐうすうをあはしてもぐうすうであることをわすれてはならんぞ。きすうとぐうすうをあはしてはじめて、あたらしき、きすうがうまれるのであるぞ。こんどのいわとひらきにはひるこうむでないぞ。あはしまうむでないぞ。

第三帖 （七九〇）

こんどは、八のくまではたらん。十のくま、十のかみをうまねばならんぞ。そのほかに、かくれた二つのかみ、二つのくまをうみて、そだてねばならんことになるぞ。

第四帖 （七九一）

あめのみなかぬしのかみのそのまへに、あめゆづる日あめのさぎりのみこと。くにゆづる月、地のさぎりのみことあるぞ。⦿の⦿の⦿であるぞ。その前にヽあることわするるなよ。

第五帖 （七九二）

十くさ、十二くさのかむたから、おきつかがみ、へつかがみ、八つかのつるぎ、九つかのつるぎ、十つかのつるぎ、いくたま、まがるかへしのたま、たるたま、ちかへしのたま、おろちのひれ、はちのひれ、くさくさのひれ、であるぞ。む、ひと、ふた、み、よ、いつ、む、なな、や、ここ、たり、う、であるぞ。う、たり、ここ、や、なな、む、いつ、よ、み、ふた、ひと、む、であるぞ。となへよ。のりあげよ。

第六帖（七九三）

あまてらすおほかみは、たかあまのはらをしらすべし。また、たかあまのはらをしらすべし、また、たかあまはらをしらすべし、つきよみのおほかみは、あまてらすおほかみとともに、あめのことをしらすべし。また、あほうなはらしほのやほへをしらすべし。また、よるのおすくにをしらすべし。すさなおのおほかみは、あほうなのはらをしらすべし、また、あほうなはらをしらすべし。また、あまがしたをしらすべし。

第七帖（七九四）

大奥山は神人交流の道の場である。道は口で説くものではない。行ずるものである。教は説かねばならない。多数決が悪多数決となるわけが何故に判らんのぢゃ。投票で代表を出すと殆んどが悪人か狂人であるぞ。世界が狂ひ、悪となり、人民も同様となっているから、その人民の多くが選べば選ぶ程、益々混乱してくるのであるぞ。

それより他に人民の得心出来る道はないと申してゐるが、道はいくらでもあるぞ。人民の申してゐるのは平面の道、平面のみでは乱れるばかり、立体にアヤなせば弥栄えて真実の道が判るのぢや。ぢやと申して独裁ではならん。結果から見れば神裁ぢや。神裁とは神人交流によることぞ。

（十二月二十五日）

神はうそつきぢやと人民申しても、悪い予言はうそにしたいので日夜の苦労、こらえられるだけこらえてゐるのである。もう、ものばかりでは治まらんこと。キンでは治まらんこと、平面のみでは駄目であること、よく判ってゐるのにカブトぬげん神々様よ、気の毒が来ぬ前に改心結構。遠くからでは判らんし、近づくと迷うし、理窟すてて神にほれ参らせよ。よくこの神をだましてくれたぞ、この神がだまされたればこそ、太神の目的なってくるのぢや。細工はりゅうりゅう仕上げ見て下されよ。

区別すると力出るぞ、同じであってはならん。平等でなくてはならんが、区別なき平等は悪平等である。天に向って石を投げるようなことは、早くやめねばならん。霊かかりもやめて下されよ。人民が絶対無と申してゐるところも、絶対無ではない。科学を更に浄化弥栄させねばならん。空間、時間が霊界にないのではない。その標準が違うから無いと考えてよいのである。奥山は奥山と申してあろう。いろいろな団体をつくってもよいが、何れも分れ出た集団、一つにしてはならん。奥山はありてなきもの、なくて有る存在である。

奥山と他のものとまぜこぜまかりならん。大き一つではあるが別々ぞ。今迄になかった奥山のあり方、判らんのも無理ないなれど、これが判らねばこの度の大神業、判りはせんぞ。

第八帖　（七九五）

神の御用は、神のみこと（命（実言））のまゝでなくては成就せん。皆々釈迦ぞ、キリストぞ。もっと大き計画もちて御座れ。着手は出来る処からぞ。つかめる所から神をつかめよ。部分からつくり上げなされよ。

我出してはならん。そなたはそれでいつもしくじってゐるでないか。天狗ではならん。

心出来たら足場固めねばならん。神の足場は人ぢゃ。三千の足場、五千の足場。

第　九　帖　（七九六）

気の合う者のみの和は和ではない。色とりどりの組合せ、ねり合せこそ花さくぞ。総てが神の子ぢゃ。大神の中で弥栄ぞ。大き心、広き心、長い心結構。中々に合わんと申すなれど、一つ家族でないか。心得なされよ。

夫婦けんかするでない。夫のみいかんのでない。妻のみ悪いのでないぞ。お互に己の姿を出し合ってゐるのぞ。よく会得せよ。

判らんことが更に判らなくなるぞ。きゝたいことは何でもきけよ。大グレ目の前。アホになれよ。一先づは月の代となるぞ。ひっくり返り、ビックリぢゃ。

第　十　帖　（七九七）

一はいくら集めても一ぢゃ。二も三も四も五も同様ぞ。○にかえり、○によって結ばれるのぢや。○がムスビぞ。弥栄ぞ。喜びぞ。

第十一帖　（七九八）

病むことは神から白紙の手紙を頂いたのぢゃと知らしてあろう。心して読めよ。ありがたき神からの手紙ぞ。おろそかならん。

腹八分、二分は先づさゝげよ。運ひらけるぞ。病治るぞ。

第十二帖　（七九九）

逃げ道つくってから追わねばならん。そなたは相手の逃げ道をふさいでギュウギュウ追ひつめるから逆うらみされるのぢゃ。逆うらみでも恨みは恨みの霊団をつくり出すぞ。

悪を抱けよ。消化せよ。浄化せよ。何も彼も太神の許し給えるものなるが故に存在する。

そなたは神にこり固ってゐるぞ。こり固まると動きのとれんことになる。一度そなたのもつ神をすてるとよいぞ。すてると摑めるぞ。

第十三帖 （八〇〇）

木にも竹にも石にも道具にもそれぞれの霊が宿ってゐるのである。人間や動物ばかりでなく、総てのものに宿ってゐるのである。宿ってゐると云うよりは、霊と体とで一つのものが出来上ってゐるのである。一枚の紙の裏表のようなもの、表ばかりのものもない。裏ばかりのものもない道理。数字にも文字にもそれぞれの霊が宿って居り、それぞれの能をしてゐるのであるぞ。順序が判れば初段、和に徹すれば名人。

第十四帖 （八〇一）

流れ出たものは又元にかえると申しても、そのままでは帰られんのであるぞ。天から降った雨が又天に昇るには、形をかえるであろうが、この道理をわきまえんと、悪かみかゝりとなるぞ。それはそなたの自己慾から出てゐるぞ。自己慾もなくてはならんが、段々浄化して行かねばならん。浄化して大き自己の慾とせよ。自分のみの慾となるから弥栄えんのぢゃ。弥栄えんもの神の御心に逆行。

自分で判断出来ることを何故にきくのぢゃ。神にきけば神に責任をきせるのと同様ぞ。人間の悪いくせぞ。出直せよ。

第十五帖　（八〇二）

与えることは頂くことぢゃと申しても、度をすぎてはならん。過ぎると、過ぎるものが生れて、生んだそなたに迫って来るぞ。

第十六帖　（八〇三）

五十九柱と申してあるが、その中の九柱はかくれた柱ぢゃ。㋳㋑㋒㋓㋵㋻㋼㋹㋾ぞ。㊀㊁㊂㊃㊄㊅㊆㊇㊈ぞ。この九柱は〇ぞ。心得なされよ。現われの五十柱のかげの、かくれた九柱、心して大切申せよ。

真直ぐに真上に神をいただくと申すことは、上ばかりではないぞ。真下にも横にも前後にも立体三六〇度に真直ぐに神を頂かねばならんと云うことぞ。神人交流の第一歩。

第十七帖　（八〇四）

そなたの仕事、思いつき結構であるが、神の御意志を頂かねば成就せん。神と申しても、そなたが勝手にきめた神や宗教で固めた制限された神ではないぞ。判っただけでは駄目ぞ。行じねばならん。生活しなければならん。芸術しなければならん。

第十八帖　（八〇五）

現実的には不合理であっても、不合理にならぬ道をひらくのが、霊現交流の道であり、立体弥栄の道、行詰りのない道、新しき世界えの道である。平面のみではどうにもならない時となってゐるのに、何して御座るのか。黒船にびっくりしては間に合わん。

第十九帖　（八〇六）

釈迦、キリスト、マホメット其他世界の生命ある教祖及びその指導神を、み光の大神様とたたえまつれと申してあろが。♀◉☉⊕大神様の一つの現はれぞと申してあろうが。何故にみ光の大神様として斎きまつらんのぢゃ。宗教せぬのぢゃ。其処にひかり教会としての力が出ないのぢゃ。人民のうきせになやむを救うのはオホカムツミの神であるぞ。この能《ハタラキ》の神名わすれてはならん。このほうはオホカムツミの神とも現われるぞと知らしてあること忘れたのか。

第二十帖　（八〇七）

大奥山と教会とをまぜこぜしてはならん。教会や其他の集団は現われ、大奥山はかくれぢゃ。大奥山はこの度の大御神業にゆかりのある神と人とを引よせてねり直し、御用に使う仕組。みて御座れ、人民には見当とれんことになるぞ。

第二十一帖 （八〇八）

大奥山から流れ出た宗団はひかり教会のみでないぞ。いくらもあるのぢゃ。出てくるぞ。故に大奥山に集ったものが皆ひかり教会員ではない。それぞれのミタマの因縁によって色々な集団に属する。この点よく心得なされよ。大奥山はありてなき存在、人間の頭で消化されるような小さいしぐみしてないぞ。大奥山だけに関係もつ人もあるのぢゃ、囚われてはならん。三千世界を一つにまるめるのがこの度の大神業ぞ。世界一家は目の前、判らんものは邪魔せずに見物して御座れ。神の経綸間違ひなし。

第二十二帖 （八〇九）

産土さまによくお願いなされよ。わすれてはならんぞ。宗教にこり固って忘れる人が多いぞ。他の神を拝してはならんと云う、そなたの信仰はそれだけのもの、早う卒業結構。

第二十三帖　（八一〇）

他の宗教に走ってはならんと云う宗教もそれだけのもの。判らんと申してもあまりであるぞ。同じ所に天国もあり、地獄もあり、霊界もあり、現実界もあり、過去も未来も中今にあるのぞ。同じ部屋に他の神や仏をまつってはならんと申す一方的なメクラ宗教にはメクラが集まるのぢゃ。病気が治ったり運がひらけたり、奇蹟が起ったりするのみをおかげと思ってはならん。もちと大き心、深い愛と真の世界を拝めよ。とけ入れよ。浄化が第一。

金が好きなら金を拝んでもよいのぢゃ。区別と順序さへ心得て居れば何様を拝んでもよいぞ。金を拝めば金が流れてくるぞ。金を拝み得ぬイコヂさがそなたを乏しくしたのぢゃ。赤貧は自慢にならん。無神論も自慢にならん。清貧はまけおしみ、清富になれよと申してあろうが。清富こそ弥栄の道、神の道、大⦿◎⊕大神のマコトの大道ぞ。

第二十四帖　（八一一）

怒ってはならん。急いではならん。怒ると怒りの霊界との霊線がつながり、思わぬ怒が湧いてものをこわして了ふぞ。太神のしぐみに狂ひはないぞ。皆々安心してついて御座れよ。

第二十五帖　（八一二）

食物は科学的栄養のみに囚われてはならん。霊の栄養大切。

自分と自分と和合せよと申してあるが、肉体の自分と魂の自分との和合出来たら、も一段奥の魂と和合せよ。更に、又奥の自分と和合せよ。一番奥の自分は神であるぞ。

高い心境に入ったら、神を拝む形式はなくともよいぞ。為すこと、心に浮ぶこと、それ自体が礼拝となるからぞ。

山も自分、川も自分、野も自分、海も自分ぞ。草木動物悉く自分ぞ、歓喜ぞ。その自分出来たら天を自分とせよ。天を自分にするとはムにすることぞ。〇に化すことぞ。ウとムと組み組みて新しきムとすることぢゃ。

第二十六帖　（八一三）

現状を足場として進まねばならん。現在のそなたのおかれてゐた環境は、そなたがつくり上げたものでないか。山の彼方に理想郷があるのではないぞ。そなたはそなたの足場から出発せねばならん。よしそれが地獄に見えようとも、現在に於てはそれが出発点。それより他に道はないぞ。十二月三十一日。

第二十七帖　（八一四）

はらひは結構であるが、厄はらひのみでは結構とはならんぞ。それは丁度、悪をなくすれば善のみの地上天国が来ると思って、悪をなくすることに努力した結果が、今日の大混乱を来したのと同じであるぞ。

よく考えて下されよ。善と申すも悪と云ふも、皆悉く大神の肚の中であるぞ。大神が許し給へばこそ存在してゐるのであるぞ。この道理をよく会得せよ。はらふと申すのは無くすることではないぞ。調和することぞ。和して弥栄することぞ。

第二十八帖　（八一五）

厄も祓はねばならんが、福も祓はねばならん。福はらひせよと申してあらうが。厄のみでは祓ひにならん。福のみでも祓ひにならんぞ。厄ばらひのみしたから今日の乱れた世相となったのぢゃ。この判り切った道理が何故に判らんのか。悪を抱き参らせよ。善も抱き参らせよ。抱くには○にならねばならんぞ。

第二十九帖　（八一六）

モト（母答）を正さねばならん。間に合わんことになるぞ。心の改心すれば、どんなおかげでもとらすぞ。

幽国《かいこく》は火の雨ぢゃなあ。世界一度に改心。

第三十帖　（八一七）

心のいれかへせよとは新しき神界との霊線をつなぐことぞ。そなたは我が強いから、我の強い霊界との交流が段々と強くなり、我のむしが生れてくるぞ。我の病になって来るぞ。その病は自分では判らんぞ。わけの判らん虫わくぞ。わけの判らん病はやるぞと申してあるがそのことぞ。肉体の病ばかりでないぞ。心の病はげしくなってゐるから気付けてくれよ。人々にもそのことを知らせて共に栄えてくれよ。この病を治すのは、今日までの教では治らん。病を殺して了ふて、病をなくしようとて病はなくならんぞ。病を浄化しなければならん。悪を殺すと云ふ教や、やり方ではならんぞ。悪を抱き参らせて下されよ。

第三十一帖　（八一八）

足のうらをきれいに掃除なされよ。外から見えん所がけがれてゐるぞ。日本の国よ、そなたも同様、世界よ、そなたも同様ぞ。イヅモの神の社をかへて竜宮（理由空云）の乙姫（音秘）様のお社を陸（理空）につくらねば、これからの世はうごきとれんことになるぞ。一切が自分であるぞと云うことは例へでないぞ。そなたは、食物は自分でないと思うてゐるが、食べるとすぐ自分となるでないか。空気も同様、水も同様ぞ。火も同様、大空もそなたぞ。山も川も野も海も、植物も動物も同様ぞ。人間は横の自分ぞ。神は縦の自分ぞ、自分を見極めねばならん。自分をおろそかにしてはならん。一切をうけ入れねばならんぞ。一切に向って感謝しなければならんと申してあろうが。三十一年一月三日。

第三十二帖　（八一九）

世界連邦と申してゐるが、地上世界のみの連邦では成就せん。片輪車で、いつまでたってもドンテンドンテンぢゃ。心して下されよ。何故に霊界、神界をひつくるめた三千世界連邦としないのか。いらぬ苦労はせぬものぢゃ。

第三十三帖　（八二〇）

まことから出たことは誰のねがひも同様。心配せずにドシドシと進めて下されよ。若し行詰ったら省みよ。行詰った時は大きくひらける時ぢゃ。ぢゃと申してひとところで急ぐでないぞ。急ぐと道が見えなくなってくるぞ。そなたの考へて御座ることは自己中心でないか。われよしの小さいわれよしではならん。大きなわれよし結構ぞ。ぎせいになることを尊いことぢゃと申してゐるが、ぎせいに倒れてはならん。己を生かす為めに他を殺すのもいかん。己殺して他をいかすのもいかん。大の虫を生かすため、小の虫を殺すことはやむを得んことぢゃと申したり、教へたりしてゐるが、それもならんぞ。総てを殺さずに皆が栄える道があるでないか。何故に神示を読まぬのぢゃ。

第三十四帖　（八二一）

かみかかりはよしなされよ。そなたは学に囚われて御座るぞ。科学を越えて神の学に生きて下されよ。そなたは自分で自分の首をしめるようなことをして御座るぞ。自分で勝手に小さい自分の神をつくってゐるぞ。一度その神をすてなされ、固く抱きしめたり、とぢこめてゐるから判らんことに行きつまるのぢゃ。判りたか。我《が》と判らん我《が》を気つけなされよ、今一息と云ふところぞ。

第三十五帖　（八二二）

化物に化かされんよう。おかげ落さんようにして下されよ。よいことを申し、よい行をしてゐても、よくない人があるのぢゃ。よくないことも御用の一つではあるが、そなたは未だそれを消化する程の所まで行ってゐないぞ。小学生が大学生のまねしてはならん。そなたはまだ慾があるぞ。慾を、小さい自分ばかりの慾をすてなされ。そしてまことの大深慾になりなされよ。その気持さへ動いてくれば、何事も見事成就するぞ。

第三十六帖　（八二三）

行は、世界中の行、誰一人のがれるわけには行かんぞ。めぐり果したものから、うれしうれしになる仕組。そなたの心配一応は無理ないなれど、何処で、どんなことをしてゐても、みたま磨けてさへ居れば、心配なくなるぞ。心配は、磨けて居らぬ証拠ぞ。そなたはものに不足するとこぼして御座るなれど、ものに不足するのは、心に足らぬ所があるからぞ。心いたればものいたるぞ。何ごとも神の申す通り素直になされよ。素直結構ぢゃなあ。

第三十七帖　（八二四）

そなたのやることはいつも時が外れて御座るぞ。餅つくにはつく時あるぞと知らしてあろうが。時の神を忘れてはならんぞ。春には春のこと、夏は夏のことぢゃ。そなたは御神業ぢゃと申して、他に迷惑かけてゐるでないか。そこから改めねばならん。鼻つまみの御神業はないのであるぞ。そなたはお先まつくらぢゃと申してゐるが、夜明の前はくらいものぞ。暗いやみの後に夜明けがくること判ってゐるであろうが、神はすべてを見通しであるから、すぐのおかげは小さいぞ。利子つけた大きなおかげを結構に頂いて下されよ。

第三十八帖　（八二五）

はじめの喜びは食物ぞ。次は異性ぞ。何れも大きな驚きであろうがな。これは和すことによって起るのぞ。とけ合ふことによって喜びとなるのぢや。よろこびは神ぢや。和さねば苦となるぞ。かなしみとなるぞ。先づ自分と自分と和合せよと申してあろうが。そこにこそ神の御はたらきあるのぢや。ぢやがこれは外の喜び、肉体のよろこびぞ。元の喜びは霊の食物を食ふことぞ。その大きな喜びを与へてあるのに、何故手を出さんのぢや。その喜び、おどろきを何故に求めんのぢや。何故に神示を食べないのか。見るばかりではミにつかんぞ。よく噛みしめて味はひて喜びとせんのぢや。喜びが神であるぞ。次には神との交りぞ。交流ぞ。和ぞ。そこには且って知らざりしおどろきと大歓喜が生れるぞ。神との結婚による絶対の大歓喜あるのぢや。神が霊となり花むことなるのぢや。人民は花よめとなるのぢや。判るであろうが。この花むこはいくら年を経ても花よめを捨てはせぬ。永遠につづく結びぢや。結婚ぢや。何ものにも比べることの出来ぬおどろきぞ。よろこびぞ。花むこどのが手をさしのべてゐるのに、何故に抱かれんのぢや。神は理窟では判らん。夫婦の交りは説明出来まいがな。神が判っても交らねば、神ととけ合はねば真理は判らん。なんとした結構なことかと人民びっくりする仕組ぞ。神と交流し結婚した大歓喜は、死を越えた永遠のものぞ。消えざる火の大歓喜ぞ。これがまことの信仰、神は花嫁を求めて御座るぞ。早う神のふところに抱かれて下されよ。二月一日。

第三十九帖　（八二六）

何ごとが起ってきてもそなたは先づよろこべよ。それが苦しいことでも、かなしいことでも喜んで迎へよ。喜ぶ心は喜び生むぞ。人民よろこべば神よろこぶぞと申してあろが、天地はれるぞ。輝くぞ。そなたは先ばかり見てゐるぞ。足で歩くのぢや。足もとに気つけねばならんぞよ。そなたは自分ひとりで勝手に苦しんで御座るなれど、みなが仲よう相談なされよ。相談結構ぢやなあ。相談して悪いことは気つけ合って進んで下されよ。

第四十帖　（八二七）

判らんことは神示にきくがよいぞ。遠慮いらん。そなたは一足飛びに二階に上りたい気持がぬけない。何事も一段ずつ、一歩づつ進まねばならん。それより他に進み方はないのぢゃぞ。先づそなたの中にゐるけだものを言向け合さねばならんぞ。よく話し、教へ、導かねばならん。けものを人間と同じにしようとしてはならん。けものはけものとして導かねばならん。金は金。鉛は鉛ぞ。鉛を金にしようとしてはならん。鉛は鉛として磨かねばならんぞ。浄化とはそのこと。世は七度の大変り、いよいよの段階に入ったら、何が何だか、われよしの人民にはいよいよ判らなくなり、あせればあせる程ふかみに落込むぞ。心の窓を大きくひらいて、小さい我の慾をすてると、遠くが見えてくるのぢゃ。見えたら先づ自分の周囲に知らせねばならん。知らすことによって次の道がひらけてくるのぢゃ。自分だけではうれしうれしとならん。うれしくないものは弥栄しないぞ。冬になったら冬ごもりぞ。死ぬ時には死ぬのが弥栄ぞ。遊ぶ時は遊ぶがよいぞ。コト＝言（光透）と、時と、その順序さへ心得て御座れば、何をしても、何を話しても、何を考へてもよいのぢゃ。

第四十一帖（八二八）

そなたはいつも深刻な顔をして考へ込んでゐるが、考へ方にも幾通りも御座るぞ。考へは迷ひと申してあるのは、そなたのような場合ぞ。そなたは苦に向ひ苦にかつたつもりで、苦を楽しんで御座るが、苦は曲ることぞと知らしてあろうが。苦をつくり出してはならんぞ。苦を楽しむより、楽をたのしむ心高いぞと知らしてあろう。苦しむと曲り、楽しむとのびるぞ。二月十日。

第四十二帖（八二九）

未来にもえることが現在に生きることであるぞ。そなたは現在に生きる努力が足らん。夢ばかり追ってゐてはうたかただぢゃ。そなたは先祖に対する考へ方が間違ってゐるぞ。先祖はそなたではないか。地下にあるそなたの根が先祖でないか。根のない草木はすぐ枯れる道理ぢゃ。先祖は家をついだ兄がまつってゐるから、分家した自分は先祖はまつらいでもよいのぢゃと申して御座るなれど、よく考へて下されよ。根から芽が出て幹となり枝が栄えてゐるのと同様ぞ。枝には根はいらんと申すのと同じような間違ひであるぞ。分家しても先祖まつらねばならん。先祖をおろそかにするでないと、気付けてあるでないか。

第四十三帖　（八三〇）

そなたはまだ方便をつかつてゐるが、方便の世はすんでゐるのぞ。方便の教とは横の教、いろはの教、平面の教のことぞ。仏教もキリスト教も回数もみな方便でないか、教はみな方便ぢゃ。教ではどうにもならん。ぎりぎりの世となってゐるのぞ。理《ミチ》でなくてはならん。変らぬ太道でなくてはならんぞ、方便の世はすんでほうべんの世となり、そのほうべんの世もやがて終るぞと知らしてあろうが。理とは三界を貫く道のことぞ。宇宙にみちみつ丶のあり方ぞ。法則ぞ。秩序ぞ。神の息吹きぞ。弥栄ぞ。喜びぞ。判りたか。

第四十四帖　（八三一）

この道に入ると損をしたり、病気になったり、怪我をすることがよくあるなれど、それは大難を小難にし、又めぐりが一時に出て来て、その借銭済しをさせられてゐるのぢゃ。借りたものは返さねばならん道理ぢゃ。損もよい、病気もよいぞと申してあろうが。此処の道理もわきまへず理窟申してゐるが、そんな人民の機嫌とりする暇はなくなったから、早う神心になって下されよ。そなたは祈りが足らんぞ。祈りと申すのは心でゐのり願ふことでないぞ。実行せねばならん。地上人は物としての行動をしなければならんぞ。口と心と行と三つ揃はねばと申してあること、忘れたか。

第四十五帖　（八三二）

マコトに祈れと申してあろう。マコトとは◯《マ》12345678910《コト》のことと申してあろう。只心でゐのるばかりでは、自分で自分をだますこととなるのぢゃ。自分をいつわることは神をいつわることとなるのぢゃ。マコトでゐのれば何事もスラリスラリとかなふ結構な世ぞ。

第四十六帖　（八三三）

考えてゐては何も成就せんぞ。神界と交流し、神界に生き、神界と共に弥栄すればよいのぢゃ。

人間だけの現実界だけで処理しようとするのが今迄の考えぢゃ。今迄の考えでは人間の迷ひぞと申してあろうがな。迷ひを払って真実に生きよ。みたましづめぢゃ。加実しづめぢゃ。そなたは信仰のありかたを知らんぞ。長い目で永遠の立場からの幸が、歓喜がおかげであるぞ。局部的一時的にはいやなことも起ってくるぞ。天地を信じ、自分を知り、人を理解する所にこそまことの弥栄あるぞ。だますものにはだまされてやれよ。一先づだまされて、だまされんように導いて下されよ。そなたはそんな場合に我を出すからしくじるのぞ。だまされてやろうとするからカスが残るのぞ。まことにだまされる修業が大切ぢゃなあ。

第四十七帖　（八三四）

八のつく日に気つけと申してあろう。八とはひらくことぞ。ものごとはひらく時が大切ぢゃ。第一歩の前に〇歩があるぞ。〇歩が大切ぞ。心せよ。そなたは行詰って苦しんで御座るなれど、それは間違った道を歩んで来たからぞ。行詰りは有がたいぞ。省みる時を与えられたのぢゃ。ミタマ磨きさえすれば何ごともハッキリとうつりて、楽に行ける道がちゃんとつくってあるのぢゃ。その人その人に応じて如何ようにでも展け行くぞ。犬猫でさえ楽々と栄えてゐるでないか。洗濯次第でどんな神徳でも与えるぞ。二月十八日。

第四十八帖　（八三五）

世界中を泥の海にせねばならんところまで、それより他に道のない所まで押しせまって来たのであるが、尚一厘のてだてはあるのぢゃ。大神様におわび申してすっかり心を改めて下されよ。神々さまも人民さまも心得ちがひ多いぞ。泥の海となる直前にグレンとひっくりかえし、びっくりの道あるぞ。

第四十九帖　（八三六）

そなたの用意が足らんぞ。日々の人間の御用を、神の御用と和すように、神の御用が人の御用、人の御用が神の御用となるのがまことの道であり、弥栄の道であり大歓喜であるぞ。いつでも神かかれるように神かかってゐるように、神かかっていても、われにも他にも判らぬようになりて下されよ。鍬とる百性が己をわすれ、大地をわすれ、鍬をわすれてゐる境地が、まことのみたましづめであり、神かかりであるぞ。そこらでなさる行も、それに到る一つの道ではあるが、それのみではならんぞ。気つけ合ってよきに進んで下されよ。そなたが歩むのぢゃ。道は自分で歩まねばならんぞ。他人におんぶしたり、他人が歩かしてくれるのではないぞ。そなたの力で、そなた自身の苦労で人を助けねばならんぞ。人を助ければその人は神が助けるのであるぞ。この道理なぜに判らんのぢゃ。人を助けずに我を助けてくれと申しても、それは無理と申すもの。神にも道はまげられんぞ。

第五十帖（八三七）

何も六ケ敷いこと申すのではない。自分の、内の自分を洗濯して明かに磨けばよいのぢゃ。内にあるものを浄化すれば、外から近づくものがかわって来る道理。内の自分を洗濯せずにゐて、きたないものが近づくとか、世の中がくらいとか不平申して御座るなれど、そこにそなたの間違いがあるぞ。木でも草でも中から大きくなって行くのぢゃ。三千年に一度の時がめぐり来てゐるのであるぞ。為せば成る時が来てゐるのぢゃ。為さねば後悔ぞ。時すぎて種まいても、くたびれもうけ。そなたは世の中が悪いとか人がよくないとか申してゐるが、すべては大神の肚の中にゐて、一応大神が許しなされて居ればこそ存在し、いのちしてゐるのであるぞ。悪くうつるのは心のかがみがくもってゐるからぞ。悪い世の中、悪い人と申すことは、神を悪く申し、神界が悪いのぢと申すのと同じであるぞ。新しき世界には新しきてんし（天詞）てんかをこしらえねばならん。このこと間違えるでないぞ。珍らしき御型（方）が出て来てびっくりぢゃ。びっくりしなければヒックリとはならんぞ。神は今迄化けに化けていたが、もう化けては居られん。人民ももう化けては居られんぞ。九分九厘までは化けて、がまんしてゐたなれど、化けの世、方便の世、方便の教はすんだのぢゃ。教では世は正されん。教のつどいはつぶれて了うのぢゃ。無理してはならん。そなたの無理押しはよいことをわるく曲げるぞ。

第五十一帖　（八三八）

世界を一つにするのであるから、王は（秘答理《ヒトリ》）ぢゃ。うごきは二つとなるなれど、二つでないとうごかんのぢゃ。キはキのうごき、ミはミのうごき、うごいて和すのぢゃぞ。和すから弥栄ぢゃ。和せば一つぢゃぞ。キミとなるのぢゃ。そなたは自分と他との境界をつくってゐるなれど、境界つくってはならんぞ。境界をつくらずに、おのづからなる自他の別を生み出さねばならんぞ。世界一家のやり方間違えて御座るぞ。それぞれのコト（言）のハ（葉）はあれど、ミコト（実言）は一つと申して知らしてあろうがな。大難は小難にすること出来るのであるが、無くすることは出来んぞ。不足は不足をうむぞ。そなたは口をつつしめよ。そなたは一度神をすてよ。神にしがみついてゐるから、小さい囚われた、ゆとりのない神を、そなたがつくり上げてゐるぞ。信ずれば信ずる程危いぞ。大空に向って大きく呼吸し、今迄の神をすてて心の洗濯をせよ。神を信じつつ迷信におちてゐると申してあること、よく心得よ。

第五十二帖　（八三九）

そなたはつまらんことにいつも心を残すからつまらんことが出てくるのであるぞ。心を残すと云うことは、霊界とのつながりがあることぞ。つまらん霊界にいつ迄くっついてゐるのぢゃ。何ごとも清めて下されよ。清めるとは和すことであるぞ。同じもの同志では和ではない。違ったものが和すことによって新しきものを生むのであるぞ。奇数と偶数を合せて、新しき奇数を生み出すのであるぞ。それがまことの和であり清めであるぞ。善は悪と、陰は陽と和すことぢゃ。和すには同じあり方で、例へば五と五との立場で和すのであるが、位に於ては陽が中心であり、陰が外でなければならん。天が主であり地が従でなければならん。男が上で女が下ぢゃ、これが和の正しきあり方ぞ。さかさまならんぞ。これを公平と申すぞ。口先ばかりでよいことを申すと悪くなるのぢゃ。心と行が伴はねばならん。判りきったこの道理が行はれないのは、そなたをとり巻く霊の世界に幽界の力が強いからぢゃ。そなたの心の大半を幽界的なもので占めてゐるからぞ。己自身のいくさまだまだと申してあろうがな。このいくさ中々ぢゃが、正しく和して早う弥栄結構ぞ。そなたのもつ悪いくせを治して下されよ。そのくせ治すことが御神業ぞ。自分で世界を建直すような大きこと申して御座るが、そなたのくせを治すことが最も大切な御用でないか。これに気がつかねば落第ぞ。おそれてはならん。おそれ生むからぞ。喜べ、喜べ、喜べばよろこび生むぞ。喜びは神ぢゃ。神様御自身も刻々弥栄して御座るぞ。故にこそ生長なされるのぢゃ。人間も同様でなくてはならん。昨日の自分であってはならん。今の自分ぞ。中今のわれに生きねばならん。われにどんな力があったとて、我を出してはならんぞ。我を出すと力なくなるぞ。我を、大き我に昇華させよ。大我にとけ入らねばならん。大我にとけ入ったとて、小我がなくなるのではないぞ。人おろがめよ。物おろがめよ。おろかむと自分の喜びとなり、拝まれたものも喜びとなるぞ。うれしうれしとはそのことぞ。

第五十三帖　（八四〇）

これほどことわけて申しても得心出来ないのならば、得心の行くまで思ふまゝにやりて見なされよ。そなたは神の中にゐるのであるから、いくらあばれ廻っても神の外には出られん。死んでも神の中にゐるのであるぞ。思ふさまやりて見て、早う得心改心いたされよ。回心して仕事嘉言と仕へまつれよ。結構ぢゃなあ。そなたは自分は悪くないが周囲がよくないのだ、自分は正しい信仰をしてゐるのだから、家族も知友も反対する理由はない。自分は正しいが他が正しくないのだから、正しくない方が正しい方へ従って来るべきだと申しているが、内にあるから外から近よるのだと申してあろうが。そなたは無抵坑主義が平和の基だと申して、右の頬を打たれたら左の頬をさし出して御座るなれど、それは真の無抵坑ではないぞ。よく聞きなされ、打たれるようなものをそなたがもってゐるからこそ、打たれる結果となるのぢゃ。まことに磨けたら、まことに相手を愛してゐたならば、打たれるような雰囲気は生れないのであるぞ。頬をうたれて下さるなよ。生れ赤児見よと知らしてあろうが。

第五十四帖　（八四一）

頭を下げて見なされ、流れて来るぞ。頭も下げず低くならんでゐては流れては来ないぞ。神のめぐみは淡々とした水のようなものぞ。そなたは頭が高いぞ。天狗ぞ。その鼻まげて自分のにほひをかいで見るがよい。そなたは左に傾いてゐるぞ。左を見なければならんが、片よって歩いてはならんぞ。そなたは右を歩き乍ら、それを中道と思って御座るぞ。そなたは平面上を行ってゐるから、中道のつもりで、他に中行く道はないと信じてゐるが、それでは足らんのう。立体の道を早うさとりなされよ。正中の大道あるのであるぞ。左でもなく右でもなく、うれしうれしの道あるぞ。左も右も上も下も相対の結果の世界ぢゃ。原因の世界に入らねばならん。平面より見れば相対あるなれど、立体に入り更に復立体、復々立体、立立体の世界を知らねばならんぞ。相対では争ひぢゃ。いくさぢゃ。真の世界平和は今のやり方考へ方では成就せんぞ。三千世界和平から出発せねばならんぞ。そなたは神示をよくよんでゐるが、それだけでは足らん。神示を肚に入れねばならん。つけ焼刃ではならん。神示を血とし生活とすれば、何事も思ふ通りスラリスラリと面白い程栄えて来るぞ。思ふように運ばなかったら省みよ。己が己にだまされて、己のためのみに為してゐることに気づかんのか。それが善であっても、己のためのみならば死し、善のための善ならば弥栄えるぞ。善にも外道の善あるぞ。心せよ。神示見て居らぬとびつくりが出てくるぞ。この世始ってないことが出てくるのぢゃ、世界の片はし八まべからぞ。判りたか。そなたは神体を偶像と申して御座るが、それはそなた自身が偶像なるが故であるぞ。礼拝を忘れ、祈りをわすれることは神をわすれることぢゃ。そなたの住む段階では、祈り畏こみ謹んで実践しなければならんぞ。拝まんでも拝んでゐる境地はなかなかぢゃなあ。そなたはわれが助かろうとするから助からんのぢゃ。世界はこの世ばかりではないことを、よく得心して下されよ。我をすてて素直になされよ。三千年の秋が来てゐるのであるぞ。

第五十五帖　（八四二）

そなたはよく肚をたてるが、肚がたつのは慢心からであるぞ。よく心得なされよ。下肚からこみあげてくる怒りは大きな怒りであるから、怒ってよいのであるなれど、怒りの現わし方を出来るだけ小さく、出来るだけ清く、出来るだけ短かくして下されよ。怒りに清い怒りはないと、そなたは思案して御座るなれど、怒りにも清い怒り、澄んだ怒りあるぞ。三月三日。

そなたはいつも自分の役に不足申すくせがあるぞ。そのくせ直して下されよ。長くかかってもよいから、根の音《ね》からの改心結構ぞ。手は手の役、足は足、頭は頭の役、それぞれに結構ぞ。上下貴賤ないこと、そなたには判ってゐる筈なのに、早う得心して下されよ。

そなたはこの神ときわめて深い縁があるのぢゃ。縁あればこそ引よせて苦労さしてゐるのぢゃ。今度の御用は苦の花咲かすことぢゃ。真理に苦の花さくのであるぞ。因縁のそなたぢゃ、一聞いたなら十がわかるのぢゃ。云われんさきに判ってもらわねばならんぞ。知らしてからでは味ないぞ。十人並ぞ。今度の御用は千人力、十人並では間に合わんぞ。人間の目は一方しか見えん。表なら表、右なら右しか見えん。表には必ず裏があり、左があるから右があるのぢゃ。自分の目で見たのだから間違いないと、そなたは我を張って居るなれど、それは只一方的の真実であるぞ。独断は役に立たんぞと申してあろうが。見極めた上にも見極めねばならんぞ。霊の目も一方しか見えんぞ。霊人には何でも判ってゐると思ふと、大変な間違ひ起るぞ。一方と申しても霊界の一方と現界の一方とは、一方が違ふぞ。

そなたは中々に立派な理窟を申すが、理窟も必要ではあるが、あわの如きもの、そなたの財産にはならんぞ。体験の財産は死んでからも役にたつ。

ざんげせよと申しても、人の前にざんげしてはならんぞ。人の前で出来るざんげは割引したざんげ。割引したざんげは神をだまし、己をだますことゝなるぞ。悔ひ改めて下され。深く省みて下され。深く恥ぢおそれよ。心して慎しんで下されよ。直ちによき神界との霊線がつながるぞ。霊線つながれば、その日その時からよくなってくるぞ。気持が曲ったら霊線が切り替えられる。

第五十六帖　（八四三）

そなたは何時もあれもよいらしい、これもよいようだと迷って、迷ひの世界をうみ出し、自分で自分を苦しめて、気の毒よなあ。これと一応信じたらまかせきれよ。梶をはなして鳴門の渦の中にまかせきれよ。まかせきるとひらけてくるのぢゃ。悟れたようでゐて、そなたが悟り切れんのはまかせきらんからぞ。

そなたはいつも孤独、そなたの不運は孤独からぢゃ。友をつくりなさい、友つくることは己をつくることと申してあろうが。友つくることは新しき世界をつくることぞ。一人の世界は知れたものぞ。一人ではマコトの道を生きては行かれんぞ。友と申しても人間ばかりではないぞ。山も友、川も友、動物も植物も皆友ぞ。大地も大空も皆友となるぞ。何も彼も皆友ぢゃ、皆己ぢゃ。皆々己となれば己はなくなるぞ。己なくなれば永遠に生命する無限の己となるのぢゃ。御神前で拝むばかりでは狭いぞ。野菜拝めば野菜が、魚拝めば魚が己となるのぢゃ。拝むことは和すこと。和すことが友つくる秘訣ぞ。友を己とすることは、己を友とすることぢゃ。友にさゝげることぢゃ。親は子にさゝげるからこそ、子が親となるのぢゃ。判りたか。赤ん坊のお尻をふいてやることもあるであろうがな。そなたが赤ん坊と同じであったら出来ない芸当ぞ。お尻を出すものがあっても、決して怒ってはならん。子のお尻と思ってきれいにふいてやれよと申してあろうが。お尻を持込まれるのは、持込まれるだけのわけがあるからぞ。利子は後から支払えばよいと、そなたは思ってゐるが、先に支払ふこともあるのであるぞ。先にお尻をふかねばならんことも、世が迫ってくると出てくるのぢゃ。その代り、後では神がそなたのお尻をきれいにふいて下さるぞ。ぶつぶつ申さずに勇んでやって下されよ。

そなたは他にものを与えることに心せねばならんぞ。与えることは頂くことになるのであるから、与えさしてもらう感謝の心がなければならんぞ。強く押すと強く、弱く押すと弱くはねかえってくること、よく知って居ろうがな。自分のものと云ふものは何一つないこと、よく判って居る筈ぢゃ。

第五十七帖　（八四四）

そなたは失業したから仕事を与えてくれと申してゐるが、仕事がなくなってはおらんぞ。いくらでもあるでないか。何故に手を出さんのぢゃ。そなたはすぐ金にならねば食って行けない、金にならぬ仕事は出来ぬ、自分はよいが妻子が可哀さうだから、などと申してゐるが、どんな仕事でも、その仕事にとけ込まねば、その仕事になり切らねばならんのに、そなたは目の先の慾にとらわれ、慾になり切って、目の色を変えて御座るぞ。それでは仕事にならん。仕事は神が与えたり人が与えてくれるのでないぞ。自分自身が仕事にならねばならん。この道理さへ判れば、失業はないぞ。自分が仕事ぢゃからのう。

第五十八帖　（八四五）

春が来れば草木に芽が出る。花が咲く。秋になれば葉が枯れるのぢゃ。時節よく気付けて取違ひせんよういたしくれよ。時節程結構なものないが、又こわいものもないのであるぞ。丁度呼吸のようなもので一定の順序あるのぞ。吸の極は呼となり、呼の極は吸となるぞ。これが神の用《ハタラキ》であるから、神の現われの一面であるから、神も自由にならん。この神も時節にはかなわんのであるのにそなたは時々この時節を無視して自我で、或ひは時節を取違ひして押しまくるから失敗したり怪我したりするのぢゃぞ。素直にしておれば楽に行けるようになってゐるぞ。時まてばいり豆にも花さくのであるぞ。水が逆に流れるのであるぞ。上下でんぐり返るのであるぞ。上の人が青くなり、下の人が赤くなるのであるぞ。取りちがひないように理解して下されよ。

第五十九帖 （八四六）

一度申したこと何処迄もつらぬくそなた結構ぞ。なれども囚われているぞ。この神はちと大きな、今迄にない大変をいたすのであるから、あまり小さく囚われていると判らんことになってくるぞ。固まるときには一度に固らねばならん。昨日は昨日、今日は今日ぞ。そなたは動機が善ならば失敗は薬と、われの都合のよいように、われとわれを弁解して御座るなれど、弁解したのでは薬にならん。毒となることあるぞ。省みよ。そなたは何神様でも仏でも、何でも彼でも拝んでいるが、その順序と区別がよく判ってゐないぞ。判らずにめくらめっぽうに拝んではならん。心得なされよ。そなたは忙しい忙しい、神示よむ間もないと申してゐるが、忙しいのは神のめぐみであるぞ。よどんだ水はくさるのぢゃ。忙しい中にこそ、神示よむ時があるのぢゃ。逃道をつくってはならん。

第六十帖 （八四七）

そなたは自分の力を人に見せようとしてゐるが、無邪気なものぢゃのう。自分の力がかくせぬようでは、頭に立つこと出来んぞ。何も彼も出して了ったのでは味がなくなるぞ。そなたはよく祈る。祈ることは結構であるなれど、祈るばかりでものごと成就せんぞ。為すには先づ祈らねばならんが、そなたはそなたの神にのみ祈ってゐるぞ。為すのは己であるから、己にゐのらねばならんぞ。己に祈りた後、己が為さねばならんぞ。乳房与えられても自分で吸はねば自分の身にはつかぬ道理ぢゃ。だが、為したのみでは未だ足らんぞ。時々は省みなければならんぞ。そなたは形や口先ばかりでものを拝んでゐるが、心と行と口と三つそろはねばならん。三つ揃ふて拝むならば、どんなものでも与へられるのぢゃ。拝む所へものは集ってくる。神も集ってくる。足らぬものなくなるぞ。余ることなくなって、満されるのがまことの富ぢゃ。清富ぢゃ。

第六十一帖　（八四八）

そなたの苦労は取越苦労。心くばりは忘れてならんなれど、取越し苦労、過ぎ越し苦労はいらん。そうした苦労は、そうした霊界をつくり出して、自分自身がいらぬ苦労をするぞ。何ごとも神にまかせよ。そなたはまだ神業の取違ひして御座るぞ。そなたの現在与えられてゐる仕事が神業であるぞ。その仕事をよりよく、より浄化するよう行じねばならんぞ。つとめた上にもつとめねばならん。それが御神業であるぞ。そなたはそなたの心と口と行が違ふから、違ふことが次から次へと折重なるのぢゃ。コト正して行かねばならんぞ。苦を楽として行かねばならん。苦と心するから苦しくなるのぢゃ。楽と心すれば楽と出てくるのぢゃ。ちょっとの心の向け方、霊線のつなぎ方ぞ。そなたは悪人は悪人ぢゃ。神として拝めとは無理ぢゃと申してゐるが、一枚の紙にも裏表あるぞ。そなたはいつも裏ばかり見てゐるから、そんなことになるのぢゃ。相手を神として拝めば神となるのぢゃ。この世は皆神の一面の現われであるぞ。

第六十二帖　（八四九）

そなたは現実世界のことばかりより判らんから、現実のことばかり申して、一に一たす二だとのみ信じてゐるが、現実界ではその通りであるが、それが平面の見方、考へ方と申すもの、いくら極めても進歩も弥栄もないのぢゃ。一に一たす一の世界、一に一たす無限の世界、超現実、霊の世界、立体の世界、立立体の世界のあることを体得せねばならんぞ。そなたは心をもって居ろうがな。心があれば心の属する世界のある道理は判るであろうが。心で描いて、心で先づつくり出してから行為することも、その順序も判るであろうがな。心のうごきが先で、肉体がその後でうごくことも判って居ろうがな。心の世界にないものは物質の世界にない道理も判って居ろうがな。何故に迷ふのぢゃ。霊界が主で現界が従であること、判って下されよ。逆立してそなた自身で苦しんでゐること、早う得心して、うれしうれしで暮して下されよ。三月三日。

新版
ひふみ神示

発行日
2001年7月25日第1刷
2011年2月10日第8刷

著　者
岡本天明

装　幀
相澤靖司

発行者
藤本実千代

発行元
コスモビジョン
〒142-0053
東京都品川区中延4-20-3
☎03(3786)1037
FAX03(3786)3604

発売元
太陽出版
〒113-0033
東京都文京区本郷4-1-14
☎03(3814)0471
FAX03(3814)2366

印刷・製本
壮光舎印刷／井上製本

万一落丁、乱丁の場合はお取り替えいたします。

ISBN978-4-87666-075-9